© Copyright HAMMOND INCORPORATED, Maplewood, N.J.

Le Français

Langue et Culture

DEUXIÈME ÉDITION

tapes, cassettes, slides

NUMBER OF REELS: 27 (full-track)
SPEED: 3¾ IPS
RUNNING TIME: 13 hours (approximate)
ALSO AVAILABLE ON: 14 Cassettes (dual-track)

Tape and Cassette Contents

In Lessons 1–24, all conversations at normal speed and again by phrases with pauses for student repetition. Structural exercises in four-phased sequences: Cue—pause for student response—correct response by native speaker—pause for student repetition. Taped exercises are identified by an asterisk in the book.

The *Dimensions culturelles* 1–6 at normal speed with appropriate pauses at numbered stops for SLIDE synchronization.

Pronunciation practice is provided with pauses for student repetition.

Slides

A set of 125 full-color SLIDES is available for use with the *Dimensions culturelles*. The slides were prepared specifically to illustrate the contents and are keyed to the printed numbers in the texts.

Tapes, Cassettes, and Slides are available from the Publisher. For information, please write D. VAN NOSTRAND COMPANY, AUDIOVISUAL DEPARTMENT, 135 West 50th Street, New York, New York 10020.

Le Français

Langue et Culture

DEUXIÈME ÉDITION

Barbara J. Rolland
Edith O'Connor
University of Wisconsin, Eau Claire
Martine Darmon Meyer
University of Wisconsin, Milwaukee

D. VAN NOSTRAND COMPANY
New York   Cincinnati   Toronto
London   Melbourne

D. Van Nostrand Company Regional Offices:
New York   Cincinnati

D. Van Nostrand Company International Offices:
London   Toronto   Melbourne

Published by D. Van Nostrand Company
135 West 50th Street, New York, N.Y. 10020

10 9 8 7 6 5 4 3 2

preface

LE FRANÇAIS: LANGUE ET CULTURE is a beginning text that introduces the student to the language and culture of contemporary France. Our intent is to provide the communication skills and the background material necessary to instill an appreciation of the country and its language. Grammar, therefore, is taught as a means to that end, and the emphasis is on communication. We have also provided a comprehensive program of cultural materials and language practice, supplemented by a workbook, tapes and cassettes, and slides that extend the cultural dimensions of the course. An Instructor's Manual is also available.

The Second Edition includes several significant revisions throughout the book:

1. Most lesson conversations present new or extensively revised material.
2. Grammatical sections and exercises have been combined so that practice directly follows the applicable explanations.
3. The lesson readings include new and longer selections.
4. Systematic review is provided in the lessons proper **(Reprise)** starting with Lesson 6 and cumulatively after every five lessons **(Révision).**
5. The cultural units, comprising the final lessons in the book, have been thoroughly revised and updated. Geographical and historical narratives and a new unit on "Mythologies des Français" have been added to panoramic descriptions of Paris and the châteaux of the Loire.

Each of the twenty-four basic lessons includes:

Conversation

Communication consists of more than grammar and vocabulary; it includes the gamut of gestures, facial expressions, intonation, and emotion. The dialogs offer the opportunity to acquire all of these as well as idiomatic speech patterns and contemporary vocabulary. The deliberately short conversations permit easy presentation and student mastery. Instructors may or may not wish to require their memorization.

Pratique

Each conversation is directly followed by practice of the key language patterns introduced and starred in the dialogs. These materials also serve as points of departure for further drill at the instructor's discretion.

Grammaire et Exercices

Explanations of structural points are intended chiefly for home preparation, leaving class time free for practice. Materials are therefore organized to afford effective learning and review. For example, all relative pronouns are introduced in Lesson 12, rather than divided among several lessons. For the same reason, all basic present-tense forms, including the present subjunctive, are presented before past tenses are introduced in Lesson 9. The order of topics gives special recognition to points of high frequency. Although the subjunctive is often relegated to the end of a course, it is such an integral part of everyday speech and constructions such as **il veut que . . .** and **il faut que . . .** occur so frequently that it seems logical to introduce the construction early (Chapter 7). Reflexives, object pronouns, and major tenses occur in the first half of the book.

Exercises directly follow the grammatical points to which they apply. Most exercises are taped and identified by a star to indicate inclusion in the tape/cassette program.

Lecture

The lesson readings provide variety of source, reading level, and interest. Students will read "extraits" from the literature of Canada and Africa as well as classical literature from France, an original essay on "Le français en Louisiane," information about the country of France, recipes, and even advice to the lovelorn! Questions for discussion follow each reading piece.

Composition

Practice in writing is not limited to dictation based on the dialogs or to written answers to the reading questions. Beginning with Lesson 11, guided composition based upon the content of the reading provides writing practice of increasing difficulty. Suggestions are included for the structure of the composition. The complexity of the compositions is graduated to keep pace with the student's development, ranging from a simple retelling that uses the reading vocabulary to free expression that incorporates all the skills the student has acquired.

Reprise / Révision

Starting with Lesson 6, all lessons include brief review exercises of constructions covered earlier in the book.

Following every five lessons, we provide brief recapitulations of grammatical points with cumulative review exercises.

Dimensions culturelles

The six cultural units present a complete change in materials and method. We consider it important that students bring into perspective all the language elements they have mastered in Lessons 1-24. These units combine cultural content with review of all major structures in the preceding lessons. Supplemented by a series of full-color slides integrated with tapes/cassettes, the units demonstrate that students can indeed use their French in more sophisticated contexts. The units also provide excellent bases for independent study and, when combined with oral tests, serve to evaluate progress in comprehension, speaking, pronunciation, and intelligible use of French.

Prononciation

The pronunciation units occur after the 5th, 10th, 15th, and 20th lessons. Beginning students, we believe, learn pronunciation most readily from the instructor and the tapes. The specific lessons on vowels, consonants, intonation, and liaison are presented only after the student has had sufficient practical experience with the language to profit from the explanations. Practice words and phrases are included in each pronunciation chapter, and each pronunciation unit is included on the tapes/cassettes.

Appendices

The appendices contain the English equivalents of the lesson dialogs and of the proverbs: idiomatic phrases intended for informal use by students from the beginning of the course; weights and measures; and verb tables including conjugations of regular and irregular verbs. A Glossary of grammatical terms precedes the Index.

Vocabulaires

Each lesson includes a basic list **(Vocabulaire)** containing words introduced in the conversation, grammar section, and exercises. The comprehensive French-English Vocabulary is intended to be complete for the contexts of this book. Phonetic transcriptions are provided for key entries. The English-French Vocabulary lists words necessary for the English-French exercises. Valid cognates are used throughout the text to increase the student's working vocabulary and to create the feeling of ease in the language which comes with recognition. These cognates are included in the comprehensive vocabulary.

Scheduling

Most language classes meet three to four times a week. The basic division of each lesson — conversation, grammar and exercises, reading and composition — provides a logical arrangement of assignments and permits the completion of one lesson a week.

Supplements

Cahier d'exercices: A separate workbook correlated with the text provides additional practice intended chiefly for written home assignments.

Tapes and Cassettes: The tapes and cassettes contain the lesson conversation and four-phased practice drawn from appropriate exercises in the text.

Practice in the pronunciation units is included. Taped practice averages thirty minutes per lesson. Additional information about the tapes and cassettes appears opposite the title of this book.

Slides: The six **Dimensions culturelles** are supplemented by a series of 125 full-color slides synchronized with accompanying tapes. For details, see the page opposite the title of the book.

Instructor's Manual: The Manual contains an overall suggested organization for the year's work, detailed plans for a typical week of class, and more general discussion of long-range goals. A variety of uses and presentation methods are proposed for each lesson, as well as suggestions for individualization of learning. Instructors may also find helpful the sample quizzes and exams, both oral and written, and the comprehension test based on vocabulary and speech patterns in the text.

We wish to acknowledge the generosity and understanding of our colleagues and the uninhibited and constructive criticism of our students during the years in which the first edition of this book was used in all beginning French sections at the University of Wisconsin—Eau Claire. This Second Edition is, in large measure, a result of their interest and cooperation. We also acknowledge with thanks the many constructive comments and suggestions from users of the first edition. We extend our special thanks to Professor Emeritus Karl Bottke and to our assistant, Vivian Gerk-Pen, for their valuable suggestions and many hours of painstaking work.

B. J. R.
E. O'C.
M. D.M.

table des matières

TROISIÈME RÉVISION

PRONONCIATION 3

Intonation — Sentence Patterns

SEIZIÈME LEÇON

CONVERSATION: À quoi? À qui?
PRATIQUE
GRAMMAIRE ET EXERCICES: 1. Comparaison des adjectifs.
2. **penser à — penser de.**
REPRISE
LECTURE: **Une anecdote de Madame de Sévigné — Un courtisan
attrapé**

DIX-SEPTIÈME LEÇON

CONVERSATION: **Sais-tu faire du ski?**
PRATIQUE
GRAMMAIRE ET EXERCICES: 1. Pronoms personnels toniques.
2. Emploi des pronoms personnels toniques. 3. savoir — connaître.
REPRISE
LECTURE: **Le français en Louisiane**

DIX-HUITIÈME LEÇON

CONVERSATION: **Petites discussions familiales**
PRATIQUE
GRAMMAIRE ET EXERCICES: 1. Conditionnel. 2. Passé du
conditionnel. 3. Pronoms démonstratifs. 4. Verbe irrégulier **prendre.**
REPRISE
LECTURE: **La cantatrice chauve** (Eugène Ionesco)

DIX-NEUVIÈME LEÇON

CONVERSATION: **Petite visite**

première
leçon

CONVERSATION: En route pour Paris

(Dans le compartiment du train.)

MARC:	Excusez-moi! Il y a une place libre ici?
☆ PREMIER ÉTUDIANT:	Mais oui!
	(Marc s'assied.)
DEUXIÈME ÉTUDIANT:	Vous êtes américain?
MARC:	Oui. Je suis étudiant.
PREMIER ÉTUDIANT:	Nous sommes étudiants aussi, mon ami et moi.
MARC:	Bonjour! \ARE
PREMIER ÉTUDIANT:	Bonjour! *(Ils se serrent la main.)*
DEUXIÈME ÉTUDIANT:	Bonjour!
MARC:	Tu es anglais?
PREMIER ÉTUDIANT:	Non, je suis québecois. Mais mon ami est anglais.
☆ DEUXIÈME ÉTUDIANT:	Nous étudions à la Sorbonne.
MARC:	Et les filles là-bas? Elles sont étudiantes aussi?
DEUXIÈME ÉTUDIANT: ☆	La grande est étudiante en médecine et la petite étudie la musique. Elles sont espagnoles.
MARC:	Et le gros monsieur près de la fenêtre?
PREMIER ÉTUDIANT:	Il est professeur d'histoire. Il donne des conférences à l'Institut. Sa famille est à côté.
MARC:	Mais, presque tout le monde ici est étudiant!
☆ DEUXIÈME ÉTUDIANT:	Bien sûr! C'est la rentrée. De chaque coin du monde on vient étudier à Paris!

PRATIQUE

Posez les questions et donnez les réponses, en suivant les indications:

☆ Il y a une place libre ici?	Mais oui! Il y a une place libre.
Il y a une chaise libre?	Mais oui! Il y a une chaise libre.
Il y a une table libre?	Mais oui! Il y a une table libre.
Il y a un compartiment libre?	Mais oui! Il y a un compartiment libre.
☆ Vous êtes américain / américaine?	Oui, je suis américain / américaine.
Vous êtes québecois / québecoise?	Oui, je suis québecois / québecoise.
Vous êtes espagnol / espagnole?	Oui, je suis espagnol / espagnole.
Vous êtes anglais / anglaise?	Oui, je suis anglais / anglaise.
☆ Il / Elle est étudiant / étudiante?	Oui, il / elle est étudiant / étudiante.
Il / Elle est professeur?	Oui, il / elle est professeur.
Il / Elle est médecin?	Oui, il / elle est médecin.
Il / Elle est ingénieur?	Oui, il / elle est ingénieur.
☆ Tu es anglais / anglaise?	Oui, je suis anglais / anglaise.
Elle est étudiante?	Oui, elle est étudiante.
Il est professeur?	Oui, il est professeur.
Nous sommes étudiants / étudiantes?	Oui, nous sommes étudiants / étudiantes.
Elles sont médecins?	Oui, elles sont médecins.
Ils sont étudiants?	Oui, ils sont étudiants.
Vous êtes professeur?	Oui, je suis professeur.
Je suis professeur?	Oui, vous êtes professeur.

VOCABULAIRE

à	to; at	est	is
agent de police *m.*	policeman	et	and
agricole	agricultural	êtes	are
américain, américaine	American	être	to be
j'aime	I like	études *f.pl.*	studies
anglais, anglaise	English; English language	étudiant, étudiante	student
		étudie	study, studies
vous aimez	you like	étudions	study
s'assied	sits down	étudier	to study
ami, amie	friend	excusez-moi	excuse me
aussi	also	facteur *m.*	mailman
avec	with	famille *f.*	family
avion *m.*	airplane	femme *f.*	woman; wife
avocat *m.*	lawyer	fenêtre *f.*	window
beaucoup	much, a lot	fille *f.*	girl; daughter
bien sûr	of course, certainly	français, française	French; French language
billet *m.*	ticket		
botanique *f.*	botany	gâteau *m.*	cake
bonjour!	hello!	géographie *f.*	geography
bureau *m.*	office; desk	grand, grande	tall; large
café *m.*	coffee; café	gros	big
canadien, canadienne	Canadian	histoire *f.*	story, history
capitale *f.*	capital	homme *m.*	man
catholique	Catholic	homme d'affaires *m.*	businessman
c'est	it, he, she is	ici	here
chaise *f.*	chair	il, ils	it, he, they *(m.)*
changent	change	il y a	there is, there are
chaque	each	indication *f.*	indication, direction
château, châteaux *m.*	castle	ingénieur *m.*	engineer
chimie *f.*	chemistry	irrégulier, irrégulière	irregular
chinois *m.*	Chinese language	Institut *m.*	teaching institution composed of the five Académies
classe *f.*	class		
coiffeur *m.*	hairdresser		
coin *m.*	corner	intelligent, intelligente	intelligent
compartiment *m.*	compartment	italien, italienne	Italian; Italian language
complétez	complete		
concierge *m. & f.*	caretaker	je	I
conducteur *m.*	driver	jeune	young
conférence *f.*	lecture; conference	journaliste *m.*	journalist
confortable	comfortable	la *f.*	the
continent *m.*	continent	là-bas	there, over there
dans	in	lait *m.*	milk
danseuse *f.*	dancer *(female)*	le *m.*	the
de	of, from	leçon *f.*	lesson
demande	ask, asks	légumes *m.pl.*	vegetables
dentiste *m.*	dentist	les *m. & f. pl.*	the
dessert *m.*	dessert	libre	empty, unoccupied
deux	two	livre *m.*	book
diplomate *m.*	diplomat	Londres	London
donne	give, gives	lui	to him, her
donnez	give	ma *f.*	my
du	of the	main *f.*	hand
elle, elles	she, they *(f.)*	mais	but
en route	en route, on the way	médecine *f.*	medicine
en suivant	following, according to	monde *m.*	world
		mon *m.*	my
es	are	monsieur *m.*	Mr., gentleman
espagnol, espagnole	Spanish; Spanish language	musique *f.*	music
		nation *f.*	nation

nécessaire	necessary	s'il y a lieu	if necessary, if needed
non	no	science politique *f.*	political science
Normandie *f.*	Normandy	sociologie *f.*	sociology
nous	we, us	sœur *f.*	sister
on	one, they	sommes	are
oui *m.*	yes	son *m.*	his, her, its
patron *m.*; patronne *f.*	owner, "boss"	sont	are
petit, petite	small, little	Sorbonne *f.*	building and school of the Université de Paris
phrase *f.*	sentence, phrase		
pilote *m.*	pilot	sténodactylo *m. & f.*	stenotypist
place *f.*	place	stupide	stupid
posez	put, place	suis	am
pour	for	suivant, suivante	following
préfère	prefer, prefers	table *f.*	table
près de	near	tarte *f.*	tart
présent, présente	present	toujours	still; always
presque	almost	tout *m.*	all
professeur *m.*	teacher, professor	train *m.*	train
psychologie *f.*	psychology	traversent	cross, are crossing
québecois, québecoise	from Québec	tu	you *(familiar)*
question *f.*	question	un, une	a, one
rentrée *f.*	return to classes	université *f.*	university
réponse *f.*	reply, answer	vais	go, am going
restaurant *m.*	restaurant	vendeuse *f.*	saleswoman
riche	rich	viande *f.*	meat
russe	Russian; Russian language	viens	come
		vient	comes
Russie *f.*	Russia	visite	visits, is visiting
sa *f.*	his, hers	vous	you
sac *m.*	bag, handbag		
saison *f.*	season		
salade *f.*	salad, lettuce		

GRAMMAIRE ET EXERCICES

1. Initiation aux genres (Introduction to Gender)

Since French is a Romance language, the gender of nouns often reflects the gender of the Latin noun from which it descended. Every noun (or pronoun) is either masculine or feminine. This gender not only is associated with the noun itself but also is reflected in the accompanying articles and adjectives.

2. Articles — définis et indéfinis (Articles — Definite and indefinite)

The gender of a noun is indicated by the article which accompanies it.

a. le, un

A masculine noun may be introduced by the definite article **le** *(the)* or the indefinite article **un** *(a)*:

le livre	*the book*	un livre	*a book*
le professeur	*the teacher*	un professeur	*a teacher*

b. **la, une**

Feminine nouns are often preceded by the definite article **la** *(the)* or the indefinite article **une** *(a)*:

la chaise	*the chair*	une chaise	*a chair*
la femme	*the woman*	une femme	*a woman*

c. **l'**

Le or la contract to **l'** before a noun beginning with a vowel sound:

l'ami	*the friend*	l'homme	*the man*
l'étudiant	*the student*	l'avion	*the airplane*

d. **les, des**

The plural form of the definite article is **les,** of the indefinite article, **des.** Most plural nouns end in −s:

le livre	*the book*	les livres	*the books*
la chaise	*the chair*	les chaises	*the chairs*
l'étudiant	*the student*	les étudiants	*the students*
un livre	*a book*	des livres	*books*
une chaise	*a chair*	des chaises	*chairs*
un étudiant	*a student*	des étudiants	*students*

EXERCICE A*

Mettez les expressions suivantes au pluriel (Change the following expressions to plural):

MODÈLES:	**le livre**	**les livres**
	la place	**les places**

1. le train
2. le professeur
3. le café
4. le restaurant
5. la femme
6. la jeune fille
7. la main
8. la sœur
9. l'étudiant
10. l'ami
11. l'étude
12. l'espagnole

EXERCICE B*

Mettez les expressions suivantes à l'indéfini (Change the following expressions to the indefinite):

MODÈLES:	**la** classe	**une** classe
	le café	**un** café

1. la jeune fille
2. la capitale
3. la place   UNE
4. le Canadien

5. le restaurant
6. les amis
7. les universités
8. les études

3. Emploi de l'article défini (Use of the definite article)

The definite article (le, la, l', les) is used more often in French than in English.

a. The definite article is used to designate a specific object:

Le professeur est ici. *The teacher is here.*
Elle visite **la capitale**. *She is visiting the capital.*

b. It is generally used with names of specific rivers, mountains, countries, continents, provinces, and the like:

Ils traversent **les Alpes**. *They are crossing the Alps.*
Elle visite **la Normandie**. *She is visiting Normandy.*
Je vais **au Canada**. *I am going to Canada.*
Il vient **du Canada**. *He is coming from Canada.*

NOTE: Before masculine names, the definite article combines with à and de: à le becomes **au**, à les becomes **aux**; de le becomes **du**, de les becomes **des**.

c. The definite article is omitted, however, when feminine names are preceded by de *(from)* or en *(in or to)*. It is also omitted before the name of a city:

Tu viens **de Chine?** *You are coming from China?*
Nous sommes **en France**. *We are in France.*
Marc est **à Paris**. *Marc is in Paris.*

NOTE:

1. Continents are feminine:

   l'Afrique *f.* *Africa*
   l'Asie *f.* *Asia*
   l'Amérique du Nord *f.* *North America*

2. European countries are generally feminine; some exceptions are Denmark, Portugal, Luxemburg:

   l'Italie *f.* *Italy*
   l'Allemagne *f.* *Germany*
   l'Angleterre *f.* *England*

    le **Danemark** *m.*   *Denmark*
    le Luxembourg *m.*   *Luxemburg*

3. Countries on the continent of North America are all masculine:

    le Canada   *Canada*
    le Mexique   *Mexico*
    les États-Unis   *the United States*

d. The definite article is used in referring to subjects studied in school (**la géographie, la botanique, la chimie**) and to languages (**le français,** *m.;* **l'anglais,** *m.;* **l'allemand,** *m.*).

e. The definite article is used with nouns when they denote objects in a general sense:

Le chocolat est bon.   *Chocolate is good.*
J'aime **les enfants.**   *I like children.*

EXERCICE C*

Répondez aux questions suivantes d'après le modèle (Answer the following questions according to the model):

MODÈLES: Vous aimez **la France?** Oui, j'aime beaucoup **la France.**
           Tu visites **le Canada?** Oui, je visite **le Canada.**

1. Vous aimez la France? 2. Vous aimez l'Italie? 3. Vous aimez l'Espagne? 4. Vous aimez l'Afrique? 5. Vous aimez la Normandie? 6. Tu visites le Canada? 7. Tu visites le Portugal? 8. Tu visites le Danemark?

EXERCICE D*

Répondez aux questions suivantes:

MODÈLES: Il est ici? **(la France)**   Non, il est **en France.**
           Il est ici? **(les États-Unis)** Non, il est **aux États-Unis.**

1. Il est ici? (l'Angleterre)   5. Il est ici? (le Mexique)
2. Il est ici? (l'Italie)   6. Il est ici? (Paris)
3. Il est ici? (le Canada)   7. Il est ici? (Rome)
4. Il est ici? (le Luxembourg)   8. Il est ici? (Londres)

EXERCICE E

Répondez aux questions suivantes avec le premier nom:

MODÈLES: Préférez-vous **le français** ou Je préfère **le français.**
           l'espagnol?
           Préférez-vous la chimie ou Je préfère **la chimie.**
           la **botanique?**

1. Préférez-vous l'italien ou le russe? 2. Préférez-vous l'anglais ou le chinois? 3. Préférez-vous la géographie ou la science politique? 4. Préférez-vous la sociologie ou la psychologie?

EXERCICE F*

Répondez aux questions suivantes:

MODÈLES: Aimez-vous **le vin** ou **le lait?**   J'aime **le vin** et **le lait.**
Aimez-vous **les hommes** ou   J'aime **les hommes** et
les femmes?   **les femmes.**

1. Aimez-vous le dessert ou la viande? 2. Aimez-vous la salade ou les légumes? 3. Aimez-vous la tarte ou le gâteau? 4. Aimez-vous le train ou l'avion?

4. Emploi de l'article indéfini (Use of the indefinite article)

a. The plural indefinite article, often omitted in English, must be used in French to express the idea of *some* or *any*:

Les États-Unis et la Russie sont **des pays** importants dans le monde.
The United States and Russia are important countries in the world.

Donnez **des livres** aux enfants.
Give the children some books.

b. The indefinite article **(un, une, des)** is omitted when followed by a simple noun denoting nationality, religion, or profession:

M. Durand **est professeur.**   *Mr. Durand is a teacher.*
Ils **sont étudiants.**   *They are students.*
Elle **est française.**   *She is a French woman.*
Je **suis catholique.**   *I am a Catholic.*

EXERCICE G*

Répondez aux questions suivantes selon les indications:

MODÈLES: Il **est professeur?** (étudiant)   Non, il **est étudiant.**
Il **est homme d'affaires?** (coiffeur)   Non, il **est coiffeur.**

1. Elle est médecin? (avocate)
2. Vous êtes journaliste? (diplomate)
3. Elle est serveuse? (danseuse)
4. Il est facteur? (conducteur)
5. Vous êtes agent de police? (dentiste)
6. Il est homme d'affaires? (pilote)
7. Elle est sténodactylo? (patronne)

5. Pluriel des noms (The plural of nouns)

a. Just as in English, most French nouns form their plurals by adding −s to the singular:

le livre	*the book*	**l'enfant**	*the child*
les livres	*the books*	**les enfants**	*the children*

b. Nouns ending in −s, −x, −z in the singular do not change in the plural:

le pays	*the country*
les pays	*the countries*
la voix	*the voice*
les voix	*the voices*
le nez	*the nose*
les nez	*the noses*

c. Nouns ending in −al in the singular change to −aux in the plural:

le cheval	*the horse*
les chevaux	*the horses*

d. Nouns ending in **eau** or **eu** in the singular form their plurals by adding −x to the singular:

le cadeau	*the gift*	**le neveu**	*the nephew*
les cadeaux	*the gifts*	**les neveux**	*the nephews*

EXERCICE H*

Répondez aux questions suivantes:

MODÈLES: Il y a **un livre?**   Non, il y a **deux livres.**
Il y a **une sœur?**   Non, il y a **deux sœurs.**

1. Il y a un billet? 2. Il y a un sac? 3. Il y a une femme? 4. Il y a une classe? 5. Il y a un cheval? 6. Il y a un pays? 7. Il y a une voix? 8. Il y a un château?

6. Verbe irrégulier <u>être</u> (Irregular verb <u>être</u>)

je suis	*I am*
tu es	*you are*
il est, elle est, on est	*he is, she is, it is, one is*
nous sommes	*we are*
vous êtes	*you are*
ils sont, elles sont	*they are, m.; they are, f.*

EXERCICE I

Répétez les phrases suivantes en employant les sujets indiqués (Repeat the following sentences using the indicated subjects):

MODÈLES: **Il est** français. (vous)   **Vous êtes** français.
Il est français. (nous)   **Nous sommes** français.

1. Il est français. (ils, je, Georges, elles)
2. Je suis en Normandie. (elle, tu, le facteur, vous)
3. Vous êtes dentiste. (nous, je, Charles, mon ami)

EXERCICE J

*Complétez les phrases suivantes par la forme convenable du verbe **être** (Complete the following sentences with the correct form of the verb **être**):*

MODÈLES: Tu _____ américain?   Tu **es** américain?
Le train _____ ici.   Le train **est** ici.

1. Nous _____ dans l'hôtel. 2. Les agents de police _____ dans le train. 3. La concierge _____ ici. 4. Vous _____ vendeuse? 5. Je _____ italienne. 6. Paris _____ la capitale de la France. 7. Les livres _____ sur la table.

7.   Pronoms personnels sujets (Subject pronouns)

SINGULAR		PLURAL	
je	*I*	**nous**	*we*
tu	*you*	**vous**	*you*
il	*he, it*	**ils**	*they, m.*
elle	*she, it*	**elles**	*they, f.*
on	*one*		

EXERCICE K*

Répétez les phrases suivantes en remplaçant les noms sujets par des pronoms (Repeat the following sentences, replacing the noun subjects by pronouns):

MODÈLES: **Ma sœur** est ici.   **Elle** est ici.
Le train arrive à Paris.   **Il** arrive à Paris.

1. Les enfants sont ici. 2. Paul est en classe. 3. Le livre est sur la table. 4. La classe est présente. 5. La capitale est importante. 6. Les continents sont grands.

8. Vous et tu

In addition to its regular use as a plural pronoun, **vous** is also used in addressing one person (that is, as a singular pronoun) whom the speaker respects or to whom he or she wishes to be polite. **Tu** is called the "familiar" form because it is used only in referring to a person with whom the speaker is on casual or familiar terms — a member of his or her immediate family, an extremely close friend, a young child, a pet. It is now used almost invariably by students when addressing their peers. It would never be used in addressing an employer, a teacher, an elderly friend, an official of any kind, or anyone to whom respect and deference are due. **Vous,** however, is always correct.

LECTURE: En route[1] pour la Ville Lumière[2]

Marc Gibson est un jeune[3] étudiant américain. Il parle[4] bien[5] le français; il aime voyager.[6] Il arrive en France pour[7] continuer ses études[8] à la Sorbonne. La Sorbonne est une faculté de l'université de Paris, une des plus grandes universités du monde.

En route pour Paris, Marc rencontre[9] d'autres[10] étudiants. Il fait la 5 connaissance[11] de deux jeunes gens[12] et il parle un peu[13] avec des jeunes filles espagnoles. C'est la rentrée; des jeunes[14] de toutes[15] les nationalités sont en route pour la Ville Lumière.

QUESTIONS

1. Qui est Marc Gibson?
2. Parle-t-il français?
3. Pourquoi est-il en France?
4. Qu'est-ce que la Sorbonne?
5. L'université de Paris est-elle grande ou petite?
6. Marc fait-il la connaissance des jeunes gens?
7. Fait-il la connaissance des jeunes filles?
8. Pourquoi les jeunes sont-ils en route pour Paris?
9. Donnez un autre nom pour la Ville Lumière.
10. Parlez-vous français?
11. Vous êtes étudiant / étudiante?
12. Vous êtes américain / américaine? Espagnol / espagnole? Anglais / anglaise? Québecois / québecoise?

---

1. **En route** on the way to.   2. **Ville Lumière** City (of) Light *(title often given to the city of Paris).*
3. **jeune** young.   4. **parle** speaks.   5. **bien** well.   6. **voyager** travel.   7. **pour** for, in order to.
8. **études** studies.   9. **rencontre** meets.   10. **d'autres** some other.   11. **fait la connaissance** makes the acquaintance   12. **gens** men, people.   13. **un peu** a little.   14. **jeunes** young people.
15. **toutes** all.

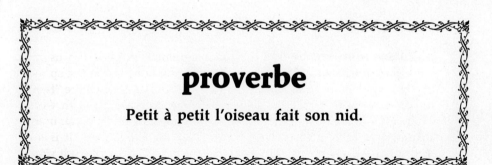

proverbe

Petit à petit l'oiseau fait son nid.

deuxième
leçon

CONVERSATION: Arrivée à Paris

(Le contrôleur passe dans le couloir.)

LE CONTRÔLEUR:	Arrivée dans vingt minutes!
LE PETIT GARÇON:	Oh! La voilà! La voilà! Voilà la Tour Eiffel!
LE PÈRE:	Alors, cherchons nos affaires.
LA MÈRE:	J'ai mon sac et ma valise noire.
LE PETIT GARÇON:	J'ai mes livres et mon sac à dos.
LE PETITE FILLE:	Où est ma poupée? Je n'ai pas ma poupée!
☆ LA MÈRE:	Tiens, voici ta poupée. Prends ton filet et tais-toi!
LE PÈRE:	Dépêchons-nous! Où est mon appareil-photo?
LE PETIT GARÇON:	Voici, papa! Et voici ton parapluie aussi!
LA PETITE FILLE:	Maman! Je n'ai qu'un soulier!
LE PETIT GARÇON:	Mais que tu es bête! Il est là, sous ta valise!
LE PÈRE:	Voyons . . . nous avons nos valises, nos paquets, nos appareils, nos enfants — toutes nos affaires. Nous
☆	sommes prêts!
LA VIEILLE DAME:	Pardon, monsieur. Vous oubliez quelque chose.
LE PÈRE:	C'est impossible, madame. Je n'ai plus de place.
LA VIEILLE DAME:	Mais si, monsieur. Regardez bien. C'est votre billet!
☆ LE PÈRE:	Ah, mon Dieu! Merci bien, madame!

TA = YOURS
TON =

PRATIQUE

Posez les questions et donnez les réponses, en suivant les indications:

where	
☆ Où est ma poupée? *DOLL*	Voici ta poupée! *HERE IS, HERE ARE*
Où est mon sac? *HAND BAG*	Voilà ton sac! *THERE IS*
Où est ma valise noire? *(BLACK)*	Voici ta valise noire!
Où sont mes livres?	Voilà tes livres!
Où sont nos affaires?	Voici vos affaires! *— Belonging - things*
Où est mon soulier?	Voilà ton soulier! *_ SHOE*

☆ Tu as ta poupée? *— DOLL*	Non, je n'ai pas ma poupée.
Tu as ton filet? *STRING BAG*	Non, je n'ai pas mon filet.
Tu as ton appareil?	Non, je n'ai pas mon appareil.
Tu as ton parapluie?	Non, je n'ai pas mon parapluie.
Tu as tes souliers?	Non, je n'ai pas mes souliers.
Vous avez vos valises?	Non, nous n'avons pas nos valises.
Vous avez vos paquets?	Non, nous n'avons pas nos paquets.
Vous avez vos affaires?	Non, nous n'avons pas nos affaires.

☆ Pardon, monsieur! C'est votre billet?	Ah, mon Dieu! Oui, c'est mon billet. Merci bien, madame!
Pardon, madame! C'est votre appareil?	Ah, mon Dieu! Oui, c'est mon appareil. Merci bien, monsieur!
Pardon, monsieur! C'est votre valise?	Ah, mon Dieu! Oui, c'est ma valise. Merci bien, madame!
Pardon, madame! C'est votre parapluie?	Ah, mon Dieu! Oui, c'est mon parapluie. Merci bien, monsieur!
Pardon, monsieur! C'est votre paquet?	Ah, mon Dieu! Oui, c'est mon paquet. Merci bien, madame!
Pardon, mademoiselle! C'est votre sac à dos?	Ah, mon Dieu! Oui, c'est mon sac à dos. Merci bien, monsieur!
Pardon, madame! Ce sont vos livres?	Ah, mon Dieu! Oui, ce sont mes livres. Merci bien, mademoiselle!
Pardon, monsieur! Ce sont vos souliers?	Ah, mon Dieu! Oui, ce sont mes souliers. Merci bien, madame!
Pardon, monsieur! Ce sont vos affaires?	Ah, mon Dieu, Oui, ce sont mes affaires. Merci bien, madame!

VOCABULAIRE

accord *m.*	agreement	font	are making, do, make
actrice *f.*	actress	forme *f.*	form
affaires *f.pl.*	belongings, "things"	franc *m.*	franc *(French monetary denomination)*
j'ai	I have	frère *m.*	brother
alors	well then	fête *f.*	celebration, feast day
allemand, allemande	German; German language	gai, gaie	happy, cheerful
amusant, amusante	amusing, funny	garçon *m.*	boy; waiter
appareil-photo *m.*	camera	gentil, gentille	nice
appartement *m.*	apartment	gouvernement *m.*	government
argent *m.*	money	heureux, heureuse	happy
arrivée *f.*	arrival	important, impor-	
attention!	look out!	tante	important
aujourd'hui	today	impossible	impossible
auto *f.*	car	indien, indienne	Indian
autobus *m.*	bus	intéressant,	
avoir	to have	intéressante	interesting
bagages *f.pl.*	baggage, luggage	invité, invitée	invited
beau/bel, belle	handsome, beautiful	jamais	never
bête	stupid	laid, laide	ugly
bicyclette *f.*	bicycle	large	wide
bien	well	lettre *f.*	letter
blond, blonde	blond	maison *f.*	house
brun, brune	brown, brunette	malle *f.*	trunk
charmant, charmante	charming	maman *f.*	mama
cher, chère	dear; expensive	mauvais, mauvaise	bad
cherchons	are looking for, getting	merci	thank you
		mettez	put
cinéma *m.*	movies, movie theater	minute *f.*	minute
		modèle *m.*	model
combien	how much, how many	mon Dieu!	good grief! good heavens!
content, contente	happy, satisfied	moto *f.*	motorcycle
contraire *m.*	contrary	national, nationale	national
contrôleur *m.*	conductor	noir, noire	black
convient	is appropriate	neuf, neuve	new
couloir *m.*	hallway	oubliez	forget
courage *m.*	courage	où	where
court, courte	short	papa *m.*	dad, daddy
cousin, cousine	cousin	paquet *m.*	package
cruel, cruelle	cruel	parapluie *m.*	umbrella
d'après	according to	pardon	excuse me
dépêchons-nous	let's hurry	parents *m.pl.*	parents, relatives
désagréable	disagreeable	parlent	speak, are speaking
difficile	difficult	passe	pass, spend *(time)*
école *f.*	school	passeport *m.*	passport
église *f.*	church	pauvre	poor
en français	in French	père *m.*	father
enfant *m. & f.*	child	photo *f.*	photograph
entre	between	poupée *f.*	doll
étroit, étroite	narrow	premier, première	first
facile	easy	prends	take
fatigué, fatiguée	tired	prêt, prête	ready
fermier *m.*	farmer	prêtre *m.*	priest
filet *m.*	string bag		

Provence *f.*	southeastern part of France, bordering on the Mediterranean; formerly a province.	sportif, sportive	sporting
		ta, ton	yours *(familiar)*
		tais-toi!	hush up!
		télévision *f.*	television
quelque chose	something	temps *m.*	time; weather
question *f.*	question	théâtre *m.*	theater
radio *f.*	radio	tiens	hold; well, well!
regardez	look	tour *f.*	tower
remarquez	observe, notice	valise *f.*	suitcase
répondez	reply, answer	vélo *m.*	bicycle
rouge	red	vieux/vieil, vieille	old
sac à dos *m.*	back pack	ville *f.*	city
si	if; yes *(to negative question)*	vingt	twenty
		voici	here is, here are
		voilà	there is, there are
soulier *m.*	shoe	voyons	let's see
sous	beneath		

GRAMMAIRE ET EXERCICES

1. Négation (Negation)

a. **ne . . . pas**

Sentences are generally made negative in French by negating the verb.

Il **est** en France.	*He is in France.*
Il **n'est pas** en France.	*He is not in France.*
Marcel **a** beaucoup d'argent.	*Marcel has a lot of money.*
Marcel **n'a pas** beaucoup d'argent.	*Marcel hasn't much money.*
Sa sœur **arrive** aujourd'hui.	*Her sister is arriving today.*
Sa sœur **n'arrive pas** aujourd'hui.	*Her sister isn't arriving today.*

In each example, the verb is made negative by the addition of **ne . . . pas,** with **ne** immediately preceding the verb and **pas** following it. **Ne** becomes **n'** when the verb which follows begins with a vowel sound:

Il **n'est pas** en France.	*He is not in France.*
Tu **n'as pas** de photos.	*You haven't any photos.*

NOTE: In negation, the plural indefinite article **des** is replaced by **de (d')** before a plural noun.

EXERCICE A*

Répétez ces phrases à la forme négative (Repeat these sentences in the negative):

MODÈLES:	Je **suis** dentiste.
	Il **a** son passeport.

Je **ne suis pas** dentiste.
Il **n'a pas** son passeport.

1. Ils sont italiens.
2. Elle est médecin.
3. Paul est au Japon.
4. Le guide a mon billet. —— TiCKET
5. Ton frère a ta valise.
6. Ma mère est fatiguée.

EXERCICE B*

Répondez aux questions suivantes à la forme négative (Answer the following questions in the negative):

MODÈLES: **Tu es** riche?   Non, **je ne suis pas** riche.
          Ses parents sont à New York?   Non, **ses parents ne sont pas** à New York.

1. Ils sont hommes d'affaires? 2. Vous êtes en Provence? 3. Tes parents sont à Paris? 4. Vous avez le billet? 5. Ils ont leurs valises? 6. Monsieur Beaulieu est fermier? 7. Marie a la lettre? ↑THEIR

b. Other forms of negation

Different forms are sometimes used to convey the idea of emphasis or limitation: *USHER*

Je **n'aime point** ce professeur!   *I don't like this teacher at all!*
Elles **ne parlent jamais** en classe.   *They never speak in class.*
Vous **n'êtes plus** en France.   *You are no longer in France.*
Tu **n'as guère** d'amis.   *You have scarcely any friends.*
Ce **n'est qu'**un petit livre.   *It's only a little book.*

In all of these, **ne** still precedes the verb, but **pas** is replaced by a limiting or emphatic form: **point, jamais, plus, guère, que,** and others.

POINT — NOT AT ALL   que — THAT, WHAT
JAMAIS — NEVER
PLUS — MORE, MOST
GUÈRE — SCARELY, HARDLY

EXERCICE C

Répondez aux questions suivantes à la forme négative, en employant l'expression indiquée (Answer the following questions in the negative, using the indicated expression):

MODÈLES: Il est ici? (ne . . . point)   Non, il **n'est point** ici.
          Nous avons toutes nos valises?   Non, nous **n'avons jamais**
          (ne . . . jamais)   toutes nos valises.

1. Il est ici? (ne . . . pas)
2. Ils sont contents? (ne . . . jamais)
3. L'enfant a sa poupée? (ne . . . jamais)
4. Tu es la sœur de Michel? (ne . . . pas)
5. Vous avez deux francs? (ne . . . que)
6. Il a beaucoup d'argent? (ne . . . guère)
7. Le livre est intéressant? (ne . . . point)
8. Tu es toujours à l'université? (ne . . . plus)
↑
STILL

c.   **ne . . . ni . . . ni**

The idea of *neither . . . nor* is expressed in French by **ne . . . ni . . . ni:**

Il **n'est ni** professeur **ni** étudiant.   *He is neither teacher nor student.*
Tu **n'as ni** charme **ni** intelligence.   *You have neither charm nor intelligence.*

EXERCICE D*

Répondez aux questions suivantes:

MODÈLES: Préférez-vous Paul ou Michel?   Je **ne préfère ni** Paul **ni** Michel.

          Préférez-vous les trains ou les avions?   Je **ne préfère ni** les trains **ni** les avions.

1. Préférez-vous Marie ou Louise?   2. Préférez-vous Paris ou New York?   3. Préférez-vous les blondes ou les brunes?   4. Préférez-vous la radio ou la télévision?   5. Préférez-vous la chimie ou la botanique?

d.   Negative subject, object

Occasionally it is the subject or the object of the sentence, rather than the verb, which is negative:

Il **n'a rien.** (object)   *He has nothing.*
Rien ne compte. (subject)   *Nothing counts.*

Je **n'aime personne.** (object)   *I don't like anyone.*
Personne ne m'aime. (subject)   *No one likes me.*

EXERCICE E

Exprimez en français (Express in French):

MODÈLE: *She is not here.*   **Elle n'est pas ici.**

1. They are not in Paris.   5. I have only one question.
2. No one is here.   6. I have neither a car nor a bicycle.
3. He hasn't anything.   7. The doctor is no longer rich.
4. She is never in class.   8. Nothing is impossible.

2.   Adjectifs (Adjectives)

a.   Agreement of adjectives

Adjectives, like articles, reflect both the gender (masculine or feminine) and the number (singular or plural) of the noun or pronoun they describe:

Le garçon est petit.   *The boy is small.*
Les garçons sont petits.   *The boys are small.*

| **La ville est petite.** | *The city is small.* |
| **Les villes sont petites.** | *The cities are small.* |

When the noun being described is masculine singular, the basic form of the adjective (the form which appears in the vocabulary) is used. Adjectives describing masculine plural nouns add –s, unless the basic form itself ends in –s **(français, anglais)**. In the latter case, the singular and plural forms are the same. When the noun being modified is feminine singular, an –e is added to the basic form of the adjective, unless the basic form itself ends in –e **(jeune, riche)**. Although this unaccented –e is not pronounced, it changes the pronunciation of the preceding consonant: peti*t*—petite; françai*s*—françai*se*. Feminine plural adjectives add –s to the feminine form.

EXERCICE F*

Donnez la forme féminine de ces adjectifs (Give the feminine form of these adjectives):

| MODÈLES: | **petit** | **petite** |
| | **riche** | **riche** |

1. joliE
2. grandE
3. importantE
4. large

5. intelligent
6. jeune
7. facile

8. blondE
9. étroit E NARROW
10. stupide

b.   Irregular adjectives

1. Adjectives ending in –x

Adjectives (like nouns) which end in –x remain the same in the masculine plural:

| Il est **heureux.** | *He is happy.* |
| Ils sont **heureux.** | *They are happy.* |

In the feminine form, however, –x becomes –se:

| Elle est **heureuse.** | *She is happy.* |
| Elles sont **heureuses.** | *They are happy.* |

2. Adjectives ending in –al

Like some masculine nouns ending in –al **(cheval, général),** masculine adjectives whose basic form ends in –al often have plural forms ending in –aux:

le gouvernement **national**	*the national government*
les gouvernements **nationaux**	*the national governments*
une fête **nationale**	*a national holiday*
des fêtes **nationales**	*national holidays*

3. Adjectives ending in **–er**

The **–er** ending of many adjectives such as **premier** or **cher** becomes **–ère** in the feminine: **première, chère**

4. Adjectives ending in **–f**

Adjectives ending in **–f (neuf, sportif)** in the masculine (basic) form change the **–f** to **–v** before adding the feminine **–e: neuve, sportive**

5. Adjectives which double the final consonant

A few adjectives whose basic form ends in a consonant (usually **–1** or **–n**) double the final consonant before adding the feminine **–e:**

Il est **canadien.**   Elle est **canadienne.**
Il est **gentil.**   Elle est **gentille.**

6. Masculine adjectives ending in **–eau** form their plural by adding **–x:** **beau, beaux.**

7. Adjectives with alternate forms

There is also a small group of irregular adjectives with two distinct masculine singular forms, one ending in a vowel sound **(beau, vieux)** and the other ending in **–1 (bel, vieil).** This second form, ending in the consonant **–1,** is used only when the adjective precedes and modifies a noun that begins with a vowel sound. The masculine plural form takes the first basic form **(beau, vieux)** as stem. The feminine form for this group of adjectives uses the **–1** form as its stem, usually doubling the **–1** and then adding the feminine **–e (belle, vieille):**

vieux *(old)*   **beau** *(handsome, beautiful)*

le **vieux** monsieur   le **beau** garçon
les **vieux** messieurs   les **beaux** garçons
le **vieil** homme   le **bel** enfant
les **vieux** arbres (TREE) . les **beaux** enfants
la **vieille** femme   la **belle** fille
les **vieilles** femmes   les **belles** filles

EXERCICE G*

Répondez aux questions suivantes:

ALSO

MODÈLES: Il est **heureux**?   Oui, et elle est **heureuse** (aussi.)
             Il est **canadien**?   Oui, et elle est **canadienne** aussi.

1. Il est sérieux? 2. Il est beau? 3. Il est vieux? 4. Il est sportif?
5. Il est gentil? 6. Il est indien? 7. Il est cher? 8. Il est cruel? 9. Il est italien?

ITALIENNE

c. Position of adjectives

When the adjective and the word it describes follow each other directly and make up a single group (**la grande ville, un garçon catholique**), the word order in these groups may vary. Depending on the kind of adjective, the particular meaning intended, or the sensitive ear of the author or speaker, the adjective will sometimes precede and sometimes follow the noun.

1. Adjectives which precede

Along with numbers and possessive and demonstrative adjectives, several short, frequently used adjectives always precede the noun. Some of these adjectives are:

autre	*other*
beau (belle, *f.***)**	*beautiful, handsome*
bon (bonne, *f.***)**	*good*
gentil (gentille, *f.***)**	*nice*
grand	*big, great*
haut	*high*
jeune	*young*
joli	*pretty*
long (longue, *f.***)**	*long*
mauvais	*bad*
petit	*small, little*
vieux (vieille, *f.***)**	*old*

2. Adjectives which follow

Adjectives denoting religion, nationality, or color always follow the noun they describe:

une étudiante espagnole	*a Spanish student*
une valise noire	*a black suitcase*
un prêtre catholique	*a Catholic priest*

When a noun is followed by two adjectives, these are usually joined by **et** *(and):*

un ami **intelligent et sympathique**	*a nice, intelligent friend*
un château **pittoresque et élégant**	*an elegant, picturesque castle*

EXERCICE H

Complétez les phrases suivantes par l'adjectif qui convient. Remarquez que les adjectifs entre parenthèses sont des contraires. Attention à l'accord (Complete the following sentences with the appropriate adjective. Note that the adjectives in parentheses are opposites. Make sure that the adjective agrees with the noun it describes):

MODÈLES: (petit — grand)   Les autos françaises sont _____.
                        Les autos françaises sont **petites.**
        (facile — difficile)   Les mathématiques sont _____.
        EASY — DIFFICULT   Les mathématiques sont
                        difficiles.

1. (jeune — vieux) Ma grand-mère est très *VIEILLE*
2. (joli — laid) Paris est une ville très _____.
3. (facile — difficile) Notre leçon n'est pas _____.
4. (long — court) La Seine est un *LONGUER* fleuve.
5. (riche — pauvre) Cette dame élégante est très *RICHE*   *(STILL)*
6. (bon — mauvais) Les films de Vadim sont toujours *BON*   *ALWAYS*
7. (gai — triste) C'est une comédie très *GAIE*
8. (intelligent — stupide) Le pauvre Michel n'est pas *INTELLIGENT*
9. (gentil — désagréable) J'adore Hélène. Elle est si *GENTILLE*

JOLI — PRETTY   *GAI — HAPPY, CHEERFUL*
LAID — UGLY   *TRISTE — SAD*

EXERCICE I*

Dans ces phrases, introduisez la forme convenable de l'adjectif entre parenthèses. L'adjectif décrit le nom en italiques (In these sentences, add the appropriate form of the adjective in parentheses. The adjective describes the noun in italics):

MODÈLES: (petit) Ses *frères* sont à la maison.   Ses **petits** frères sont à la
                                         maison.
        (bleu) Je préfère *la robe.*   Je préfère la robe **bleue.**

1. (joli)   Votre *maison* est très grande.
2. (français)   C'est une petite *auto.*
3. (facile)   Les *questions* ne sont pas intéressantes.
4. (jeune)   Ma *cousine* est très belle.
5. (catholique)   C'est une *église.*
6. (heureux)   Ces *étudiants* ont leur diplôme.
7. (bon)   Madame Boulanger est une *actrice* célèbre.
8. (long)   Cette *auto* est très vieille.
9. (beau)   C'est un *enfant.* *BELLE*
10. (stupide)   Les *élèves* ne sont pas très amusants.

d.   Possessive adjectives

Adjectives indicating possession also reflect the gender and the number of the noun they describe:

Elle a **son livre** de français.   *She has her French book.*
Elle a **sa bicyclette.**   *She has her bicycle.*

Voici ma famille — ma mère, mon père, mes deux **frères** et **mes grands-parents.** *Here is my family — my mother, my father, my two brothers and my grandparents.*

The possessive adjectives are:

MASCULINE	FEMININE	PLURAL	
mon	ma	mes	*my*
ton	ta	tes	*your* (fam.)
son	sa	ses	*his, her, its*
notre	notre	nos	*our*
votre	votre	vos	*your*
leur	leur	leurs	*their*

NOTE: To avoid having two vowel sounds together (which would occur whenever **ma, ta,** or **sa** precede a word beginning with a vowel sound), the masculine forms **mon, ton, son** are used, regardless of the gender of the noun:

ton amie *(f.)*	*your girl friend*
mon auto *(f.)*	*my car*
son histoire *(f.)*	*its story, his story, her story*
mon ancienne école *(f.)*	*my former school*

EXERCICE J*

Répondez aux questions suivantes:

MODÈLES: Vous avez **votre livre?**   Oui, j'ai **mon livre.**
Tu as **ton billet?**   Oui, j'ai **mon billet.**

1. Vous avez votre bicyclette?   2. Vous avez votre appareil-photo?   3. Vous avez votre chaise?   4. Vous avez vos paquets?   5. Vous avez votre auto ici?   6. Tu as ta valise?   7. Tu as ton passeport?   8. Tu as leurs passeports aussi?   9. Tu as ton vélo ici?   10. Tu as notre malle aussi?

3.   Adjectifs numéraux (Cardinal numbers) 1–10

1	**un, une**	6	**six**
2	**deux**	7	**sept**
3	**trois**	8	**huit**
4	**quatre**	9	**neuf**
5	**cinq**	10	**dix**

EXERCICE K*

Répondez aux questions suivantes:

MODÈLES: 2 et 2 font combien?   **Deux et deux font quatre.**
6 et 3 font combien?   **Six et trois font neuf.**

1. 3 et 1 font combien?   2. 5 et 2 font combien?   3. 4 et 5 font combien?   4. 7 et 2 font combien?   5. 4 et 6 font combien?   6. 9 et 1 font combien?   7. 7 et 3 font combien?   8. 4 et 2 font combien?

– TO HAVE –

4. Verbe irrégulier <u>avoir</u> (Irregular verb <u>avoir</u>)

I   j'ai   *I have, I do have, I am having*
You   **tu as**   *you have, you do have, you are having*
HE SHE   **il a, elle a, on a**   *he has, she has, it has, one has, he does have,*
             he is having
WE   **nous avons**   *we have, we do have, we are having*
You   **vous avez**   *you have, you do have, you are having*
They   **ils ont, elles ont**   *they have, they do have, they are having*

Negative: **je n'ai pas, tu n'as pas, il n'a pas, nous n'avons pas, vous n'avez pas, ils n'ont pas**

They do not have

NOTE: In French, one single form is used to express three similar but slightly different meanings in English: *I have, I do have, I am having.* It is important to remember that all of these actions occur in the present, according to French usage. Neither the progressive English forms *(I am having, she is going)* nor the emphatic form *(they do have)* exist as separate tenses in French. All are expressed by the present tense.

EXERCICE L

Répétez les phrases suivantes en employant les sujets indiqués:

MODÈLE: **J'ai** les billets. (tu)   **Tu as** les billets.

1. J'ai les billets. (Jean et Marie, il, elle, nous, vous, elles)
2. Je n'ai pas le paquet. (tu, il, Marie, nous, vous, mes amis)

EXERCICE M

Complétez ces phrases par la forme convenable du verbe:

MODÈLE: (avoir) Il _____ six frères.   **Il a** six frères.

1. (avoir) J' _AI_ deux frères et une petite sœur.
2. (avoir) Ma petite sœur n' _AS_ pas ses souliers.
3. (avoir) Nous _AVONS_ une grande maison très vieille.
4. (être) Mes parents ne _____ pas avec nous.
5. (être) Nous _____ heureux d'être invités.
6. (avoir) Vous n'_____ pas de classe aujourd'hui.
7. (avoir) Georges et Louise _____ beaucoup de courage.
8. (être) Je _____ toujours sérieuse.

LECTURE: Dans le train

En France les voyageurs[1] dans les trains ont souvent[2] beaucoup de bagages.[3] Ils ont de petites valises, de grandes valises et des malles;[4] ils ont des appareils-photos, des caméras,[5] des radios, des jumelles,[6] des filets, des sacs, et beaucoup d'autres petits paquets et de souvenirs. En plus,[7] la plupart des[8] Français apportent[9] des casse-croûte copieux[10] 5 pour minimiser les frais[11] en route.

Les Français aiment beaucoup le camping. Pendant[12] les vacances,[13] les jeunes voyagent à bicyclette avec leurs sacs à dos et leurs sacs de couchage.[14] Mais quand ils sont fatigués, ou quand ils veulent faire de longs trajets,[15] ils mettent[16] leurs vélos aux bagages[17] et prennent[18] 10 tout simplement le train!

Les trains français sont rapides et confortables. Le réseau ferroviaire[19] s'étend[20] partout en France, et le service est excellent. Tous les coins du pays[21] sont réunis[22] par la S.N.C.F.,[23] et tout le monde[24] l'utilise.[25]

QUESTIONS

1. Est-ce que les voyageurs dans les trains ont beaucoup de bagages?
2. Quelles sortes de bagages ont-ils?
3. Quand vous voyagez, avez-vous beaucoup de bagages aussi?
4. Pourquoi les Français apportent-ils des casse-croûte ?
5. Apportez-vous des casse-croûtes en route?
6. Est-ce que les Français aiment le camping?
7. Qui voyage à bicyclette?
8. Voyagez-vous à bicyclette? Pourquoi?
9. Avez-vous un sac à dos? Un sac de couchage?
10. Que font les cyclistes quand ils veulent faire de longs trajets?
11. Est-ce que les trains français sont rapides et confortables?
12. Où s'étend le réseau ferroviaire?
13. Que veut dire[26] la S.N.C.F.?
14. Qu'est-ce qui est réuni par la S.N.C.F.?
15. Qui utilise la S.N.C.F.?
16. Décrivez[27] les trains français.

---

1. **voyageurs** travellers. 2. **souvent** often. 3. **bagages** luggage. 4. **malles** trunks. 5. **caméras** movie cameras. 6. **jumelles** binoculars. 7. **En plus** in addition. 8. **la plupart des** the greater part of, most of. 9. **apportent** bring. 10. **casse-croûte copieux** abundant, copious snacks. 11. **frais** expenses. 12. **Pendant** during. 13. **vacances** vacation. 14. **sacs de couchage** sleeping bags. 15. **trajets** journey. 16. **mettent** put. 17. **bagages** baggage car. 18. **prennent** take. 19. **réseau ferroviaire** railway network. 20. **s'étend** extends. 21. **pays** country. 22. **réunis** united. 23. **S.N.C.F.:** **Société nationale des chemins de fer français** French national railways. 24. **tout le monde** everybody. 25. **l'utilise** uses it. 26. **Que veut dire . . . ?** *"what is the meaning of . . . ?"* 27. **Décrivez** Describe.

proverbe

Plus on est de fous, plus on rit.

troisième
leçon

CONVERSATION: Marc trouve un appartement

(Marc parle avec la concierge.)

MARC:	Bonjour, madame.
LA CONCIERGE:	Bonjour, monsieur.
MARC:	Vous avez un appartement à louer, (RENT) n'est-ce pas?
☆ LA CONCIERGE:	Oui, monsieur. Voulez-vous le voir? SEE
MARC:	Oui, s'il vous plaît. Il est au rez-de-chaussée?
LA CONCIERGE:	Non, monsieur. Il est au premier étage. Suivez-moi, s'il vous plaît.

(Ils montent l'escalier.)

MARC:	HOW MANY Combien de pièces y a-t-il?
LA CONCIERGE:	Il y a cinq pièces, une cuisine, une salle de bains, et un balcon.
☆ MARC:	Est-ce qu'il y a le chauffage central?
LA CONCIERGE:	Mais, bien sûr! (BUT, OF COURSE)
MARC:	Et l'eau courante?
☆ LA CONCIERGE:	Mais, naturellement, monsieur!
MARC:	Et quel est le loyer?
LA CONCIERGE:	Deux mille huit cents (2.800) francs par mois, monsieur.

(Un petit silence.)

MARC:	C'est vraiment trop cher, madame. Vous n'avez pas quelque chose de plus petit?
LA CONCIERGE:	Mais si, monsieur. Justement, j'ai un petit studio au sixième, pour trois cent quatre-vingts (380) francs. Voulez-vous le voir?
☆ MARC:	Je veux bien, madame. Merci beaucoup!

IL Y A = THERE IS
THERE ARE

PRATIQUE

Y A-T-IL - ARE THERE ?
IS THERE ?

MAIS - BUT
SI - YES OR IF

Posez les questions et donnez les réponses, en suivant les indications:

Would

☆ Vous avez un appartement à louer, n'est-ce pas? — Oui, voulez-vous le voir?

Vous avez une auto à louer, n'est-ce pas? — Oui, voulez-vous la voir?

Vous avez un vélo à louer, n'est-ce pas? — Oui, voulez-vous le voir?

Vous avez une maison à louer, n'est-ce pas? — Oui, voulez-vous la voir?

HOW MUCH - How Many

☆ Combien de pièces y a-t-il? — Il y a cinq pièces.

Combien de cuisines y a-t-il? — Il y a une cuisine.

Combien de salle de bains y a-t-il? — Il y a une salle de bains.

Combien de balcons y a-t-il? — Il y a un balcon.

Question

☆ Est-ce qu'il y a le chauffage central? — Mais, bien sûr qu'il y a le chauffage central!

Est-ce qu'il y a l'eau courante? — Mais, bien sûr qu'il y a l'eau courante!

Est-ce qu'il y a une cuisine? — Mais, naturellement qu'il y a une cuisine!

Est-ce qu'il y a une salle de bains? — Mais, naturellement qu'il y a une salle de bains!

Est-ce qu'il y a un balcon? — Mais, naturellement qu'il y a un balcon!

SOMETHING

☆ Vous n'avez pas quelque chose de plus petit? *MORE* — Mais si, j'ai quelque chose de plus petit.

Vous n'avez pas quelque chose de plus grand? — Mais si, j'ai quelque chose de plus grand.

Vous n'avez pas quelque chose de plus joli? *Pretty* — Mais si, j'ai quelque chose de plus joli.

Vous n'avez pas quelque chose de plus beau? *BEAUTIFUL* — Mais si, j'ai quelque chose de plus beau.

Vous n'avez pas quelque chose de plus intéressant? — Mais si, j'ai quelque chose de plus intéressant.

= SMALLER

VOCABULAIRE

Allemagne f.	Germany	manger	to eat
aller	to go	mairie f.	town hall
Angleterre f.	England	marchand m.	merchant
balcon m.	balcony	Mexique m.	Mexico
bibliothèque f.	library	mille	one thousand
boutique f.	small shop	montent	go up, mount
bureau de poste m.	post office	n'est-ce pas	doesn't it?, don't
cabaret m.	nightclub		you?, etc. (inter-
cahier m.	notebook		rogative phrase)
cathédrale f.	cathedral	naturellement	naturally
ce	this, that	par mois	per month
cent	one hundred	parc m.	park
chauffage central m.	central heating	pharmacie f.	pharmacy
Chine f.	China	pièce f.	room; item; play
clinique f.	clinic	plus	more
courant, courante	running	plusieurs	several
cuisine f.	kitchen; cooking	possessif, possessive	possessive
dangereux, dangereuse	dangerous	préfecture f.	police headquarters
demain	tomorrow	président m.	president
drugstore m.	American-style	quatre-vingts	eighty
	drugstore (prima-	quel	what, which
	rily in Paris)	rez-de-chaussée m.	ground floor
eau f.	water	salle de bains f.	bathroom
élégant, élégante	elegant	samedi m.	Saturday
ensemble	together	Seine f.	river which flows
escalier m.	stairway		through Paris
étage m.	floor, story	s'il vous plaît	please
facture f.	bill of sale	silence m.	silence
fleuve m.	river	sixième	sixth
grand-père m.	grandfather	soir m.	evening
Henri Quatre	Henry IV	suivez-moi	follow me
hôpital m.	hospital	trouve	find, finds
hôtel m.	hotel	trop	too (much)
journal m.	newspaper	venir	to come
justement	precisely	veux	want, wish
libraire m.	book seller	Vienne	Vienna
librairie f.	book store	voir	to see
à louer	for rent	voiture f.	car
loyer m.	rent	voulez-vous?	do you want?,
lycée m.	public secondary		do you wish?
	school	y a-t-il?	is there?, are there?
magasin m.	store		

GRAMMAIRE ET EXERCICES

1. Phrases interrogatives (Interrogative sentences)

There are several ways of asking questions in French. Some of these are used primarily in conversation; some are limited to situations in which a certain type of answer is expected; some are always appropriate.

a. Intonation

In French as in English, one often indicates a question simply by raising the voice at the end of the sentence. No change in word order occurs:

> **Tu es là?**   *You are there?*
> **Vous ne parlez pas français?** *You don't speak French?*

b.   Est-ce que (̲ ̲Es ka)

Another way of asking questions in French — also used primarily on conversation — is to precede a statement by **Est-ce que . . .** , thus signaling that a question is to follow. Normal word order is used:

> **Est-ce qu'il est ingénieur?**   *Is he an engineer?*
> **Est-ce que nous sommes d'accord?**   *Are we in agreement?*

NOTE: This method of asking questions is limited to situations in which the response may be yes or no.

EXERCICE A*

Changez les phrases suivantes en questions (Change the following sentences to questions):

MODÈLES: Vous êtes italien.   **Est-ce que vous êtes italien?**
            Les étudiants sont à   **Est-ce que les étudiants sont à**
            Paris.   **Paris?**

1. Tu es étudiant.   2. Elles parlent allemand.   3. Mes amies sont trop (Too) fatiguées.   4. Les enfants ont leurs livres.   5. Vous avez une sœur.
                                    THEIR

c.   Inversion

1. Pronoun subjects

The most common way of asking questions is inversion of the subject and verb:

> **Es-tu là?**   *Are you there?*
> **Sommes-nous à l'heure?**   *Are we on time?*
> **N'ont-ils pas leurs billets?** *Don't they have their tickets?*

Not only are the normal positions of subject and verb reversed in this sequence, but the two words are joined by a hyphen. In negative sentences, **ne . . . pas** comes immediately before and after the verb—subject group.

NOTE: When inversion of this kind brings together two vowels joined by a hyphen (one ending the verb and one beginning the subject), a -t- is inserted between them to create a more pleasant sound:

HAS HE
AS SHE
> **A-t-il un bon appareil?**   *Has he a good camera?*
> **A-t-elle assez d'argent?**   *Does she have enough money?*
> **Ne parle-t-il pas français?** *Doesn't he speak French?*

EXERCICE B*

Changez les phrases suivantes en questions en employant l'inversion (Change the following sentences to questions by using inversion):

MODÈLES: Elles sont au café.   **Sont-elles** au café?
                Elle a votre livre.   **A-t-elle** votre livre?

1. Elle est au théâtre.   2. Ils ont assez de temps.   3. Tu es un bon élève.
4. Vous n'avez pas votre livre.   5. Il n'a pas de frères.

2. Noun Subjects

Questions with a noun subject follow a slightly different word order:

Jacques parle-t-il français?	*Does Jacques speak French?*
Marie et Louise ne sont-elles pas ici?	*Aren't Marie and Louise here?*
Les billets sont-ils sur la table?	*Are the tickets on the table?*
Paul et Hélène ont-ils mes livres?	*Do Paul and Helene have my books?*

For clarity, the noun subject comes first in the question. The pronoun attached to the verb is the corresponding subject pronoun:

Jacques . . . il; Marie et Louise . . . elles; les billets . . . ils; Paul et Hélène . . . ils.

EXERCICE C*

Répétez ces questions en employant l'inversion (Repeat these questions using inversion):

MODÈLES: **Est-ce que Marc a** une voiture?   **Marc a-t-il** une voiture?
                Est-ce que les enfants sont ici?   **Les enfants sont-ils** ici?

1. Est-ce que Marie a un billet?   2. Est-ce que ta sœur est à Rome?   3. Est-ce que les journalistes sont au bureau?   4. Est-ce que mon ami n'est pas en classe?   5. Est-ce que Georges et Claudine ont une belle voiture?   6. Est-ce que les avions sont dangereux?

EXERCICE D

Suivez les indications en posant des questions. Les réponses sont à la forme négative (Follow the directions in asking questions. The answers are in the negative):

MODÈLES: Demandez à votre voisin/voisine s'il (si elle) va bien aujourd'hui.
                Allez-vous bien aujourd'hui? (Réponse: Non, je ne vais pas bien.)

Demandez si son livre est intéressant.

Votre livre est-il interessant? (Réponse: Non, il n'est pas intéressant.)

TO ASK

1. Demandez s'il (si elle) va au cinéma ce soir. 2. Demandez si son auto va très vite. 3. Demandez si nous sommes prêts. 4. Demandez si ses amis vont aussi à l'université. 5. Demandez si les magasins sont ouverts ce soir. 6. Demandez si le français est difficile. 7. Demandez si ses parents sont ici. 8. Demandez si le film au cinéma est bon.

d.   N'est-ce pas?

A statement may be made interrogative in French by adding **n'est-ce pas?** to the end:

Tu parles français, n'est-ce pas?   *You speak French, don't you?*
Ils sont au Canada, n'est-ce pas?   *They are in Canada, aren't they?*

2.   Adjectifs interrogatifs (Interrogative adjectives)

M. SING **Quel** film est-ce que tu préfères?   *Which film do you prefer?*
M. PLURAL **Quels** auteurs sont les plus intéressants?   *Which authors are the most interesting?*
F. SING **Quelle** chanson écoutez-vous?   *Which song are you listening to?*
F. PLURAL **Quelles** autos sont les plus économiques?   *Which cars are the most economical?*

Questions, whether spoken or written, often begin with an interrogative adjective: **quel** *(m. sing.)*, **quels** *(m. pl.)*, **quelle** *(f. sing.)*, and **quelles** *(f. pl.)*. Like all adjectives, interrogative adjectives must agree in gender and in number with the noun they describe.

EXERCICE E*

Formez des questions en employant les adjectifs interrogatifs (Form questions using the interrogative adjectives):

MODÈLES: Je cherche **un livre.**   **Quel livre** est-ce que tu cherches?
Je demande **les prix.**   **Quels prix** est-ce que tu demandes?

1. Je cherche un disque.   4. J'ai une photo.
2. Je cherche une église.   5. J'ai des romans.
3. Je cherche mes devoirs.   6. J'ai un billet.

3. Contractions (Contractions)

a. **de** with the definite article

1. **des**

In Lesson 1 we introduced **des,** the plural indefinite article meaning *some:*

J'ai **un livre.**   *I have a book.*
J'ai **des livres.**   *I have (some) books.*

Des also occurs frequently as a contraction of the preposition **de** and the plural definite article **les,** meaning *of the, from the:*

La photo **des enfants** est   *The photograph of the children is*
  très jolie.   *very pretty.*
Marcel arrive aujourd'hui **des**   *Marcel is arriving today from the*
  États-Unis.   *United States.*

Whether **des** means *some* or *of the* depends on the context of the sentence:

Avez-vous **des appartements**   *Do you have (some) apartments*
  à louer?   *for rent?*
L'appartement **des Dupont** est   *The apartment of the Duponts is*
  très élégant.   *very elegant.*

2. **du**

De also contracts with **le,** the masculine singular definite article, forming **du:**

L'auto **du professeur** est une Renault.   *The teacher's car is a Renault.*
Mon frère arrive aujourd'hui   *My brother is arriving today*
  du Danemark.   *from Denmark.*

3. **de la**

The feminine singular form does not contract:

Le père **de la jeune fille** est médecin.   *The girl's father is a doctor.*
La cuisine **de la maison** est jolie.   *The kitchen of the house is pretty.*

4. **de l'**

Before a singular noun beginning with a vowel sound or mute **h, de la** and **de le** become **de l':**

La lettre est **de l'ami** de Georges.   *The letter is from George's friend.*

b. Uses of **des, du, de la, de l'**

1. The most common use of these forms is to express possession:

Bike

le vélo **de l'étudiant**	*the student's bike*
les valises **de la femme**	*the woman's suitcases*
l'ami **du garçon**	*the boy's friend*
le professeur **des élèves**	*the students' teacher*

EXERCICE F

Exprimez en français (Express in French):   *Le Billet du GARÇON*

1. Marie's sister   3. the students' books   5. the boy's tickets
                      DES
2. the doctor's car   4. the children's mother   6. the woman's suit-
                      DES   cases

EXERCICE G

Complétez les phrases suivantes par la forme indiquée du possessif (Complete the following sentences by the correct form of the possessive):

MODÈLES: *(my sister)*   Ce n'est pas sa sœur, c'est _____.
                               Ce n'est pas sa sœur, c'est **ma sœur.**
           (Marie's sister)   Ce n'est pas ma sœur, c'est _____.
                               Ce n'est pas ma sœur, c'est **la sœur de Marie.**

1. *(your notebook)*   Ce n'est pas mon cahier, c'est *VOTRE*
2. *(her camera)*   Ce n'est pas mon appareil-photo, c'est *ELLE*
3. *(his book)*   Ce n'est pas ton livre, c'est *IL* _____.
4. *(my tickets)*   Ce ne sont pas leurs billets, ce sont _____.
5. *(Marc's brother)*   Ce n'est pas mon frère, c'est _____.
6. *(M. Durand's car)*   Ce n'est pas notre voiture, c'est _____.
7. *(the teacher's place)* Ce n'est pas ta place, c'est _____.
8. *(the children's trunk)* Ce n'est pas votre malle, c'est _____.

2. **De** combined with the definite article ·also expresses the idea of *from* or *of the:*

Elle vient **du Canada.**	*She is coming from Canada.*
C'est une lettre **des enfants.**	*It's a letter from the children.*

EXERCICE H*

Répondez à la question suivante selon les modèles:

MODÈLES: **D'où vient cette dame?**   *Where is this lady coming from?*
           (le Mexique) Elle vient **du Mexique.**
           (les magasins) Elle vient **des magasins.**

D'où vient cette dame?
Du

1. le Canada   3. l'université   5. l'hôpital
2. le théâtre   4. le Portugal   6. les provinces

c. au, aux, à la, à l'

The preposition **à** (*to* or *at*), when followed by the definite article, is also contracted in the masculine singular and plural:

$$\left.\begin{array}{l} à + le = au \\ à + les = aux \\ à + la = à \ la \\ à + l' = à \ l' \end{array}\right\} \quad to\ the,\ at\ the$$

Elles ne vont jamais **au théâtre.**	*They never go to the theater.*
Il parle **aux enfants.**	*He is speaking to the children.*
Vas-tu **à la classe** de français?	*Are you going to French class?*
Va-t-elle **à l'église?**	*Is she going to church?*

EXERCICE I*

Répondez aux questions suivantes:

MODÈLES: **Où va-t-il?**   *Where is he going?*
(la cathédrale)   Il va **a la cathédrale.**
(le café)   Il va **au café.**

Où va-t-il?

1. le restaurant   3. le parc   5. les magasins
2. le bureau   4. l'auto

4. Verbe irrégulier <u>aller</u> (Irregular verb <u>aller</u>)

je vais	*I go, I am going, I do go*
tu vas	*you go, you are going, you do go*
il va, elle va, on va	*he goes, she goes, it goes, one goes, he does go, he is going*
nous allons	*we go, we are going, we do go*
vous allez	*you go, you are going, you do go*
ils vont, elles vont	*they go, they are going, they do go*

NOTE: **Aller** has several special uses in French. It is frequently used in the idiom *"How are you? I'm fine."* («**Comment allez-vous? Je vais bien.**») In addition, it often expresses a future action, just as it does in English:

Je vais étudier ce soir.   *I'm going to study this evening.*

5. Verbe irrégulier <u>venir</u> (Irregular verb <u>venir</u>)

je viens	*I come, I am coming, I do come*
tu viens	*you come, you are coming, you do come*
il vient, elle vient, on vient	*he comes, he is coming, he does come, she comes, one comes*

nous venons	*we come, we are coming, we do come*
vous venez	*you come, you are coming, you do come*
ils viennent, elles viennent	*they come, they are coming, they do come*

EXERCICE J

Répétez les phrases suivantes en employant les sujets indiqués:

MODÈLE: **Je vais** en Europe. (tu) **Tu vas** en Europe.

1. Je vais en Chine. (tu, Paul, nous, vous, les touristes)
2. Je ne vais pas au café. (elle, vous, mon ami, les étudiants)

MODÈLE: **Je viens** du Danemark. (vous) **Vous venez** du Danemark.

1. Je viens du Canada. (il, ma mère, nous, tu, l'avion)
2. Je ne viens pas d'Italie. (tu, la peinture, vous, nous)

EXERCICE K

Complétez les phrases suivantes par la forme convenable du verbe:

MODÈLE: (aller) Il _VA_ à Paris. **Il va** à Paris.

1. (aller)   Ils _VONT_ à Paris.
2. (aller)   Où _ALLEZ_ -vous?
3. (aller)   Comment _VA_ -tu?
4. (venir)   D'où _VIENT_ -il?
5. (venir)   Nous _VENONS_ d'Europe.
6. (venir)   Elle _VIENT_ du Canada.
7. (être)   Mes amis _SONT_ aux États-Unis.
8. (avoir)   Philippe n' _____ que trois sœurs.
9. (avoir)   Vous n' _____ rien à manger!
10. (être)   Tu _____ trop gentille!

EXERCICE L

Complétez les phrases suivantes

MODÈLES: (le café — le théâtre)   Va-t-il à _____ ou à _____?
                                       Va-t-il **au café** ou **au théâtre?**

           (la librairie — les   Vient-il de _____ ou
           archives)   de _____?
                                       Vient-il **de la librairie** ou **des
                                       archives?**

1. (le bureau de poste — le café)   Vont-ils à _____ ou à _____?
2. (le cabaret — le bureau)   Vas-tu à _____ ou à _____?
3. (les magasins — la pharmacie)   Va-t-elle à _____ ou à _____?
4. (la boutique — le drugstore)   Allons-nous à _____ ou à _____?
5. (la préfecture — la mairie)   Viennent-ils de _____ ou de _____?

6. (le Mexique — le Canada) Vient-elle de _____ ou de _____?
7. (l'appartement — le bureau) Venez-vous de _____ ou de _____?
8. (le cinéma — le café) Viens-tu de _____ ou de _____?

6. Adjectifs numéraux (Cardinal numbers) 11–20

11	onze	16	seize
12	douze	17	dix-sept
13	treize	18	dix-huit
14	quatorze	19	dix-neuf
15	quinze	20	vingt

LECTURE: Les appartements

Pour trouver[1] un appartement à Paris, on doit[2] avoir ou la patience
d'un saint ou la fortune d'un Crésus![3] Puisqu'il[4] est rare qu'on ait une
fortune, c'est alors par la patience qu'on trouve un logement.[5]

Les jeunes ménages[6] vont plutôt vers les banlieues[7] comme Créteil,
Versailles, ou Évry. Ils y trouvent de grands immeubles de béton[8] très   5
modernes et d'énormes complexes qui comprennent des supermarchés,
des terrains de jeux,[9] des parcs à enfants,[10] et même quelquefois des
boutiques de luxe et des piscines.[11] Pour les immeubles plus luxueux,
il y a même des parkings souterrains.[12]

Pour ceux[13] qui veulent rester[14] plus près du centre, le problème   10
reste difficile à résoudre.[15] Pour la plupart, il faut se contenter d'un
vieil appartement qui manque[16] quelquefois des conforts les plus modernes. On a, pourtant,[17] le plaisir d'aménager[18] son logis à son gré[19]
avec des résultats quelquefois très charmants.

Les étudiants qui viennent étudier à Paris cherchent,[20] généralement,   15
à rester dans le Quartier latin. Ils se fourrent[21] un peu partout, des
caves aux greniers![22] Il y en a qui ont la chance[23] d'avoir des parents[24]
ou des amis chez qui[25] ils peuvent loger. D'autres prennent des chambres
dans les résidences universitaires, dont le nombre est limité. Les autres
se débrouillent[26] tant bien que mal[27] en attendant que leur fortune   20
change, mais quand même contents d'être à Paris!

1. **trouver** to find.   2. **doit** must.   3. **Crésus** ancient king of legendary wealth.   4. **Puisqu'il** since it.   5. **logement** housing.   6. **ménages** households.   7. **banlieues** suburbs.   8. **béton** concrete.   9. **terrains de jeux** playing fields.   10. **parcs à enfants** children's playgrounds.   11. **piscines** swimming pools.   12. **parkings souterrains** underground parking garages.   13. **ceux** those.   14. **rester** remain.   15. **résoudre** resolve.   16. **manque** lacks.   17. **pourtant** however.   18. **aménager** arrange, remodel.   19. **à son gré** at one's pleasure.   20. **cherchent** seek.   21. **se fourrent** cram themselves.   22. **des caves aux greniers** from cellars to attics.   23. **chance** luck.   24. **parents** relatives; father and mother.   25. **chez qui** at whose home.   26. **se débrouillent** get along, fend for themselves.   27. **tant bien que mal** after a fashion, as best as can be.   28. **quand même** all the same, anyway.

QUESTIONS

1. Qu'est-ce qu'on doit avoir pour trouver un appartement à Paris?
2. Où vont les jeunes ménages?
3. Nommez quelques banlieues parisiennes. Trouvez-les sur le plan de Paris.
4. Qu'est-ce qu'on trouve dans les grands complexes d'immeubles?
5. Où vont ceux qui veulent rester plus près du centre?
6. Qu'est-ce qu'on peut faire à son logis?
7. Dans quel quartier de Paris veulent rester les étudiants?
8. Où logent-ils?
9. Y a-t-il beaucoup de résidences universitaires à Paris?
10. Que font ceux qui n'ont ni parents ni chambre universitaire?
11. Y a-t-il beaucoup de résidences universitaires aux États-Unis?
12. Est-ce que les étudiants américains préfèrent les résidences universitaires ou les appartements? Pourquoi?
13. Où logez-vous?
14. Aimez-vous aménager votre logis?
15. Décrivez votre chambre ou votre appartement.

proverbe

L'appétit vient en mangeant.

quatrième
leçon

CONVERSATION: Au café

(La terrasse du café est bondée. (crowded) *Il reste une place, à la table où Marc prend son café.)*

GEORGES: Tu permets?

MARC: Mais, assieds-toi!

GEORGES: Je m'appelle Georges Martin. Je suis étudiant en droit. (law)

☆ MARC: Je suis Marc Gibson. J'étudie à la Sorbonne.

(Ils se serrent la main.)

GARÇON: *(à Georges.)* Vous désirez?

GEORGES: Un café crème. *(à Marc.)* Tu loges près d'ici?

MARC: Oui, près du Luxembourg. J'ai un petit studio. Et toi?

GEORGES: J'ai une chambre au Boul'Mich, chez mon beau-frère.

MARC: C'est ta première année ici?

GEORGES: Non, la troisième.

☆ GARÇON: Voilà, monsieur. *(Il pose le café.)* Un franc quatre-vingts.

(Georges paye le garçon.)

MARC: Peux-tu me dire ce qu'il faut faire pour avoir une carte orange?[1]

GEORGES: Tu connais les stations de métro?

MARC: Du tout!

GEORGES: Écoute, je suis pressé. Je travaille le soir au Self Cluny. Si tu veux m'accompagner je t'explique en route.

MARC: C'est loin?

GEORGES: Non, c'est juste à côté.

☆ MARC: D'accord!

(Georges finit son café et ils partent ensemble.)

---

1. **Carte orange** monthly subway pass, bright orange in color to distinguish it from weekly tourist pass which is bright yellow.

PRATIQUE

Deux personnes se présentent, selon les indications, et se serrent la main.

Première personne	Deuxième personne
☆ Je m'appelle . . . Je suis étudiant/étudiante en droit.	Je m'appelle . . . Je suis étudiant/étudiante en droit aussi.
Je m'appelle . . . Je suis étudiant/étudiante en musique.	Je m'appelle . . . Je suis étudiant/étudiante en musique aussi.
Je m'appelle . . . Je suis étudiant/étudiante en médecine.	Je m'appelle . . . Je suis étudiant/étudiante en médecine aussi.
Je m'appelle . . . Je suis étudiant/étudiante à la Sorbonne.	Je m'appelle . . . Je suis étudiant/étudiante à la Sorbonne aussi.
Je m'appelle . . . Je suis étudiant/étudiante au Conservatoire.	Je m'appelle . . . Je suis étudiant/étudiante au Conservatoire aussi.
Je m'appelle . . . Je suis étudiant/étudiante à l'École des beaux-arts.	Je m'appelle . . . Je suis étudiant/étudiante à l'École des beaux-arts aussi.
Je m'appelle . . . Je suis étudiant/étudiante à l'université.	Je m'appelle . . . Je suis étudiant/étudiante à l'université aussi.

Posez les questions et donnez les réponses, en suivant les indications:

☆ Tu loges près d'ici?	Oui, je loge près d'ici.
Tu loges près du Luxembourg?	Oui, je loge près du Luxembourg.
Tu loges près du Boul'Mich?	Oui, je loge près du Boul'Mich.
Tu loges chez ton beau-frère?	Oui, je loge chez mon beau-frère.
Tu loges chez tes parents?	Oui, je loge chez mes parents.
Tu loges chez des amis/amies?	Oui, je loge chez des amis/amies.

☆ Tu connais les stations de métro?	Non, je ne connais pas les stations de métro.
Tu connais Paris?	Non, je ne connais pas Paris.
Tu t'appelles Georges Martin?	Non, je ne m'appelle pas Georges Martin.
Tu loges près d'ici?	Non, je ne loge pas près d'ici.
Tu travailles le soir?	Non, je ne travaille pas le soir.
C'est près d'ici?	Non, ce n'est pas près d'ici.
C'est loin d'ici?	Non, ce n'est pas loin d'ici.

J'ai acheté — I bought

VOCABULAIRE

à côté	beside, next to	étudier	study
m'accompagner	come with me	examen _m._	exam
d'accord	in agreement, "okay"	exige	demands
		t'explique	explain to you
acheter	buy	faire	make, do
admirer	admire	faut	is necessary
adorer	adore	finir	finish
âge _m._	age	finit	is finishing
aider	help	fruit _m._	fruit
aimer	like, love	goûter	taste
an _m._	year	gâteau _m._	cake
année _f._	year	habiter	live in
apéritif _m._	aperitif, cocktail	intime	intimate, cozy
appelle	call	jouer	play
je m'appelle	my name is	juste	fair, exact
assieds-toi	sit down	loges	live, have lodgings
banane _f._	banana	loin	far
beau-frère _m._	brother-in-law	Luxembourg _m._	Luxembourg park and palace in Paris
bière _f._	beer		
bifteck _m._	beefsteak	majorité _f._	majority
boit	drinks	métro _m._	subway
bondé, bondée	crowded, packed	moderne	modern
Boul'Mich _m._	Boulevard St.-Michel	montrer	show, indicate
		nombre _m._	number
bouteille _f._	bottle	nouilles _f.pl._	noodles
café-crème _m._	coffee with cream	obéir	obey
carafe _f._	carafe, decanter	paie	pays
causer	talk, chat	pain _m._	bread
chambre _f._	bedroom	pair, paire	even
chercher	look for, go and get	parler	speak, talk
cherche	looks for, is looking for	partent	leave
		partout	everywhere
chez	at the home of	perdre	lose
choisir	choose	permets	permit, allow
cidre _m._	cider	peu	little, few
citron-pressé _m._	lemonade	peux-tu	can you
commande	order, orders	la plupart	the larger part
comptez	count	poisson _m._	fish
connais	am, are acquainted with	pose	places, puts down
		posé, posée	placed
Conservatoire _m._	Paris Conservatory of Music	poser	place, put down
		préférer	prefer
désirez	desire, want	premier, première	first
détester	detest	prend	takes
dire	say	près d'ici	near here
disque _m._	record	pressé, pressée	hurried, pressed for time
dites	say		
donner	give	régulier, régulière	regular
dortoir _m._	dormitory	remplir	fill, complete
douzaine _f._	dozen	rendre	return, give back
en droit	in law, law student	répondre	reply, answer
du tout	at all	reste	remain, stay
eau minérale _f._	mineral water	riz _m._	rice
École des beaux-arts _f._	School of Fine Arts	roman _m._	novel
écoute	listen, listens	Self Cluny _m._	cafeteria-style restaurant near the Cluny museum in Paris
écouter	listen		
élève _m. & f._	pupil		
en ville	downtown		
entendre	hear	se serrent la main	shake hands
étudie	studies	sorte _f._	kind, type, sort

souvent	often	trouver	find
sur	on, upon	vendre	sell
station *f.*	station	verre *m.*	glass
terrasse *f.*	terrace	viande *f.*	meat
travaille	work, works	voyager	travel
troisième	third	week-end *m.*	weekend

GRAMMAIRE ET EXERCISES

1. Conjugaison des verbes réguliers (Conjugation of regular verbs)

a. −er, −ir, −re families

Unlike the irregular verbs introduced in the first three chapters, the majority of French verbs are more regular in form and can be studied in larger groupings called conjugations. Many French verbs, for example, have infinitives ending in −er, such as **parler** *to speak*, **donner** *to give*, **habiter** *to live*. Regular verbs all follow a regular pattern in the basic stem and in the series of endings attached to that stem.

There are three broad groupings or conjugations of verbs. The largest is called simply *first conjugation*, and regular verbs whose infinitives end in −er make up this group. The *second conjugation* is made up of verbs whose infinitives end in −ir, such as **finir** *to finish*, **remplir** *to fill*, **obéir** *to obey*. Verbs such as **entendre** *to hear*, **vendre** *to sell* and **perdre** *to lose*, ending in −re, are third conjugation verbs.

b. The Infinitive

In addition to establishing the conjugation of the verb, the infinitive has many functions in French. As in English, the infinitive represents the idea of *"to . . .": to speak, to do, to want*. The infinitive also serves as a sort of "family name," and it is this form which is listed in a dictionary or vocabulary. Still another function of the infinitive is to provide a stem or base for all regular present tense forms. The identifying ending (−er, −ir, −re) is dropped: **parl / er; fin / ir; entend / re,** and the appropriate present tense ending is added to the stem which remains.

2. Verbes de la première conjugaison −er au temps présent — exemple: parler (First conjugation −er verbs, present tense — exemple: parler)

SUBJECT	STEM	ENDING	PRESENT TENSE	
je	parl	e	je parle	*I speak, I am speaking, I do speak*
tu	parl	es	tu parles	*you speak*
il, elle, on	parl	e	il parle	*he, she, one speaks*

nous	parl	**ons**	nous parl**ons**	*we speak*
vous	parl	**ez**	vous parl**ez**	*you speak*
ils, elles	parl	**ent**	ils parl**ent**	*they speak*

NOTE: In speaking, three of these forms sound identical: **Parle, parles** and **parlent** are pronounced exactly the same.

EXERCICE A*

Répondez aux questions suivantes:

MODÈLES: **Parlez-vous** français? Oui, **je parle** français.
Et votre frère? Non, **il ne parle** pas français.

Habitez-vous Paris? Oui, **j'habite** Paris.
Et votre sœur? Non, **elle n'habite** pas Paris.

1. Parlez-vous italien? Et votre frère? 2. Habitez-vous Marseille? Et votre sœur? 3. Donnez-vous des leçons? Et votre ami? 4. Posez-vous des questions? Et les élèves? 5. Voyagez-vous en Espagne? Et vos parents? 6. Regardez-vous le menu? Et le garçon?

3. Verbes de la deuxième conjugaison –ir — exemple: finir (Second conjugation –ir verbs — example: finir)

SUBJECT	STEM	ENDINGS	PRESENT TENSE	
je	fin	**is**	je fin**is**	*I finish*
tu	fin	**is**	tu fin**is**	*you finish*
il, elle, on	fin	**it**	il fin**it**	*he, she, it, one finishes*
nous	fin	**issons**	nous fin**issons**	*we finish*
vous	fin	**issez**	vous fin**issez**	*you finish*
ils, elles	fin	**issent**	ils fin**issent**	*they finish*

EXERCICE B*

Répondez aux questions suivantes:

MODÈLES: **Finissez-vous** le travail? Oui, **je finis** le travail.
Et Marc? Non, **il ne finit** pas le travail.
Choisissez-vous votre ami? Oui, **je choisis** mon ami.
Et Marie? Non, **elle** ne **choisit** pas mon ami.

1. Finissez-vous votre dîner? Et Hélène? 2. Choisissez-vous ce film? Et Georges? 3. Remplissez-vous la fiche? Et l'inspecteur? 4. Obéissez-vous au professeur? Et les autres élèves? 5. Réussissez-vous à votre examen? Et Jean-Jacques?

4.   Verbes de la troisième conjugaison –re — exemple: répondre (Third conjugation –re verbs — example: répondre)

SUBJECT	STEM	ENDING	PRESENT TENSE	
je	répond	s	je réponds	*I answer*
tu	répond	s	tu réponds	*you answer*
il, elle, on	répond		il répond	*he, she, one answers*
nous	répond	**ons**	nous répond**ons**	*we answer*
vous	répond	**ez**	vous répond**ez**	*you answer*
ils, elles	répond	**ent**	ils répond**ent**	*they answer*

EXERCICE C*

Répondez aux questions suivantes:

MODÈLES: **Répondez-vous** aux questions?   Oui, **je réponds** aux questions.

Et les autres? (OTHERS)   Non, **les autres** ne **répondent** pas aux questions.

Perdez-vous votre argent?   Oui, **je perds** mon argent.

Et votre ami?   Non, **mon ami** ne perd **pas** son argent.

1. Répondez-vous à ces lettres? Et Paul? 2. Perdez-vous votre temps? Et Louise? 3. Vendez-vous votre bicyclette? Et votre voisin? 4. Entendez-vous la question? *HEAR* Et les étudiants? 5. Rendez-vous l'argent? Et Suzanne?

EXERCICE D

Complétez les phrases suivantes par la forme convenable du verbe au présent:

MODÈLE: (parler) _____-ils italien? **Parlent-ils** italien?

SPEAK   1. (parler)   *Parles*-tu français?
GIVE   2. (donner)   Il _____ le livre à son ami. *DONNE*
TALK   3. (causer)   Nous _____ avec les étudiants. *CAUSONS*
LIVE   4. (habiter)   Où _____-vous? *HABITEZ*
FINISH   5. (finir)   Je ne _____ jamais la leçon. *FINIS PAS*
FILL   6. (remplir)   Tu ne _____ pas tes promesses! *REMPLIS PAR*
FINISH   7. (finir)   Ils _____ maintenant. *FINNCSSENT*
OBEY   8. (obéir)   _____-tu à ton père? *OBEIS*
SHOW   9. (montrer)   Les élèves _____ leurs devoirs au professeur. *MONTRENT*
STUDY   10. (étudier)   Nous _____ ensemble.
LOSE   11. (perdre)   Pourquoi _____-vous votre argent?
Reply   12. (répondre)   Mais il ne _____ pas.

13. (entendre) Je n'_____ rien.
14. (entendre) Ils _____ tout.
15. (répondre) Nous _____ aux questions de l'agent de police.

EXERCICE E*

Répondez aux questions suivantes:

MODÈLES: **Parlez-vous** anglais?   Oui, **nous parlons** anglais.
          Aimez-vous cet auteur?   Oui, **nous aimons** cet auteur.

1. Parlez-vous français? 2. Mangez-vous au restaurant? 3. Étudiez-vous ce soir? 4. Détestez-vous ce film? 5. Adorez-vous la télévision? 6. Aimez-vous le soccer? 7. Admirez-vous cette actrice? 8. Aidez-vous ce monsieur?

EXERCICE F

Demandez à votre voisin / voisine:

1. Demandez s'il (si elle) aime beaucoup le cours de français. 2. Demandez s'il (si elle) mange souvent au restaurant. 3. Demandez s'il (si elle) habite au dortoir. 4. Dites que vous écoutez toujours le professeur. 5. Dites que vous détestez les examens. 6. Dites au professeur que vous étudiez toujours la leçon.

5. Construction partitive: <u>du, des, de la, de l'</u> (Partitive construction)

Il commande **du pain**.	*He is ordering (some) bread.*
Elle boit **de l'eau**.	*She is drinking (some) water.*
Tu as **des amies** ici.	*You have (some) friends here.*

In these sentences, **de** with the definite article does not indicate possession *(of the)*, but rather a partitive *(some)*. It is indefinite in that it does not refer to *that bread*, a specific item, but rather, to *some* or *any* bread:

SPECIFIC: Il commande **le pain qui est sur la table**.
              He is ordering the bread which is on the table.
INDEFINITE: Il commande **du pain**.
              He is ordering some (any) bread.

SPECIFIC: Elle boit **l'eau minérale de la carafe**.
              She is drinking the mineral water from the carafe.
INDEFINITE: Elle boit **de l'eau minérale**.
              She is drinking (some) mineral water.

The partitive also carries with it the idea of a part, as opposed to the whole:

Le bifteck est bon.	*(All) Steak is good.*
Elle a mangé **le bifteck.**	*She ate the (whole) steak.*
Elle a mangé **du bifteck.**	*She ate (some) steak.*
La viande est-elle sur la table?	*Is the meat on the table?*
Y a-t-il **de la viande** sur la table?	*Is there (some) meat on the table?*

The partitive is often used in French where English simply considers it understood, that is, even when *some* or *any* is not expressed:

J'ai **de l'argent.**   *I have money.*

6. Emploi de de au lieu du partitif (Use of de in place of the partitive)

There are three situations in which the partitive construction omits the article and **de** is used by itself:

a.   In a negative statement:

Il a **des amis** partout.	*He has friends everywhere.*
Il n'a pas **d'amis.**	*He hasn't any friends.*

b.   Immediately after an expression of quantity, such as **trop** *(too much),* **beaucoup** *(much, many),* **assez** *(enough),* **peu** *(little, few),* or a more explicit measure of quantity such as **une bouteille, une douzaine, un verre** *(glass):*

Il achète **une bouteille de vin blanc.**	*He is buying a bottle of white wine.*
Beaucoup de Français font **du ski.**	*Many French people ski.*
Il exige **trop d'attention.**	*He requires too much attention.*

NOTE: After **la plupart** *(most),* **la majorité,** or **bien** *(many),* the full partitive is used:

La plupart des Français aiment voyager.	*Most French people like to travel.*
Bien des Français font du ski.	*Many French people ski.*

c.   Directly before a plural adjective plus noun:

Je cherche **de bons romans.**	*I am looking for some good novels.*
Veux-tu goûter **de bons gâteaux?**	*Do you want to taste some good cakes?*

NOTE: Although this part of the rule is still technically correct, increasing numbers of educated people in France are using the full partitive in place of **de** before plural adjectives: Je cherche **des bons romans;** Veux-tu goûter **des bons gâteaux?**

EXERCICE G*

Répondez d'après le modèle, en employant le partitif (Answer according to the model, using the partitive):

MODÈLES: Que mangez-vous? (la viande)   Je mange **de la viande.**
Que mangez-vous? (le pain)   Je mange **du pain.**

1. Que mangez-vous? (la tarte)   5. Que mangez-vous? (le riz)
2. Que mangez-vous? (la salade)   6. Que mangez-vous? (les bananes)
3. Que mangez-vous? (le poisson)   7. Que mangez-vous? (les nouilles)
4. Que mangez-vous? (le bifteck)

EXERCICE H*

Répondez à la forme négative:

MODÈLES: Commandez-vous **de la   Non, je ne commande pas **de
bière?**   bière.**
Commandez-vous **du café?** Non, je ne commande pas **de
café.**

1. Commandez-vous du vin rouge?   2. Commandez-vous du cidre?
3. Commandez-vous des apéritifs? 4. Commandez-vous des fruits?

EXERCICE I*

Répondez aux questions suivantes:

MODÈLES: Quelle sorte de romans   Je cherche **de bons romans.**
cherchez-vous? (bon)

Quelle sorte de valises   Je cherche **de petites valises.**
cherchez-vous? (petit)

1. Quelle sorte de romans cherchez-vous? (long)
2. Quelle sorte de photos cherchez-vous? (vieux)
3. Quelle sorte de jeune filles cherchez-vous? (joli)
4. Quelle sorte de cathédrales cherchez-vous? (grand)
5. Quelle sorte de peintures cherchez-vous? (beau)

7. Adjectifs numéraux (Cardinal numbers) 21–100

21	**vingt et un**	41	**quarante et un**
22	**vingt-deux**	42	**quarante-deux**
23	**vingt-trois**	50	**cinquante**
30	**trente**	51	**cinquante et un**
31	**trente et un**	52	**cinquante-deux**
32	**trente-deux**	60	**soixante**
40	**quarante**	61	**soixante et un**

62	**soixante-deux**	81	**quatre-vingt-un**
70	**soixante-dix**	90	**quatre-vingt-dix**
71	**soixante et onze**	91	**quatre-vingt-onze**
72	**soixante-douze**	99	**quatre-vingt-dix-neuf**
73	**soixante-treize**	100	**cent**
80	**quatre-vingts**	101	**cent un**

In numbers from twenty to thirty, the final –t of **vingt** is pronounced
(**vingt et un, vingt-deux**), while it is not pronounced in numbers from
eighty to ninety (**quatre-vingt-un**).

EXCEPTION: **quatre-vingts ans**

EXERCICE J

1. *Comptez; utilisez les nombres pairs.* (2 — 4 — 6)
2. *Comptez; utilisez les nombres impairs.* (1 — 3 — 5)

EXERCICE K*

Multipliez:

MODÈLE: 4 × 4 font combien?   **Quatre fois quatre font seize.**

1. 3 × 3 font combien?   2. 2 × 12 font combien?   3. 5 × 4 font
combien?   4. 3 × 5 font combien?   5. 6 × 3 font combien?   6. 2 ×
33 font combien?   7. 7 × 9 font combien?   8. 6 × 8 font
combien?   9. 11 × 4 font combien?   10. 15 × 2 font combien?   11.
20 × 4 font combien?   12. 7 × 11 font combien?

LECTURE: Quelques renseignements[1]

La France est le plus grand pays d'Europe, à l'exception de la Russie.
Sa population dépasse[2] 53 millions de personnes. Elle a une étendue[3]
de 551.500 kilomètres carrés[4] — ce qui est à peu près deux fois la
grandeur[5] de l'état de Colorado. Sa forme est celle d'un hexagone presque parfait, ce qui la rend[6] facile à dessiner. La France a des frontières 5
naturelles et artificielles. Les frontières naturelles sont: la Manche[7] au
nord-ouest, l'océan Atlantique à l'ouest, les Pyrénées et la mer Méditerranée au sud, et les Alpes, les montagnes du Jura, et le Rhin à l'est.
Au nord se trouvent[8] les frontières artificielles: la Belgique, le Luxembourg, et l'Allemagne. 10
Dans les confins[9] de ces frontières, la France contient une variété

---

1. **Quelques renseignements** some information.   2. **dépasse** exceeds.   3. **étendue** area.   4.
kilomètres carrés square kilometers.   5. **deux fois la grandeur** twice the size.   6. **ce qui la rend
facile à dessiner** which makes it easy to draw.   7. **la Manche** English Channel.   8. **se trouvent**
are located.   9. **Dans les confins** within the limits.

extraordinaire de relief et de climat. Grâce à[10] cette variété, la France
est un pays agricole[11] important. Les grands plateaux et les douces[12]
vallées du nord et du centre produisent[13] d'énormes quantités de blé[14]
et de fruits. Les vins[15] français sont légendaires; tout le monde connaît   15
les noms de *Bordeaux, Beaujolais, Bourgogne* et *Champagne.*

La France est aussi un pays industriel. Au nord surtout[16] se trouvent
les grands centres d'industries métallurgiques parce que la géographie
les favorise:[17] les vallées du Rhône et du Rhin et des Alpes fournissent[18]
de l'énergie hydro-électrique, et au nord-ouest se trouvent des ports   20
de mer. D'autres industries aussi[19] importantes sont situées partout où
il y a des sources d'énergie et des moyens de transport.[20] Par exemple,
on trouve l'industrie du caoutchouc[21] à Clermont-Ferrand, et celle[22]
de la soie[23] à Lyon.

Bien que[24] les touristes ne se considèrent pas[25] des marchandises,   25
ils sont eux aussi une industrie! Les touristes qui descendent chaque
année sur la Côte d'Azur, qui font du ski[26] dans les Alpes à Grenoble
ou à Chamonix, ou qui circulent paisiblement[27] sur les belles routes
de France, contribuent largement à la vie économique française.

Ce riche et beau pays et cette variété inépuisable[28] de produits de   30
luxe et d'utilité ne posent qu'un problème:[29] l'embarras du choix![30]

QUESTIONS

1. Quel est le plus grand pays d'Europe à l'exception de la Russie?
2. Quelle est la population de la France?
3. Contrastez la grandeur de la France à celle d'un des états des États-Unis.
4. La France a quelle forme à peu près?
5. Quelles sont les frontières naturelles de la France?
6. Quelles sont ses frontières artificielles?
7. Montrez les frontières sur la carte de France.
8. Nommez quelques vins français.
9. Où sont les grands centres de l'industrie métallurgique?
10. Où se trouve l'industrie du caoutchouc?
11. Où se trouve l'industrie de la soie?
12. Est-ce que les touristes sont importants à la vie économique de la France?
13. Quel problème est posé par la grande variété de produits?
14. Quel est le plus grand état des États-Unis?

10. **Grâce à** thanks to. 11. **agricole** agricultural. 12. **douces** gentle. 13. **produisent**
produce. 14. **blé** wheat. 15. **vins** wines. 16. **surtout** above all. 17. **les favorise** promotes
them, is favorable. 18. **fournissent** furnish, provide. 19. **aussi** also. 20. **moyens de transport**
means of transportation. 21. **caoutchouc** rubber. 22. **celle** that. 23. **soie** silk. 24. **Bien que**
although. 25. **ne se considèrent pas** do not consider themselves. 26. **font du ski** go skiing. 27.
paisiblement peacefully. 28. **inépuisable** inexhaustible. 29. **ne posent qu'un problème** pose
only one problem. 30. **embarras du choix** difficulty of choice, "embarrassment of riches."

15. Quelle est la population des États-Unis? De votre état?
16. Quelles sont les frontières naturelles et artificielles des États-Unis? De votre état?
17. Quelles sont les industries importantes aux États-Unis? Où se trouvent-elles?
18. Quelles sont les industries de votre ville?
19. Quels sont les produits de votre ville?
20. Décrivez la situation économique de votre état ou de votre ville.

proverbe

Plus ça change, plus c'est la même chose.

cinquième
leçon

CONVERSATION: Bêtises pronominales

— Où allez-vous?
— Je vais en ville.
— Pourquoi y allez-vous?
— Je veux en acheter.
— Mais, vous en avez!
— Non, je n'en ai pas.
— Si! Vous en avez trois.
— Non. Je n'en ai plus.
— Qu'est-ce que vous en faites?
— Nous les mangeons.
— Pourquoi les mangez-vous?
— Parce que nous aimons les manger.
— Vous y allez maintenant?
— Où?
— Mais, en ville!
— Oui, j'y vais.
— Je peux y aller?
— Si vous voulez.
— Je veux bien.
— Alors, allons-y!

PRATIQUE

Are you going

Posez les questions et donnez les réponses, en suivant les indications:

☆ Allez-vous en ville?	Oui, j'y vais.
Allez-vous en classe?	Oui, j'y vais.
Allez-vous au cinéma?	Oui, j'y vais.
Allez-vous au café?	Oui, j'y vais.
Allez-vous au théâtre?	Oui, j'y vais.
Allez-vous à Paris?	Oui, j'y vais.
Allez-vous en Europe?	Oui, j'y vais.
Allez-vous à la lune?	Oui, j'y vais.

want

☆ Veux-tu acheter des billets?	Oui, je veux en acheter.
Veux-tu manger du pain?	Oui, je veux en manger.
Veux-tu boire de la bière?	Oui, je veux en boire.
Veux-tu écouter des disques?	Oui, je veux en écouter.
Veux-tu voir des photos?	Oui, je veux en voir.

Because

☆ Pourquoi les mangez-vous?	Parce que nous aimons les manger.
Pourquoi les achetez-vous?	Parce que nous aimons les acheter.
Pourquoi les écoutez-vous?	Parce que nous aimons les écouter.
Pourquoi les finissez-vous?	Parce que nous aimons les finir.
Pourquoi les vendez-vous?	Parce que nous aimons les vendre.
Pourquoi les lisez-vous?	Parce que nous aimons les lire.

Y = THERE   LES – THE, THEM

EN – SOME

VOCABULAIRE

accepter	accept	se lever	get up
accompagner	accompany	lisez	read
allons	let's go	lune *f.*	moon
s'amuser	amuse oneself	maintenant	now
attend	waits	malade	ill
avant-garde	novel, ahead of its time	se mettre à	begin, start to do something
se baigner	bathe, swim	menu *m.*	menu *(all the dishes served at one meal)*
bêtise *f.*	stupidity, foolishness	miroir *m.*	mirror
bonbons *m. pl.*	candy	monter à cheval	go horseback riding
champagne *m.*	champagne	où	where
changer	change	parce que	because
chose *f.*	thing	patience *f.*	patience
convenable	appropriate, proper	personne *f.*	person; no one *(with ne)*
cola, coca *m.*	coke		
commander	order	poulet *m.*	chicken
en	in; to; at	pourquoi	why
en vous servant	using	se promener	take a walk
expliquer	explain	pronominal	reflexive
faire	make; do	qu'est-ce que	what
fiancé, fiancée *m. & f.*	fiancé	quoi	what
faites	do; make	se raser	shave oneself
film *m.*	film, movie	rôle *m.*	role
grands magasins *m. pl.*	department stores	roman policier *m.*	detective novel
s'habiller	get dressed	rôti	roasted
heure *f.*	hour	sandwich *m.*	sandwich
à sept heures	at seven o'clock	sympathique	likable; sympathetic
heureux, heureuse	happy	se trouver	be at, be located
imaginez	imagine	vigoureux	vigorous
immeuble *m.*	apartment building	vin *m.*	wine
se laver	wash oneself	vouloir	want, desire

GRAMMAIRE ET EXERCICES

1. Pronoms — Compléments directs (Personal direct object pronouns)

When a pronoun replaces a noun as the subject of a verb, one of the personal subject pronouns **(je, tu, il, elle, on, nous, vous, ils, elles)** is used. A personal direct object pronoun is necessary, however, when the pronoun replaces the object of the verb.

The personal direct object pronouns are:

SINGULAR		PLURAL	
me, m'	*me*	**nous**	*us*
te, t'	*you*	**vous**	*you*
le, la, l'	*him, her, it*	**les**	*them*

Je préfère **la terrasse.**	*I prefer the terrace.*
Je **la** préfère.	*I prefer it.*
Ils ont **leurs livres.**	*They have their books.*
Ils **les** ont.	*They have them.*

EXERCICE A*

Remplacez les objets directs par des pronoms (Replace the direct objects with pronouns):

MODÈLES: Il regarde **la cathédrale.**   Il **la** regarde.
　　　　　　 J'ai **mon billet.**   Je l'ai.

1. Il regarde **la voiture.** (CAR)   2. Tu désires **le menu?** (LIKE)   3. Elle visite **l'église.**   4. Louise a **son appareil-photo.**   5. Il cherche **son journal.**   6. Ils mangent **les tartes.**   7. Marc achète **les cravates.** (THOSE)   8. Nous préférons **nos places.**

EXERCICE B*

Répondez à ces expressions par le contraire, en remplaçant l'objet direct par un pronom:

MODÈLES: J'adore **les romans policiers.** (DECTIVE NOVEL)   Vraiment? (TRULY) Moi, je **les** déteste!
　　　　　　 J'adore **le vin rouge.**   Vraiment? (REALLY) Moi, je **le** déteste!

1. J'adore les petits enfants.   2. J'adore ce cours de français.   3. J'adore les grands magasins.   4. J'adore ce restaurant élégant.   5. J'adore la musique rock.   6. J'adore les films avant-garde.   7. J'adore le champagne.

2. Pronoms réfléchis (Reflexive pronouns)

When the direct object of the verb refers to the same person as the subject, the direct object pronoun is called a *reflexive pronoun* and the verb is called a *reflexive verb* (**verbe pronominal**) because the action is reflected back to the subject:

Je me regarde.	*I'm looking at myself.*
Vous vous trouvez satisfaite?	*You find yourself satisfied?*

To avoid confusion with the third person singular or plural object pronoun, **se** is used instead of **le, la, l'** or **les: Elle le déteste** *(she doesn't like it);* **elle se déteste** *(she doesn't like herself).*

Je me regarde dans le miroir.	*I'm looking at myself in the mirror.*
Tu te regardes dans le miroir.	*You're looking at yourself in the mirror.*
Il se regarde dans le miroir.	*He's looking at himself in the mirror.*
Elle se regarde dans le miroir.	*She's looking at herself in the mirror.*
Nous nous regardons.	*We're looking at ourselves.*
	Or: *We're looking at each other.*

Vous vous regardez.	*You're looking at yourselves.*
	Or: *You're looking at each other.*
Ils se regardent, elles se regardent.	*They're looking at themselves.*
	Or: *They're looking at each other.*

NOTE: When the meaning of *each other* is intended, the clarifying phrase **l'un l'autre** or **l'une l'autre** is often added: **Nous nous regardons l'un l'autre.**

3. Verbes pronominaux (Reflexive verbs)

Almost any verb in French can be used as a reflexive verb, simply through the use of the reflexive pronoun. Sometimes, however, using a verb reflexively changes the meaning of the verb:

Il **attend** sa fiancée.	*He's waiting for his fiancee.*
Il **s'attend** à une lettre de sa fiancée.	*He's expecting a letter from his fiancee.*
Je **demande** le prix.	*I am asking for the price.*
Je **me demande** quoi faire.	*I wonder what to do.*

Some verbs, however, exist only as reflexive verbs and are always used with the reflexive pronouns. These verbs are preceded by the reflexive pronoun **se** in the vocabulary: **se souvenir** *to remember;* **se suicider** *to commit suicide.*

NOTE: Whereas in English, we sometimes omit this object pronoun — *She is washing (herself); She is getting (herself) up* — these object pronouns must be expressed, in French.

EXERCICE C*

Répondez aux questions suivantes:

MODÈLES: (se lever) **Vous levez-vous?**   Oui, **je me lève.**
(se laver) **Vous lavez-vous?**   Oui, **je me lave.**

1. (se réveiller)   Vous réveillez-vous?
2. (s'amuser)   Vous amusez-vous?
3. (se raser)   Vous rasez-vous?
4. (se promener)   Vous promenez-vous?
5. (se baigner)   Vous baignez-vous?
6. (se brosser)   Vous brossez-vous les cheveux?

4. Pronom complément indéfini en (Indefinite object pronoun en)

The direct object pronouns listed above are definite, that is, each corresponds closely to the noun it represents. A feminine singular direct object **(la terrasse)** is represented by **la;** a masculine plural object **(leurs livres)** by **les.** Noun objects preceded by indefinite articles, partitives, or expressions of quantity, however, are indefinite in nature and are replaced by the indefinite object pronoun **en:**

Les enfants ont **des bonbons.**	*The children have (some) candy.*
Les enfants **en** ont.	*The children have some.*

The pronoun **en** is invariable, that is, it does not change to reflect the gender and number of the noun it represents. When numbers or amounts are specified, these follow the verb:

Il achète **cinq livres.**	*He is buying five books.*
Il **en** achète **cinq.**	*He is buying five (of them).*

Elle a **beaucoup de patience.**	*She has much patience.*
Elle **en** a **beaucoup.**	*She has much (of it).*

EXERCICE D*

Répondez aux questions suivantes en remplaçant le complément indéfini par le pronom **en:**

MODÈLES: Avez-vous **un billet?**   Oui, j'**en** ai **un.**
          Avez-vous **une bouteille de vin?**   Oui, j'**en** ai **une.**

1. Avez-vous une voiture? 2. Avez-vous cinq francs? 3. Avons-nous des billets? 4. As-tu de bons amis? 5. A-t-il des frères et des sœurs? 6. A-t-elle beaucoup d'argent? 7. Ont-ils assez de courage? 8. Avons-nous une douzaine d'œufs?

5. Pronom indéfini y̲ (Indefinite pronoun y̲)

The indefinite pronoun **y** has many of the characteristics of **en.** When the prepositional phrase being replaced is composed of **à** + a geographical location, the indefinite object pronoun **y** is used:

Il va **à Paris.**	*He is going to Paris.*
Il **y** va.	*He is going there.*

Allez-vous **à votre bureau?**	*Are you going to your office?*
Y allez-vous?	*Are you going there?*

EXERCICE E*

Répondez aux questions suivantes, en remplaçant les compléments par le pronom **y:**

MODÈLES: Va-t-il **à Rome?**   Oui, il **y** va.
          Est-elle **au restaurant?**   Oui, elle **y** est.

1. Va-t-il à Londres? 2. Va-t-elle au café? 3. Restes-tu à la maison? 4. Êtes-vous à votre bureau? 5. Sont-ils à New York? 6. Retournes-tu au Portugal?

6. Pronom indéfini <u>le</u> (Indefinite pronoun <u>le</u>)

Occasionally, the object pronoun represents a predicate adjective which describes the subject, rather than a concrete item. In English, this object pronoun is often omitted, to be understood by the listener or reader; in French, however, it must be stated. The invariable pronoun **le** replaces the adjective:

Est-il **fatigué?**	*Is he tired?*
Oui, il l'est.	*Yes, he is.*
N'est-elle pas **heureuse?**	*Isn't she happy?*
Si, elle l'est!	*Yes, she is!*

NOTE: A negative question such as «**N'est-elle pas heureuse?**» suggests that a negative response is expected. When the answer to the negative question is affirmative, however, **si** is used instead of **oui**.

EXERCICE F*

Répondez aux phrases suivantes en insistant que, au contraire, on est vraiment . . . (Answer the following sentences, insisting that, to the contrary, the subject is . . .):

MODÈLES: Marie n'est pas vraiment fatiguée. **Si, elle l'est!**
Ces questions ne sont pas vraiment **Si, elles le sont!**
difficiles.

1. Cette femme n'est pas vraiment belle. 2. Vous n'êtes pas vraiment malheureux. 3. Les enfants ne sont pas vraiment intelligents. 4. Ce fermier n'est pas vraiment vigoureux. 5. Le professeur n'est pas vraiment sérieux. 6. Votre amie n'est pas vraiment gentille. 7. Marc n'est pas vraiment sympathique. 8. Vos cousins ne sont pas vraiment communistes.

7. Place des pronoms compléments directs (Position of direct object pronouns)

Whether definite or indefinite, object pronouns in French nearly always directly precede the verb.[1] They form, with the verb, a so-called "verb group." In negative sentences, it is this entire verb group which is enclosed by **ne . . . pas:**

Il ne regarde pas la femme.	*He's not looking at the woman.*
Il **ne la regarde pas.**	*He's not looking at her.*

---

1. The exception is the imperative, which we will learn in the next lesson.

Pourquoi **ne te lèves-tu pas?**	*Why aren't you getting up?*
N'allez-vous pas à Paris?	*Aren't you going to Paris?*
N'y allez-vous pas?	*Aren't you going there?*
Il ne commande pas de pain.	*He's not ordering any bread.*
Il **n'en commande pas.**	*He's not ordering any.*

NOTE: When an object pronoun serves as complement to an infinitive, the pronoun precedes that infinitive:

Il ne va pas commander le pain.	*He's not going to order the bread.*
Il **ne va pas le commander.**	*He's not going to order it.*

EXERCICE G*

Répondez aux questions à la forme négative, en remplaçant l'objet direct par un pronom:

MODÈLES: Cherches-tu le journal?   Non, je **ne le cherche pas.**
Veut-il du dessert?   Non, il **n'en veut pas.**

1. Trouvez-vous la route?   2. Expliquez-vous les problèmes?   3. Donnez-vous ces choses?   4. Voulez-vous de la bière?   5. Commandez-vous un dessert?   6. Manges-tu des légumes?   7. Vas-tu à Londres?   8. Es-tu sérieuse?   9. Est-il malade?   10. Veux-tu accepter ce billet?   11. Vous habillez-vous maintenant?   12. Te lèves-tu à sept heures?

EXERCICE H

Récrivez les phrases suivantes en remplaçant les mots indiqués par des pronoms (Rewrite the following sentences, replacing the indicated words with pronouns):

MODÈLES: J'ai **son livre.**   Je l'ai.
Il achète **un billet.**   Il **en** achète un.

1. J'ai **mon vélo** dans la rue.   2. Nous n'avons pas **l'appareil de votre père.**   3. A-t-il **les cahiers des élèves?**   4. Elle achète **une bouteille de coca (cola).**   5. Vous allez commander **un apéritif?**   6. Louise est **à l'université.**   7. Moi, je suis toujours **fatigué.**   8. Tu as **deux frères,** n'est-ce pas?   9. Mais Marcel est vraiment **malade!**   10. Ils vont **au Canada** par avion.

EXERCICE I

*Conversation entre Jacqueline et Hélène. Écrivez le rôle de Jacqueline en vous servant des pronoms compléments et d'**y** (Write the role of Jacqueline in this conversation, making use of the object pronouns and **y**):*

— Jacqueline, veux-tu aller dîner au restaurant ce soir?
— Oui,

— Aimes-tu le restaurant Chez Étienne?
— Oui,
— Alors, si tu es d'accord, nous y allons! As-tu ton auto ici?
— Oui,
— Où est-elle? Dans la rue devant l'immeuble?
— Oui,
— Alors, allons-y! Jacqueline, qu'est-ce que tu veux pour le dîner? Du bifteck?
— Non,
— Eh bien, du poulet rôti:
— Non,
— Enfin, tu préfères un sandwich?
— Oui,
— Jacqueline, as-tu assez d'argent?
— Non,
— Oh! Voilà le problème!

8. Verbe irrégulier <u>vouloir</u> (The irregular verb <u>vouloir</u>)

je veux	*I wish, want*
tu veux	*you wish, want*
il veut, elle veut, on veut	*he wishes, she wishes,*
	it wishes, one wishes, wants
nous voulons	*we wish, want*
vous voulez	*you wish, want*
ils veulent, elles veulent	*they wish, want*

EXERCICE J

Répétez les phrases suivantes en employant les sujets indiqués:

MODÈLE: **Je veux** finir. (vous)   **Vous voulez** finir.

1. Il veut y aller. (vous, je, nous, Monsieur Dupont, tu, Chantal)
2. Je ne veux pas d'orange. (elle, tu, vous, nous, Hélène et moi)

EXERCICE K

Complétez les phrases suivantes par la forme convenable du verbe au présent:

1. (vouloir) Que _____-vous?
2. (vouloir) Ils ne _____ pas parler.
3. (aller)   Nous _____ à Chicago.
4. (vouloir) Je ne _____ rien changer.
5. (avoir) Qu'_____-t-il?
6. (venir) D'où _____-elles?
7. (venir) Nous _____ d'Alle-magne.
8. (être)   _____-vous content?

LECTURE: Le chef se suicide ou La mort[1] de Vatel

Cet événement se passe[2] en l'année 1671. Le Prince de Condé décide
d'inviter chez lui, dans son magnifique château de Chantilly, le roi[3]
Louis XIV.

La cuisine[4] de Chantilly à cette époque[5] est très renommée.[6] Le Prince
a comme maître d'hôtel[7] l'incomparable artiste culinaire — Vatel. Alors, 5
Vatel compose des menus superbes pour la visite royale.

Le premier jour tout se passe admirablement.[8] Les invités s'amusent
bien[9] et le dîner est délicieux. Mais hélas! le lendemain[10] tout va de
travers.[11] Peu de temps avant le déjeuner, Vatel découvre que le poisson[12]
n'est pas arrivé! Il n'y a pas moyen d'en obtenir d'autre; il n'est pas 10
possible de changer le menu! Vatel est au désespoir.

Toute la compagnie lui assure que le manque de poisson n'est pas
important. Mais Vatel reste inconsolable. Lui, qui se vante[13] de son
exactitude, qui se pique[14] de sa perfection en toutes choses, maintenant
se blâme de l'incident. Enfin il monte dans sa chambre. Là, seul, accablé 15
de honte,[15] croyant sa réputation détruite, Vatel se jette[16] sur son épée.[17]
La France perd[18] un virtuose.

Une demi-heure après, le poisson arrive.

QUESTIONS

1. En quelle année se passe cette histoire?
2. Où habite le Prince de Condé?
3. Qui va visiter Chantilly?
4. Pourquoi la cuisine de Chantilly est-elle renommée à cette époque?
5. Qu'est-ce que Vatel compose pour la visite royale?
6. Qu'est-ce qu'il découvre?
7. Quand est-ce qu'il le découvre?
8. Est-ce que le manque de poisson est important?
9. Où monte Vatel?
10. Qu'est-ce qu'il croit?
11. Pourquoi le croit-il?
12. Comment se suicide-t-il?
13. Quand le poisson arrive-t-il?
14. Comprenez-vous les sentiments de Vatel?
15. Comment savez-vous que Vatel est perfectionniste?

---

1. **mort** death. 2. **se passe** takes place. 3. **roi** king. 4. **cuisine** kitchen; cooking. 5. **époque**
period, time. 6. **renommée** famous, renowned. 7. **maître d'hôtel** head steward of a
household. 8. **admirablement** admirably. 9. **s'amusent bien** have a good time. 10. **lendemain**
next day. 11. **de travers** wrong, incorrect 12. **poisson** fish. 13. **se vante** boasts. 14. **se pique**
takes pride in. 15. **accablé de honte** overwhelmed with shame. 16. **se jette** throws himself. 17.
épée sword. 18. **perd** loses.

proverbe

Vouloir, c'est pouvoir.

première
révision

GRAMMAIRE

1. Articles

a. All nouns in French are associated with a particular gender — either masculine or feminine. This gender is signaled through the definite articles (**le**, *masc. sing.;* **la**, *fem. sing.;* **les**, *masc. and fem. pl.*) and indefinite articles (**un**, *masc. sing.;* **une**, *fem. sing.;* **des**, *masc. and fem. pl.*). These articles are used more often in French than in English.

b. When a definite article follows the preposition **à** or **de**, the masculine forms (**le, les**) and the feminine plural (**les**) of the article contract: **à+le = au; à+les = aux; de+le = du; de+les = des. De** + definite article is used both to express possession and to indicate a part, as opposed to the whole.

2. Pronoms personnels

Subject pronouns are **je, tu, il, elle, on, nous, vous, ils, elles.**

3. Adjectifs

Just as the pronoun must be the same gender and number as the noun for which it stands, adjectives too must agree with the noun or pronoun which they describe. The masculine singular form of an adjective is the same as the basic form. Adjectives describing feminine singular nouns typically add an **−e** to that basic form. Both masculine and feminine nouns and adjectives normally add **−s** to indicate plural. There are, however, exceptions to this which must be learned. Adjectives usually follow the noun they describe, although there are also many exceptions to this rule.

4. Verbes

Regular verbs in French are divided into three families, or conjugations, according to the infinitive endings: **−er** verbs, first conjugation; **−ir** verbs, second conjugation; and **–re** verbs, third conjugation. Each conjugation follows a specific pattern. Irregular verbs, however, must be memorized individually.

5. Négation

All verbs are made negative by the addition of **ne . . . pas,** or a similar expression.

6. Phrases interrogatives

Just as in English, questions can be asked in several ways:
a. Preface the statement with **est-ce que** (used in conversation)
b. If the subject is a pronoun, invert the subject and verb
c. When the subject is a noun, begin with the noun subject, then invert the verb with an appropriate subject pronoun.

7. Pronoms — Compléments directs

While the pronouns **je, tu, il, elle, on, nous, vous, ils, elles** are used as verb subjects, they cannot be used to express the complement of the verb, either as direct or indirect object. Direct object pronouns are **me, te, le, la, se** *(reflexive),* **nous, vous, les, se. Se** is used only when the object of the verb refers to the same person as the subject.

8. En, y

In addition to the personal direct object pronouns referring to specific people or objects, the indefinite **en** replaces an expression beginning with an indefinite article, a partitive or an expression of quantity, while **y** replaces **à** + a geographical location.

EXERCICES

A. *Articles définis. Répondez aux phrases suivantes d'après les modèles:*

MODÈLES: Voici votre **auto.** (mon père)
Non, c'est **l'auto** de mon père.

Voici nos **livres.** (Philippe)
Non, ce sont **les livres** de Philippe.

1. Voici ton billet. (Louise)
2. Voici ses frères. (Marcel)
3. Voici notre professeur. (Simone)
4. Voici vos lettres. (Madame Durand)
5. Voici sa femme. (Eric Dupré)
6. Voici leurs photos. (Anne)
7. Voici mon appartement. (ta sœur)
8. Voici votre amie. (Philippe)

B. *Articles indéfinis. Faites une phrase en employant l'article indéfini:*

MODÈLE: Qu'est-ce que c'est? (train)
C'est **un train.**

1. Qu'est-ce que c'est?   5. Qu'est-ce que c'est?
   (billet)   (station de métro)
2. Qu'est-ce que c'est?   6. Qu'est-ce que c'est?
   (restaurant)   (appareil-photo)
3. Qu'est-ce que c'est?   7. Qu'est-ce que c'est?
   (photo)   (bouteille d'eau minérale)
4. Qu'est-ce que c'est?   8. Qu'est-ce que c'est?
   (journal communiste)   (chanson d'amour *love song*)

C. *Adjectifs possessifs. Répondez aux questions suivantes à la forme affirmative en employant un adjectif possessif:*

MODÈLE: Est-ce que vous avez **une photo?**
Oui, j'ai **ma photo.**

1. Est-ce que vous avez un billet? 2. Est-ce que tu as une cravate *(necktie)?* 3. Est-ce que tu as des devoirs *(homework)?* 4. Est-ce qu'il a une auto? 5. Est-ce qu'elles ont des cartes postales *(postcards)?* 6. Est-ce qu'il a une place? 7. Est-ce que nous avons une carte? 8. Est-ce que vous avez un cahier?

D. *Phrases interrogatives. Voici des réponses. Quelles sont les questions?*

MODÈLE: Oui, Philippe parle français.
Philippe parle-t-il français?

1. Oui, Marie est toujours sérieuse. 2. Oui, les élèves aiment leur classe de français. 3. Oui, nous avons un appartement près de la Sorbonne. 4. Oui, Gérard téléphone toujours le dimanche. 5. Oui, elles dînent *(eat dinner)* au restaurant ce soir. 6. Oui, je finis toujours à l'heure. 7. Oui, Louis écoute toujours la radio en travaillant. 8. Oui, nous stationnons toujours la voiture devant *(in front of)* la maison.

E. *Négation. Répondez aux questions suivantes à la forme négative:*

MODÈLE: **Aime-t-il** ce dessert?
Non, **il n'aime pas** ce dessert.

1. Aiment-elles cette boutique? 2. Choisissez-vous la cravate bleue? 3. Entendez-vous la musique? 4. Finis-tu ta lettre? 5. Réponds-tu à toutes les questions? 6. Désirez-vous une chambre? 7. Cherches-tu des livres? 8. Achetez-vous des timbres *(stamps)?*

F. *Verbes au présent. Mettez les phrases suivantes au pluriel:*

MODÈLE: **L'enfant joue** au football.
Les enfants jouent au football.

1. Le garçon étudie sa leçon.   2. L'enfant obéit à ses parents.   3. Je cherche un appartement.   4. Tu aides le professeur?   5. Elle mange une pomme.   6. Il finit le devoir.   7. Je veux un bon livre.   8. Il a une nouvelle voiture.   9. Tu aimes la pièce?   10. Elle vend le journal.

G. *Exprimez en français:*

1. Is he going to Italy?
2. She's coming from Rome.
3. Do you wish some mineral water?
4. They like bread!
5. She eats dinner at the restaurant.
6. I am going to the United States.

H. *Adjectifs. Répondez aux questions suivantes, disant que le contraire est vrai:*

MODÈLES: Est-elle **désagréable?**
Mais non, elle est **charmante!**

Êtes-vous **triste** aujourd'hui?
Mais non, je suis **heureux!**

1. Cette leçon est-elle difficile?   2. Cet article est-il vrai *(true, real)?*   3. Nos amis sont-ils absents?   4. Chantal est-elle vieille?   5. Votre professeur est-il beau?   6. Cette rue *(street)* est-elle large?   7. Ton problème est-il grand?   8. Le prix *(price; prize)* est-il raisonnable *(reasonable)?*   9. La pièce est-elle amusante?   20. Sa sœur est-elle intelligente?

I. *Pronoms. Répondez aux questions suivantes à la forme affirmative en employant des pronoms, sujet et complément:*

MODÈLES: Est-ce que Louis **achète la chemise?**
Oui, il **l'achète.**

Est-ce que ton père **cherche un journal?**
Oui, il **en cherche un.**

1. Est-ce que Marie-Louise trouve son voisin *(neighbor)?*   2. Est-ce que les enfants regardent la télévision?   3. Est-ce que Claude distribue les lettres?   4. Est-ce que ta mère prépare le repas?   5. Est-ce que Jean-Paul achète une bouteille de vin?   6. Est-ce que Jeanne a cinq frères?   7. Est-ce qu'Henri a une contravention *(traffic ticket)?*   8. Est-ce que vous et votre sœur rencontrez des amis ici?   9. Est-ce que Pierre et Maurice vont en Afrique?   10. Est-ce que Monique a beaucoup d'amies?

prononciation 1

VOYELLES (VOWELS)

Although the French alphabet is made up of the same vowels and consonants as the English alphabet, you have undoubtedly noticed that these vowels and consonants are not always pronounced the same in the two languages. Not only does an **a** in an English word differ in sound from an **a** in a French word, but the same **a** in French often differs in sound, depending on the letters surrounding it or the accent mark above it. For example: The **a** in **passer** is quite different from the **a** in **enfant,** in **au,** in **la,** in **vais,** or in **j'ai.**

Instead of attempting to take each vowel individually, introducing all possible sounds for each vowel, this Guide will be organized around the sounds themselves, as represented by their phonetic symbols. To provide a convenient reference, the French-English vocabulary at the end of the book gives the phonetic spelling for each word, as well as the appropriate definition of the word. The phonetic spelling is always enclosed in brackets: **habiter** [abite]. Remember that the phonetic spelling represents only the sounds actually heard in that word.

[ɑ]

The sound represented by the phonetic symbol [ɑ] is perhaps best described as similar to the sound of *a* in the English word *father.* It does not occur often in French. Words such as **château** and **âge,** where **a** has a circumflex (ˆ) above it, are pronounced with this sound. In addition, in words in which the **a** is followed immediately by **ss (casser, passer)** or sometimes simply **s,** the **a** is also pronounced as [ɑ]:

passe [pɑs]; casser [kɑse]; pas [pɑ]; tasse [tɑs]

EXERCICES*

1. Passez-moi votre tasse.
2. Ce château date du Moyen Âge.
3. La classe se lasse de passer des examens.
4. Cette phrase exprime bien sa passion.

[a]

Far more common in French than [ɑ] is the sound [a]. Since it seldom occurs in American English, it is not among the basic sounds of our language and must be learned. If you pronounce aloud *father,* and then *cat* (and listen as you say these words, being aware at the same time of the position of your mouth and tongue), the [a] should be about halfway between the two. Occasionally it is heard in *ask* or *aunt:*

madame [madam]; la [la]; là [la]; place [plas]; ami [ami]; à [a]; avez [ave]

EXERCICES*

1. La voilà, ma grande valise noire.
2. Marie remarque que l'ami de Marc a beaucoup de bagages.
3. La femme a le sac dans sa malle.
   (Notice that in **femme, e** is also pronounced [a].)
4. La capitale du Canada a beaucoup de charme.

[i]

The most frequently mispronounced French vowel is probably **i.** American students accustomed to the sound of *i* in words such as *finish* find it most natural to use the same sound (which does not exist in French) in the French word **finir.** Correct pronunciation of **i** is similar to the vowel sound in the English *neat.* Exaggeration in forming this sound — drawing the lips back tightly and making a more conscious effort in producing it — is extremely important. The vowel **y** is also pronounced [i]:

qui [ki]; mise [miz]; site [sit]; finissent [finis]; écrire [ekʀiʀ]; il y a [ilia]

EXERCICES*

1. Il y a dix filles ici.
2. Qui finit le livre?
3. Ils habitent Paris.
4. Marie dit la vérité à ses amis.
5. La philosophie est si difficile!

[e]

There are many combinations of letters which are represented phonetically by [e]. It appears in such varied spellings as **parler, parlez, étudiant, j'ai, et, les.** The vowel sound in the word *take* (but without the glide to [i]) is perhaps the closest corresponding sound in English.

General guidelines in spelling and pronouncing [e]:

1. **é** (regardless of where it appears) generally is pronounced [e].
2. The verb ending **-ez,** as well as the infinitive ending **-er,** are pronounced [e]. There are also a few words such as **foyer, chez, premier, dernier,** and others, which, even though not verbs, end in the same [e] sound.

3. **et** invariably is pronounced simply [e].
4. Short words of one syllable such as **les, des, ces, ses** are pronounced [e].
5. **ai** generally is pronounced [e]: j'**ai**. Notice, however, that when the syllable ends in a consonant, the vowel sound changes to [ɛ]: **mais, lait**.

année [ane]; s**es** [se]; **é**l**è**ve [elɛv]; fatigu**é** [fatige]; donn**e**r [dɔne]

EXERCICES*

1. J'**ai** les v**é**los d'**É**tienne **et** de G**é**rard.
2. Le qu**ai é**tait bond**é et** j'**é**tais fatigu**é**.
3. M**es é**l**è**ves **é**crivent d**es** exercices.
4. C**es** papiers sont l**es** premiers à arriver.

[ɛ]

Frequently **e** is pronounced in a manner similar to the vowel sound in *Ted,* and is written phonetically as [ɛ].

General guidelines in spelling and pronouncing [ɛ]:

1. The vowel sound of **è**, in words such as **élève, très, première, père,** is pronounced [ɛ].
2. Unaccented **e**, in words such as **est, cher, mets, Seine, neige, elle, intelligent,** is sometimes pronounced [ɛ].
3. **ê**, in words such as **être, êtes, fête,** is pronounced [ɛ].
4. **ai** followed by a consonant, in words such as **vais, fait, ordinaire, mais,** is pronounced [ɛ]:

tr**è**s [tʀɛ]; m**ai**s [mɛ]; l**ai**ne [lɛn]; **e**lles [ɛl]; l**e**ttre [lɛtʀ]

EXERCICES*

1. H**é**l**è**ne **ai**me ses leçons de français.
2. L'**é**l**è**ve **e**st pr**ê**t pour la f**ê**te.
3. La derni**è**re l**e**ttre de sa m**è**re **e**st tr**è**s int**é**ressante.
4. Mademoiselle T**ai**ne m'**ai**de.
5. Il ne n**ei**ge jam**ai**s au mois de m**ai**.
   (Notice that **mai** is also pronounced [mɛ].)

[ə]

The vowel **e,** when unaccented and unstressed, may be pronounced in still a different way. This sound most closely resembles the sound of *e* in the unstressed English word *the,* as in *the door, the street.* In French, this sound occurs frequently in one-syllable words such as **le, de, ne.** It is heard also in unstressed syllables in longer words: **faisons, devoirs, gouvernement:**

c**e** [sə]; d**e**vez [dəve]; app**a**rt**e**ment [apaʀtəmã]; m**e** [mə]

EXERCICES*

1. Il ne les donne pas.
2. Nous faisons notre travail.
3. Ce monsieur de Lyon se lève à midi.
   (Notice that the **on** of **monsieur** is also pronounced [ə].)
4. Ne dites pas qu'il se couche si tôt.

This same unaccented, unstressed **e** is often called the *unstable* **e** because of its changing nature. Depending on its situation within a word or group of words, it is sometimes pronounced [ə] and sometimes remains silent. It is most often spelled **e** (je, la table), or **es** (les tables, tu donnes).

1. The unstable **e** is always pronounced:

   a. Where necessary for emphasis.

      (1) At the beginning of a breath group:

          le père de Michel
          de plus en plus
          Serez-vous ici?

      (2) In affirmative commands:

          Posez-le.
          Achetez-le.

      (3) When the syllable is to be stressed:

          Sont-ils dedans ou dehors?

   b. When **e** is preceded by two pronounced consonants and followed by one.

      gouvernement
      appartement

   c. Before the word **rien.**

      Vous ne dites rien.

2. The unstable **e** is always silent:

   a. At the end of a sense group.

      sur la tablé
      il donné

   b. When it is preceded by one pronounced consonant and followed by another.

      C'est lé billet dé Marc.
      Préférez-vous lé métro?

3. When the unstable **e** occurs in a series of syllables, pronounce every other
e:

Je né sais pas.
Ne mé dis rien.
Je né le donné pas à Paul.

[o]

The [o] is similar to the long *o* in *rose, disclose,* but without the glide to [u].
Lips should be closely rounded, leaving an opening only big enough for a
pencil. There are three instances when the vowel **o** normally is pronounced
as [o] in French:

1. When **o** is written with a circumflex: côte, tôt, vôtre.
2. When **o** is the final sound in the word: tr**o**p, d**o**s, gr**o**s, numér**o.**
3. When **o** is followed by [z]: r**o**se, d**o**sage.

au or **eau** is also pronounced [o]: **eau, eau**x, chev**au**x, chât**eau, au.**

côté [kote]; d**o**s [do]; contrôle [kɔ̃tʀol]; p**o**ser [poze]; vôtre [votʀ]; **eau** [o]

EXERCICES*

1. Le contrôleur arrive tr**o**p tôt.   4. Ses r**o**ses sont j**au**nes.
2. Le vôtre est très ch**au**d.   5. L'**au**tre est si gr**o**s.
3. Il ôte **au**ssi son mant**eau.**

[ɔ]

The most frequently heard pronunciation of **o** in French is [ɔ]. This sound
resembles the vowel sound in the words *taught, order.* While [o] requires very
closely rounded lips, [ɔ] is slightly more open. The [ɔ] is always heard when
o is followed by **r** in French: **mort, ordre:**

v**o**tre [vɔtʀ[; f**o**rt [fɔʀ]; c**o**pie [kɔpi]; h**o**mme [ɔm]; p**o**ssible [pɔsibl]

EXERCICES*

1. La f**o**rme de l'**o**bjet est importante.
2. La N**o**rvège est au n**o**rd de l'Europe.
3. La n**o**te d**o**nnée par le pr**o**fesseur est b**o**nne.
4. L'h**o**mme a été n**o**mmé c**o**mmandant.

[œ] and [ø]

Two vowel sounds somewhat resembling the [ɔ] sound in French are [œ] and
[ø]. Both of these sounds (always spelled **eu** — je veux, le cœur, un peu)
are similar to the vowel sound in *sir*, without the *r*. Whether **eu** is pronounced
[œ] or [ø] depends primarily on the letters which follow. Words such as **peu,**

lieu, feu, having no pronounced consonants to change the shape of the mouth, are pronounced [ø]. The lips must be tightly rounded and the mouth inside almost closed. Whenever the vowel is followed by a pronounced consonant, that consonant (and the effort of getting ready for it) changes the sound of the vowel, usually opening the mouth and the lips, to create the more open sound [œ]. This is particularly noticeable in words such as **cœur, sœur,** where the **r** influences the vowel sound in a very obvious way. [z], on the other hand, tends to hold the lips and mouth closed: hence **eu** before **-se** generally is pronounced [ø]. Since neither [ø] nor [œ] exists in English, these sounds must be learned:

peu [pø]; **feu** [fø]; **il peut** [ilpø]; **veux** [vø]; **Meuse** [møz]; **monsieur** [məsjø] (Note that since the **r** of **monsieur** is not pronounced, the vowel remains [ø].)

EXERCICES*

1. **Peu** de gens **peuvent** le prendre au séri**eu**x.
2. **Monsieur** Le Bœuf **veu**t **ven**ir chez **eu**x.
3. Je ne **peu**x pas voir la **Meu**se.

l'h**eu**re [lœʀ]; fl**eu**r [flœʀ]; s**eu**le [sœl]; c**œu**r [kœʀ]; p**eu**vent [pœv]; fl**eu**ve [flœv]

EXERCICES*

1. **Leu**r professeur n'aime pas les err**eu**rs.
2. Plusi**eu**rs fl**eu**ves traversent la région.
3. Les ingéni**eu**rs v**eu**lent aller à l'intéri**eu**r.

[u]

The vowel combination **ou** in French has only one pronunciation, represented by the phonetic symbol [u]. It resembles the vowel sound in English *food:*

p**ou**r [puʀ]; **ou** [u]; **où** [u]; v**ou**s [vu]; n**ou**velle [nuvɛl]; tr**ou**ver [tʀuve]; a**oû**t [u]

EXERCICES*

1. N**ou**s p**ou**vons tr**ou**ver la r**ou**te.
2. **Où** v**ou**lez-v**ou**s c**ou**rir?
3. Il ne v**ou**lait plus m**ou**rir.
4. Sa b**ou**che est t**ou**j**ou**rs **ou**verte.

[y]

French [y], always spelled **u,** is another vowel which must be learned, since it does not exist in English. All spoken sounds are the product of several factors: the position of the jaws, the part of the mouth where the sound is formed, and the shape of the lips. With this in mind, perhaps the best way to learn to produce [y] is to practice saying [i] (as in **lit**), all the while rounding the lips very tightly as in **tout** [u]. The result is [y]:

sur [syʀ]; plus [ply]; tu [ty]; du [dy]; perdu [pɛʀdy]

EXERCICES*

1. **Tu** as conn**u** les D**u**pont, n'est-ce pas?
2. **Sur** la l**u**ne est **une** figure.
3. J**u**ste en face d**u** b**u**reau est **une** boutique de l**u**xe.
4. Le b**u**lletin parle de Cam**us**.

VOYELLES NASALES (NASAL VOWELS)

Vowels change in sound in French when they are followed immediately (in the same syllable) by a single **n** or **m**. Although the **n** or **m** is not actually pronounced, the preceding vowel takes on a nasal quality. This is indicated in phonetic spelling by a tilde [˜] placed over the vowel. It should be noticed, however, that when the **n** or **m** is doubled (**immédiatement, annuaire**), or when the nasal vowel is followed in the same syllable by a vowel (**une, pleine**), the nasal quality gives way to a clearly pronounced **m** or **n**. There are four nasal vowels.

[ã]

This is the phonetic representation for the sound of **an, am, en, em** in French words:

pendant [pãdã]; **enfan**ts [ãfã]; **dan**s [dã]; **en** [ã]; prendre [pʀãdʀ]; France [fʀãs]

[õ]

The sound of **o** followed by **m** or **n** is represented phonetically by [õ]:

sont [sõ]; **con**trôleur [kõtʀolœʀ]; questi**on** [kɛstjõ]; av**on**s [avõ]; b**on** [bõ]

One of the changes which has taken place in French recently involves the other two nasal vowels [ɛ̃] and [œ̃]. Formerly, these were two distinct vowel sounds, and the difference between the endings –**in** and –**un** was easily observed (**vin — parfum**). More recently, however, observers have noted that French speakers today have adopted a sound halfway between the two to serve for both [ɛ̃] and [œ̃]. We are including here the traditional phonetic transcriptions because they continue to be used in most good French dictionaries. Students will notice, however, that the difference between these last two sounds is no longer a meaningful difference in French.

[ɛ̃]

When i is followed by a single **n** or **m,** the pronunciation is represented phonetically by [ɛ̃]. This same symbol expresses the sound of **en** when it follows
directly after **i, y,** or **é.** Examples:

pain [pɛ̃]; **train** [tʀɛ̃]; **coin** [kwɛ̃]; **plein** [plɛ̃]; **appartient** [apaʀtjɛ̃]; **important**
[ɛ̃pɔʀtɑ̃]; **lycéen** [liseɛ̃]

[œ̃]

The sound of the vowel **u,** followed directly by a single **m** or **n,** is represented
phonetically by [œ̃]:

un [œ̃]; **chacun** [ʃakœ̃]; **qu'un** [kœ̃]; **parfum** [paʀfœ̃]

EXERCICES*

1. **En** Normandie, les **gens** sont **con**tents de leurs jardins.
2. Les **montagnes** font des frontières faciles à défendre.
3. Le **vin** et le **pain** sont toujours bons.
4. **Dans** le sud, on aime chanter.
5. Le **nombre** de questions posées est **bien important.**
6. Cette **pension** est remplie de **pensionnaires.**
7. Les provinces des Romains sont tombées devant les **invasions.**

sixième
leçon

Quatre-vingt-trois

CONVERSATION: À la préfecture de police

(Marc veut obtenir sa carte d'identité.)

L'EMPLOYÉ: Asseyez-vous, monsieur. Remplissez ce formulaire.

MARC: Pardon, monsieur, mais je ne le comprends pas.
☆ Expliquez-le-moi, s'il vous plaît.

L'EMPLOYÉ: Eh bien, écrivez votre nom . . . *(Marc écrit son nom.)* . . . et maintenant, écrivez votre adresse à Paris.

MARC: Je l'écris ici?

☆ L'EMPLOYÉ: Non! Non! Ne la mettez pas là! Écrivez-la ici!

MARC: Voilà!

L'EMPLOYÉ: Mettez votre numéro de passeport.

MARC: Mais, je ne le sais pas, monsieur.

L'EMPLOYÉ: Alors, regardez sur votre passeport!

MARC: Mais, je ne l'ai pas sur moi, monsieur.

L'EMPLOYÉ: *(exaspéré.)* Pour obtenir une carte d'identité il faut le présenter! Retournez chez vous et cherchez-le!

☆ MARC: Mais, il est tard. Vous fermez.

L'EMPLOYÉ: Vous pouvez revenir demain. Bonsoir, monsieur!

MARC: *(avec un gros soupir.)* Oui, monsieur. Bonsoir, monsieur!

PRATIQUE

Deux personnes se parlent, selon les indications.

Première personne	Deuxième personne
☆ Expliquez-le-moi, s'il vous plaît.	Je ne peux pas. Je ne le comprends pas!
Expliquez-la-moi, s'il vous plaît.	Je ne peux pas. Je ne la comprends pas!
Expliquez-les-moi, s'il vous plaît.	Je ne peux pas. Je ne les comprends pas!
Expliquez-le-lui, s'il vous plaît.	Comment! Elle ne le comprend pas?
Expliquez-les-leur, s'il vous plaît.	Comment! Ils ne les comprennent pas?
Expliquez-la-nous, s'il vous plaît.	Comment! Nous ne la comprenons pas?
☆ Je n'ai pas mon passeport sur moi.	Retournez chez vous et cherchez-le!
Je n'ai pas ma carte orange sur moi.	Retournez chez vous et cherchez-la!
Je n'ai pas mes papiers sur moi.	Retournez chez vous et cherchez-les!
Je n'ai pas d'argent sur moi.	Retournez chez vous et cherchez-en!

Posez les questions et donnez les réponses, en suivant les indications:

☆ J'écris mon adresse ici?	Non! Non! Ne la mettez pas là!
J'écris mon nom ici?	Non! Non! Ne le mettez pas là!
J'écris mes références ici?	Non! Non! Ne les mettez pas là!
J'écris des commentaires ici?	Non! Non! N'en mettez pas là!

VOCABULAIRE

adresse *f.*	address	lentement	slowly
amenez	bring *(usually a person)*	mois *m.*	month
apporter	bring	nom *m.*	name
après-midi *m. or f.*	afternoon	numéro *m.*	number
asseyez-vous	sit down	obtenir	obtain
automne *m.*	autumn	ouvre	open
bleu	blue	papiers *m. pl.*	papers
bonsoir	good evening!	passer	spend, pass *(time)*
brosses	brush	passes	spend, pass *(time)*
carte *f.*	map; card	peignez	comb
carte d'identité *f.*	identity card	petit déjeuner *m.*	breakfast
chemise *f.*	shirt	pour	for
cherchez	look for, go and get	pouvez	can; are able to; may
cheveux *m. pl.*	hair	prêter	lend
client *m.*	client, customer	présenter	present, introduce
commencement *m.*	beginning	printemps *m.*	spring
commentaire *m.*	commentary	quelle *f.*	which, what
comprends	understand	raconte	tell, recount
comprennent	understand *(they)*	référence *f.*	reference
comprenons	understand *(we)*	retournez	return, go back
crêpe *f.*	crêpe, pancake	réveille	wake up
date *f.*	calendar date	revenir	come back
dernier, dernière	last	révolution *f.*	revolution
écrit	writes	sais	know
employé *m.*	employee	saison *f.*	season
été *m.*	summer	savoir	know
exaspéré	exasperated	soupir *m.*	sigh
formulaire *m.*	form	tard	late
il faut	it is necessary	tout de suite	at once, immediately
favori, favorite	favorite	verbe *m.*	verb
fermez	close, closing	visitons	visit, let's visit
hiver *m.*	winter	vouloir	want, desire
jour *m.*	day		

GRAMMAIRE ET EXERCICES

1. Impératif (Imperative)

Giving commands in French is much like giving commands in English. The imperative (or command) form is generally the second-person (**tu** or **vous**) form of the verb, without subject. Just as in English, the pronoun subject *you* is understood, not stated:

Expliquez-le-moi.	*Explain it to me.*
Levez-vous tout de suite!	*Get up immediately!*
Marie, **finis** ta leçon.	*Mary, finish your lesson.*
Mademoiselle, **finissez** votre dîner.	*Finish your dinner, miss.*

NOTE: With verbs of the first conjugation (**–er**) the **–s** ending of the familiar form is dropped:

Julie, **donne** ton livre à Charles.	*Julie, give Charles your book.*
Marc, **parle** plus lentement.	*Marc, speak more slowly.*

The *let us* form of the imperative in English *("Let's visit the museum")* is expressed in French by the first-person plural form of the verb:

Visitons le musée.   *Let's visit the museum.*
Ne **parlons** pas à Marie.   *Let's not speak to Mary.*

a.   Negative commands

As with other verb forms, commands are made negative by placing **ne** in front of the verb and **pas** (or other negative form) after the verb:

N'ouvre pas la porte.   *Don't open the door.*
Ne parlons plus.   *Let's not talk any more.*

b.   être, avoir, savoir, vouloir

Although the imperative of irregular verbs is formed like that of regular verbs, there are four exceptions: **être, avoir, savoir** *(to know),* and **vouloir.** **Être, avoir,** and **savoir** derive their imperative forms from the present subjunctive; **vouloir** (used primarily in set formal expressions in letters) takes its imperative from an old irregular form of the verb:

	avoir	être	savoir	vouloir
Imperative:	**aie**	**sois**	**sache**	**veuille**
	ayons	**soyons**	**sachons**	
	ayez	**soyez**	**sachez**	**veuillez**

Ne **soyez** pas si triste.   *Don't be so sad.*
Veuillez agréer l'assurance de mes   *Yours truly.*
   sentiments distingués.

EXERCICE A*

Mettez les phrases suivantes à la forme impérative (Change these sentences into the imperative form):

MODÈLES: Vous regardez mon livre.   **Regardez** mon livre.
           Tu finis le devoir.   **Finis** le devoir.

1. Vous regardez la carte. 2. Tu finis l'examen. 3. Tu écoutes le professeur. 4. Tu vas avec les autres. 5. Vous avez un bon dîner. 6. Nous sommes prêts. 7. Nous choisissons un restaurant. 8. Vous expliquez les problèmes.

2.   Pronoms personnels, compléments indirects (Indirect object pronouns)

a.   Function

Just as the direct object answers the question *whom?* or *what?*, the indirect object tells *to whom* or *for whom* something is intended.

DIR. OBJ.   INDIR. OBJ.

Robert prête **son auto à Michel.**
Robert is lending his car to Michael.

DIR. OBJ.   INDIR. OBJ.

La serveuse montre **le menu aux clients.**
The waitress is showing the menu to the customers.

b.   Nouns as indirect objects

When the indirect object is a proper noun, that noun is directly preceded by the preposition **à:**

Helene parle **à Claudine** et **à Maude.**
Helen is speaking to Claudine and Maude.

Il l'écrit **à Marie,** n'est-ce pas?
He's writing it to Mary, isn't he?

If the indirect object is a common noun, an article or adjective will generally precede the noun:

Il parle **au professeur.**   *He's speaking to the teacher.*
Elle l'explique **à son frère.**   *She's explaining it to her brother.*

c.   Pronouns as indirect objects

Indirect object pronouns resemble direct object pronouns in most forms and assume similar positions in the sentence:

1. Indirect object pronouns

SINGULAR		PLURAL	
me, m' (moi)	*(to) me*	**nous**	*(to) us*
te, t' (toi)	*(to) you*	**vous**	*(to) you*
lui *(m.* and *f.)*	*(to) him, her, it*	**leur**	*(to) them*

Elle **me parle** en français.   *She speaks to me in French.*
Il **vous explique** la leçon.   *He is explaining the lesson to you.*

2. Reflexive indirect object pronouns

When the indirect object refers back to the same person as the subject, the verb is called a *reflexive verb,* just as it is when the direct object refers back to the subject:

D.O.

Elle **se lève** à huit heures.   *She gets (herself) up at eight o'clock.*

I.O.

Elle **se parle,** n'est-ce pas?   *She's talking to herself, isn't she?*

When the direct object of the reflexive verb is a part of the body (**les mains** *hands;* **les dents** *teeth,* **les cheveux** *hair*), the reflexive pronoun represents the indirect object, showing to whom or for whom the action is performed:

D.O.

Elle se lave.   *She is washing (herself).*

I.O.

Elle se lave les cheveux.   *She is washing her hair.*

In the plural forms, the expression **l'un à l'autre,** or **l'une à l'autre** is sometimes added to express *to one another,* rather than *to themselves:*

Ils s'écrivent l'un à l'autre.   *They write to each other.*

EXERCICE B*

Répondez aux questions suivantes en remplaçant l'objet indirect par le pronom:

MODÈLES: Donne-t-il les bonbons **aux enfants?**

Oui, **il leur** donne les bonbons.

Parlent-elles **à l'agent?**

Oui, elles **lui** parlent.

1. Parlez-vous à Jacques? 2. Montres-tu la carte aux élèves?
3. Expliquez-vous la question à Marie? 4. Passes-tu le vin aux autres?
5. Obéissez-vous au professeur? 6. Demandez-vous la route au gendarme? 7. Raconte-t-il l'histoire à ses amis? 8. Téléphone-t-elle à sa mère?

EXERCICE C*

Répondez aux questions suivantes à la forme affirmative:

MODÈLES: Se lave-t-il les mains?   **Oui, il se lave les mains.**

Te brosses-tu les cheveux?   **Oui, je me brosse les cheveux.**

1. T'appelles-tu Marie? 2. Se réveille-t-il facilement? 3. Te laves-tu la figure? 4. Vous peignez-vous les cheveux? 5. Vous parlez-vous souvent? 6. Se demande-t-elle quoi faire?

3. Place des pronoms compléments (Position of object pronouns)

a.   The normal position of object pronouns is directly before the verb:

Il **vous l'explique.**   *He is explaining it to you.*
Tu ne **me l'écris** pas.   *You're not writing it to me.*
Le lui donne-t-il?   *Is he giving it to her?*
Ne **me la montrez** pas.   *Don't show it to me.*

b. In affirmative commands the object pronouns *follow* the verb and are attached to it by hyphens:

Expliquez-le-moi.	*Explain it to me.*
Donnez-la-lui.	*Give it to him.*
Allez-vous-en!	*Go away!*
Tais-toi!	*Be quiet!*

NOTE: When an affirmative command ends in **me** or **te,** the more forceful **moi** or **toi** is substituted for emphasis.

c. Order of pronouns

1. In sentences in which the verb has both a direct and an indirect object, the indirect object normally precedes the direct object:

Elle **me le** donne.	*She is giving it to me.*
Louise **nous la** montre.	*Louise is showing it to us.*
Ne **vous les** explique-t-il pas?	*Doesn't he explain them to you?*
Ne **me le** dites pas!	*Don't tell it to me!*

Lui and **leur,** however, are exceptions: they follow the direct object.

Elle **le lui** donne.	*She gives it to him.*
Ne **les leur** explique-t-il pas?	*Doesn't he explain them to them?*

2. In affirmative commands, the normal word order is: VERB — DIRECT OBJECT — INDIRECT OBJECT:

Donnez-les-moi.	*Give them to me.*
Expliquez-le-leur.	*Explain it to them.*

3. **En** and **y** always follow other pronouns:

Montrez-m'en.	*Show me some.*
Il **y en** a quatre.	*There are four of them.*
Nous ne **leur en** donnons pas.	*We aren't giving any to them.*

4. Normal positions

me			
te	le	lui	
se	before la before	before y before en before VERB	
nous	les	leur	
vous			

5. Position in affirmative commands

			moi (m')			
			toi (t')			
		le	lui			
VERB	before	la	nous	before y	before en	
		les	vous			
			leur			

Learn this easy rule of thumb applying to all object pronouns except **y** and **en:**

When one of the object pronouns (whether direct or indirect) begins with l–, that pronoun is closest to the verb.

When both pronouns begin with l–, arrange them in alphabetical order.

EXERCICE D*

Répondez aux questions suivantes en remplaçant les objets directs et indirects par des pronoms:

MODÈLES: Donnez-vous **les lettres à Paul?**
Oui, je **les lui** donne.

Montrez-vous **la carte à Jeanne?**
Oui, je **la lui** montre.

1. Expliquez-vous les problèmes aux élèves?   2. Apportez-vous le sandwich à ce monsieur?   3. Prêtez-vous votre auto à Philippe?   4. Amenez-vous votre petit frère à votre mère?   5. Indiquez-vous la station aux enfants?   6. Posez-vous les questions à l'agent de police?

EXERCICE E*

Répétez les phrases suivantes en remplaçant les compléments par des pronoms:

MODÈLES: Il apporte **une bouteille de bière à Gérard.**
Il **lui en** apporte une.

Nous posons **beaucoup de questions aux élèves.**
Nous **leur en** posons beaucoup.

1. Il apporte une bouteille de vin rouge au client.   2. Nous posons beaucoup de questions aux étudiants.   3. Tu ne prêtes jamais tes livres à Louise.   4. Je montre des réponses aux élèves.   5. Je ne donne pas d'argent à Marcel.   6. Ils amènent une douzaine d'enfants au professeur.

4. Adjectifs numéraux 100 — 1.000.000 (Numbers 100 — 1,000,000)

100	**cent**
101	**cent un**
200	**deux cents**[1]

1. While multiples of **cent** normally add –s in the plural, this –s is omitted in dates and when **cent** is followed by another numeral.

201	deux cent un
299	deux cent quatre-vingt-dix-neuf
300	trois cents
1.000	mille
1.001	mille un
1.100	mille cent
1.793	mille sept cent quatre-vingt-treize
	dix-sept cent quatre-vingt-treize
1.800	mille huit cents, dix-huit cents
2.000	deux mille
1.000.000	un million

NOTE: In writing numbers in French, the period indicates thousands, while the comma is used to indicate decimals: **4.982,55** = *4,982.55.*

EXERCICE F

Exprimez ces chiffres en français:

MODÈLE: 1.200   **mille deux cents,** ou **douze cents**

1. 1.500	4. 62.774	7. 3.429.00
2. 1.763	5. 1.337	8. 5.582
3. 2.584	6. 1.099	

5. Dates — Heure — Saisons   (Dates — Time — Seasons)

a.   Dates

1. Jours de la semaine (Days of the week)

lundi	*Monday*	**vendredi**	*Friday*
mardi	*Tuesday*	**samedi**	*Saturday*
mercredi	*Wednesday*	**dimanche**	*Sunday*
jeudi	*Thursday*		

2. Mois de l'année (Months of the year)

janvier	*January*	**juillet**	*July*
février	*February*	**août**	*August*
mars	*March*	**septembre**	*September*
avril	*April*	**octobre**	*October*
mai	*May*	**novembre**	*November*
juin	*June*	**décembre**	*December*

Quelle est la date aujourd'hui?

— C'est aujourd'hui lundi, le vingt-trois mai.
— C'est aujourd'hui samedi, le premier avril.

— C'est aujourd'hui mercredi, le quinze septembre.

— C'est aujourd'hui jeudi, le trente et un août.

Quelle est la date du commencement de la Révolution française?

— C'est le quatorze juillet, dix-sept cent quatre-vingt-neuf (mille sept cent quatre-vingt-neuf).

b. Time

Il est midi.
Il est douze heures.
Il est minuit.
Il est vingt-quatre heures.

Il est une heure.
Il est treize heures.

Il est deux heures cinq.
Il est quatorze heures cinq.

Il est quatre heures
et demie.
Il est seize heures trente.

Il est sept heures
et quart.
Il est dix-neuf heures
quinze.

Il est huit heures
moins le quart.
Il est dix-neuf heures
quarante-cinq.

Quelle heure est-il?

— Il est six heures.	*It's six o'clock.*
— Il est midi.	*It's noon.*
— Il est minuit.	*It's midnight.*
— Il est trois heures cinq.	*It's five minutes after three.*
— Il est cinq heures vingt.	*It's twenty minutes after five.*
— Il est neuf heures et demie.	*It's nine thirty.*
— Il est midi et demi.	*It's twelve thirty.*
— Il est six heures et quart.	*It's quarter after six.*
— Il est onze heures moins le quart.	*It's quarter to eleven.*
— Il est huit heures moins vingt.	*It's twenty minutes to eight.*
— Il est dix heures du matin.	*It's ten a.m.*

— Il est dix heures du soir.   *It's ten p.m.*
— Il est quatre heures de l'après-midi.   *It's four o'clock in the afternoon.*

c.   Seasons

Quelles sont les saisons de l'année?

— Les saisons de l'année sont: **le printemps** *(spring)*, **l'été** *(summer)*, **l'automne** *(autumn)*, **l'hiver** *(winter)*

EXERCICE G

Quelle heure est-il?

MODÈLE: 8:05

       Il est huit heures cinq.

1. 8:20   4. 12:00   7. 11:50
2. 5:13   5.   7:45   8.   4:35
3. 6:30   6.   2:15

EXERCICE H*

Répondez aux questions suivantes d'après le modèle:

MODÈLE: Combien de jours y a-t-il au mois de décembre?
             How many days are there in the month of December?
             — Il y en a trente et un.

1. Combien de jours y a-t-il au mois de janvier?   2. Combien de jours y a-t-il au mois de juin?   3. Combien de jours y a-t-il au mois de février?   4. Quel est le premier mois de l'année?   5. Quel est le dernier mois de l'année?   6. Quel est le premier jour de l'année?   7. Quel est le dernier jour de l'année?   8. Quel est votre mois favori?   9. Quelles sont les saisons de l'année?   10. Combien de saisons y a-t-il dans l'année?

EXERCICE I

Faites un horaire avec les phrases suivantes (Compose a schedule with the following sentences):

1. À 7 h du matin   a. je déjeune
2. À 7 h 10   b. je me réveille
3. À 7 h 15   c. je me couche
4. À 7 h 20   d. je me lève
5. À 7 h 30   e. je vais en classe
6. À 7 h 45   f. je me baigne
7. À 8 h   g. je me brosse les dents et les cheveux
8. À 12 h   h. je mange le petit déjeuner
9. À 4 h de l'après-midi   i. j'étudie
10. À 7 h 30 du soir   j. je regarde la télévision

proverbe

Une hirondelle ne fait pas le printemps.

septième leçon

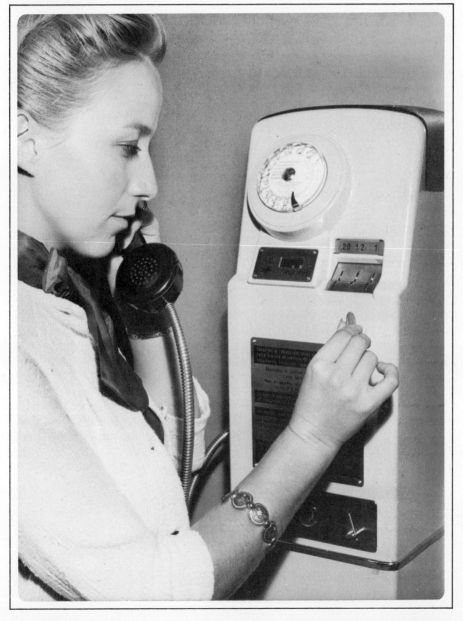

CONVERSATION: Le coup de téléphone

(Marc descend l'escalier; il frappe à la porte de la concierge.)

LA CONCIERGE:	*(ouvre la porte.)* Bonjour, Monsieur Gibson!
MARC:	Bonjour, Madame André! Puis-je me servir de votre téléphone?
LA CONCIERGE:	Mais oui, monsieur. Le voici.
MARC:	Il faut que je téléphone à mon ami.
☆ LA CONCIERGE:	Voulez-vous que je le fasse pour vous?
MARC:	Merci! J'aime mieux que vous restiez ici pour m'aider!
LA CONCIERGE:	Savez-vous le numéro?
MARC:	Ah, non!
LA CONCIERGE:	Voici l'annuaire. Il faut le chercher.

☆   *(Marc cherche le numéro.)*

MARC:	Le voilà. Je l'ai maintenant.
LA CONCIERGE:	D'abord, décrochez.
MARC:	*(Il décroche.)* Oui.
LA CONCIERGE:	Vous entendez la tonalité?
MARC:	Oui.
☆ LA CONCIERGE:	Alors, composez le numéro.
MARC:	*(Il compose le numéro.)* Trois cent quarante-deux, soixante-trois, quatre-vingt-dix-neuf (342.63.99).
LA CONCIERGE:	Il faut que vous parliez très fort, cette ligne est mauvaise.
MARC:	Allô? Allô? Ici Marc Gibson. Je voudrais parler à Monsieur Georges Martin, s'il vous plaît. Allô? C'est de la part de . . . allô?
LA CONCIERGE:	Il y a du bruit sur la ligne?
MARC:	Oui. Je ne comprends rien!
LA CONCIERGE:	Alors, raccrochez. Il faut que vous recommenciez.
MARC:	Merci, madame, mais je crois qu'il vaut mieux que j'aille le voir.
☆ LA CONCIERGE:	Comme vous voulez, monsieur.

PRATIQUE

Posez les questions et donnez les réponses, en suivant les indications:

☆ Il faut que je téléphone à mon ami.	Oui. Voulez-vous que je le fasse pour vous?
Il faut que je cherche le numéro.	Oui. Voulez-vous que je le fasse pour vous?
Il faut que je parle à mon ami.	Oui. Voulez-vous que je le fasse pour vous?
☆ Faut-il téléphoner à mon ami?	Oui, il faut que vous téléphoniez à votre ami.
Faut-il chercher le numéro?	Oui, il faut que vous cherchiez le numéro.
Faut-il rester ici?	Oui, il faut que vous restiez ici.
Faut-il parler très fort?	Oui, il faut que vous parliez très fort.
☆ Voulez-vous que je reste ici?	Oui, j'aime mieux que vous restiez ici.
Voulez-vous que je le fasse pour vous?	Oui, j'aime mieux que vous le fassiez pour moi.
Voulez-vous que je lui téléphone?	Oui, j'aime mieux que vous lui téléphoniez.
Voulez-vous que je le cherche?	Oui, j'aime mieux que vous le cherchiez.
☆ Vous allez le voir?	Oui. Je crois qu'il vaut mieux que j'aille le voir.
Vous lui téléphonez?	Oui. Je crois qu'il vaut mieux que je lui téléphone.
Vous cherchez le numéro?	Oui. Je crois qu'il vaut mieux que je cherche le numéro.
Vous parlez très fort?	Oui. Je crois qu'il vaut mieux que je parle très fort.

VOCABULAIRE

à l'heure	on time	jamais	never
aider	help	journée f.	entire day
aille	go	ligne f.	line
allô	hello (greeting used when answering the telephone)	long, longue	long
		me servir de	use
		mieux	better than
ambition f.	ambition	nécessaire	necessary
annuaire m.	telephone directory	partir	go away
bruit m.	noise	penses-tu	do you think
comme	as, like	porte f.	door
composez le numéro	dial the number	position f.	job, position
concert m.	concert	puis-je	may I?
coup de téléphone m.	telephone call	quitter	leave
crois	believe	raccrochez	hang up
d'abord	first, first of all	raison f.	reason
de la part de —	— is calling	avoir raison	to be right
décroche	lifts the telephone receiver	recommenciez	begin again
		regrette	regret, regrets
décrochez	lift the receiver	rester	remain
demeurer	live, reside	en retard	late
descend	descend	savant m.	scientist; someone very learned
désire	desires, wants		
doute	doubt, doubts	savez-vous	do you know?
fâché	angry	sévère	severe
fasse	make; do	sujet m.	subject
fort	loudly, strongly	surtout	above all
frappe	knock, strike	tonalité f.	dial tone
insistent	insist	travail m.	job, work
inviter	invite	voudrais	would like

GRAMMAIRE ET EXERCICES

1. Subjonctif (Subjunctive)

INDICATIVE: **Il est heureux** ici.
He is happy here.

SUBJUNCTIVE: **Je suis contente qu'il soit heureux** ici.
I'm glad that he is happy here.

INDICATIVE: **Il ne finit jamais** ses devoirs.
He never finishes his homework.

SUBJUNCTIVE: **Je regrette qu'il ne finisse jamais** ses devoirs.
I'm sorry that he never finishes his homework.

INDICATIVE: **Elle répond** aux questions du professeur.
She is answering the teacher's questions.

SUBJUNCTIVE: **Il faut qu'elle réponde** aux questions du professeur.
It's necessary that she answer the teacher's questions.

The sentences above illustrate two French *moods:* the *indicative* and the *subjunctive.*

The *indicative* (**est, finit, répond**) objectively expresses a definite fact or state of being: *he is happy, he never finishes, she is answering.*

The *subjunctive* is subjective. It expresses an action, an event, or a state of being that is hypothetical, uncertain, doubtful, desirable, possible, or emotional. It is concerned with an attitude or response to the action expressed: *I am glad that, I am sorry that, it's necessary that.* Because it is subjective in nature, much of its use depends on the feelings of the author or speaker. There are, however, certain practices that are normally followed, and we will describe these in this and later lessons.

2. Formation du subjonctif (Formation of the subjunctive)

a. Endings

The subjunctive has one set of endings in the present tense for all three conjugations, as well as for almost all irregular verbs; être and avoir are the only exceptions. The endings are **–e, –es, –e, –ions, –iez, –ent.**

b. Stem

In all regular (and in most irregular) verbs, these endings are attached to a stem derived from the third person plural of the indicative. Drop the **–ent** ending and add the subjunctive ending to this stem:

ils donn/   **ils finiss/**   **ils répond/**

NOTE: Some irregular verbs having two different stems in the present indicative tense (**je vais/nous allons, je veux/nous voulons**) will also use two different stems in forming the present subjunctive: **que j'aille/que nous allions, que je veuille/que nous voulions.**

donner	finir	répondre
que je **donne**	que je **finisse**	que je **réponde**
que tu **donnes**	que tu **finisses**	que tu **répondes**
qu'il **donne**	qu'il **finisse**	qu'il **réponde**
que nous **donnions**	que nous **finissions**	que nous **répondions**
que vous **donniez**	que vous **finissiez**	que vous **répondiez**
qu'ils **donnent**	qu'ils **finissent**	qu'ils **répondent**

être	avoir	aller
que je **sois**	que j' **aie**	que j' **aille**
que tu **sois**	que tu **aies**	que tu **ailles**
qu'il **soit**	qu'il **ait**	qu'il **aille**
que nous **soyons**	que nous **ayons**	que nous **allions**
que vous **soyez**	que vous **ayez**	que vous **alliez**
qu'ils **soient**	qu'ils **aient**	qu'ils **aillent**

EXERCICE A*

Donnez les formes suivantes au présent du subjonctif (Give the following forms in the present subjunctive):

MODÈLES: nous **donnons**   que nous **donnions**
           tu **as**   que tu **aies**

1. nous commandons
2. tu es
3. vous avez
4. il demeure
5. elles restent
6. j'ai
7. nous sommes
8. vous finissez
9. il répond
10. elle choisit
11. je vais
12. nous allons
13. il veut
14. je téléphone
15. tu entends

3.   Emploi du subjonctif (Use of the subjunctive)

a.   The subjunctive is normally used to express an action or state of being in a dependent clause, usually following **que.** The main clause of the sentence contains some expression that determines the use of the subjunctive in the dependent clause:

Je doute qu'il soit heureux.   *I doubt that he is happy.*
Penses-tu qu'il comprenne?   *Do you think (that) he understands?*

EXERCICE B*

Dans les phrases suivantes, indentifiez d'abord la proposition subordonnée, ensuite le sujet et le verbe de cette proposition (In the following sentences, identify first the dependent clause and then the subject and verb of that clause):

MODÈLES: Il préfère que tu sois   **que tu sois présent — tu — sois**
           présent.
          J'aime mieux que Marc   **que Marc comprenne — Marc —**
           comprenne.   **comprenne**

1. J'aime mieux que vous restiez ici à côté de moi.   2. Pensez-vous qu'il arrive aujourd'hui?   3. Elle n'est pas sûre que vous soyez encore à l'université. 4. Il est nécessaire que nous parlions français en classe.   5. Voulez-vous que nous allions en ville ensemble?   6. Les enfants regrettent que vous ne soyez pas heureux ici.

b.   The subjunctive is used in a dependent clause only when the subject of the clause is different from the subject of the main clause:

Veux-tu que j'aille au cinéma?   *Do you want me to go to the movie?*
Elle préfère que nous restions ici.   *She prefers that we remain here.*

If the subjects are the same, an infinitive is used in place of the dependent clause:

Veux-tu aller au cinéma?   *Do you want to go the movie?*
Elle préfère rester ici.   *She prefers to remain here.*

EXERCICE C*

Répondez aux questions suivantes à la forme affirmative:

MODÈLES: Veux-tu que nous parlions?   Oui, **je veux que nous par-
                                             lions.**

           Veux-tu parler?   Oui, **je veux parler.**

1. Faut-il que Marie téléphone?   2. Faut-il téléphoner?   3. Préférez-vous que les enfants soient ici?   4. Préférez-vous être ici?   5. Est-il nécessaire que je finisse?   6. Est-il nécessaire de finir?   7. Est-il possible que vous parliez français?   8. Est-il possible de parler français?

c.   In some situations the choice between subjunctive and indicative depends on the degree of objectivity or certainty implied:

INDICATIVE: **Je suis sûr qu'il comprend** bien le professeur.
               I am sure (that) he understands the teacher well.
SUBJUNCTIVE: **Je ne suis pas sûr qu'il comprenne** bien le professeur.
               I'm not sure (that) he understands the teacher well.

Expressions like **être sûr, penser,** and **trouver,** in the main clause often imply certainty in the affirmative, with the result that the verb in the dependent clause is indicative. When these expressions are used in the negative or interrogative, however, a greater degree of doubt or uncertainty is implied, and the verb in the dependent clause that follows will often be subjunctive.

EXERCICE D*

Répétez ces phrases à la forme négative, en employant le subjonctif:

MODÈLES: **Je trouve qu'il a   Je ne trouve pas qu'il ait
             raison.   raison.**
           **Elle est sûre que   Elle n'est pas sûre que nous
             nous entendons.   entendions.**

1. Nous trouvons que vous avez raison.   2. Je suis sûr que vous parlez bien.   3. Elle pense que vous êtes heureux.   4. Vous croyez qu'il finit.   5. Il est sûr que vous comprenez.   6. Nous pensons que l'enfant est intelligent.   7. Je trouve que vous avez raison.   8. Nous croyons qu'il habite Paris.

4. Expressions suivies par le subjonctif (Expressions followed by the subjunctive)

a. Expressions of wishing

Je désire que tu sois heureux.	*I want you to be happy.*
Il veut que tu quittes Paris.	*He wants you to leave Paris.*
Veux-tu que j'aille au magasin?	*Do you want me to go to the department store?*

NOTE: **Que** *(that)* is often omitted from the English sentence, even though it is always present in the French. English often uses an infinitive *(to leave)*, while French requires a subjunctive clause, literally "He wishes that you leave Paris."

b. Expressions of doubt or uncertainty

Je doute qu'il parle français.	*I doubt that he speaks French.*
Pensez-vous qu'elle soit heureuse?	*Do you think she's happy?*
Il cherche un appartement qui soit élégant mais pas très cher.	*He's looking for an apartment which is elegant but not very expensive.* (Such an apartment may or may not exist.)

c. Impersonal expressions which suggest an attitude or opinion about the action in the dependent clause

Il est bon que . . .	*It is good that . . .*
Il est douteux que . . .	*It is doubtful that . . .*
Il est étonnant que . . .	*It is surprising that . . .*
Il est important que . . .	*It is important that . . .*
Il est impossible que . . .	*It is impossible that . . .*
Il est juste que . . .	*It is right that . . .*
Il est naturel que . . .	*It is natural that . . .*
Il est nécessaire que . . .	*It is necessary that . . .*
Il est peu probable que . . .	*It is unlikely that . . .*
Il est possible que . . .	*It is possible that . . .*
Il est rare que . . .	*It is rare that . . .*
Il est souhaitable que . . .	*It is desirable that . . .*
Il est temps que . . .	*It is time that . . .*
Il faut que . . .	*It is necessary that, you must . . .*
Il semble que . . .	*It seems that . . .*
Il vaut mieux que . . .	*It is better that . . .*

d. Expressions of emotion

Il est dommage que . . .	*It is too bad that . . .*

Je m'étonne que . . .	I am surprised that . . .
Je regrette que . . .	I regret that . . .
Je suis content que . . .	I am glad that . . .
Je suis fâché que . . .	I am angry that . . .
Je suis ravi que . . .	I am delighted that . . .
Je suis triste que . . .	I am sad that . . .

e. Subordinate conjunctions which suggest purpose, condition, or limitation

à condition que . . .	on condition that . . .
à moins que . . . ne[1]	unless . . .
afin que . . .	in order that . . .
avant que . . . ne[1]	before . . .
bien que . . .	although . . .
de crainte que . . . ne[1]	for fear that . . .
de peur que . . . ne[1]	for fear that . . .
jusqu'à ce que . . .	until . . .
pour que . . .	in order that . . .
pourvu que . . .	provided that
quoique . . .	although . . .
sans que . . .	without . . .

In sentences where the subjunctive mood follows one of these subordinate conjunctions, the subject of the subjunctive verb may be the same as the subject of the verb in the main clause:

Il va aller à Londres pourvu qu'il ait assez d'argent.
He is going to go to London provided that he has enough money.

EXERCICE E*

Répétez les phrases suivantes en commençant votre réponse par l'expression indiquée:

MODÈLES: Je suis en retard. (Il regrette que)
           Il regrette que je sois en retard.

           Vous étudiez le français. (Il est bon que)
           Il est bon que vous étudiiez le français.

1. Nous sommes en retard. (Je regrette que)
2. Vous habitez Paris. (Il est bon que)
3. Il veut partir. (Je doute que)
4. Elle a une bonne situation. (Pensez-vous que)
5. Je finis toujours à l'heure. (Il est nécessaire que)

1. The **ne** in these expressions is no longer considered essential in modern French, but it is still found in literature and in some conversation:

Il va partir demain **de peur que ses amis ne soient** inquiets.
He is going to leave tomorrow lest his friends be worried.
Je vais le faire vendredi **à moins que Maurice ne le fasse.**
I am going to do it Friday unless Maurice does it.

6. Marc répond à toutes les questions. (Il faut que)
7. Nous commandons le vin. (Veux-tu que)
8. Tu choisis un bon sujet. (Il est important que)
9. Nous allons en auto. (Il est impossible que)
10. Elle reste à New York. (Êtes-vous sûre que)

EXERCICE F

Complétez les phrases suivantes par le subjonctif du verbe:

MODÈLE: (finir) Il est nécessaire que tu _____ la leçon.
Il est nécessaire que tu **finisses** la leçon.

1. (finir) Il est nécessaire que nous _____ le travail.
2. (quitter) Charles ne veut pas que nous _____ Paris sans le voir.
3. (avoir) Elle regrette que tu n'en _____ pas.
4. (téléphoner) Je préfère que vous me _____ à la maison.
5. (aider) Voulez-vous que je vous _____?
6. (être) Nous ne passons pas beaucoup de temps à l'université, bien que nous _____ étudiants.
7. (parler) Êtes-vous sûr qu'il _____ français?
8. (aller) Penses-tu que Philippe _____ à Lyon?
9. (vendre) Veux-tu que je la _____?
10. (passer) Est-il important que nous _____ toute la journée ici?

EXERCICE G

Subjonctif ou indicatif? Complétez les phrases suivantes par la forme convenable du verbe entre parenthèses:

MODÈLES: (répondre) Faut-il que je _____ à ses questions?
Faut-il que je **réponde** à ses questions?
(entendre) Il pense que tu l'_____ bien.
Il pense que tu l'**entends** bien.

1. (aider) Voulez-vous que je vous _____?
2. (parler) Il est étonnant que vous _____ italien!
3. (être) Je pense qu'il _____ à la maison.
4. (avoir) Ils vont y aller pourvu qu'ils _____ assez de temps.
5. (choisir) Je dis *(say)* que vous _____ toujours le plus beau.
6. (être) Nous cherchons un professeur qui _____ savant mais pas trop sévère.
7. (vendre) Je suis sûre qu'ils le _____.
8. (vouloir) Elle doute que vous le _____.
9. (aller) Tu crois que Louis _____ à l'université dimanche?
10. (passer) Je suis fâché que les enfants _____ tout leur temps à jouer.

EXERCICE H

Exprimez en français:

1. Do you want to stay here?
2. He prefers that we speak French.
3. I'm sorry to be late.
4. I wish that you would study.
5. Must I choose?
6. Does he want us to go?

EXERCICE I

Remplacez l'infinitif par le subjonctif:

Paul n'est pas heureux aujourd'hui. Il a beaucoup de problèmes. D'abord, il veut que ses parents (être) plus riches parce qu'il n'a pas d'argent. Il regrette aussi que ses amis (avoir) une belle nouvelle auto et qu'il n'en (avoir) pas une. Il désire que les jeunes filles (surtout Amalie!) l'(aimer) et qu'elles le (préférer) à Philippe. Et puis, bien qu'il (avoir) une chambre assez confortable, il cherche un appartement qui (être) plus grand, plus près de l'université et aussi raisonnable. Il est nécessaire qu'il (étudier) un peu plus parce que ses parents trouvent que ses notes sont mauvaises. Et avant qu'il (commencer) à étudier, il faut qu'il (aller) à la bibliothèque pour chercher un livre nécessaire. Il est dommage qu'il n'(avoir) pas de voiture! Pauvre Paul!

REPRISE

EXERCICE J

Récrivez les phrases suivantes en introduisant les adjectifs entre parenthèses. Attention à l'accord et à la position:

MODÈLE: (long, bleu) Il a une auto.   Il a une **longue** auto **bleue.**

1. (premier, sérieux)	C'est notre conversation.
2. (grand, moderne)	Elle habite un appartement près de la Sorbonne.
3. (bon, très amusant)	C'est une comédie.
4. (élégant, important)	C'est une boutique.
5. (nouveau, très facile)	C'est une leçon.
6. (vieux, italien)	Cette dame parle français couramment.

EXERCICE K

Complétez les phrases suivantes par le présent du verbe entre parenthèses:

1. (aller)	Ils _____ au café ensemble.
2. (vouloir)	Que _____-ils?
3. (avoir)	Elles n'_____ pas assez de temps.
4. (être)	Où _____-nous?

5. (vouloir)   Je ne _____ pas y aller.
6. (avoir)   Tu _____ trop d'ambition!
7. (être)   Je ne _____ pas d'accord.
8. (aller)   Nous _____ au concert ce soir.
9. (vouloir)   Vous ne _____ pas finir?
10. (aller)   Tu _____ m'aider, n'est-ce pas?

EXERCICE L

Voici des réponses aux questions. Quelles sont les questions posées:

MODÈLES: Oui, je veux regarder la   **Est-ce que tu veux regarder la**
          télévision.   **télévision?**
          Oui, les enfants sont en   **Est-ce que les enfants sont en**
          classe.   **classe?**

1. Oui, je veux aller au café avec toi.   2. Oui, j'aime beaucoup les
escargots.   3. Oui, je me lève très tôt le matin.   4. Oui, mon frère va
au lycée Montaigne.   5. Oui, sa sœur est très intelligente.   6. Oui, nous
nous réveillons à sept heures.

LECTURE: La concierge

La concierge appartient à une race en voie d'extinction.[1] À mesure que[2]
les grands immeubles modernes se multiplient, le nombre de concierges
diminue. Autrefois, chaque immeuble avait son veilleur de nuit, son
chien de garde, c'est-à-dire, sa concierge. Aujourd'hui on en trouve
seulement dans les vieux quartiers où le vingtième siècle ne s'est pas   5
encore totalement imposé.
     Qu'est-ce qu'elle fait, cette personne souvent veuve, toujours omni-
sciente? Sa vie est simple mais affairée. Elle habite un petit appartement
au rez-de-chaussée[3] d'un immeuble. Tous les gens qui entrent dans la
maison ou qui quittent la maison sont obligés de passer devant sa porte. 10
De ce poste, elle observe tout! Si un locataire[4] rentre après minuit, il
faut qu'il sonne, et c'est la concierge qui lui ouvre la porte. Si un locataire
désire que ses amis viennent à son appartement, c'est la concierge qui
leur donne le numéro de l'appartement et qui les surveille en route.
Si un locataire s'absente avant que le facteur soit arrivé, c'est la concierge 15
qui lui donne ses lettres à son retour. Elle est responsable de toute la
vie de l'immeuble, et elle aime bien sa situation.
     Bien que les locataires n'aiment pas toujours qu'elle surveille leur
vie privée de cette façon, ils la respectent. Avec son chat[5] et sa télévision,
elle est maîtresse de son monde.[6]   20

---

1. **race en voie d'extinction** race on the way to extinction, "endangered species." 2. **à mesure
que** as. 3. **rez-de-chaussée** ground floor. 4. **locataire** tenant. 5. **chat** cat. 6. **maîtresse de
son monde** mistress of her world.

QUESTIONS

1. Qu'est-ce qu'une concierge?
2. Où habite-t-elle?
3. Qui passe devant sa porte?
4. Si un locataire rentre après minuit, qu'est-ce qu'il faut qu'il fasse?
5. Si des amis d'un locataire viennent le voir, que fait la concierge?
6. Qu'est-ce qu'un facteur?
7. Si un locataire est absent quand le facteur arrive, qui est-ce qui lui donne ses lettres?
8. De quoi la concierge est-elle responsable?
9. Qu'est-ce que les locataires n'aiment pas?
10. Qu'est-ce qu'un locataire?
11. Qu'est-ce qu'un appartement?
12. Qu'est-ce qu'un immeuble?

proverbe

Honni soit qui mal y pense.

huitième
leçon

CONVERSATION: Conseils d'une amie

(Chez Karen. Solange lit pendant que Karen s'apprête à sortir.)

SOLANGE: Karen! Quelle est ta date de naissance?

☆ KAREN: Le treize novembre.

SOLANGE: Quel est ton signe? Sagittaire?

KAREN: Non, Scorpion. Dis, Solange, quelle heure est-il?

SOLANGE: Il est sept heures dix. À quelle heure as-tu rendez-vous?

☆ KAREN: À sept heures et demie.

☆ SOLANGE: Avec qui?

☆ KAREN: Avec Georges et sa sœur, Hélène.

SOLANGE: Qu'est-ce que tu portes?

KAREN: Ma robe jaune.

SOLANGE: Qu'est-ce que vous allez faire?

☆ KAREN: Nous allons au concert et après à la disco.

SOLANGE: Qui est-ce qui joue?

KAREN: Un pianiste belge . . . j'oublie son nom.

SOLANGE: Vous prenez un taxi?

KAREN: Tu rigoles! On prend le métro comme tout le monde! Mais, qu'est-ce que tu as? Tu es vraiment d'une curiosité!

SOLANGE: C'est que je lis ton horoscope dans ce magazine. Sois très prudente ce soir!

KAREN: Mais, je le suis toujours, ma chère!

SOLANGE: Ah, mais ce soir, pas de bêtises! Ne porte pas de couleurs sombres, évite les taxis, et rentre de bonne heure!

KAREN: Parfait! J'ai beaucoup de travail et peu d'argent. Cela me convient tout à fait!

PRATIQUE

Posez les questions et donnez les réponses, en suivant les indications.

☆ Quelle est ta date de naissance?	Le treize novembre.
Quelle est votre date de naissance?	Le treize novembre.
Quelle est sa date de naissance?	Le treize novembre.

☆ Quelle heure est-il? Six heures?	Non. Il est six heures et demie.
Quelle heure est-il? Trois heures?	Non. Il est trois heures et demie.
Quelle heure est-il? Midi?	Non. Il est midi et demi.
Quelle heure est-il? Neuf heures?	Non. Il est neuf heures et demie.
Quelle heure est-il? Minuit?	Non. Il est minuit et demi.

☆ Avec qui sors-tu? Avec Georges?	Oui, je sors avec Georges.
Avec qui sors-tu? Avec Hélène?	Oui, je sors avec Hélène.
Avec qui sors-tu? Avec Hélène et Georges?	Oui, je sors avec Hélène et Georges.
Avec qui sors-tu? Avec des amis?	Oui, je sors avec des amis.

☆ Avec qui sort-il?	Il sort avec Georges.
Avec qui sort-elle?	Elle sort avec Georges.
Avec qui sortons-nous?	Nous sortons avec Georges.
Avec qui sortent-ils?	Ils sortent avec Georges.

☆ Qu'est-ce que vous allez faire?	Nous allons au concert.
Qu'est-ce que tu vas faire?	Je vais au concert.
Qu'est-ce qu'il va faire?	Il va au concert.
Qu'est-ce qu'elles vont faire?	Elles vont au concert.

☆ Qu'est-ce que tu portes?	Je porte ma robe jaune.
Qu'est-ce que tu vas faire?	Je vais au concert.
Qu'est-ce que tu prends?	Je prends le métro.
Qu'est-ce que tu lis?	Je lis ton horoscope.

VOCABULAIRE

s'apprête	gets ready	mentir	lie
attend	wait for	oublie	forget, forgets
attendez	wait	se passe	happens, takes place
belge	Belgian	pendant	during
blanc, blanche	white	pianiste *m. & f.*	pianist
bonne heure	early	portes	wear; carry
compositeur *m.*	composer	présentez-vous	introduce yourself
conduisez-vous?	do you drive?	prudent	prudent, careful
conseils *m. pl.*	advice, counsel	rigoles	fooling, "kidding"
couleur *f.*	color	rencontre	meet
curiosité *f.*	curiosity	rendez-vous *m.*	appointment, date
être d'une curiosité	to be inquisitive	repas *m.*	meal
date de naissance *f.*	birth date	robe *f.*	dress
démocratie *f.*	democracy	Sagittaire	Sagittarius
directement	directly	salon *m.*	living room
disco *f.*	discotheque	sentir	smell; feel
dormir	sleep	servir	serve
écoutez	listen	signe *m.*	sign
évite	avoid	sombre	dark, deep *(color)*
examen *m.*	exam	sortir	go out
jaune	yellow	spectateur *m.*	spectator
machine à écrire *f.*	typewriter	suédois	Swedish
magazine *m.*	magazine	taxi *m.*	taxi
marque *f.*	mark, brand name	tout à fait	entirely
matin *m.*	morning	tout le monde *m.*	everybody
meilleur	better	veston *m.*	jacket

GRAMMAIRE ET EXERCISES

1. Pronoms interrogatifs (Interrogative pronouns)

Qui va t'accompagner?	*Who is going to accompany you?*
Qui est-ce que vous voulez voir?	*Whom do you wish to see?*
Qu'est-ce qui se passe ici?	*What is going on here?*
Que cherchent-ils?	*What are they looking for?*
Qu'est-ce qu'ils cherchent?	*What are they looking for?*
Sur quoi travailles-tu?	*What are you working on?*

When a question is preceded by an interrogative pronoun *(who, what)* in French, the pronoun used will depend upon several factors: Does it represent a person or a thing? Is it the subject of the sentence, the object, or the object of a preposition? Is the question spoken (using **est-ce que**) or is it written (using inversion)?

a. Qui, qui est-ce qui: Subject

Qui est là?	*(subject)*	*Who is there?*
Qui est-ce qui est là?	*(subject)*	*Who is there?*

When the subject is a person, **qui** is used. Although an alternate form **qui est-ce qui** exists, it is seldom used either in conversation or in written French.

b.   **Qui est-ce que, qui:** Object

Qui est-ce que vous regardez?   *(object)*   *Whom are you looking at?*
Qui regardez-vous?   *(object)*   *Whom are you looking at?*

In spoken French, **qui est-ce que** signals that the person referred to is
the object of the verb. When subject and verb are inverted (written form),
however, the pronoun **qui** serves as the object.

EXERCICE A*

Voici des réponses. Quelles sont les questions posées?

MODÈLES: Mes amis sont à la porte.   **Qui** est à la porte?
           Je regarde Marie.   **Qui est-ce que** vous regardez?

1. Marc est à table.   2. Mes amis sont dans la voiture.   3. Philippe travaille ici.   4. Les Dupont habitent cet appartement.   5. Chantal est au
café.   6. Je cherche Louise.   7. Je regarde les élèves.   8. Je trouve mes
amis.   9. Je rencontre la concierge.   10. J'aime sa sœur.

c.   **Qu'est-ce qui:** Subject

Qu'est-ce qui se passe?   *(subject)*   *What is happening?*
Qu'est-ce qui est sur la table?   *(subject)*   *What is on the table?*

As the subject of the verb, **qu'est-ce qui** represents something other
than a person.

d.   **Qu'est-ce que, que:** Object

Qu'est-ce que vous regardez?   *(object)*   *What are you looking at?*
Que regardez-vous?   *(object)*   *What are you looking at?*

Qu'est-ce qu'il désire?   *(object)*   *What does he want?*
Que désire-t-il?   *(object)*   *What does he want?*

Qu'est-ce que is used in conversation when the interrogative pronoun
is the object of the sentence. The alternate form **que** is used along with
subject-verb inversion in more formal written French.

EXERCICE B*

Encore des réponses. Posez les questions:

MODÈLE: Il cherche son livre.   **Qu'est-ce qu'il cherche?**

1. Il cherche ses livres.   2. Il regarde la télévision.   3. Il achète une
chemise bleue.   4. Il traverse la rue.   5. Il veut un billet.   6. Il préfère
le cinéma.   7. Il commande le vin.   8. Il aime le pain français.

EXERCICE C*

Répétez ces questions en employant **qui est-ce qui** *ou* **qui est-ce que:**

MODÈLES: **Qui** est dans l'auto?   **Qui est-ce qui** est dans l'auto?
   Qui voulez-vous?   **Qui est-ce que** vous voulez?

1. Qui est à la porte? 2. Qui parle français? 3. Qui passe son examen? 4. Qui préférez-vous? 5. Qui voulez-vous? 6. Qui écoutez-vous? 7. Qui attendez-vous? 8. Qui commande le dîner? 9. Qui regarde le journal? 10. Qui présentez-vous?

e.   **Qui, quoi** after prepositions

Avec qui va-t-il au café?   *With whom is he going to the café?*
De qui est-ce qu'il parle?   *Of whom is he speaking?*

Following a preposition, **qui** is used to refer to a person.

À quoi est-ce que tu penses?   *What are you thinking about?*
Avec quoi est-ce qu'ils écrivent?   *What are they writing with?*

When the object of the preposition refers to an indefinite (unnamed) object, the pronoun **quoi** is used.

f.   **Lequel, lesquels, laquelle, lesquelles**

J'ai deux journaux. **Lequel** veux-tu?   *I have two newspapers. Which one do you want?*

Laquelle de ces robes est-ce que vous préférez?   *Which of these dresses do you prefer?*

Dans lequel de ces magasins travaillez-vous?   *In which of these stores do you work?*

The interrogative pronouns **lequel, lesquels, laquelle, lesquelles** are used when a choice *(which)* is indicated. These pronouns refer to a specific, identified person or object, and must reflect the gender and number of that antecedent. Since they are made up of two parts (the definite article and a form of **quel**), they follow the regular rules of contraction when they occur after **à** or **de:**

Duquel est-ce que tu as besoin?   *Which one do you need?*
Auxquelles est-ce qu'il parle?   *Which ones is he talking to?*

EXERCICE D*

Formez des questions en employant les pronoms interrogatifs:

MODÈLES: Voici trois livres. Quel livre veux-tu acheter?
Lequel veux-tu acheter?

Voilà ses amis. Quels amis sont les plus intelligents?
Lesquels sont les plus intelligents?

Ils aiment les cabarets. À quel cabaret vont-ils ce soir?
Auquel vont-ils ce soir?

1. Voilà mes sœurs. Quelle sœur est la plus belle? 2. Il a acheté trois livres. Quel livre est le plus intéressant? 3. Nous avons beaucoup de devoirs. Quels devoirs sont les plus difficiles? 4. Elle parle d'une concierge. De quelle concierge est-ce qu'elle parle? 5. Ils vont au cabaret. À quel cabaret vont-ils? 6. Vous visitez des cathédrales. Quelles cathédrales est-ce que vous visitez?

2. Adverbes interrogatifs (Interrogative adverbs)

Quand finira-t-il?	*When will he finish?*
Combien est-ce que tu as payé ce poisson?	*How much did you pay for this fish?*
Où est-ce que tu veux voyager?	*Where do you want to travel?*
Comment trouvez-vous ce tableau?	*How do you like this painting?*
Pourquoi n'aimez-vous pas cet acteur?	*Why don't you like that actor?*

Whether the question is spoken or written, it is often preceded by an interrogative adverb: **quand** *when,* **combien** *how much,* **où** *where,* **comment** *how,* **pourquoi** *why.*

Although the word order is generally the same as in all questions, an alternate form is often used in short, simple questions following each of these adverbs except **pourquoi**:

Où sont vos parents?	*Where are your relatives?*
Combien coûte cette caméra?	*How much does this movie camera cost?*
Comment va ton oncle aujourd'hui?	*How is your uncle today?*
Quand arrive Hélène?	*When is Helene arriving?*
BUT: **Pourquoi Hélène vient-elle ici?**	*Why is Helene coming here?*
or: **Pourquoi est-ce qu'Hélène vient ici?**	

EXERCICE E

Exprimez en français:

1. Why are you going?
2. Where do they live?
3. How are you?
4. When do they arrive?
5. How much does this book cost?
6. Where are we going tonight?

3. Adjectifs interrogatifs (Interrogative adjectives)

Quel sera le sujet de votre conférence?	*What will the subject of your lecture be?*
Quelle en est l'idée centrale?	*What is the central idea of it?*

Quelles étaient les différences   *What were the principal differences?*
principales?

The interrogative adjectives **quel, quels, quelle, quelles** often serve as interrogative pronouns when followed by **être** in short questions.

4.   Qu'est-ce que, qu'est-ce que c'est que

Qu'est-ce que is also used when a definition is asked for:

Qu'est-ce que la démocratie?   *What is democracy?*
Qu'est-ce que la science politique?   *What is political science?*

Qu'est-ce que c'est que is an alternate form of **qu'est-ce que:**

Qu'est-ce que c'est que la démocratie?
Qu'est-ce que c'est que la science politique?

5.   dormir, sortir, partir, mentir, servir, sentir

Although the majority of verbs whose infinitives end in–**ir** take on the present-tense endings –**is,** –**is,** –**it,** –**issons,** –**issez,** –**issent,** there is also a small group of common verbs whose endings follow a different pattern. The six most important verbs of this family are: **dormir** *(to sleep),* **sortir** *(to go out),* **partir** *(to leave),* **mentir** *(to tell a lie),* **servir** *(to serve),* and **sentir** *(to feel; to sense; to smell).*

	dormir	sortir	partir	mentir	servir	sentir
je	dors	sors	pars	mens	sers	sens
tu	dors	sors	pars	mens	sers	sens
il	dort	sort	part	ment	sert	sent
nous	dormons	sortons	partons	mentons	servons	sentons
vous	dormez	sortez	partez	mentez	servez	sentez
ils	dorment	sortent	partent	mentent	servent	sentent

EXERCICE F

Répétez les phrases suivantes en employant les sujets indiqués:

MODÈLE: **Je dors** trop. (Vous)   **Vous dormez** trop.

1. Que servez-vous? (tu, elle, nous, ils)
2. Il part à midi. (je, Louise, nous, les enfants)
3. Je sors avec Hélène. (tu, vous, Marc, Robert et moi)
4. Mais je ne mens jamais! (vous, mon professeur, nous, cette femme)

6. Adjectifs numéraux (Numbers)

a. Round numbers

When the number expressed is an approximate number (about ten, about twenty), the cardinal number becomes the stem to which **–aine** is added:

une **dizaine** de journaux	*about ten newspapers*
une **trentaine** de personnes	*about thirty people*
une **centaine** de livres	*about a hundred books*

b. Ordinal numbers

1st	**premier, première**	11th	**onzième**
2nd	**deuxième**	12th	**douzième**
3rd	**troisième**	19th	**dix-neuvième**
4th	**quatrième**	20th	**vingtième**
5th	**cinquième**	21st	**vingt et unième**
6th	**sixième**	22nd	**vingt-deuxième**
7th	**septième**	30th	**trentième**
8th	**huitième**	40th	**quarantième**
9th	**neuvième**	50th	**cinquantième**
10th	**dixième**	100th	**centième**

Napoléon Ier	**Napoléon premier**	*Napoleon the first*
Henri II	**Henri deux**	*Henry the second*
Louis XIV	**Louis quatorze**	*Louis the 14th*

NOTE: French uses cardinal numbers to indicate numerical titles of rulers. **Premier** *(first)* is an exception.

REPRISE

EXERCICE G

Complétez ces phrases en employant la forme convenable du verbe:

1. (dormir) Vous _____ encore?
2. (partir) A quelle heure _____-vous?
3. (dormir) Il _____ toujours le matin.
4. (sortir) Est-ce que tu _____ souvent avec tes amis?
5. (sortir) Avec qui _____-ils?
6. (mentir) Mais est-ce qu'il _____ à ses parents?
7. (choisir) Que _____-nous comme dessert?
8. (finir) Il _____ toujours avant de partir.
9. (servir) Elle _____ le café après le repas.
10. (servir) Les restaurants _____ le dîner très tard.

EXERCICE H

Exprimez ces phrases à la forme interrogative en employant l'inversion:

MODÈLE: Marie va à sa classe d'anglais.
Marie **va-t-elle** à sa classe d'anglais?

1. Charles va directement à l'université. 2. Tu habites en France. 3. Ils n'ont pas le temps de le faire. 4. Ma sœur et moi sommes en retard. 5. Un voyage en Europe est très cher. 6. Nous achetons plusieurs livres. 7. Leurs enfants jouent au parc. 8. Son père n'aime pas ses amis. 9. Robert et Richard étudient le français ensemble. 10. Le garçon apporte la facture.

EXERCICE I

Complétez ces phrases en employant la forme convenable de l'adjectif interrogatif:

MODÈLE: _____ livre lisez-vous?   **Quel** livre lisez-vous?

1. _____ maison habites-tu? 2. _____ journal lisez-vous? 3. _____ auto conduisez-vous? 4. _____ robe achètes-tu? 5. _____ université choisissez-vous? 6. _____ fille est votre cousine? 7. _____ marque de voiture préfères-tu? 8. _____ film voyez-vous? 9. À _____ heure vous levez-vous? 10. Dans _____ cours travaillez-vous tous les jours?

EXERCICE J

Paul a rendez-vous avec Éliane. Il arrive chez elle mais Éliane n'est pas encore prête. Le père d'Éliane reste au salon avec Paul en attendant et il pose des questions. Remplacez les tirets par le pronom interrogatif convenable:

— Euh . . . _____-faites-vous ce soir, Paul?
— Nous allons d'abord au concert à la Maison de la Culture avec des amis.
— Ah oui? Alors, avec _____ sortez-vous?
— Nous sommes quatre: Marc et Jeanne, son amie, Eliane et moi-même.
— _____ est-ce, ce Marc?
— C'est un jeune Américain qui fait ses études ici, un garçon assez sérieux.
— Bon! Alors, _____ vous allez faire après le concert?
— Après le concert nous allons rencontrer d'autres amis au café.
— Ah! Euh . . . dites-moi, Paul, _____ allez-vous prendre au café?
— Oh! Un coca-cola, peut-être avec des sandwiches. Entre nous, je n'ai pas beaucoup d'argent ce soir.
— Très bien! Ça ne fait rien, Paul. Oh! Je vois que vous avez une auto. Quelle marque de voiture est-ce?
— C'est une SAAB.
— Une SAAB? _____ c'est?
— C'est une petite voiture suédoise. C'est l'auto de mon frère. Je l'aime beaucoup.

— C'est vrai? *(Puis, très fort)* Éliane, _____ tu fais? Ce pauvre jeune homme t'attend. À _____ penses-tu? Tu es toujours en retard!

EXERCICE K

Exprimez en français:

1. the first girl
2. the ninth street
3. the fourteenth chair
4. the fiftieth day
5. about forty
6. about ten
7. about twenty
8. about a hundred

LECTURE: Deux recettes

Croque-monsieur

Couper deux tranches[1] de pain; enlever les croûtes; sur une tranche poser une lamelle de jambon[2] frit[3] par-dessus une large lamelle de fromage de gruyère[4]. Couvrir avec l'autre tranche de pain. Placer sur un plat à feu.[5] Arroser[6] copieusement de beurre fondu;[7] mettre dans un four[8] très chaud jusqu'à ce que[9] le pain soit grillé et le fromage 5 fondu. Poudrer[10] de paprika avant de servir.

Crêpes

Trois cents grammes (deux tasses) de farine[11]
Un demi-litre (deux tasses) de lait
Un quart de litre (une tasse) d'eau   10
Deux œufs
Une cuillère[12] à café de sel
Une cuillère à soupe d'huile
Une cuillère à soupe de cognac

Mettre la farine et le sel dans un bol. Ajouter[13] les deux œufs en 15 remuant[14] bien après chaque œuf. Verser[15] graduellement les liquides dans la pâte[16] jusqu'à ce qu'elle soit bien lisse.[17] Laisser reposer[18] une heure. Pour faire cuire,[19] employer une poêle[20] *en fonte*[21] bien chaude et bien graissée.[22] N'oubliez pas de graisser la poêle entre chaque crêpe.

---

1. **tranches** slices.   2. **lamelle de jambon** small slice of ham.   3. **frit** fried.   4. **fromage de gruyère** Gruyère cheese; swiss cheese.   5. **plat à feu** oven-proof dish.   6. **Arroser** sprinkle; water.   7. **beurre fondu** melted butter.   8. **four** oven.   9. **jusqu'à ce que** until.   10. **Poudrer** powder.   11. **farine** flour.   12. **cuillère** spoon.   13. **Ajouter** add.   14. **remuant** stirring.   15. **Verser** pour.   16. **pâte** batter.   17. **lisse** smooth.   18. **reposer** rest.   19. **cuire** cook.   20. **poêle** frying pan, skillet.   21. **fonte** cast iron.   22. **graissée** greased.

QUESTIONS

1. Combien de tranches de pain faut-il pour un croque-monsieur?
2. Qu'est-ce qu'il faut faire avec les croûtes?
3. Où faut-il poser le jambon et le fromage?
4. Combien de jambon et de fromage faut-il pour un croque-monsieur?
5. De quoi faut-il arroser le sandwich avant de le mettre au four?
6. Jusqu'à quand faut-il laisser le croque-monsieur au four?
7. De quoi faut-il le poudrer avant de servir?
8. Quels sont les ingrédients de la pâte à crêpes?
9. Combien de temps faut-il que la pâte repose?
10. Qu'est-ce qu'on emploie pour faire cuire les crêpes?
11. Faut-il que la poêle soit chaude ou froide?
12. Qu'est-ce qu'il ne faut pas oublier?
13. Faites-vous des crêpes chez vous?

proverbe

On ne fait pas d'omelette sans casser les œufs.

neuvième
leçon

CONVERSATION: Carte d'identité perdue

(Chez Marc.)

MARC: Dis donc, Georges. As-tu vu ma carte d'identité?

☆ GEORGES: Comment! Tu l'as déjà perdue?

MARC: Je l'avais ce matin quand je suis sorti.

GEORGES: Où es-tu allé?

MARC: Je suis allé en classe.

GEORGES: Et après?

MARC: J'ai passé un moment chez les bouquinistes où j'ai acheté un vieux livre.

GEORGES: Qu'est-ce que tu as fait ensuite?

MARC: Ensuite je suis allé au café. J'ai bu un café-crème et j'ai mangé deux croissants . . . et j'ai lu mon journal.

GEORGES: Et tu m'as téléphoné.

☆ MARC: C'est exact.

GEORGES: À quelle heure es-tu rentré?

MARC: Je suis rentré vers midi. Je suis entré, j'ai posé mes livres, et puis tu es arrivé.

GEORGES: As-tu bien cherché dans ton portefeuille?

MARC: Oui, oui, partout!

GEORGES: Mais Marc . . . quel est ce morceau de papier sous la table?

MARC: Ah, mon vieux! Merci mille fois! Tu as trouvé ma carte d'identité!

PRATIQUE

Posez les questions et donnez les réponses, en suivant les indications:

☆ As-tu vu ma carte d'identité?   Comment! Tu l'as déjà perdue?
   As-tu vu mon vélo?   Comment! Tu l'as déjà perdu?
   As-tu vu mes livres?   Comment! Tu les as déjà perdus?
   As-tu vu mes lettres?   Comment! Tu les as déjà perdues?

☆ As-tu perdu quelque chose?   Oui, j'ai perdu ma carte d'identité.
   As-tu acheté quelque chose? Oui, j'ai acheté un vieux livre.
   As-tu bu quelque chose?   Oui, j'ai bu un café-crème.
   As-tu mangé quelque chose?   Oui, j'ai mangé deux croissants.

☆ Es-tu allé(e) en classe?   Oui, je suis allé(e) en classe.
   Es-tu allé(e) au café?   Oui, je suis allé(e) au café.
   Es-tu rentré(e)?   Oui, je suis rentré(e).
   Es-tu entré(e)?   Oui, je suis entré(e).

☆ Qu'est-ce que tu avais ce matin?   J'avais ma carte d'identité.
   Où as-tu passé un moment?   J'ai passé un moment chez les
                                       bouquinistes.
   À qui as-tu téléphoné?   Je t'ai téléphoné.
   Où as-tu cherché?   J'ai cherché partout.

VOCABULAIRE

après	after	**Louvre** *m.*	Louvre art museum in Paris
un bon Bordeaux *m.*	a good wine from the Bordeaux region	**moment** *m.*	moment
bouquiniste *m.*	seller of old books	**mon vieux** *m.*	old man, old buddy
causer	chat	**morceau** *m.*	scrap, morsel
croissant *m.*	crescent-shaped breakfast roll	**normalement**	normally
		occupé	occupied
ensuite	then, following	**partout**	everywhere
fiche *f.*	card for information	**portefeuille** *m.*	wallet
franchement	frankly	**pouvoir**	be able to, can
hier	yesterday	**salle de classe** *f.*	classroom
immédiatement	immediately	**seul**	alone
langue *f.*	language; tongue	**variole** *f.*	smallpox

GRAMMAIRE ET EXERCICES

1. Passé composé

a. Although French has several verb tenses expressing actions which occurred sometime in the past, the passé composé is the most frequently used. Actions such as «*I ate two croissants,*» «*I bought an old book*» are expressed in French by the passé composé because they are simple actions completed in the past. Actions such as «*It rained*» are also expressed by the passé composé when a definite completion of the action «*It rained until noon*» is indicated. The passé composé is equivalent to any of the following three English expressions of past tense:

J'ai traversé l'océan Atlantique.　*I crossed the Atlantic Ocean.*
I have crossed the Atlantic Ocean.
I did cross the Atlantic Ocean.

b. Formation

As the name suggests, this tense expresses actions or conditions of the past (**passé**). **Composé** refers to the form: It is not (as the present tense is) a «simple» tense consisting of one word; rather, it is made up of two parts, an auxiliary verb and a past participle:

Il **a trouvé** son cahier.　*He found his notebook.*
Elles **ont fini** la classe.　*They finished the class.*

c. Auxiliary verb

The auxiliary verb most often used in the passé composé is the present tense of **avoir**:

J'ai traversé la rue.　*I crossed the street.*
Il a choisi.　*He has chosen.*
Nous avons répondu.　*We did answer.*

In a negative or interrogative sentence, the auxiliary is inverted or negated:

A-t-il traversé la rue?   *Did he cross the street?*
Il n'a pas traversé la rue.   *He didn't cross the street.*

EXERCICE A*

Répondez aux questions suivantes à la forme affirmative:

MODÈLES: **Avez-vous répondu?**   Oui, **j'ai répondu.**
           Les enfants ont-ils fini?   Oui, **ils ont fini.**

1. Avez-vous fini?   2. Avez-vous choisi?   3. As-tu parlé?   4. As-tu
entendu?   5. A-t-il téléphoné?   6. A-t-elle commandé?   7. Les garçons
ont-ils chanté?   8. Votre ami a-t-il acheté un billet?

EXERCICE B*

Répondez aux questions suivantes à la forme négative:

MODÈLES: **As-tu expliqué?**   Non, **je n'ai pas expliqué.**
           Votre mère a-t-elle dormi?   Non, **elle n'a pas dormi.**

1. Avez-vous expliqué?   2. A-t-elle étudié?   3. Ont-elles mangé?
4. As-tu écouté le disque?   5. Les élèves ont-ils fini les devoirs?
6. Le conducteur a-t-il demandé votre billet?   7. Le facteur a-t-il distri-
bué les lettres?   8. Le client a-t-il acheté la valise?

d.   The Past Participle

The past participle has a dual function in French, as in English. It may
be used as a verbal accompanied by an auxiliary, or it may serve as an
adjective. As an adjective, it agrees both in gender and number with
the noun it describes:

Il a parlé français avec le monsieur.   *He spoke French with the man.*
Le français est la langue parlée en classe.   *French is the language spoken*
                                              in class.

As an adjective, **parlée** agrees with **langue** in gender and number.

To form the past participle of any regular verb, drop the ending of the
infinitive (**–er, –ir, –re**) and add the participle ending: **–é, –i, –u** (**parlé,
choisi, entendu**).

e.   Past Participles of **être** and **avoir**

Irregular verbs, such as **être** and **avoir,** have irregular past participles
(**été, eu**) which must be memorized. (The past participles of all irregular
verbs are given in the list of irregular verbs in the appendix.)

EXERCICE C

Donnez le participe passé des verbes suivants:

MODÈLE: causer **causé**

1. donner
2. habiter
3. choisir
4. être
5. pouvoir
6. remplir
7. répondre
8. avoir
9. entendre
10. aller

EXERCICE D*

Exprimez au passé composé:

MODÈLE: je parle **j'ai parlé**

1. je cause
2. je donne
3. vous parlez
4. ils finissent
5. nous choisissons
6. elle regarde
7. tu trouves
8. il obéit
9. j'ai
10. tu vends
11. nous sommes
12. elles aiment

EXERCICE E*

Répondez aux questions suivantes d'après l'heure indiquée:

MODÈLE: A quelle heure avez-vous mangé? (à six heures)
J'ai mangé à six heures.

1. À quelle heure avez-vous fini vos devoirs? (à neuf heures)
2. À quelle heure avez-vous regardé la télévision? (à dix heures)
3. À quelle heure avez-vous dîné? (à sept heures et demie)
4. À quelle heure avez-vous téléphoné à Maurice? (à six heures moins le quart)
5. À quelle heure avez-vous écouté les disques? (à huit heures et quart)
6. À quelle heure avez-vous parlé avec la concierge? (à quatre heures vingt)
7. À quelle heure avez-vous étudié le français? (à cinq heures et demie)
8. À quelle heure avez-vous acheté le pain? (à trois heures et quart)

EXERCICE F*

Répétez les phrases suivantes en disant que vous avez fait les actions indiquées hier (Repeat the following sentences, saying that you did the indicated actions yesterday):

MODÈLES: Aujourd'hui, je visite le Louvre. **Hier, j'ai visité le Louvre.**
Aujourd'hui, j'achète un journal. **Hier, j'ai acheté un journal.**

1. Aujourd'hui, j'achète un nouveau livre. 2. Aujourd'hui, j'explique ce problème aux élèves. 3. Aujourd'hui, je finis la lettre à ma mère.

4. Aujourd'hui, je montre mon appartement à mon ami. 5. Aujourd'hui, je passe la journée à étudier. 6. Aujourd'hui, je choisis un livre intéressant. 7. Aujourd'hui, je prête mon appareil-photo à Louise. 8. Aujourd'hui, je mange un bifteck.

f. Passé du subjonctif (Subjunctive in the past tense)

Just as the indicative action is rendered in the past tense by the passé composé, a subjunctive action is expressed in the past tense by a similar form. Instead of the present indicative of **avoir** as the auxiliary, however, the subjunctive requires the present subjunctive of **avoir**:

que j'aie donné	*that I gave*
que tu aies donné	*that you gave*
qu'il ait donné	*that he gave*
que nous ayons donné	*that we gave*
que vous ayez donné	*that you gave*
qu'ils aient donné	*that they gave*

EXERCICE G

Donnez le passé du subjonctif des verbes suivants:

MODÈLES: **nous avons fini   que nous ayons fini**
elles ont proposé   qu'elles aient proposé

1. j'ai trouvé
2. nous avons entendu
3. elles ont habité
4. j'ai été
5. il a vendu
6. elle a choisi
7. les élèves ont étudié
8. vos amis ont eu
9. notre professeur a expliqué
10. les touristes ont visité

2. Verbe irrégulier <u>pouvoir</u> (Irregular verb <u>pouvoir</u>)

je peux	*I can, I am able*
tu peux	*you can, you are able*
il peut, elle peut	*he can, she can, he is able, she is able*
nous pouvons	*we can, we are able*
vous pouvez	*you can, you are able*
ils peuvent, elles peuvent	*they can, they are able*

An alternate form **je puis** is often used in polite or literary language. This form inverted (**puis-je**) is always used in place of **peux-je** in questions:

Passé composé:	**j'ai pu**
Present Subjunctive:	**que je puisse**

EXERCICE H

Répétez les phrases suivantes en employant les sujets indiqués:

MODÈLE: **Je peux** aller. (tu)   **Tu peux** aller.

1. Je peux dîner. (vous, nous, Charles, mes frères)
2. Puis-je rester? (elle, nous, vous, ils, tu)
3. J'ai pu finir. (les élèves, vous, ma sœur, nous)

REPRISE

EXERCICE I

Complétez les phrases suivantes en employant le présent du verbe:

1. (pouvoir) _____-vous nous accompagner?
2. (pouvoir) Jean-Luc ne _____ pas venir.
3. (vouloir) Que _____-il?
4. (vouloir) Nous ne _____ pas manger.
5. (avoir) Les livres _____ beaucoup de photos.
6. (aller) Tu _____ trop vite!
7. (être) Elles _____ toutes en classe.
8. (avoir) Tu n'_____ pas beaucoup de temps.
9. (pouvoir) _____-je regarder le texte?
10. (vouloir) Les femmes ne _____ pas attendre.

EXERCICE J

Exprimez en français:

1. But I did finish the lesson!
2. Did he buy a newspaper?
3. We haven't visited New York.
4. He gave the bill to the customers.
5. She found the address immediately.
6. Have they listened to the record?
7. Did they answer the letter?
8. Was he able to answer the question?

EXERCICE K

Complétez les phrases suivantes en employant la forme convenable du participe passé:

MODÈLE: (écouter) Les disques _____ ne sont pas très intéressants.
Les disques **écoutés** ne sont pas très intéressants.

1. (visiter) Les musées _____ ne sont pas très intéressants.
2. (choisir) La jeune fille _____ est très belle.
3. (acheter) La voiture _____ est une petite auto française.
4. (commander) Le vin _____ est un bon Bordeaux.

5. (entendre) Les concerts _____ à la télévision sont normalement très bons.

6. (prêter) L'argent _____ par des amis peut poser des problèmes.

EXERCICE L

Complétez les phrases suivantes par la forme convenable du subjonctif au présent:

MODÈLE: (travailler) Il faut que nous _____ vite.
Il faut que nous **travaillions** vite.

1. (préférer) Pensez-vous qu'il _____ ce restaurant?
2. (aller) Il ne veut pas que tu _____ seul.
3. (entendre) Il faut qu'elle _____ .
4. (vouloir) Est-il sûr qu'il _____ aller?
5. (être) Je regrette que vous _____ si occupé.
6. (obéir) Je suis triste qu'ils n'_____ pas à leurs parents.
7. (prêter) Est-il nécessaire que je vous _____ mon auto?
8. (avoir) Trouvez-vous qu'elle _____ toujours raison?
9. (pouvoir) Je doute qu'elles _____ venir.
10. (remplir) Marc est fâché qu'elle _____ toutes ces fiches.

EXERCICE M

Complétez ces phrases par le passé du subjonctif:

MODÈLE: (parler) Je regrette qu'il _____ si franchement.
Je regrette qu'il **ait parlé** si franchement.

1. (vendre) Est-il possible que Paul _____ sa bicyclette?
2. (répondre) Êtes-vous sûr que nous _____ à sa lettre?
3. (avoir) Je ne pense pas qu'elle _____ la variole.
4. (être) Je doute que Philippe _____ ici hier juste à midi.
5. (quitter) Il est dommage que les enfants _____ la salle de classe si vite.
6. (trouver) Il est bon que vous _____ l'adresse tout de suite.
7. (commander) Il est naturel que vos amis _____ le dîner.
8. (répondre) Je m'étonne que vous _____ en français!

EXERCICE N

Complétez les phrases suivantes par la forme convenable du subjonctif, de l'indicatif, ou de l'infinitif:

MODÈLE: (partir) Voulez-vous que je _____ tout de suite?
Voulez-vous que je **parte** tout de suite?

1. (choisir) Robert préfère que tu _____ la viande.
2. (répondre) Il est nécessaire que je _____ à sa lettre immédiatement.

3. (avoir)   Il est bon d'_____ beaucoup de courage.
4. (aimer)   Il dit qu'il n'_____ pas voyager en avion.
5. (arriver)   Penses-tu que nous _____ dans deux heures?
6. (pouvoir)   Il dit qu'elle _____ l'accompagner.
7. (sortir)   Faut-il que nous _____ tous ensemble?
8. (demander)   Il faut _____ à Chantal le nom que tu cherches.

EXERCICE O

Répondez aux questions suivantes en employant les pronoms compléments:

MODÈLES: Est-ce qu'elle a servi de la bière?   Oui, **elle en a servi.**
           Est-ce que vous avez chanté les   Oui, **je les ai chantées.**
           chansons?

1. Est-ce que nous avons fini le travail?   2. Est-ce que vos amis ont payé l'addition?   3. Est-ce que la serveuse a apporté les hors-d'oeuvre?   4. Est-ce qu'il a voulu des cartes postales?   5. Est-ce que la concierge a entendu des cris?

LECTURE: Deux poèmes de Jacques Prévert

Quartier libre[1]

J'ai mis mon képi[2] dans la cage
et je suis sorti avec l'oiseau[3] sur la tête
Alors
on ne salue[4] plus   5
a demandé le commandant[5]
Non
a répondu l'oiseau
Ah bon
excusez-moi je croyais[6] qu'on saluait[7]   10
a dit le commandant
Vous êtes tout excusé tout le monde peut se tromper[8]
a dit l'oiseau.

© Éditions Gallimard

---

1. **quartier libre** leave; pass.   2. **képi** military hat.   3. **l'oiseau** the bird.   4. **salue** salute.   5. **le commandant** the major.   6. **croyais** thought.   7. **saluait** saluted.   8. **tout le monde peut se tromper** anyone can make a mistake.

QUESTIONS

1. Où avez-vous mis votre képi?
2. Ensuite qu'est-ce que vous avez fait?
3. Qu'est-ce que le commandant a demandé?
4. Qui a répondu?
5. Quelle a été la réponse?

Déjeuner du Matin[9]

Il a mis le café
Dans la tasse[10]
Il a mis le lait[11]
Dans la tasse de café   5
Il a mis le sucre
Dans le café au lait
Avec la petite cuiller[12]
Il a tourné
Il a bu[13] le café au lait   10
Et il a reposé[14] la tasse
Sans[15] me parler
Il a allumé[16]
Une cigarette
Il a fait des ronds   15
Avec la fumée[17]
Il a mis les cendres
Dans le cendrier[18]
Sans me parler
Sans me regarder   20
Il s'est levé[19]
Il a mis
Son chapeau sur sa tête
Il a mis son manteau de pluie[20]
Parce qu'il pleuvait[21]   25
Et il est parti
Sous la pluie
Sans une parole
Sans me regarder

9. **déjeuner du matin** breakfast. 10. **tasse** cup. 11. **lait** milk. 12. **cuiller** spoon. 13. **il a bu.** he drank. 14. **a reposé** set down. 15. **sans** without. 16. **a allumé** lit. 17. **fumée** smoke. 18. **cendrier** ashtray. 19. **s'est levé** got up. 20. **manteau de pluie** raincoat. 21. **il pleuvait** it was raining.

Et moi j'ai pris
Ma tête dans ma main
Et j'ai pleuré[22]

30

© Éditions Gallimard

QUESTIONS

1. Qu'est-ce qu'il a mis dans la tasse?
2. Qu'est-ce qu'il a mis dans le café?
3. Qu'est-ce qu'il a fait avec la fumée de cigarette?
4. Où a-t-il mis les cendres?
5. Qu'est-ce qu'il a mis avant de partir?
6. Qu'est-ce que l'autre personne a fait?
7. Qui sont les personnes dans le poème?
8. Où sont-ils?

proverbe

La fête passée, adieu le saint.

22. **j'ai pleuré** I wept.

dixième
leçon

CONVERSATION: Scène matinale

MÈRE: *(Elle appelle sa petite fille qui dort.)* Lève-toi, Mireille! Il est déjà sept heures!

FILLE: *(d'une voix étouffée.)* Oui, maman, je me lève.

MÈRE: Dépêche-toi, Mireille! Habille-toi vite!

FILLE: Oui, maman. Je me dépêche.

☆ MÈRE: Lave-toi les mains et donne-toi un coup de peigne. Tu ne t'es pas encore coiffée.

FILLE: *(qui arrive à la cuisine.)* Voilà, maman. Je me suis habillée!

MÈRE: Viens vite manger! Tiens! Tu ne t'es pas lavé la figure! Vilaine! Et le cou non plus!

☆ FILLE: Mais je me suis brossé les dents!

☆ MÈRE: *(qui se fâche.)* Comment! Toujours pieds nus? Tu vas avoir froid aux jambes. Mets tes chaussettes et tes souliers, tout de suite!

☆ FILLE: *(qui avale sa tartine et son café au lait.)* Ne t'inquiète pas, maman, je les mets à l'instant.

MÈRE: Tu ne veux pas ton chandail rouge? Non? *(Elle la pousse vers la porte.)* Alors, au revoir, ma chérie! N'oublie pas tes livres! Va vite! Tu as juste le temps!

FILLE: Au revoir, maman! À ce soir! *(La porte se ferme.)*

☆ MÈRE: Ouf! Que ça peut être fatigant de réveiller un enfant! Je vais me recoucher!

PRATIQUE

Posez les questions et donnez les réponses, en suivant les indications:

☆ Lève-toi!	Je me lève!
Dépêche-toi!	Je me dépêche!
Habille-toi!	Je m'habille!

☆ Tu t'es lavé(e)?	Oui, je me suis lavé(e).
Il s'est lavé?	Oui, il s'est lavé.
Elle s'est lavée?	Oui, elle s'est lavée.
Nous nous sommes lavé(e)s?	Oui, nous nous sommes lavé(e)s.
Je me suis lavé(e)?	Oui, vous vous êtes lavé(e).
Ils se sont lavés?	Oui, ils se sont lavés.
Elles se sont lavées?	Oui, elles se sont lavées.

☆ T'es-tu lavé(e)?	Non, je ne me suis pas lavé(e).
S'est-il dépêché?	Non, il ne s'est pas dépêché.
S'est-elle lavée?	Non, elle ne s'est pas lavée.
Est-ce que je me suis habillé(e)?	Non, vous ne vous êtes pas habillé(e).

☆ T'es-tu brossé les dents?	Oui, je me suis brossé les dents.
Vous êtes-vous lavé le cou?	Oui, nous nous sommes lavé le cou.
S'est-elle lavé les mains?	Oui, elle s'est lavé les mains.
Se sont-ils peigné les cheveux?	Oui, ils se sont peigné les cheveux.

☆ Pourquoi la mère va-t-elle se recoucher?	Parce que c'est fatigant de réveiller un enfant.
Est-ce que la fille s'est levée de bonne heure?	Non, elle ne s'est pas levée de bonne heure.
La fille s'est-elle lavé le cou?	Non, elle ne s'est pas lavé le cou.
Est-ce qu'elle s'est brossé les dents?	Oui, elle s'est brossé les dents.
Est-ce que la mère s'est inquiétée?	Oui, elle s'est inquiétée.
Vous inquiétez-vous quelquefois?	Oui, je m'inquiète quelquefois.

VOCABULAIRE

arbre *m.*	tree	**gagné**	won
avale	devour, gulp	**guide** *m.*	guide
blouse *f.*	blouse	**t'inquiète**	worry yourself
café au lait *m.*	coffee with milk	**jambe** *f.*	leg
chandail *m.*	sweater	**jardin** *m.*	garden
chaussettes *f.pl.*	socks	**Joconde** *f.*	Mona Lisa
chemisier *m.*	woman's shirt	**main** *f.*	hand
chien *m.*	dog	**mieux**	better
coiffé	hair combed or styled	**musée** *m.*	museum
comédie *f.*	comedy	**nu**	bare
comment!	what!	**pâtisserie** *f.*	pastry and pastry shop
coin *m.*	corner	**pied** *m.*	foot
cou *m.*	neck	**portrait** *m.*	portrait
se coucher	to go to bed	**pourboire** *m.*	tip, gratuity for services
coup de peigne *m.*	a "touch of the comb"	**pousse**	pushes
déjà	already	**ravi**	delighted
dents *f.pl.*	teeth	**me recoucher**	go back to bed
se diriger	direct oneself	**rencontrer**	meet
doucement	gently, softly	**tartine** *f.*	bread and jam
droit	straight	**thé** *m.*	tea
étouffé	muffled	**tôt**	soon
fatigant	tiring	**vilain**	naughty
figure *f.*	face	**visiteur** *m.*	visitor
froid *m.*	cold	**voix** *f.*	voice

GRAMMAIRE ET EXERCICES

1. Verbes conjugués avec <u>être</u> (Verbs conjugated with <u>être</u>)

Although **avoir** serves as auxiliary in the passé composé of most verbs, there are two special groups of verbs which require **être** as auxiliary, and a few verbs which are conjugated sometimes with **être** and sometimes with **avoir,** depending on how they are used.

a. Reflexive verbs

Reflexive verbs always use **être** as auxiliary. This means that even a verb such as **regarder** which normally takes **avoir** as auxiliary will take **être** when used reflexively:

Il **a regardé** les autres.   *He looked at the others.*
Il **s'est regardé** longuement.   *He looked at himself a long time.*

EXERCICE A*

Mettez les phrases suivantes au passé composé:

MODÈLES: Il **se lève** à sept heures.   Il **s'est levé** à sept heures.
             Il **se brosse** les cheveux.   Il **s'est brossé** les cheveux.

1. Il se lève très tôt.   2. Il se lave tout de suite.   3. Il se rase après.   4. Il s'habille vite.   5. Il se brosse les dents.   6. Il se promène dans le parc.   7. Il se demande quoi faire.   8. Il se couche de bonne heure.

b.   Intransitive verbs of motion

Intransitive verbs that express motion do not normally have a direct object. These verbs also require **être** as auxiliary in the passé composé:

INFINITIVE	PAST PARTICIPLE		
aller	**allé**	*to go*	**(je suis allé)**
arriver	**arrivé**	*to arrive*	
descendre	**descendu**	*to go down, descend*	
devenir	**devenu**	*to become*	
entrer	**entré**	*to enter*	
monter	**monté**	*to go up, to climb*	
mourir	**mort**	*to die*	
naître	**né**	*to be born*	
partir	**parti**	*to leave*	
passer	**passé**	*to pass*	
rentrer	**rentré**	*to return, go back home*	
rester	**resté**	*to remain*	
retourner	**retourné**	*to return, go back*	
revenir	**revenu**	*to come back*	
sortir	**sorti**	*to go out*	
tomber	**tombé**	*to fall*	
venir	**venu**	*to come*	

NOTE: A few intransitive verbs of motion (**courir** *to run,* **marcher** *to walk* are the most common) form the passé composé with **avoir** as auxiliary, in spite of their intransitive nature:

Il **a marché** vite pour le voir.   *He walked quickly in order to see it.*

EXERCICE B*

Répondez aux questions suivantes à la forme affirmative:

MODÈLES: **Êtes-vous allé** au café?   Oui, **je suis allé** au café.
           Es-tu venu avec elle?   Oui, **je suis venu** avec elle.

1. Es-tu allé au café?   2. Es-tu arrivé à l'heure?   3. Es-tu entré tout de suite?   4. Es-tu monté pour voir la Victoire de Samothrace?   5. Es-tu descendu ensuite?   6. Es-tu tombé en descendant?   7. Es-tu sorti à trois heures?   8. Es-tu allé chez Pauline?   9. Es-tu resté avec tes amis assez tard?   10. Es-tu rentré à minuit?

c.   **descendre, monter, passer, sortir**

The verbs **descendre, monter, passer,** and **sortir** have several meanings and may have a direct object. When they do, they are no longer intransitive, and they follow the regular pattern for the passé composé, with **avoir** as auxiliary:

Il **est sorti à onze heures.**	*He went out at eleven o'clock.*
Il **a sorti sa carte d'identité.**	*He took out his identification card.*
Je **suis vite descendu.**	*I came down quickly.*
J'**ai descendu ma valise.**	*I brought down my suitcase.*
J'**ai descendu l'escalier.**	*I came down the stairway.*

EXERCICE C

Complétez les phrases suivantes par la forme convenable du verbe au passé composé:

MODÈLES: (monter)   Nous _____ au cinquième étage.
Nous **sommes montés** au cinquième étage.

(monter)   Nous _____ la colline ensemble.
Nous **avons monté** la colline ensemble.

1. (passer)   Ils _____ devant le magasin plusieurs fois.
2. (passer)   Ils _____ leur temps à jouer aux cartes.
3. (descendre)   Je _____ trop vite.
4. (descendre)   Je _____ la malle et toutes mes valises.
5. (sortir)   Vous _____ votre mouchoir pour le donner à Jeanne.
6. (sortir)   Vous _____ avec vos amis, n'est-ce pas?
7. (monter)   Quand _____-tu _____ cette montagne?
8. (monter)   À quelle heure _____-tu _____?

2. Accord des participes passés (Agreement of past participles)

a. Preceding direct object

When the passé composé is made up of **avoir** and the past participle, the past participle is normally invariable — that is, it does not change spelling or form. If the verb is preceded by a direct object, however, the participle is influenced by that direct object and agrees with it in gender and number. A preceding *indirect* object will not cause any change, nor will the indefinite pronoun **en:**

Est-ce que vous avez regardé **ces cahiers?**	*Have you looked at these notebooks?*
Oui, je **les** ai **regardés.**	*Yes, I looked at them.*
Avez-vous parlé **à ces garçons?**	*Have you spoken to these boys?*
Oui, je **leur** ai **parlé.**	
Est-ce que vous avez remarqué **cette femme?**	*Did you notice that woman?*
Non, je ne l'ai pas **remarquée.**	*No, I didn't notice her.*

Est-ce que vous m'avez prêté **des chemises**	*Did you lend me some shirts?*
Oui, je vous **en** ai **prêté.**	*Yes, I lent you some.*

These same rules apply to verbs in the past subjunctive:

Penses-tu qu'il ait regardé **ces cahiers?**	*Do you think he looked at these note-books?*
Penses-tu qu'il **les** ait **regardés?**	*Do you think he looked at them?*

EXERCICE D*

Répondez aux questions suivantes en remplaçant les objets directs par des pronoms:

MODÈLES: A-t-il acheté **cette**   Oui, il **l'a achetée.**
           chemise?

           Ont-elles cherché **leurs**   Oui, elles **les** ont **cherchées.**
           amies?

1. A-t-il acheté cette valise?   2. A-t-il regardé ces livres?   3. Ont-ils trouvé la bibliothèque?   4. As-tu donné ton livre à Gérard?   5. As-tu expliqué les problèmes aux élèves?   6. Avez-vous présenté vos amis à Chantal?   7. Êtes-vous sûr qu'il ait fini la leçon?   8. Est-il possible qu'elle ait entendu la réponse?

b.   Agreement of subject and verb

The past participles of intransitive verbs of motion (those requiring **être** as auxiliary) agree with the subject of the verb in gender and in number:

Elle est arrivée à onze heures.	*She arrived at eleven o'clock.*
Les enfants sont partis.	*The children left.*

EXERCICE E*

Répétez ces phrases au passé composé. Attention à l'accord du participe passé:

MODÈLE: **Nous partons** à une heure.   **Nous sommes partis** à une
                                            heure.

1. Nous sortons ensemble.   2. Elle entre dans le café.   3. Ils vont au théâtre.   4. Je passe devant la pâtisserie.   5. Elles descendent tout de suite.   6. Montent-ils avec nous?   7. Restons-nous ici?   8. Les enfants tombent facilement.   9. Son père retourne avec elle.   10. Louise et Marie-Claire rentrent ensemble.

c.   Reflexive Verbs

Whether the past participle of reflexive verbs agrees with a preceding object depends upon whether the preceding reflexive pronoun is a direct object or an indirect object of the verb. As an indirect object, the reflexive pronoun does not influence the past participle; nor does the auxiliary **être** require agreement of any kind:

Elle s'est parlé doucement. *She spoke softly to herself.*
Ils se sont écrit plusieurs lettres. *They wrote each other several letters.*

When the reflexive pronoun acts as *direct* object in the sentence, however, the past participle must agree with that object pronoun in both gender and number:

Elle s'est lavée. *She washed (herself).*
Ils se sont rasés. *They shaved (themselves).*

When another object follows the verb, that object (usually a part of the body) is considered direct and the reflexive pronoun becomes the indirect object, telling whose hands or face or teeth are being washed or brushed. In this case, therefore, the pronoun does not influence the past participle:

Elle s'est lavée. *She washed (herself).*
Elle s'est lavé les mains. *She washed her hands.*

Ils se sont brossés. *They brushed themselves off.*
Ils se sont brossé les dents. *They brushed their teeth.*

EXERCICE F*

Exprimez les phrases suivantes au passé:

MODÈLES: **Nous nous lavons.** **Nous nous sommes lavés.**
Nous nous lavons les mains. **Nous nous sommes lavé les mains.**

1. Nous nous levons.
2. Il se lave.
3. Ils se lavent la figure.
4. Elle se promène.
5. Les élèves se parlent.
6. Nous nous rencontrons.
7. Vous vous servez du thé.
8. Il se sent mieux.
9. Mes frères se rasent.

3. Adjectifs démonstratifs (Demonstrative adjectives)

Comment trouvez-vous **cette** robe? *How do you like this dress?*
Je n'aime pas **ces** journaux. *I don't like these newspapers.*

Demonstrative adjectives are modifiers which point out a specific noun. Like other adjectives, these must agree with the noun they describe in gender and number: **cette robe; ces journaux.**

The demonstrative adjectives are:

ce   *this* or *that* before a masculine singular noun beginning with a consonant

cet   *this* or *that* before a masculine singular noun beginning with a vowel sound

cette *this* or *that* before a feminine singular noun

ces   *these* or *those* before plural nouns, masculine or feminine

NOTE: French does not distinguish between *this — that, these — those*, as English does. To differentiate between two objects, people, or ideas, to distinguish what is near from what is far, or simply to provide added stress, the adverbs **ci** and **là** are often joined to the noun by a hyphen:

Cette femme-ci est plus belle que **cette femme-là.**
This woman is more beautiful than that woman.

Préférez-vous **ces livres-ci** ou **ces livres-là?**
Do you prefer these books or those books?

EXERCICE G*

Refaites les questions suivantes en employant les adjectifs démonstratifs (Rephrase the following questions, using demonstrative adjectives):

MODÈLE: Quelle chemise achetez-vous?
              Achetez-vous **cette chemise-ci** ou **cette chemise-là?**

1. Quelle robe achetez-vous?   2. Quel journal regardez-vous?   3. Quel restaurant choisissez-vous?   4. Quels enfants cherchez-vous?   5. Quels billets achetez-vous?   6. Quel appartement habitez-vous?   7. À quel homme parlez-vous?   8. De quelle comédie parlez-vous?   9. Quelles femmes écoutez-vous?   10. Quels arbres admirez-vous?

REPRISE

EXERCICE H

Complétez les phrases suivantes par la forme convenable du verbe au présent:

1. (dormir)   _____-il encore?
2. (perdre)   Attention! Tu _____ ton argent!
3. (servir)   Je _____ toujours du café avec le repas.
4. (rentrer)   A quelle heure _____-vous?
5. (attendre)   Qui _____-elle?
6. (sortir)   Tu _____ tous les weekends.
7. (rencontrer)   Où _____-nous nos amis?
8. (se diriger)   Elle _____ toujours tout droit.
9. (partir)   Nous _____ après les cours.
10. (descendre)   _____ vite!

EXERCICE I

Exprimez au passé composé. Attention à l'auxiliaire:

MODÈLE: **tu es**   **tu as été**

1. il a
2. nous choisissons
3. tu perds
4. elles arrivent

5. j'entre
6. Marie retourne
7. les femmes admirent

8. ils passent
9. descends-tu?
10. nous allons

EXERCICE J

Répondez aux questions suivantes à la forme affirmative:

MODÈLE: **Êtes-vous sortie** avec Jean?
Oui, **je suis sortie** avec Jean.

1. Es-tu sortie avec Jean hier soir?   2. Êtes-vous allés au cinéma?   3. Marie et Bernard sont-ils allés avec vous?   4. Avez-vous trouvé le film intéressant?   5. Êtes-vous allés au café après le film?   6. Avez-vous commandé quelque chose à boire?   7. Es-tu rentrée avant minuit?   8. T'es-tu couchée tout de suite?

EXERCICE K

Répondez aux questions suivantes en remplaçant les compléments par des pronoms personnels, par **y** *ou par* **en.** *Attention à l'accord du participe passé:*

MODÈLE: **A-t-il parlé à Charles?**
Oui, **il lui a parlé.**

1. Léon a-t-il téléphoné à Charles?   2. A-t-il proposé une visite au Louvre à Charles?   3. Charles a-t-il accepté l'invitation?   4. Sont-ils allés au musée?   5. Ont-ils acheté une carte postale au Louvre?   6. Ont-ils passé beaucoup de temps au musée?   7. Le guide a-t-il montré la Joconde aux visiteurs?   8. Ont-ils aimé ce beau portrait?   9. Ont-ils donné un pourboire au guide?   10. Sont-ils allés au Jardin des Tuileries après?

EXERCICE L

Exprimez ces phrases à la forme négative:

MODÈLE: **J'ai donné** le journal à Marc.
Je n'ai pas donné le journal à Marc.

1. Chantal a gagné le prix.   2. Les enfants se sont levés très tôt.   3. Louis est descendu tout de suite.   4. Ils se sont promenés toute la matinée.   5. Nous sommes allés à la gare avec Jacques.   6. Marie s'est lavé les cheveux ce matin.   7. Elle s'est vite habillée.   8. Vous êtes rentré avec Marc.   9. J'ai prêté ma bicyclette à Claudine.   10. Il a rencontré des amis au coin.

EXERCICE M

Dans les phrases suivantes, remplacez le présent du subjonctif par le passé:

MODÈLE: Je doute fort **qu'il ait** son auto.
          Je doute fort **qu'il ait eu** son auto.

1. Pensez-vous que Charles soit ici?   2. Il est bon qu'elle rentre avant
minuit.   3. Je regrette qu'il ne finisse pas sa leçon.   4. Pensez-vous qu'ils
arrivent à cinq heures?   5. Êtes-vous content que Jean-Paul réponde à
sa lettre?   6. Je ne suis pas sûr qu'elles entendent les phrases.   7. Il est
impossible qu'ils partent déjà.   8. Il est peu probable que vous sortiez
par ce temps.   9. Je suis fâché qu'elle ne s'habille pas plus vite.   10.
Elle est ravie que tu te réveilles si tôt.

EXERCICE N

Répondez aux questions suivantes en vous servant d'un adjectif démonstratif:

MODÈLE: **Quelle blouse avez-vous achetée?**
          J'ai acheté cette blouse-ci.

1. Quelle cravate avez-vous achetée?   2. Quelles leçons avez-vous
préparées?   3. Quels livres avez-vous voulus?   4. Quel chemisier avez-
vous choisi?   5. Quels enfants avez-vous remarqués?   6. Quel vin avez-
vous commandé?   7. Quelle adresse avez-vous oubliée?   8. Quelle valise avez-vous perdue?   9. Quel appartement avez-vous loué?   10. Quels
disques avez-vous écoutés?

EXERCICE O

Remplacez les compléments dans les phrases suivantes par des pronoms:

MODÈLE: Donnez-**votre journal à Paul.**
          Donnez-**le-lui.**

1. Expliquez les phrases aux étudiants.   2. Apportez ces chaises à vos
amis.   3. Montrez ces photos à Gervaise.   4. Donnez les bonbons sur
la table à ces enfants.   5. Ne prêtez pas votre bicyclette à Bruno.   6.
Ne passez pas de vin à Thérèse.   7. Ne chantez pas ces chansons d'amour
aux enfants.   8. Demandez son nom à ce monsieur.

LECTURE: Portrait de Louis XIV

Voici un beau portrait du roi Louis XIV par le peintre Rigaud. Il se
tient debout dans ses belles robes bleues et blanches.
  Sur la tête[1] le roi porte une belle perruque.[2] Il a le front[3] serein, les

---

1. **tête** head.   2. **perruque** wig.   3. **front** forehead.

sourcils[4] noirs, et de petits yeux[5] pénétrants. Louis a le nez[6] long et droit — ce qu'on appelle un nez «typiquement français»! Sa bouche[7] sévère indique l'orgueil et l'amour-propre.[8] Juste sous le menton,[9] autour du cou,[10] il porte un ravissant jabot en dentelle. Il se passionnait pour les beaux habits.

Le roi empoigne son baton de la main[11] droite, et étend le bras[12] d'un geste impérial. On ne voit pas bien ses doigts,[13] mais il portait toujours des bagues.

Par-dessus l'épaule[14] gauche cascadent les plis d'un magnifique manteau d'hermine[15] et de velours brodé. Il pose avec le pied[16] gauche élégamment placé pour mieux nous montrer ses belles jambes.[17] Il en était très fier et portait toujours des bas de soie[18] blanche. Il porte aussi, sous les genoux,[19] des jarretières jaunes qui attirent l'œil[20] de l'admirateur. De jolis souliers, fermés par des rubans roses autour de la cheville[21] complètent ce costume riche et soigné. Louis le Grand était en vérité un très bel homme. Il s'est toujours considéré un monarque de droit divin[22]; même aujourd'hui son attitude impérieuse est impressionnante.

QUESTIONS

1. Comment s'appelle le roi dans le portrait?
2. Qui a fait ce beau portrait?
3. De quelles couleurs sont les robes du roi?
4. Qu'est-ce que le roi porte sur la tête?
5. Est-ce que vous portez une perruque aussi?
6. Qu'est-ce qu'un nez «typiquement français»?
7. Qu'est-ce que sa bouche sévère indique?
8. Où porte-t-il un ravissant jabot en dentelle?
9. Est-ce que Louis aimait les beaux habits?
10. Où portait-il des bagues?
11. De quoi est fait son manteau?
12. Comment nous montre-t-il ses belles jambes?
13. Trouvez-vous Louis un très bel homme?
14. Qu'est-ce qu'il s'est toujours considéré?
15. Faites votre portrait.
16. Décrivez votre voisine/voisin.

---

4. **sourcils** eyebrows.   5. **yeux** eyes.   6. **nez** nose.   7. **bouche** mouth.   8. **orgueil et l'amour-propre** pride and self-esteem.   9. **menton** chin.   10. **cou** neck.   11. **main** hand.   12. **bras** arm.   13. **doigts** fingers.   14. **épaule** shoulder.   15. **hermine** ermine.   16. **pied** foot.   17. **jambes** legs.   18. **bas de soie** silk stockings.   19. **genoux** knees.   20. **œil** eye.   21. **cheville** ankle.   22. **droit divin** divine right.

Portrait de Louis XIV par le peintre Rigaud

proverbe

**En avril, ne te découvre pas d'un fil. En mai, fais
ce qu'il te plaît.**

deuxième révision

GRAMMAIRE

1. Mode

Although verbs are used primarily to describe and to state facts *(the indicative mood)*, they have other uses as well. They are frequently used, for example, to give commands *(the imperative mood)*. Still another use is to express personal feelings or opinions regarding something *(the subjunctive mood)*.

a. Impératif

The French imperative, like its English equivalent, uses the *you* form of the verb (either **tu** or **vous**), and the subject pronoun is simply understood. In addition to the second person imperative, the **nous** form is sometimes used to express *Let's . . .*

b. Subjonctif

When the speaker wishes to express feelings about something *(I want you to . . . It's important that . . .)*, the subjunctive mood is used in the dependent clause. For most verbs, the subjunctive stem comes from the **ils** form of the indicative verb: **ils vienn/ent, ils finiss/ent.** To this stem the endings **–e, –es, –e, –ions, –iez, –ent** are added. If the subject of the main clause is the same as the subject of the dependent clause, however, an infinitive is used instead of a subjunctive clause.

2. Pronoms — Compléments indirects

Me, te, lui, se *(reflexive),* **nous, vous, leur, se** are used to replace indirect objects.

3. Place des pronoms compléments

Whether direct or indirect objects, these pronouns always precede the verb. The only exception is the affirmative command, when pronouns follow the verb and are linked to it by hyphens. If both direct and indirect

Cent cinquante et un

object pronouns are used, an easy way to determine their order is this: If one of them begins with 1–, that pronoun goes closest to the verb; if both begin with 1–, arrange them in alphabetical order. **En** and **y** always come after the pronouns.

4. Pronoms interrogatifs

Interrogative pronouns **(que, qui, qu'est-ce que, qu'est-ce qui, qui est-ce que, qui est-ce qui, quoi, lequel)** often introduce questions. **Qui** always refers to people, **que** to things, and the indefinite **quoi** follows a preposition. **Lequel** always asks *which?*

5. Passé composé

The **passé composé** describes single actions completed in the past. It is made up of an auxiliary (the present tense of either **être** or **avoir**) and a past participle. The past participle (which may also be used as an adjective) is formed from the regular present tense stem (**parl**/er, **fin**/ir, **entend**/re), plus the ending **–é, –i,** or **–u (parlé, fini, entendu)**. The past participle of irregular verbs must be memorized. When the verb is in the subjunctive mood rather than the indicative, the auxiliary will be the subjunctive form of **être** or **avoir**.

6. Accord des participes passés

a. Verbs with **avoir** as auxiliary normally do not change unless a direct object precedes the verb; then the past participle agrees with that preceding direct object in gender and number.

b. Reflexive verbs (which take **être** as auxiliary) will show agreement only when the preceding reflexive pronoun functions as direct object.

c. All other verbs with **être** as auxiliary will show agreement between the past participle and the subject.

EXERCICES

A. *Pronoms. Répétez ces phrases en remplaçant les compléments par des pronoms:*

MODÈLES: La vendeuse apporte **les sweaters au client.**
La vendeuse **les lui apporte.**

Ma mère **me raconte l'histoire.**
Ma mère **me la raconte.**

1. Mon frère me montre la route *(route, road)* sur la carte. 2. Le garagiste *(garage mechanic)* explique les problèmes à Monsieur

Éluard. 3. L'instituteur *(teacher)* pose des questions difficiles aux élèves. 4. La caissière *(cashier)* donne de l'argent au client. 5. Il nous raconte des anecdotes. 6. Sa sœur lui écrit beaucoup de lettres. 7. L'acteur récite des poèmes surréalistes aux spectateurs. 8. Marc étudie le français au lycée.

B. *Pronoms. Mettez les phrases suivantes à la forme négative:*

MODÈLES: Elle **me les répète.**
Elle **ne me les répète pas.**

Donnez-les-moi.
Ne me les donnez pas.

1. Expliquez-la-leur. 2. Les spectateurs veulent le voir. 3. Leur en distribue-t-il? 4. Montrez-m'en. 5. Y vont-ils maintenant? 6. Lui en offre-t-il?

C. *Subjonctif. Répondez aux questions suivantes d'après les modèles:*

MODÈLES: **Veut-il aller** à New York? (Marc)
Non, **il veut que Marc aille** à New York.

Faut-il choisir un poème maintenant? (Monique)
Non, **il faut que Monique choisisse** un poème.

1. Veux-tu acheter le billet? (Louis)
2. Faut-il parler au professeur? (Jacqueline)
3. Est-il nécessaire d'entendre ce concert? (ton frère)
4. Regrettes-tu d'aller à Lyon? (mon père)
5. Est-il important de venir ici? (tous vos amis)
6. Est-elle heureuse de rester à la maison? (Pauline)

D. *Indicatif, impératif, subjonctif. Complétez les phrases suivantes par la forme convenable du verbe entre parenthèses:*

MODÈLES: (rester) _____ ici une heure ou deux.
Restez ici une heure ou deux.

(rester) Il faut que nous _____ ici jusqu'à l'heure du départ *(departure)*.
Il faut que nous **restions** ici jusqu'à l'heure du départ.

1. (finir) _____ tes devoirs tout de suite!
2. (venir) Elle veut que nous _____ tout de suite.
3. (vouloir) _____-vous rester ici?
4. (s'habiller) Cet enfant _____ très vite.
5. (aller) Il faut qu'ils _____ en classe ensemble.
6. (choisir) _____ le livre que vous préférez.

7. (être)   Penses-tu qu'elles _____ contentes d'être ici?
8. (avoir)   _____ patience, mon ami!
9. (répondre) Il est important que vous _____ immédiatement
             à cette lettre.
10. (donner) Ne me _____ pas tout ton argent.

E. *Pronoms et adjectifs interrogatifs. Complétez les phrases suivantes par le pronom
ou l'adjectif convenable:*

MODÈLES: *(who)*   _____ veut entrer?
          Qui veut entrer? (ou: **Qui est-ce qui** veut entrer?)

          (which)   _____ robe achetez-vous?
          Quelle robe achetez-vous?

1. *(who)*   _____ veut y aller maintenant?
2. *(whom)*   _____ admires-tu?
3. *(whom)*   _____ vous cherchez?
4. *(which)*   _____ femme trouvez-vous la plus belle?
5. *(which)*   _____ journaliste est le meilleur?
6. *(what)*   _____ voulez-vous boire *(drink)?*
7. *(what)*   À _____ pensent-ils?
8. *(what)*   _____ vous allez faire?
9. *(whom)*   _____ va-t-il voir?
10. *(who)*   _____ travaille ici?

F. *Exprimez en français:*

1. Give us your book. 2. She wants him to come. 3. Whom do
you want to go with? 4. Let's go to the restaurant. 5. Don't buy
me any! 6. Which newspaper do you want? 7. I'm explaining the
problem to him. 8. He's ordering ten of them. 9. Do you want
to go there? 10. Are you showing them to her?

G. *Complétez les phrases suivantes par les dates indiquées:*

MODÈLE: La date de sa naissance est _____ (July 27, 1594)
         La date de sa naissance est **le vingt-sept juillet, quinze cent
         quatre-vingt-quatorze.**

1. Il va finir son projet *(project)* _____ (February 2, 1982). 2. Son
anniversaire *(birthday)* est _____ (September 15, 1865). 3. Ils vont
célébrer *(celebrate)* leur mariage _____ (January 1, 1980). 4. Son fils
est né _____ (April 21, 1643). 5. La réunion *(meeting)* aura lieu *(will
be held)* _____ (Wednesday, August 30, 1981).

H. *Exprimez au passé composé:*

1. Elle arrive ce matin. 2. Nous nous levons à sept heures. 3. Je
propose un nouveau projet. 4. Mon frère les étudie. 5. Vient-elle

vendredi?   6. Je regrette que Marie sorte avec Philippe.   7. Elle se parle doucement.   8. Se brosse-t-il les dents?   9. Marcel écrit cette lettre.   10. Il ne peut pas expliquer son idée.

I. *Répondez aux questions suivantes en remplaçant les sujets et les compléments par des pronoms. Commencez votre réponse par «**Oui,** . . .»:*

1. Maurice a-t-il fini ses devoirs?   2. Ton père a-t-il donné ces lettres à ta sœur?   3. Monsieur Honegger a-t-il expliqué les plans à Gérard?   4. L'agent a-t-il montré la carte aux touristes?   5. Votre amie a-t-elle acheté une nouvelle auto?   6. Le garçon a-t-il apporté du pain aux clients?

J. *En employant l'information donnée dans les phrases suivantes, donnez deux .questions possibles:*

MODÈLE: **Martine écrit trois lettres par jour.**

Qui écrit trois lettres par jour?
Qu'est-ce que Martine écrit?

1. Ma tante achète une robe bleue pour la soirée *(evening party)*. 2. Maurice a écrit un article pour le journal.   3. Les amis de Louis ont fini leurs devoirs en classe.   4. Le garçon apporte un menu aux clients.   5. Mon oncle *(uncle)* a montré son jardin à ses amis.

K. *Adjectifs. Complétez les phrases suivantes par la forme convenable de l'adjectif:*

1. (ce)   _____ homme est trop sérieux!
2. (long)   Cette robe est-elle trop _____?
3. (ce)   _____ femme refuse de partir.
4. (élégant)   J'aime beaucoup ces soirées _____ .
5. (beau)   Je veux étudier les _____-arts à Paris.
6. (vieux)   Il adore son _____ appartement.
7. (ce)   Il dit que _____ enfants sont un peu paresseux *(lazy)*.
8. (mon)   _____ parents sont actuellement *(at the present time)* à
                Amiens.

prononciation 2

CONSONNES (CONSONANTS)

Although the differences between French and English consonant sounds are not so obvious as the differences in vowel sounds, there are a few basic rules which must be observed by American students if their speech is to resemble the speech of the French. Besides the more noticeable sound-pattern distinctions, the position of the tongue in pronouncing consonants can in itself make the sound un-French.

[b]

The French consonant **b** is pronounced much like English *b*, except that in French, especially when it appears at the beginning of a word, **b** is pronounced with much less force and much less air than in English. The sound should be softer, more gentle:

belle [bɛl]; **b**on [bõ]; **b**eauté [bote]; trou**b**le [tʀubl]

EXERCICES*

1. Cette **b**anane est très **b**onne.
2. Le **b**ateau là-**b**as est à Ro**b**ert.
3. Les **b**âtiments de **B**eauvais sem**b**lent **b**ien construits.

[ʃ]

While *ch* in English has several pronunciations *(architecture, church, machine)*, in French only the last sound (ma**ch**ine) occurs. No matter what the word, **ch** in French is nearly always pronounced like *sh* in English:

chapeau [ʃapo]; **ch**oisir [ʃwaziʀ]; **ch**ose [ʃoz]; **ch**anter [ʃɑ̃te]

EXERCICES*

1. J'ai **ch**oisi le **ch**apeau que j'ai a**ch**eté hier.
2. Les **ch**ansons des enfants étaient **ch**armantes.
3. L'ar**ch**itecture du **ch**âteau à **Ch**enonceaux est de la Renaissance.

[d]

d, like **b**, is pronounced less forcefully in French than in English. An additional difference in French is the position of the tongue: Instead of the tip pushing against the ridge in back of the upper front teeth, French **d** is pronounced with the tip of the tongue pushing against the back of the upper teeth:

donne [dɔn]; **d**écider [deside]; **d**oute [dut]; **d**éfendre [defãdʀ]

EXERCICES*

1. Les **D**urand **d**emeurent **d**ans un appartement.
2. Ces **d**ames **d**emandent le **d**roit **d**e vous parler.
3. **D**'où viennent les étu**d**iants **d**ont il parle?

[f]

Both **f** and **ph** are pronounced [f] in French as in English.

[g]

When **g** is followed in French by **-a, -o, -u,** the pronunciation is the hard sound that one hears at the beginning of *garage* [g]. The tongue should be placed firmly against the back of the lower front teeth in producing this sound.

Note that in some words in which **g** is normally pronounced [g], the **g** is followed by an **-e** or an **-i,** which changes the pronunciation of the **g.** This generally occurs in changing verb forms or in adjectives which add **-e,** for example, to indicate the feminine form. In these instances, **-u** is often inserted immediately after **g** to keep the hard [g] sound (**long,** *m.;* **longue,** *f.*).

Note also that **g** followed immediately by **-n** is pronounced quite differently, rather like the English *-ny.* This sound is represented phonetically [ŋ]: **montagne; Espagne; ligne.**

garçon [gaʀsõ]; **g**are [gaʀ]; **g**âteau [gɑto]; **g**osse [gɔs]; **g**lisser [glise]; **g**uide [gid]; si**g**ne [siŋ(e)]

EXERCICES*

1. Les **g**arçons n'ont rien **g**agné en man**g**eant ces **g**âteaux.
2. Le **g**uide a si**g**nalé au **g**roupe la **g**rande é**g**lise à **g**auche.
3. Le **g**ouvernement **g**rec n'est **g**uère arrivé à changer la loi.

[ʒ]

When **g** is followed by the vowels **-e** or **-i,** the **g** is pronounced with the softer sound represented by [ʒ], pronounced like the sound of *s* in *leisure* or *treasure.* This same sound is often heard in the second **g** of *garage.* The French consonant **j** is also pronounced [ʒ]:

garage [gaʀaʒ]; â**g**e [ɑʒ]; lé**g**ende [leʒãd]; lin**g**e [lɛ̃ʒ]; man**g**er [mãʒe]; **j**aune [ʒon]; **j**upe [ʒyp]

EXERCICES*

1. J'ai un garage à louer.
2. La jeune fille en jaune est très jolie.
3. Ces gestes ont suggéré beaucoup aux gens qui observaient.
4. L'âge d'André Gide et de Marcel Proust peut être jugé maintenant.

[h]

The consonant **h** is never pronounced in French. It requires your attention, however, because it affects contraction and liaison in French. When a word beginning with **h** appears in a vocabulary or dictionary accompanied by an asterisk, that **h-** is said to be aspirate. Such an *h does not permit contraction in spelling **(Le Havre),** nor does it blend in liaison **(les hasards).** If there is no asterisk preceding the word, the vowel sound which follows is treated as any beginning vowel sound **(l'hôtel).**

EXERCICES* (mute h)

1. L'horloge de l'hôtel est une horreur.
2. A tout à l'heure!
3. Hier notre héroïne a parlé sans hésiter.

EXERCICES* (aspirate h)

1. Le héros de ce roman aime Le Havre.
2. Est-ce que La Haye se trouve dans la Hollande?
3. Elle le hait cordialement, mais la hauteur de ses sentiments est admirable!

[k]

Just as **-a, -o,** or **-u** following immediately after **g** make it the hard sound [g], these same vowels coming immediately after **c** cause **c** to be pronounced with the hard sound [k]. Like the consonant [g], French [k] sounds much like English [k], except that it is pronounced with less force. The tongue should be pressed firmly against the back of the lower front teeth. **Qu-** also is pronounced [k]:

quai [ke]; **c**ourt [kuʀ]; **c**ar [kaʀ]; **qu**i [ki]; **c**abine [kabin]

EXERCICES*

1. La capitale du Canada est très célèbre.
2. J'aime faire du camping à la campagne avec mes cousins.
3. Quand quittez-vous Calais?

[l]

The position of the tongue is most important in the pronunciation of French [l]. The tip of the tongue must touch the front teeth and never be allowed to flip up as it does in English. The sound of French [l] is softer than English *l* in *bill* or *load* and never "rolled":

difficile [difisil]; les [le]; laver [lave]; égal [egal]

EXERCICES*

1. Les élèves trouvent leurs leçons faciles.
2. Il le lui a donné lundi matin.
3. La famille a loué une maison dans une ville tranquille.

   NOTE: After the vowel **i, l** is often pronounced [j]: **famille** [famij], **fille** [fij], **soleil** [sɔlɛj]. In **ville** [vil], **village** [vilɑʒ], **mille** [mil], and **tranquille** [tʀɑ̃kil], however, it remains [l].

[m] [n]

These consonants are pronounced in French much as they are in English, except that in French they are usually sounded with less force. When they occur after a vowel, the resulting sound is often the nasal vowel discussed in the section on nasal vowels (p. 81). One further difference between French [n] and English [n] is that the tip of the tongue must touch the front teeth when pronouncing French [n]:

honneur [ɔnœʀ]; finir [finiʀ]; douzaine [duzɛn]; immédiate [imedjat]; immobile [imɔbil]

EXERCICES*

1. Nantes est une ville moderne.
2. Une douzaine d'étudiants sont venus me voir.
3. La bonne n'a aucune intention de travailler.

[p]

French **p** is pronounced as in English, except that the French consonant is sounded with less force and less air. In addition, while the *p* of many words beginning with *ps (psychology, psalm)* is not pronounced in English, this **p** is pronounced in similar French words:

psychologie [psikɔlɔʒi]; psaume [psom]; psychanalyse [psikanaliz]

EXERCICES*

1. Les parents de Paul préfèrent qu'il rentre.
2. Pourquoi permettez-vous ces placards?
3. Monsieur Gérard est-il psychanalyste ou psychologue?

[ʀ]

If you practice pronouncing the English word *air*, while making certain that the tip of the tongue stays down and is not allowed to flip up (the [ʀ] sound must come from the back of the mouth, produced by the uvula, not by the tongue), you will get the feel of the consonant called the Parisian **r**. Although this sound exists in some other languages, such as German, it does not occur in English and must be learned. The tongue position for French uvular [ʀ] is down, with the back of the tongue placed close to the soft palate and the tip placed firmly against the lower front teeth and kept there! when properly pronounced, the [ʀ] is scarcely heard. Care must also be exercised to insure that the sound of the vowel immediately preceding **r** is not deformed by pronouncing **r** too soon. Complete the sounding of the vowel before adding [ʀ]:

mère [mɛʀ]; Loire [lwaʀ]; route [ʀut]; écrire [ekʀiʀ]

EXERCICES*

1. Le frère d'Henri demeure à Rouen.
2. Regarde Rose, elle **r**it si heu**r**eusement.
3. Richa**r**d **r**essemble beaucoup à son **r**iche f**r**ère.

[s]

Although a single **s** in a French word may sometimes be pronounced as [z] (when it occurs between two vowels) and sometimes as [s], **ss** always is pronounced as [s]. A **c** followed by **e** or **i** in French is pronounced as [s] also, as is the **t** in words such as **nation** and **démocratie:**

laisser [lɛse]; fausse [fos]; respecter [ʀɛspɛkte]; baisse [bɛs];
instruction [ɛ̃stʀyksjõ]; tendance [tɑ̃dɑ̃s]; ceci [səsi]

EXERCICES*

1. **S**es intention**s** **s**ont toujour**s** pour le bien.
2. **C**e**c**i est intéressant.
3. Lai**ss**ez **c**ela jusqu'à **s**amedi.

[t]

French **t** is pronounced much as in English: **écrite** [ekʀit]; **autant** [otɑ̃]. Occasionally, **d** is also pronounced as [t] in French when it occurs at the end of a word joined to another by liaison: Quand il [kɑ̃til].

[v]

French **v** is sounded more gently than English *v*. In addition to the spelling **v**, the consonant **w** is also frequently pronounced [v]. Since **w** is not a natural component of the French alphabet, words in which it occurs are usually borrowed from other languages. Whether **w** is sounded as [v] or [w] depends upon the language of origin:

wagon [vagõ] *(German);* **w**eek-end [wikɛnd] *(English)*

[z]

An s between two vowels, a z, or an x between vowels ordinarily are sounded in French like English z:

rose [ʀoz]; les îles [lezil]; aux autos [ozoto]; treize [tʀɛz]

EXERCICES*

1. Ces enfants lisent leurs histoires sans parler.
2. Nous avons passé seize jours aux États-Unis.
3. Ils ont composé la lettre ensemble, pour faire plaisir aux enfants.

onzième leçon

ELLE

Courrier du cœur

MARCELLE SÉGAL

ais dire à toutes les
ıui ont leur époux tou-
ıs la main qu'elles arrê-
se plaindre de lui. Cela
ıas être trop désagréable
endre d'un homme qui
soir, apporte son salaire,
s enfants, se charge d'un
corvées (impôts, répara-
etc.). Cela leur paraît tout
. Imaginent-elles ce que
ıue de se retrouver seule,
métier, avec des enfants à
?

rremment, elles ne l'imaginent
Elles ne prennent pas le
ɔs de l'imaginer. Elles traitent
mari comme nous traitons le
phone, ce fléau qui nous
eille en sursaut, nous tire du
n, fait rater la béchamel, nous
... soir. Mais

Elisabeth

Nous sommes très amoureux l'un de l'autre. Nous abordons de temps en temps la question du mariage mais il me trompe beaucoup et, par dépit, j'en ai fait autant deux fois. Nous nous confessons nos écarts. Je lui pardonne mais m'aperçois que les hommes ne savent pas oublier, d'où un cercle vicieux. Il me trompe parce que je l'ai trompé et vice versa. J'ai fini par opter pour la fidélité afin de regagner sa confiance, mais à quoi bon ? Il m'accuse de mille liaisons et continue à courir le jupon. Je le supplie de le faire en douce, de ménager ma jalousie, mais il ne peut s'empêcher d'agir ouvertement. Notre couple serait idéal sans ce petit problème.

Si vous le trouvez petit, traitez-le comme tel, comme une faribole, un jeu d'enfants taquins « bisque bisque rage, t'auras du cirage ». Après tout, ce n'est peut-être rien d'autre et vous n'êtes que deux enfants. Quand vous aurez grandi, vous pourrez songer au mariage.

Sylvie

Nous vivons pratiquement en union libre. Tous les soirs, nous mangeons ensemble mais chacun a son appartement. Cette décision a été prise par lui pour garder son indépendance. Il ne veut pas entendre parler de mariage car il se dit invivable. Pourtant, son amour des enfants, sa droiture, ses sentiments envers moi prouvent le contraire. Si j'insistais, il me quitterait pour me rendre ma liberté. Il faut reconnaître qu'il est lunatique, souvent taciturne, qu'il envenime le plus petit souci. J'accepte son caractère difficile car je l'aime. D'ailleurs, quand tout va bien il est un compagnon très agréable. Je ne lui ai jamais dit que je l'aimais mais je pense qu'il doit s'en apercevoir.

Sans doute mais « ce qui va sans dire va encore mieux en le disant » (Talleyrand). Il vous a dit clairement qu'il ne veut pas entendre parler de mariage. Lui avez-vous, tout aussi clairement, fait savoir que vous aimeriez l'avoir pour mari ? Si ces quelques mots suffisaient pour qu'il vous quitte, il ferait bien de vous quitter. Son caractère est par trop difficile. Un tel homme, on peut l'aimer mais une vie avec lui serait un chemin de ronces. Vous vous piqueriez à chaque pas. Mieux vaut, pour l'instant, le statu quo. Chacun chez soi jusqu'à ce qu'il ait changé d'avis. A moins que ce ne soit vous. L'union libre, quoi.

que ce fléau
nous voilà i
sans secou
seulement
chaque so
même accu
téléphone.
Je voudr
femmes c
jours sou
tert de
ne doit p
de dép
rentre le
aime so
ta: de
tions, e
naturel
c'est c
sans
élever

Appa
pas.
temp
leur
télé
que
noi
sar
so
ch
m
té

CONVERSATION: Une nuit blanche

(Le matin, chez Marc.)

GEORGES: Qu'est-ce que tu as, mon vieux? Tu as l'air déprimé.

MARC: Je n'ai pas dormi de la nuit.

GEORGES: Tu étais malade?

☆ MARC: Non, il y avait trop de bruit.

GEORGES: Des gens se promenaient dans les rues?

MARC: Non — dans l'immeuble! Les voisins d'à côté fêtaient leur anniversaire de mariage.

GEORGES: Ils parlaient fort?

MARC: Non, ils ne parlaient pas — ils criaient, ils riaient, ils dansaient, et ils faisaient un vacarme incroyable!

☆ GEORGES: Tu n'as rien fait?

MARC: Si. Je me suis levé deux fois pour frapper contre le mur!

GEORGES: Se sont-ils arrêtés?

MARC: Tu parles! Ils chantaient si fort qu'ils ne m'ont pas entendu!

GEORGES: N'as-tu pas porté plainte à la concierge?

☆ MARC: À quoi bon? C'est leur belle-mère. C'était une des invitées!

PRATIQUE

Posez les questions et donnez les réponses, en suivant les indications:

☆ As-tu bien dormi?	Non, je n'ai pas dormi de la nuit.
Étais-tu malade?	Non, je n'étais pas malade.
Y avait-il trop de bruit?	Oui, il y avait trop de bruit.

☆ Des gens se promenaient-ils dans la rue?	Non, ils ne se promenaient pas dans la rue.
Les gens d'à côté parlaient-ils?	Non, ils ne parlaient pas.
Est-ce qu'ils criaient?	Oui, ils criaient.
Est-ce qu'ils dansaient?	Oui, ils dansaient.
Est-ce qu'ils faisaient du bruit?	Oui, ils faisaient un vacarme incroyable!

☆ Pourquoi Marc n'a-t-il pas porté plainte à la concierge?	Parce que c'était une des invitées.
Pourquoi les gens d'à côté n'ont-ils pas entendu Marc?	Parce qu'ils chantaient si fort.
Que fêtaient les voisins d'à côté?	Ils fêtaient leur anniversaire de mariage.
Pourquoi la concierge était-elle invitée?	Parce que c'est leur belle-mère.

VOCABULAIRE

air *m.*	appearance, air	**dormi**	slept
anniversaire de		**élémentaire**	elementary
mariage *m.*	wedding anniversary	**gens** *m.pl.*	people
arrêter	stop	**incroyable**	unbelievable
avant	before	**manteau** *m.*	coat
belle-mère *f.*	mother-in-law	**mur** *m.*	wall
camarade *m. & f.*	friend; roommate	**nager**	swim
chantaient	were singing	**nuit** *f.*	night
chanter	sing	**pique-nique** *m.*	picnic
construire	build	**porter plainte**	complain
contre	against	**pull-over** *m.*	sweater, pullover
criaient	were shouting	**ranger**	put away
dansaient	were dancing	**reconnu**	recognized
de la nuit	during the night	**riaient**	were laughing
déprimé	worn out	**vacarme** *m.*	racket, din

GRAMMAIRE ET EXERCICES

1. Imparfait (Imperfect)

a. Formation

The **imparfait** forms are the same for all three conjugations of regular verbs, and for irregular verbs as well. The imparfait stem is formed from the first person plural (**nous** form) of the present indicative, minus the **–ons** ending.

parl/ons   **finiss/ons**   **répond/ons**

The imparfait endings are:

	Singular	Plural
First Person	**–ais**	**–ions**
Second Person	**–ais**	**–iez**
Third Person	**–ait**	**–aient**

NOTE: The four endings **–ais, –ais, –ait, –aient** are pronounced exactly the same.

Première conjugaison — **parler**

je parlais	*I was speaking, I used to speak*
tu parlais	*you were speaking, you used to speak*
il (elle) parlait	*he (she) was speaking, he (she) used to speak*
nous parlions	*we were speaking, we used to speak*
vous parliez	*you were speaking, you used to speak*
ils (elles) parlaient	*they were speaking, they used to speak*

EXERCICE A*

Mettez les verbes suivants à l'imparfait:

MODÈLE: **je donne** **je donnais**

1. elle donne	5. nous habitons
2. je cause	6. il se lève
3. vous vous habillez	7. tu étudies
4. les enfants jouent	8. vos amis se rencontrent

Deuxième conjugaison — **finir**

je finissais	*I was finishing, I used to finish*
tu finissais	*you were finishing, you used to finish*
il (elle) finissait	*he (she) was finishing, he (she) used to finish*
nous finissions	*we were finishing, we used to finish*
vous finissiez	*you were finishing, you used to finish*
ils (elles) finissaient	*they were finishing, they used to finish*

EXERCICE B*

Mettez les verbes suivants à l'imparfait:

MODÈLE: **je finis** **je finissais**

1. nous remplissons	4. tu sers	7. je sors
2. les élèves finissent	5. elle obéit	8. il réussit
3. ma mère choisit	6. vous dormez	

EXERCICE C

Mettez les verbes suivants à la forme négative:

MODÈLE: **vous choisissiez** **vous ne choisissiez pas**

1. vous sortiez	4. elle mentait	7. ils obéissaient
2. tu finissais	5. Louise choisissait	8. je remplissais
3. mon frère dormait	6. nous réussissions	

Troisième conjugaison — **répondre**

je répondais	*I was answering, I used to answer*
tu répondais	*you were answering, you used to answer*
il (elle) répondait	*he (she) was answering, he (she) used to answer*
nous répondions	*we were answering, we used to answer*
vous répondiez	*you were answering, you used to answer*
ils (elles) répondaient	*they were answering, they used to answer*

EXERCICE D*

Mettez les verbes suivants à l'imparfait:

MODÈLE: **vous répondez**   **vous répondiez**

1. tu vends
2. le professeur répond
3. je rends
4. vous dépendez
5. ils s'entendent
6. nous attendons
7. elle défend
8. cela correspond

EXERCICE E

Exprimez les phrases suivantes à la forme interrogative:

MODÈLE: **Il allait au café.**   **Allait-il au café?**

1. Nous allions au théâtre. 2. Ils entendaient le professeur. 3. Vous vous entendiez bien. 4. Elle répondait aux questions. 5. Mes amis se rencontraient. 6. Le garçon apportait la facture. 7. Ton père et ta mère partaient tout de suite. 8. Il se réveillait quand tu as téléphoné.

b.   avoir, être

j'avais	*I had, I used to have*
tu avais	*you had, you used to have*
il (elle) avait	*he (she) had, he (she) used to have*
nous avions	*we had, we used to have*
vous aviez	*you had, you used to have*
ils (elles) avaient	*they had, they used to have*
j'étais	*I was, I used to be*
tu étais	*you were, you used to be*
il (elle) était	*he (she) was, he (she) used to be*
nous étions	*we were, we used to be*
vous étiez	*you were, you used to be*
ils (elles) étaient	*they were, they used to be*

EXERCICE F*

Répondez aux questions d'après les modèles:

MODÈLES: **Est-il** malade aujourd'hui?   Non, mais **il était** malade hier.

A-t-il mal à la tête aujourd'hui?   Non, mais **il avait** mal à la tête hier.

1. Est-il ici aujourd'hui? 2. Es-tu fatiguée aujourd'hui? 3. A-t-elle ton pull-over aujourd'hui? 4. Sont-ils présents aujourd'hui? 5. Êtes-vous plus sérieux aujourd'hui? 6. Ont-ils besoin de vous aujourd'hui? 7. Avez-vous assez d'argent aujourd'hui? 8. Suis-je en retard aujourd'hui?

c.　Use of the **imparfait**

Like the **passé composé,** the **imparfait** expresses an action, a state of being, or a condition that occurred in the past.

1. Generally, when a past action was continuous or habitual, it is expressed in French by the **imparfait:**

   Quand il était petit, il parlait bien le français.
   When he was little, he spoke (used to speak) French well.

   Je passais des heures ici.
   I used to spend hours here.

2. Since the idea of incompletion is inherent in the term "imperfect," the **passé composé** is used to express a single fact or completed action:

   Compare:

   Imparfait:　　**Il était étudiant à la Sorbonne.**
   　　　　　　　He was a student at the Sorbonne.
   Passé
   Composé:　　**Il a été étudiant à la Sorbonne de 1970 jusqu'à 1972.**
   　　　　　　　He was a student at the Sorbonne from 1970 to 1972.

3. Verbs describing past mental activity — knowing, thinking, believing, feeling happy, feeling warm — are usually expressed in the **imparfait** in French, since these activities occur over a period of time and not in a single, specific action. In the passé composé, these verbs often indicate a change:

   J'avais froid dans la maison.
   I was cold in the house.
   J'ai eu froid quand je suis entré dans la maison.
   I became cold when I entered the house.

   Elle savait bien combien je désirais obtenir ce poste.
   She knew well how much I wanted that job.
   Elle a su combien je désirais obtenir ce poste.
   She learned how much I wanted that job.

   Nous pensions qu'elle serait avec nous.
   We thought she would be with us.
   Nous avons pensé qu'elle serait avec nous.
   It occurred to us that she would be with us.

4. Descriptions of people, weather, settings, etc., are usually expressed in the **imparfait:**

   Quand il était jeune, il était beau.　　*When he was young, he was handsome.*

   Il faisait si beau!　　*It was so nice out!*

But (stating a fact or occurrence):

Il a plu jusqu'à midi.   *It rained until noon.*

5. The **imparfait** and the **passé composé** are often used together in a story or an account, with the imparfait setting the stage or describing the situation and the passé composé telling the actions and events that took place against the backdrop of that setting:

Le 20 mai, **j'ai visité** (passé composé) l'école élémentaire de la ville. **Tous les élèves étaient** (imparfait) dans la salle de classe quand **je suis arrivé** (passé composé). **Ils étudiaient** (imparfait) leurs leçons et **le professeur les aidait** (imparfait). **J'ai regardé** (passé composé) le professeur et **je l'ai reconnu** (passé composé) tout de suite — **c'était** (imparfait) mon ancien ami Maurice.

On May 20, I visited the elementary school of the city. All the students were in the classroom when I arrived. They were studying their lessons and the teacher was helping them. I looked at the teacher and I recognized him immediately — he was my old friend Maurice.

EXERCICE G

Exprimez les verbes suivants d'abord à l'imparfait, ensuite au passé composé:

MODÈLES: **elle veut**   **elle voulait, elle a voulu**
             ils se lèvent   **ils se levaient, ils se sont levés**

1. je vais
2. elle s'habille
3. Paul sort
4. mes camarades se lèvent
5. vous voulez
6. Ils attendent
7. nous sommes
8. vous partez

EXERCICE H*

Répondez aux questions suivantes à la forme négative:

MODÈLE: **Aimais-tu** étudier?
            Non, **je n'aimais pas** étudier.

1. Quand tu étais jeune, aimais-tu étudier?   2. Te levais-tu de bonne heure le matin?   3. Te brossais-tu toujours les dents?   4. Mangeais-tu toujours des légumes?   5. Allais-tu souvent au cinéma?   6. Regardais-tu beaucoup la télévision?   7. Parlais-tu couramment le français? 8. Obéissais-tu toujours au professeur et à tes parents?   9. Étudiais-tu beaucoup?   10. Pouvais-tu faire tout ce que tu voulais?

2. Verbe irrégulier _faire_ (Irregular verb _faire_)

Present Tense:

je fais	*I do, make*
tu fais	*you do, make*

il (elle) fait	*he (she) does, makes*
nous faisons	*we do, make*
vous faites	*you do, make*
ils (elles) font	*they do, make*

Present Subjunctive:

que je fasse	**que nous fassions**
que tu fasses	**que vous fassiez**
qu'il fasse	**qu'ils fassent**

The verb **faire** is one of the most common verbs in French. It not only represents the literal meaning of *to do* or *to make* but also is used in many idioms. You have already met **faire** in constructions such as **faire attention à** *(to pay attention to)*, **des courses à faire** *(errands to run)*, and in expressions describing the weather:

Il fait mauvais.	*It's bad weather.*
Il fait beau.	*It's nice out.*
Il fait froid.	*It's cold out.*
Il fait chaud.	*It's hot.*
Il fait du soleil, du vent.	*It's sunny, windy.*
Quel temps fait-il?	*What's the weather like?*

In addition to these expressions using **faire,** there are several other common weather expressions using special verbs:

Il pleut.	*It's raining.*
Il neige.	*It's snowing.*
Il tonne.	*It's thundering.*
Il y a des éclairs.	*It's lightning.*

EXERCICE I*

Répondez aux questions suivantes à la forme négative:

MODÈLE: **Est-ce qu'il fait beau** aujourd'hui?
           Non, il ne fait pas beau aujourd'hui.

1. Est-ce qu'il fait mauvais aujourd'hui?   2. Est-ce qu'il fait chaud aujourd'hui?   3. Est-ce qu'il fait froid aujourd'hui?   4. Est-ce qu'il neige aujourd'hui?   5. Est-ce qu'il pleut aujourd'hui?   6. Est-ce qu'il fait du soleil aujourd'hui?   7. Est-ce qu'il tonne maintenant?   8. Est-ce qu'il y a des éclairs?

EXERCICE J

Complétez les phrases suivantes par une expression de temps:

MODÈLE: Je porte un manteau quand il _____ .
           Je porte un manteau quand il **fait froid.**

1. Je prends mon parapluie quand il _____. 2. Je fais du ski quand il
_____. 3. J'aime nager quand il _____. 4. Au mois de mars, il
_____. 5. Je n'aime pas sortir quand il _____. 6. Avant d'aller faire
un pique-nique, je demande _____. 7. Nous aimons aller à bicyclette
quand il _____. 8. En hiver, il _____ et il _____.

3. Verbe factitif (Causative construction)

Faire plus an infinitive expresses an action that the subject causes to
be performed or is having performed, rather than performing it:

Il fait construire une maison.	*He is having a house built.*
Georges le fait partir tout de suite.	*George is making him leave immediately.*
Marie a fait arrêter la voiture.	*Marie made the car stop.*
Elle se fait couper les cheveux.	*She is having her hair cut.*

NOTE: In each example the verb **faire** is followed immediately by the
infinitive of the second verb. If there are object pronouns or reflexive
pronouns, these precede **faire**. The past participle of **faire** remains invariable. Note also that when the infinitive has a direct object, the one performing the action of the infinitive is expressed as an indirect object:

Je **l'**ai fait écrire.	*I made him write.*
Je **lui** ai fait écrire **une lettre**.	*I made him write a letter.*
Il **les** a fait chanter.	*He made them sing.*
Il **leur** a fait chanter **une jolie chanson**.	*He made them sing a pretty song.*

EXERCICE K*

Répondez aux questions suivantes d'après les modèles:

MODÈLES: A-t-il répondu?   **Oui, je l'ai fait répondre.**
          A-t-elle fini?   **Oui, je l'ai fait finir.**

1. Ont-ils fini? 2. A-t-elle écouté? 3. Sont-elles allées au cinéma tout
de suite? 4. Est-il descendu? 5. Ont-elles commandé? 6. A-t-il
chanté?

EXERCICE L*

Répondez aux questions suivantes.

MODÈLE: A-t-il regardé la télévision?
         Oui, je lui ai fait regarder la télévision.

1. A-t-il fini la leçon? 2. A-t-elle commandé le vin? 3. Ont-ils écrit
la lettre? 4. Vos amis ont-ils visité la cathédrale? 5. Les enfants ont-
ils fait leurs devoirs? 6. A-t-elle commencé son voyage?

REPRISE

EXERCICE M

Répétez les phrases suivantes en employant les sujets indiqués:

MODÈLE: **Je fais** toujours **mon** travail. (tu)
Tu fais toujours **ton** travail.

1. Je fais toujours mes devoirs. (tu, vous, elles, Marc)
2. Je les ai fait venir. (tu, le professeur, vous, leurs parents)

EXERCICE N

Exprimez en français:

1. The boy was very small. 2. He was waiting for me. 3. She bought a newspaper. 4. They were ill. 5. She used to study a lot. 6. He left the house immediately. 7. I was getting dressed when he telephoned. 8. They were watching television when we arrived.

EXERCICE O

Complétez les phrases suivantes par la forme convenable du passé composé ou de l'imparfait des verbes entre parenthèses:

MODÈLE: Je (faire) mes devoirs quand je (entendre) quelqu'un à la porte.
Je **faisais** mes devoirs quand **j'ai entendu** quelqu'un à la porte.

Je (commencer) mon voyage à Paris le 22 août. Quand je (arriver) à Orly, il (faire) très beau. Je (être) fatigué, mais je ne (avoir) pas le temps de dormir parce que mes amis me (attendre). Je (chercher) un taxi et quand j'en (trouver) un, je (donner) l'adresse au chauffeur. Nous (arriver) vite, et à onze heures dix, je (entrer) dans l'hôtel. Mes amis (être) déjà là, et ils (être) très contents de me voir.

EXERCICE P

Répondez aux phrases suivantes d'après les modèles:

MODÈLES: Faites-le travailler. *Make him work!*
Mais **il a déjà travaillé!** *But he has already worked!*
Faites-lui acheter ce livre. *Make him buy this book.*
Mais **il a déjà acheté ce** *But he has already bought this*
livre! *book!*

1. Faites-le entrer. 2. Faites-la étudier. 3. Faites-les commencer.
4. Faites-lui finir les devoirs. 5. Faites-lui ranger sa chambre.
6. Faites-leur chercher les papiers. 7. Faites-la téléphoner. 8. Faites-leur commander le dîner.

LECTURE: Courrier du cœur[1]

En France, comme ailleurs, il arrive au cours de la vie[2] qu'on ait besoin de conseils. Si l'on n'a pas de confident ou de confidente[3], on s'adresse[4] très souvent à ces oracles des magazines, les journalistes qui se spécialisent dans les affaires de cœur.[5]

Chère Tante Agnès,

J'ai vingt ans. Je suis intelligent, aimable, et l'on me dit que je suis même assez beau. J'ai pourtant un défaut[6] qui me handicape beaucoup depuis quelques années: je suis timide. Je crois qu'il me serait utile[7] de consulter un psychologue à ce sujet. Qu'en pensez-vous?

Eric

Cher Eric,

La timidité n'est pas toujours un désavantage. Ceux qui se précipitent[8] sans gêne[9] dans la vie apprennent quelquefois moins là-dessus que ceux qui prennent leur temps et se développent tout doucement.[10] Ne vous pressez pas!

Tante Agnès

Chère Tante Agnès,

Mon fiancé Paul et moi allions nous marier le mois dernier quand nous nous sommes sérieusement disputés. Voici notre problème: Je viens, moi, d'une famille très croyante et pratiquante.[11] Je désirais vivement une cérémonie religieuse. Ma famille et celle de Paul en voulaient aussi une. Pourtant, Paul s'y est fort opposé. Il a déclaré que la cérémonie religieuse n'avait aucun sens et que de se marier à l'église serait, pour lui, une grosse hypocrisie. Je l'aime beaucoup, mais je ne sais pas quoi faire. Qu'est-ce que vous me conseillez?

Simone

Chère Simone,

Je vous conseille d'abord de consulter votre prêtre, pasteur, ou rabbin. En ce qui concerne Paul, j'ai quelques observations à lui adresser.[12] Primo: Souvenez-vous, Paul, de notre bon roi Henri IV.[13] C'est lui qui a déclaré «Paris vaut bien une messe!»[14] Si, comme vous dites, le mariage religieux n'a aucune importance, ce ne serait pour vous qu'un petit

1. **courrier du cœur** advice column in magazines and newspapers.   2. **au cours de la vie** in the course of life.   3. **confident ou de confidente** confidant.   4. **s'adresse** turns to.   5. **affaires de cœur** affairs of the heart.   6. **défaut** fault.   7. **utile** helpful, useful.   8. **se précipitent** rush forward.   9. **sans gêne** thoughtlessly, inconsiderately.   10. **tout doucement** gradually, gently.   11. **pratiquante** practicing.   12. **quelques observations à lui adresser** a few remarks to make to him.   13. **Henri IV** King of France, 1589 to 1610.   14. **«Paris vaut bien une messe.»** «Paris is well worth a Mass.»

sacrifice d'y participer. Après tout, une femme aimée ne vaut-elle pas une cérémone religieuse? Secundo: Je reçois nettement[15] l'impression que vous exigez[16] que tous ceux qui vivent autour de vous pensent 35 comme vous ou agissent[17] comme vous. Cette attitude n'augure pas bien pour votre vie future, conjugale ou autre. Réfléchissez-y!

Tante Agnès

QUESTIONS

1. Quel âge a Eric?
2. Comment imaginez-vous ce garçon?
3. Quel est le défaut qui le handicape?
4. Pourquoi la timidité est-elle un problème?
5. Êtes-vous timide? Comment le savez-vous?
6. Pour qui avez-vous de la sympathie? Pour Paul ou pour Simone?
7. Que pensez-vous des conseils que tante Agnès offre à Paul?
8. Êtes-vous exigeant/exigeante?
9. À votre avis, quelles sont deux bases importantes pour un bon mariage?
10. Jusqu'à quel point est-il important qu'un couple partage les mêmes opinions?

COMPOSITION

A. Racontez le problème d'Eric à votre manière.

B. Écrivez une courte lettre à tante Agnès.

1. Prenez comme modèle la lettre d'Eric.
2. Décrivez votre problème.
3. Demandez à tante Agnès des conseils.

proverbe

L'habit ne fait pas le moine.

---

15. **nettement** distinctly.   16. **exigez** demand.   17. **agissent** act, behave.

douzième
leçon

CONVERSATION: Le théâtre où j'ai laissé mes gants

KAREN: Comment s'appelle l'actrice que nous avons vue samedi passé?

SOLANGE: La femme qui a joué le rôle de la bonne?

KAREN: Non, la fille dont tu m'as parlé l'autre jour.

☆ SOLANGE: Je ne me rappelle plus, mais elle n'était pas mal.

KAREN: Sais-tu le théâtre où elle joue?

SOLANGE: C'est le Théâtre de la Huchette.

KAREN: Est-ce le théâtre où il y a des tableaux sur les murs?

☆ SOLANGE: Non. C'est le théâtre qui a des murs en ruine!

KAREN: Ah, oui! Le vieux petit théâtre que j'ai trouvé par hasard, près de la place Saint-Michel?

SOLANGE: C'est ça. La troupe est excellente. Tu veux revoir les pièces que nous avons vues?

KAREN: Un de ces jours, peut-être. Mais, pour le moment je veux seulement retrouver mes gants que j'ai laissés là-bas.

☆ SOLANGE: Ah! Alors, je te souhaite bonne chance!

PRATIQUE

Posez les questions et donnez les réponses, en suivant les indications:

☆ Comment s'appelle l'actrice?	L'actrice que nous avons vue?
Comment s'appelle l'acteur?	L'acteur que nous avons vu?
Comment s'appellent les actrices?	Les actrices que nous avons vues?
Comment s'appellent les acteurs?	Les acteurs que nous avons vus?

☆ Est-ce le théâtre où elle joue?	Oui, c'est le théâtre où elle joue.
Est-ce le bureau où elle travaille?	Oui, c'est le bureau où elle travaille.
Est-ce l'appartement où ils habitent?	Oui, c'est l'appartement où ils habitent.
Est-ce la salle où il y a des tableaux?	Oui, c'est la salle où il y a des tableaux.

☆ Est-ce que c'est l'actrice que nous avons vue?	Oui, c'est l'actrice que nous avons vue.
Est-ce que c'est le théâtre qui est vieux et petit?	Oui, c'est le théâtre qui est vieux et petit.
Est-ce que c'est la pièce dont vous m'avez parlé?	Oui, c'est la pièce dont je vous ai parlé.
Est-ce que c'est le théâtre où tu as laissé tes gants?	Oui, c'est le théâtre où j'ai laissé mes gants.

VOCABULAIRE

arrondissement *m.*	city ward	mannequin *m.*	fashion model
artiste *m. ou f.*	artist	ménagère *f.*	housekeeper
au courant	well informed, up-to-date	mettre	put
		montagne *f.*	mountain
bâtiment *m.*	building	monument *m.*	monument
besoin *m.*	need	note *f.*	grade
bonne *f.*	maid	nouveau, nouvelle	new
bonne chance!	good luck!	par hasard	by chance
chaque	each	pas mal	not bad
chic	stylish, chic	presque	almost
conférencier *m.*	lecturer	remarqué	noticed
dame *f.*	lady	retrouver	find again, relocate
économe	thrifty	revoir	see again
édifice *m.*	structure	seulement	only
en ruine	in ruin	sophistiqué	sophisticated
ennuyeux	annoying, boring	soudain	suddenly
excellent	excellent	souhaite	wish
gant *m.*	glove	stylo *m.*	pen
illustré	illustrated	tableau *m.*	painting, picture
imperméable *m.*	raincoat	toute	all
imposant	imposing	troupe *f.*	group of actors
laissé	left		

GRAMMAIRE ET EXERCICES

1.   Pronoms relatifs (Relative pronouns)

Voilà le professeur qui vous a donné une mauvaise note.
There is the teacher who gave you a bad grade.

Comment s'appelle la jeune fille que vous avez vue au café?
What's the name of the girl whom you saw at the cafe?

Both of the sentences above contain a main clause and a dependent clause:

MAIN CLAUSE	DEPENDENT CLAUSE
Voilà le professeur	**qui vous a donné une mauvaise note.**
Comment s'appelle la jeune fille	**que vous avez vue au café?**

Whether main or dependent, each clause must contain a subject and a verb. The difference is that the dependent clause cannot stand alone; it is dependent on some part of the main clause. The two clauses above are joined by a pronoun (**qui** or **que**) called a *relative pronoun*, which has several functions in the sentence. First of all, it is a pronoun — it normally stands for a noun, and its antecedent is in the main clause:

Voilà **le professeur qui** vous a donné une mauvaise note.
Comment s'appelle **la jeune fille que** vous avez vue au café?

The second function of the relative pronoun is to relate the dependent clause to the main clause. Finally, the relative pronoun has a special role within the dependent clause, in which it usually serves either as the subject or the direct object of the verb:

Subj. Verb Dir. Obj.

Le monsieur **[qui traverse la rue]** est très riche.
The man who is crossing the street is very rich.

D.O. Subj. Verb

Les garçons **[que vous avez remarqués hier]** sont absents aujourd'hui.
The boys (that) you noticed yesterday are absent today.

Contrary to English usage, a relative pronoun may never be omitted in French.

NOTE: The verb **avez remarqués** above is in the **passé composé;** since it is preceded by a plural direct object, the past participle must agree with that direct object in gender and number.

2. Formes des pronoms relatifs (Forms of the relative pronouns)

a. **qui, que (qu')**

The most frequently used relative pronouns are **qui** and **que: qui** when the relative pronoun serves as the subject in the dependent clause, **que** when it is the direct object:

Les enfants **[qui** chantent] sont très jeunes.
The children who are singing are very young.

Les enfants **[qu'**il regarde] sont très jeunes.
The children (that) he is looking at are very young.

EXERCICE A*

Répondez aux questions suivantes d'après les modèles:

MODÈLES: Quel enfant cherchez-vous? (C'est le frère de Marc.)
Je cherche l'enfant **qui est le frère de Marc.**

Quelle leçon préparez-vous? (Elle est sur les pronoms relatifs.)
Je prépare la leçon **qui est sur les pronoms relatifs.**

1. Quel élève cherchez-vous? (C'est le cousin de Marc.)
2. Quel livre regardez-vous? (Il est très amusant.)
3. Quel billet achetez-vous? (Il est pour un concert de rock.)
4. Quel vin commandez-vous? (C'est le plus cher.)
5. Quels enfants remarquez-vous? (Ils sont si bien habillés.)
6. Quels articles cherchez-vous? (Ils sont par Armand.)
7. Quels appartements préférez-vous? (Ils sont bon marché.)

8. Quelle voiture choisissez-vous? (Elle va très vite.)
9. Quelle chanson chantez-vous? (Elle est à la première page.)
10. Quelles classes préférez-vous? (Elles sont très faciles.)

EXERCICE B

Complétez les phrases suivantes d'après les modèles:

MODÈLES: La femme que Jacques adore _____ (Elle est belle.)
La femme que Jacques adore est belle.

La femme que Jacques adore _____ (Elle est intelligente.)
La femme que Jacques adore est intelligente.

La femme que Jacques adore _____.

1. Elle est amusante.
2. Elle est bonne ménagère.
3. Elle est sophistiquée.
4. Elle chante bien.
5. Elle est sympathique.
6. Elle gagne beaucoup d'argent.
7. Elle est charmante.
8. Elle le trouve aussi adorable.

b.   **lequel, laquelle, lesquels, lesquelles**

Lequel, laquelle, lesquels, and **lesquelles** are used when the relative pronoun with a definite antecedent follows a preposition:

Le stylo [**avec lequel** j'écris] ne marche pas bien.
The pen I am writing with does not work well.

La porte [**derrière laquelle** j'étais] s'est soudain fermée.
The door I was standing behind closed suddenly.

Les amis [**pour lesquels** j'ai acheté les billets] sont très gentils.
The friends for whom I bought the tickets are very nice.
— or —
Les amis [**pour qui** j'ai acheté les billets] sont très gentils.

Unless the more specific **lequel** is necessary for clarity, **qui** is normally used after a preposition when referring to people.

EXERCICE C

Complétez les phrases suivantes d'après les modèles:

MODÈLES: Voici l'ami avec qui _____.
Voici l'ami avec qui j'étudie.

Voici le livre dans lequel _____.
Voici le livre dans lequel j'ai trouvé l'histoire.

1. Voici le stylo avec lequel _____. 2. Voici le professeur pour qui _____. 3. Voici son auto dans laquelle _____. 4. Voici la maison devant _____. 5. Voici les bâtiments derrière lesquels _____. 6. Voici

le garçon auquel _____.   7. Voici le garçon duquel _____.   8. Voici les dames à qui _____.

c.   **dont**

The special pronoun **dont** *(whose, of whom, of which)* is normally used in place of **de qui, duquel, de laquelle, desquels, desquelles:**

La femme [**dont** je parle] s'appelle Marie Durand.
The woman I am talking about is named Marie Durand.

La maison [**dont** vous désirez l'adresse] est à vendre.
The house whose address you wish is for sale.

NOTE: In each of these examples, the word order following **dont** is the same: **dont** — subject — verb

EXERCICE D*

Répétez les phrases suivantes en remplaçant le pronom **dont** *par un équivalent:*

MODÈLES: La femme **dont** il parlait est ma tante.
La femme **de qui** il parlait est ma tante.

Le livre **dont** il a besoin *(which he needs)* est sur la table.
Le livre **duquel** il a besoin est sur la table.

1. La petite fille dont il parlait est adorable.   2. Les amis dont vous parliez sont en Angleterre.   3. Le théâtre dont ils parlent est sur le Boulevard de Strasbourg.   4. La comédie dont tu parles est *Cyrano de Bergerac.*
5. L'article dont j'ai besoin est sur la géographie de la France.   6. La robe dont j'ai besoin est très chic.   7. Les gants dont j'ai besoin sont très chers.   8. Les boutiques dont je parle sont élégantes.

d.   **où**

When the relative pronoun expresses place or time, **où** *(where* or *when)* is used:

L'appartement [**où** il demeure] est petit.
The apartment where he lives is small.

Le moment [**où** tu arrives], téléphone-moi.
The moment (that) you arrive, call me.

EXERCICE E*

Répondez aux questions suivantes d'après les modèles:

MODÈLES: **De quel** appartement parlez-vous? (J'habite cet appartement.)
Je parle de l'appartement **où** j'habite.

À quel jour penses-tu? (Je suis arrivé ici.)
Je pense au jour **où** je suis arrivé ici.

1. De quelle maison parlez-vous? (J'habite cette maison.)
2. De quelle rue parlez-vous? (Je demeure dans cette rue.)
3. De quel théâtre parlez-vous? (Je vais à ce théâtre ce soir.)
4. De quel café parlez-vous? (Je prends le petit déjeuner.)
5. À quel jour penses-tu? (J'ai commencé mon travail.)
6. À quel mois penses-tu? (Tu voyageais en Allemagne.)
7. À quelle date penses-tu? (Tu partiras pour Québec.)
8. À quelle heure penses-tu? (Je finis mon travail.)

e.   **ce qui, ce que (ce qu'), ce dont**

Qui and **que** are often combined with **ce (ce qui, ce que)** when the antecedent of the relative pronoun is indefinite. This use corresponds to the English expression *that which:*

Dites-moi [**ce qui** est si amusant].   *Tell me what is so amusing.*
Dites-moi [**ce que** vous cherchez].   *Tell me what you are looking for.*
[**Ce qui** est intéressant], c'est sa   *What is so interesting is his way of*
    façon de parler.   *speaking.*

Like **qui** and **que, dont** may be used with **ce** as object of a verb followed by **de,** referring to an indefinite antecedent:

Ce dont vous parlez est fort intéressant!
What you are talking about is very interesting.

NOTE: When a relative clause beginning with **ce qui, ce que** or **ce dont** is the subject of the sentence, French speakers often repeat the pronoun **ce** in the main clause for clarity:

Ce qui est intéressant, **c**'est sa façon de parler.
What is interesting is his way of speaking.

EXERCICE F*

Répondez aux questions suivantes d'après les modèles:

MODÈLES: **Que** cherches-tu?   **Ce que** je cherche est petit.
                (C'est petit.)
             Qu'est-ce qui est amusant?   **Ce qui** est amusant est ce livre.
                (Ce livre est amusant.)

1. Que regardes-tu? (C'est énorme.)
2. Que demandes-tu? (C'est raisonnable.)
3. Que donnes-tu? (C'est modeste.)
4. Que veux-tu? (C'est pratique.)
5. Qu'est-ce qui est sérieux? (Ce livre est sérieux.)
6. Qu'est-ce qui est difficile à trouver? (Ce disque est difficile à trouver.)
7. Qu'est-ce qui est trop difficile? (Cet examen est trop difficile.)
8. Qu'est-ce qui est vraiment vieux? (Ce vin est vraiment vieux.)

EXERCICE G*

Répondez aux questions suivantes en employant **ce dont:**

MODÈLES: Parle-t-il de quelque chose d'amusant?
Non, **ce dont** il parle n'est pas amusant.

A-t-il besoin de quelque chose d'important?
Non, **ce dont** il a besoin n'est pas important.

1. Parlez-vous de quelque chose de sérieux? 2. Parlerons-nous de quelque chose d'important? 3. As-tu parlé de quelque chose de nouveau? 4. Ont-ils besoin de quelque chose d'important? 5. Avaient-elles besoin de quelque chose d'intéressant? 6. Aurons-nous besoin de quelque chose de nouveau? 7. Avez-vous eu besoin de quelque chose de bon?

f. quoi

Quoi is used as object of a preposition when the antecedent is indefinite:

Dites-moi [**de quoi** il parle]. *Tell me what he is talking about.*

3. Verbe irrégulier <u>mettre</u> (Irregular verb <u>mettre</u>)

je mets	*I put, place*
tu mets	*you put, place*
il (elle) met	*he puts, places*
nous mettons	*we put, place*
vous mettez	*you put, place*
ils (elles) mettent	*they put, place*

Passé Composé: **j'ai mis**

Mettre is used in many special expressions:

J'ai mis mon imperméable.	*I put on my raincoat.*
Ils se sont mis à table.	*They sat down at the table.*
Elle l'a mis au courant.	*She informed him of the situation.*
Mettez que je n'ai rien dit.	*Pretend I didn't say anything.*
Il s'est mis à parler.	*He began to speak.*

EXERCICE H

Répétez les phrases suivantes en employant les sujets indiqués:

MODÈLE: **Je mets** mon imperméable *(my raincoat).* (tu)
Tu mets ton imperméable.

1. Nous mettons nos imperméables. (vous, ils, mon ami, mes élèves)
2. Je me suis mis à chanter. (elle, nous, vous, Jeanne, les garçons)

REPRISE

EXERCICE I

Complétez les phrases suivantes par le pronom convenable **que** *ou* **qui:**

MODÈLES: La réponse _____ vous donnez n'est pas bonne.
La réponse **que** vous donnez n'est pas bonne.

Le conférencier _____ parle n'est pas très intéressant.
Le conférencier **qui** parle n'est pas très intéressant.

1. La robe _____ elle met est trop courte. 2. J'aime beaucoup le livre _____ vous avez là. 3. La montagne _____ il monte est en Suisse. 4. Nous avons trouvé le restaurant _____ vous cherchiez. 5. Le garçon _____ est là ne parle pas français. 6. Les monuments _____ sont intéressants sont surtout à Paris. 7. Les enfants _____ se mettent à table ne se sont pas lavés. 8. Le mannequin _____ est sur la photo est trop mince. 9. Les croissants _____ sont servis dans ce café sont délicieux! 10. Les lettres _____ j'ai écrites hier soir ont disparu!

EXERCICE J

Complétez les phrases suivantes par la forme convenable du pronom relatif: **ce que, ce dont, ce qui,** *ou* **quoi:**

MODÈLE: _____ est intéressant, c'est sa façon de parler.
Ce qui est intéressant, c'est sa façon de parler.

1. _____ vous dites est amusant. 2. Je n'aime pas _____ il fait. 3. Elle étudie _____ est nécessaire. 4. _____ il parle est bien ennuyeux. 5. Dites-moi sur _____ elle écrit. 6. Il regarde _____ il a acheté. 7. _____ vous avez besoin peut être difficile à trouver. 8. De _____ parliez-vous?

EXERCICE K

Complétez les phrases suivantes par le pronom convenable, **lequel, lesquels, laquelle, lesquelles,** *ou* **qui;** *employez des contractions si c'est nécessaire:*

MODÈLE: Le journal dans _____ il a trouvé l'article est sur la table.
Le journal dans **lequel** il a trouvé l'article est sur la table.

1. La machine sur _____ il travaille ne marche pas. 2. Le livre dans _____ il a trouvé la carte est à la maison. 3. Les papiers sont sur le bureau derrière _____ il était assis. 4. Les photos avec _____ le livre est illustré ne sont pas à propos. 5. Le journal pour _____ il écrit est bien connu. 6. La femme pour _____ je travaille est très élégante. 7. Ces garçons et la jeune fille avec _____ je dîne chaque

soir vont m'accompagner.   8. Le bureau à _____ je vais tous les matins n'est pas très imposant.

EXERCICE L

Complétez les phrases suivantes par le pronom convenable:

1. Aimez-vous l'auto _____ il a achetée?   2. La femme _____ je parlais est ma tante.   3. Le bureau _____ Paul travaille est dans cet édifice.   4. Croyez-vous _____ il dit?   5. Les journaux dans _____ j'ai lu ces articles ne sont pas récents.   6. Voilà l'ami _____ la sœur est très jolie.   7. La rue _____ se trouve le café est dans le cinquième arrondissement.   8. _____ m'intéresse est son style.   9. Il regardait le crayon avec _____ j'écrivais.   10. Le monsieur _____ la femme est malade est M. Nelson.   11. _____ vous dites est intéressant, mais pas très amusant!   12. Je ne sais pas de _____ il va parler.

EXERCICE M

Exprimez en français:

1. The street she crossed is very dangerous.   2. The man who is speaking is a policeman.   3. The apartment where he lives is very old.   4. The woman of whom I spoke lives in London.   5. What I prefer is a good steak!   6. What is interesting is her love for animals.   7. The table on which he found the book was dirty **(sale).**   8. What you are doing is not honest.

EXERCICE N

Exprimez ces phrases au passé. Employez l'imparfait et le passé composé:

MODÈLE: Il **écrit** une lettre quand j'**entre** dans la salle.
          Il **écrivait** une lettre quand je **suis entré** dans la salle.

1. Elle parle au téléphone quand la cloche sonne.   2. Marc regarde la télévision quand son ami arrive.   3. Je réponds à sa lettre quand elle entre.   4. Elle se lave les cheveux quand je lui dis la nouvelle.   5. Il fait chaud quand j'arrive à Lyon.

LECTURE: Deux poèmes

La maison de Jacques

Voici la maison que Jacques a bâtie.
Voici le blé qu'on a mis[1] dans la maison que Jacques a bâtie.

---

1. **le blé qu'on a mis** the wheat which was put (lit., which one put).

Voici le rat qui a mangé le blé qu'on a mis dans la maison que Jacques a bâtie.

Voici le chat qui a chassé le rat qui a mangé le blé qu'on a mis dans la maison que Jacques a bâtie.

Voici le chien qui a mordu le chat qui a chassé le rat qui a mangé le blé qu'on a mis dans la maison que Jacques a bâtie.

Voici la vache qui a blessé le chien qui a mordu le chat qui a chassé le rat qui a mangé le blé qu'on a mis dans la maison que Jacques a bâtie.

Voici la laitière qui a trait[2] la vache qui a blessé le chien qui a mordu le chat qui a chassé le rat qui a mangé le blé qu'on a mis dans la maison que Jacques a bâtie.

Voici le grand gars[3] qui a embrassé la laitière qui a trait la vache qui a blessé le chien qui a mordu le chat qui a chassé le rat qui a mangé le blé qu'on a mis dans la maison que Jacques a bâtie.

Voici le prêtre qui les a mariés: le grand gars qui a embrassé la laitière qui a trait la vache qui a blessé le chien qui a mordu le chat qui a chassé le rat qui a mangé le blé qu'on a mis dans la maison que Jacques a bâtie.

QUESTIONS

1. Où a-t-on mis le blé?
2. Qui a mangé le blé?
3. Qu'est-ce que le chien a fait?
4. Quel chat est-ce que le chien a mordu?
5. Qu'est-ce que la vache a fait?
6. Est-ce que le grand gars a trait la vache?
7. Est-ce que la laitière a embrassé le grand gars?
8. Qui a mordu le chat, le chien ou le rat?
9. Qui a mangé le blé: le prêtre, Jacques, la laitière, ou le rat?
10. Avec qui la laitière s'est-elle mariée?
11. Qui les a mariés?

---

2. **la laitière qui a trait** the milkmaid who milked.   3. **le grand gars** the big fellow.

Le message

La porte que quelqu'un a ouverte
La porte que quelqu'un a refermée
La chaise où quelqu'un s'est assis
Le chat que quelqu'un a caressé
Le fruit que quelqu'un a mordu
La lettre que quelqu'un a lue
La chaise que quelqu'un a renversée
La porte que quelqu'un a ouverte
La route où quelqu'un court encore
Le bois que quelqu'un traverse
La rivière où quelqu'un se jette
L'hôpital où quelqu'un est mort

Jacques Prévert. © Editions Gallimard.

QUESTIONS

1. Qu'est-ce qu'on a ouvert?
2. Où est-ce qu'on s'est assis?
3. Qu'est-ce qu'on a fait au chat?
4. Qu'est-ce qu'on a lu?
5. Pourquoi est-ce qu'on a renversé la chaise?
6. Où est-ce que «quelqu'un» court encore?
7. Qu'est-ce qu'il traverse?
8. Pourquoi «quelqu'un» se jette-t-il dans la rivière?
9. Qui est mort à l'hôpital?
10. Quel est le message?

COMPOSITION

A. Racontez à votre manière l'incident décrit dans «Le message», de Jacques Prévert.

B. Rédigez un récit similaire à «La maison de Jacques».

   1. Changez la première phrase. Par exemple: «Voici le canoë[1] que Jacques a construit», «Voici l'auto que Mireille a achetée», «Voici le chien que Marc a trouvé», et cetera.
   2. Comprenez au moins six autres objets ou personnages dans votre récit.
   3. Attention à l'accord[2] des pronoms relatifs et des participes passés!

---

1. **canoë** canoe.   2. **accord** agreement.

proverbe

Ce que femme veut, Dieu le veut.

treizième
leçon

CONVERSATION: L'avenir

SOLANGE: Que feras-tu l'été prochain?

MARC: Je voyagerai un peu et puis je rentrerai chez moi pour travailler jusqu'au début des classes.

SOLANGE: Où iras-tu?

☆ MARC: Ou en Espagne ou en Suisse; je déciderai plus tard. Qu'est-ce que tu feras, toi?

SOLANGE: J'irai dans les Alpes, comme d'habitude.

MARC: Tu te reposeras?

SOLANGE: Oui et non! J'irai dans une colonie de vacances. J'aurai charge de trente enfants de huit à dix ans.

MARC: Tu as de la veine! Moi, j'irai dans une usine où je ferai de belles casseroles et pas mal d'argent, mais je ne verrai pas beaucoup de soleil!

☆ SOLANGE: Est-ce que tu reviendras en France en automne?

MARC: Peut-être. Mais je crois que je reviendrai dans deux ans, quand j'aurai fini mes études.

SOLANGE: Tu nous manqueras. Tu m'écriras?

☆ MARC: Bien sûr que je t'écrirai! Tu pourras y compter!

PRATIQUE

Posez les questions et donnez les réponses, en suivant les indications:

☆ Que feras-tu l'été prochain?	Je voyagerai en Europe.
Où iras-tu?	J'irai ou en Espagne ou en Suisse.
Quand décideras-tu?	Je déciderai plus tard.

☆ Où ira Solange?	Elle ira dans les Alpes.
	Elle ira dans une colonie de vacances.
De quoi aura-t-elle charge?	Elle aura charge de trente enfants.
Que fera Marc?	Il fera des casseroles dans une usine.
Verra-t-il du soleil?	Il ne verra pas beaucoup de soleil.

☆ Quand reviendras-tu?	Je reviendrai dans deux ans.
Est-ce que je vous manquerai?	Oui, tu nous manqueras.
Est-ce que tu m'écriras?	Bien sûr que je t'écrirai.
Je pourrai y compter?	Oui, tu pourras y compter.

VOCABULAIRE

aussitôt que	as soon as	lorsque	when
autocar *m.*	bus, motorcoach	manqueras	will miss
avenir *m.*	future	tu nous manqueras	we will miss you
bal *m.*	formal dance, ball	d'ordinaire	usual, usually
casserole *f.*	pan	partie *f.*	part
charge *f.*	care, responsibility	pays *m.*	country
colonie de vacances *f.*	summer camp	pleuvoir	rain
comme d'habitude	as usual	prochain	next
compter	count; count on	quand	when
début *m.*	beginning	reposeras	will rest
dès que	as soon as	retour *m.*	return
devoir	owe; be obliged to	sûrement	certainly
dire	say	tenir	hold
écrire	write	usine *f.*	factory
envoyer	send	vacances f.pl.	vacation
falloir	be necessary	veille *f.*	eve, night before
famille *f.*	family	veine *f.*	luck
feras-tu?	will you do?	vérité *f.*	truth
franchement	frankly	voir	see

GRAMMAIRE ET EXERCICES

1. Futur (Future tense)

a. General functions of the future tense

An action that will take place at a future point in time may be expressed in several ways in French. You have already used the verb **aller** for this purpose:

Il va partir tout de suite!   *He is going to leave immediately.*

An action that is certain to occur or that will take place in the near future may be expressed by the present indicative (as in English):

Je pars à trois heures.   *I am leaving at three o'clock.*

Generally, however, actions that will take place in the future are expressed by the future tense.

b. Formation of the future tense

All French verbs use the same set of endings to form the future tense:

	Singular	Plural
First Person	–ai	–ons
Second Person	–as	–ez
Third Person	–a	–ont

In all regular verbs and many irregular verbs, these endings are attached to the infinitive form of the verb. Third conjugation verbs (**perdre, répondre, entendre**), drop the final –**e** before adding the future tense ending:

je parlerai	I will speak	je finirai	I will finish
tu parleras	you will speak	tu finiras	you will finish
il (elle) parlera	he (she) will speak	il (elle) finira	he (she) will finish
nous parlerons	we will speak	nous finirons	we will finish
vous parlerez	you will speak	vous finirez	you will finish
ils (elles) parleront	they will speak	ils (elles) finiront	they will finish

j'entendrai	I will hear	je partirai	I will leave
tu entendras	you will hear	tu partiras	you will leave
il (elle) entendra	he (she) will hear	il (elle) partira	he (she) will leave
nous entendrons	we will hear	nous partirons	we will leave
vous entendrez	you will hear	vous partirez	you will leave
ils (elles) entendront	they will hear	ils (elles) partiront	they will leave

EXERCICE A

Donnez le futur des verbes suivants:

MODÈLE: **nous finissons   nous finirons**

1. elle donne
2. tu réponds
3. vous vous habillez
4. il dort
5. nous laissons
6. il se lève
7. je choisis
8. elles perdent

EXERCICE B*

Répondez aux questions suivantes à la forme affirmative:

MODÈLE: **Demanderez-vous** son nom?
Oui, **je demanderai** son nom.

1. Répondras-tu à sa lettre? 2. Te réveilleras-tu de bonne heure? 3. Partiras-tu avant dix heures? 4. Resteras-tu ici ce soir? 5. Expliquerez-vous la situation? 6. Achèterez-vous un cahier? 7. Choisirez-vous le vin pour le dîner? 8. Arriverez-vous par avion?

EXERCICE C*

Répondez aux questions suivantes d'après le modèle:

MODÈLE: **Rentrerez-vous à minuit?** (Non, à onze heures)
Non, **je rentrerai à onze heures.**

1. Rentrerez-vous samedi? (Non, dimanche)
2. Dormirez-vous jusqu'à midi? (Non, jusqu'à dix heures et demie)
3. Finirez-vous votre travail avant deux heures? (Non, avant une heure)
4. Arriverez-vous à Londres ce soir? (Non, demain matin)

5. Partirez-vous avant la conférence? (Non, après la conférence)
6. Répondrez-vous à sa lettre aujourd'hui? (Non, demain)
7. Visiterez-vous la Tour St.-Jacques avec Léon? (Non, avec Claudine)
8. Voyagerez-vous par autocar? (Non, par avion)

c. Irregular future verb stems

Some verbs have an irregular future stem, and these must be learned for each verb. The regular future-tense endings are then added to this stem. The most common of these verbs are:

Infinitive	Future Stem		Example
aller	ir-	j'irai	I will go
avoir	aur-	j'aurai	I will have
courir	courr-	je courrai	I will run
devoir	devr-	je devrai	I will owe
envoyer	enverr-	j'enverrai	I will send
être	ser-	je serai	I will be
faire	fer-	je ferai	I will do, make
falloir	faudr-	il faudra	it will be necessary
mourir	mourr-	je mourrai	I will die
pleuvoir	pleuv-	il pleuvra	it will rain
pouvoir	pourr-	je pourrai	I will be able to
savoir	saur-	je saurai	I will know
tenir	tiendr-	je tiendrai	I will hold
venir	viendr-	je viendrai	I will come
voir	verr-	je verrai	I will see
vouloir	voudr-	je voudrai	I will want

EXERCICE D

Donnez le pluriel des verbes suivants:

MODÈLE: **il viendra   ils viendront**

1. il saura
2. il ira
3. il pourra
4. il aura

5. il sera
6. il verra
7. il fera

8. il voudra
9. il mourra
10. il enverra

EXERCICE E*

Répondez aux questions suivantes à la forme négative:

MODÈLE: **Iras-tu** à Lyon demain?
        Non, **je n'irai pas** à Lyon.

1. Serez-vous ici pour le bal? 2. Pleuvra-t-il demain? 3. Faudra-t-il venir ici? 4. Enverrez-vous le paquet? 5. Voudrez-vous voir le

film?   6. Courra-t-il ici tout de suite?   7. Auras-tu assez d'argent?
8. Viendront-ils ici?   9. Marie pourra-t-elle travailler?   10. Verras-tu ta
tante?

d.   Uses of the future tense

1. In a clause beginning with **quand** *(when),* **lorsque** *(when),* **aussitôt que**
(as soon as), or **dès que** *(as soon as),* a verb expressing a future action
must be in a future-tense form:

Quand vous irez en ville, vous verrez de magnifiques magasins.
When you go downtown, you will see magnificent stores.

Dès que j'arriverai, je lui téléphonerai.
As soon as I arrive, I will telephone him.

2. Since the subjunctive mood does not have a future-tense form, an
action normally expressed by the future is expressed by the regular
present subjunctive in a subjunctive clause:

Pensez-vous **qu'il s'en aille?** *Do you think he will go away?*

EXERCICE F*

Répondez aux questions suivantes à la forme affirmative:

MODÈLES: Quand **tu as** assez de temps, **regardes-tu** la télévision?
Oui, quand **j'ai** assez de temps, **je regarde** la télévision.

Quand **tu auras** plus de temps, **regarderas-tu** la télévision?
Oui, quand **j'aurai** plus de temps, **je regarderai** la télévision.

1. Quand tu finiras ton travail, pourras-tu m'accompagner?   2. Dès que
vous verrez ce livre, l'achèterez-vous?   3. Lorsque tu étais à Paris, aimais-
tu les cafés?   4. Dès que Marc sera libre, viendra-t-il ici?   5. Quand
tu étais libre, allais-tu au théâtre?   6. Aussitôt que les enfants se sont
habillés, sont-ils partis?   7. Dès que tu te lèveras, me téléphoneras-
tu?   8. As-tu fait tes devoirs quand tu avais le temps?

2.   Futur antérieur (Future perfect tense)

The future perfect is used to describe an action which will take place
in the future, but which will have been completed ("perfect") at a particular moment in time or before another action begins. It is a compound
tense, made up of the future tense of the auxiliary and the regular past
participle of the verb:

Tu auras déjà fini ta leçon.   *You will have already finished your
                                          lesson.*

Je serai déjà parti quand tu arriveras. *I will have already left when you
                                          arrive.*

EXERCICE G

Exprimez les verbes suivants au futur antérieur:

MODÈLE: **il ira   il sera allé**

1. ils iront
2. tu feras
3. l'enfant aura
4. vous vous lèverez
5. elles ne seront pas
6. nous entendrons
7. je tomberai
8. mes frères pourront
9. vous partirez
10. elles viendront

EXERCICE H*

Répondez aux questions suivantes d'après le modèle:

MODÈLE: **Finira-t-elle** avant de partir?   *Will she finish before leaving?*
Mais, bien sûr, **elle aura fini.**   *But of course, she will have finished!*

1. Étudierez-vous avant de partir?   2. Partirez-vous avant son arrivée?
3. Fera-t-il son travail avant de sortir?   4. Viendras-tu avant son départ?   5. Irons-nous en ville avant l'arrivée du facteur?   6. Parleras-tu au professeur avant l'examen?   7. Dormirez-vous assez pour ne pas être trop fatigué?   8. Te coucheras-tu de bonne heure la veille *(the night before)?*

3. Verbes irréguliers <u>écrire</u>, <u>dire</u> (Irregular verbs <u>écrire</u>, <u>dire</u>)

j'écris	*I write*	**je dis**	*I say, tell*
tu écris	*you write*	**tu dis**	*you say, tell*
il (elle) écrit	*he (she) writes*	**il (elle) dit**	*he (she) says, tells*
nous écrivons	*we write*	**nous disons**	*we say, tell*
vous écrivez	*you write*	**vous dites**	*you say, tell*
ils (elles) écrivent	*they write*	**ils (elles) disent**	*they say, tell*

Past Participle:	**écrit**	Past Participle:	**dit**
Pres. Subjunctive:	**que j'écrive**	Pres. Subjunctive:	**que je dise**

EXERCICE I*

Répondez aux questions suivantes à la forme affirmative:

MODÈLE: **Écrivez-vous** cette lettre?   Oui, **j'écris** cette lettre.

1. Écrivez-vous les devoirs?   2. Écrivais-tu à ta mère?   3. Dit-il le prix?   4. Disais-tu que tu allais là-bas?   5. As-tu écrit les devoirs?   6. Veux-tu que je lui écrive?   7. Est-il possible qu'il le dise?   8. Diras-tu leurs noms?

REPRISE

EXERCICE J

Complétez les phrases suivantes par la forme convenable du verbe au présent:

1. (dire) _____-elle toujours la vérité?
2. (dire) Ils _____ que vous allez venir aussi.
3. (écrire) Que _____-vous?
4. (s'écrire) _____-ils l'un à l'autre?
5. (se dire) Cela ne _____ pas ici.
6. (pouvoir) Que _____-nous faire?
7. (mettre) Mais _____-vous à table!
8. (faire) Tu ne _____ rien pour nous.
9. (sortir) Je _____ toujours avant huit heures.
10. (dormir) Nous _____ d'ordinaire sept heures.

EXERCICE K

Exprimez en français:

1. I am writing
2. I was writing
3. I wrote
4. I will write
5. I will have written
6. . . . that I write *(pres. sub.)*
7. . . . that I wrote *(past sub.)*

EXERCICE L

Complétez les phrases suivantes par le futur du verbe:

MODÈLE: (faire) Que _____-t-il ici?
Que **fera**-t-il ici?

1. (faire) Que _____-vous à Londres?
2. (parler) Il ne _____ pas franchement.
3. (choisir) Que _____ -ils?
4. (répondre) Les élèves _____ ensemble.
5. (finir) Nous ne _____ jamais!
6. (être) Où _____-tu?
7. (pouvoir) Elles _____ bien venir.
8. (avoir) _____-tu le temps de revenir?
9. (vouloir) Il _____ le voir quand il arrivera.
10. (voir) _____-vous ce film?

EXERCICE M

Répondez aux questions suivantes à la forme affirmative:

MODÈLE: Si **je** vous **écris, répondrez-vous?**
Oui, si **vous** m'**écrivez, je** vous **répondrai.**

1. Si je t'écris, me répondras-tu? 2. Si je vous le demande, le ferez-vous? 3. Si elle t'invite, iras-tu avec elle? 4. Si tu sais la réponse, la diras-tu? 5. Si vous avez assez d'argent, pourrez-vous y aller? 6. Si nous t'aidons, auras-tu le temps? 7. Arriveras-tu à l'heure si tu pars à midi? 8. Pourra-t-il étudier si nous partons maintenant?

EXERCICE N

Remplacez les verbes entre parenthèses par la forme convenable de l'indicatif (présent ou futur) ou du subjonctif:

— Dis-moi, Jeanne, que (faire)-tu pendant les vacances? (Aller)-tu en Italie?
— Alors, ça dépend. Si j'ai assez d'argent, sûrement je (aller) en Italie, mais si je n'en ai pas, je (rester) ici et je (travailler).
— Quelle partie de l'Italie (vouloir)-tu visiter?
— Un jour je (visiter) tout le pays, mais cette fois je (aller) dans les Alpes italiennes pour faire du ski.
— Quelle chance! Est-il possible que je (pouvoir) t'accompagner? J'ai toujours voulu faire du ski dans les Alpes!
— Mais, si tu m'accompagnes, où (demeurer)-tu, Louise?
— Est-ce que je ne (pouvoir) pas rester avec toi?
— Mon Dieu, non, car j'y (rencontrer) Michel Hébert et il m'a promis que lorsque je (être) en Italie, je (pouvoir) demeurer avec sa famille. Il est si sympathique!
— Alors, je comprends. Bon voyage, Jeanne, et je te (téléphoner) à ton retour.

EXERCICE O

Complétez les phrases suivantes comme vous voulez:

MODÈLES: Quand j'aurai assez d'argent, je _____.
Quand j'aurai assez d'argent, j'**irai en France.**

Si je t'écris, _____?
Si je t'écris, **répondras-tu?**

1. Quand il aura fini, nous _____. 2. Lorsque tu me téléphoneras, je _____. 3. Si tu le veux, je _____. 4. Aussitôt que nous arriverons, nous _____. 5. Quand vous me l'avez donné, vous _____. 6. Si vous ne pouvez pas y aller, nous _____. 7. Lorsque Marie m'écrira, je _____. 8. Si tu pars à minuit, tu _____. 9. Si vos amis restent ici, ils _____. 10. Quand vous me le direz, je _____.

EXERCICE P

Exprimez en français:

1. Do you think she will be able to hear? 2. It is good that she will arrive tomorrow. 3. When he has finished the book, give it to

me.   4. As soon as he writes, I will tell you.   5. They will be happy
when we arrive.   6. I wish that they would write to me!

LECTURE: Pour vous demain . . . Votre horoscope

Gémeaux (22 mai au 21 juin) Mercure

Malentendus?[1] Impatience? Mais aussi nouveautés et événements
inattendus.[2] Une période heureuse s'annoncera bientôt à l'horizon. Vous
rencontrerez plus souvent vos amis. Ils vous donneront des marques
d'affection et des suggestions valables. Vous aurez des relations sociales   5
intéressantes. Soyez diplomates. Vos initiatives deviendront des succès.

Vierge (24 août au 23 septembre) Mercure

Il y aura un grand mouvement de personnes autour de vous, satisfactions, nouveautés. Vous serez plus désinvoltes[3] et vous vous sentirez
plus audacieux. Vous prendrez de bonnes décisions. Bons rapports avec   10
votre partenaire. Vos amis vous feront des observations mais ils vous
donneront aussi des marques de loyauté. Ne vous découragez pas. Vous
saurez agir avec fermeté et détermination.

Capricorne (22 décembre au 20 janvier) Saturne

Sentiments d'optimisme et de cordialité. Vous aurez des satisfactions   15
et des succès. Les rapports amicaux seront clairs et calmes. Acceptez
propositions et invitations, déplacez-vous,[4] vous ferez des rencontres
et de nouvelles connaissances valables. Un horizon plus clair vous permettra de prendre des décisions importantes, mais pas de hâte![5]

Adapté du magazine *«Elle»*, N° 1620.   20

QUESTIONS

1. Qu'est-ce qui s'annoncera bientôt pour les natifs de Gémeaux?
2. Qui est-ce que vous rencontrerez plus souvent?
3. Qu'est-ce qu'ils vous donneront?
4. Quelles sortes de relations sociales aurez-vous!
5. Que deviendront vos initiatives?
6. Quel est votre signe si vous êtes né entre le 24 août et le 23 septembre?
7. Que feront vos amis?
8. Comment saurez-vous agir?

1. **malentendus** misunderstandings.   2. **inattendus** unexpected.   3. **désinvoltes** easy, unselfconscious.   4. **déplacez-vous** move around.   5. **pas de hâte** no haste

9. Quel est l'avenir pour les natifs de Capricorne?
10. Quelles sortes de connaissances feront-ils?
11. Qu'est-ce qui leur permettra de prendre des décisions importantes?
12. Savez-vous votre signe? Qu'est-ce que c'est?

COMPOSITION

A. Il faudra faire quelques petites recherches;[1] consultez un journal quotidien[2] pour les renseignements[3]. Dites-nous votre date de naissance, votre signe du zodiaque, et votre planète.

B. En un ou deux paragraphes, rédigez l'horoscope d'un camarade de classe:

1. Prenez comme modèle les horoscopes de la Lecture.
2. Employez autant que possible[4] le temps futur.

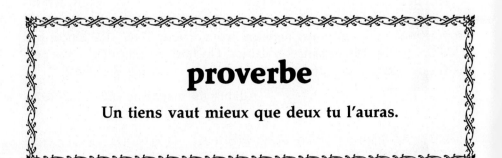

proverbe

Un tiens vaut mieux que deux tu l'auras.

---

1. **recherches** research.   2. **quotidien** daily.   3. **renseignements** information.   4. **autant que possible** as much as possible.

quatorzième
leçon

TEXTE: L'appel du dix-huit juin

Le 17 juin 1940, le maréchal Pétain annonça à une nation démoralisée qu'il avait demandé l'armistice; le même jour, Charles de Gaulle, sous-secrétaire d'État, accompagna un ami à l'aérodrome, et quand l'avion
☆ commença à rouler sur la piste, de Gaulle et son aide de camp sautèrent à bord.

Le 18 juin, il était en Angleterre, et à six heures du soir, devant un micro de la B.B.C., de Gaulle employait toute son éloquence dans un appel passionné à tous ses amis en France de venir en Angleterre continuer la résistance française. Il se trouva tout seul, mais par ses efforts
☆ il créa une France libre avec une armée, les Forces Françaises libres. Il était détesté par beaucoup — des Anglais, des Américains, même des Français, mais l'honneur de la France, c'était lui.

Regardons quelques phrases de cet appel courageux qui a forgé l'unité mondiale à cette époque:

«. . . La France n'est pas seule! Elle n'est pas seule! Elle n'est pas seule! Elle a un vaste Empire derrière elle. Elle peut faire bloc[1] avec l'Empire britannique qui tient la mer et continue la lutte.[2] Elle peut, comme l'Angleterre, utiliser sans limites l'immense industrie des États-Unis.

Cette guerre n'est pas limitée au territoire malheureux de notre pays. Cette guerre n'est pas tranchée[3] par la bataille de France. Cette guerre est une guerre mondiale. Toutes les fautes, tous les retards, toutes les souffrances, n'empêchent pas[4] qu'il y a, dans l'univers, tous les moyens nécessaires pour écraser[5] un jour nos ennemis. Foudroyés[6] aujourd'hui par la force mécanique, nous pourrons vaincre dans l'avenir par une force mécanique supérieure. Le destin[7] du monde est là.

. . . Quoi qu'il arrive,[8] la flamme de la résistance française ne doit pas s'éteindre[9] et ne s'éteindra pas.»

---

1. **faire bloc** unite. 2. **lutte** struggle. 3. **tranchée** decided by. 4. **n'empêchent pas** do not prevent. 5. **écraser** crush. 6. **Foudroyés** struck down. 7. **destin** fate. 8. **Quoi qu'il arrive** whatever happens. 9. **s'éteindre** extinguish, go out (as a flame).

PRATIQUE

Posez les questions et donnez les réponses, en suivant les indications:

☆ Qu'est-ce que Pétain annonça?	Il annonça qu'il avait demandé l'armistice.
Où est-ce que de Gaulle accompagna son ami?	Il accompagna son ami à l'aérodrome.
Où sautèrent de Gaulle et son aide?	Ils sautèrent à bord d'un avion.
☆ Est-ce que de Gaulle se trouva tout seul au début?	Oui, il se trouva tout seul au début.
Qu'est-ce qu'il créa par ses efforts?	Il créa une armée, les Forces Françaises libres.
À quelle date se passa cet événement historique?	Cet événement historique se passa le 17 et le 18 juin, 1940.

Lisez à haute voix cet extrait de l'Appel de Charles de Gaulle. Faites attention à l'intonation.

VOCABULAIRE

annonça	announced	guerre *f.*	war
appel *m.*	appeal, call	longtemps	long time
armée *f.*	army	lutte *f.*	struggle
armistice *m.*	armistice	maréchal *m.*	marshal
bataille *f.*	battle	mécanique	mechanical
à bord	on board	même	even
brillait	shown, glowed	micro *m.*	microphone
britannique	British	mondial	world-wide
connaître	be acquainted with	mot *m.*	word
continuer	continue	moyen *m.*	means, method
créa	created	passionné	impassioned
démoralisé	demoralized	piste *f.*	track; runway
derrière	behind	propres	own, belonging to
destin *m.*	destiny	quoi qu'il arrive	whatever happens
écraser	crush	retard *m.*	delay
éloquence *f.*	eloquence	rouler	roll
empêchent	prevent	sans	without
ennemi *m.*	enemy	sautèrent	jumped
époque *f.*	epoch	souffrance *f.*	suffering
s'éteindre	extinguish, "go out"	sous-secrétaire *m.*	undersecretary
faute *f.*	fault	tranché	sliced, slashed, cut
flamme *f.*	flame	unité *f.*	unity
forgé	forged, wrought	univers *m.*	universe
foudroyé	thunderstruck, astounded	utiliser	utilize
		vaincre	vanquish

GRAMMAIRE ET EXERCICES

1. Passé simple (Simple past)

The **passé composé,** which is used to describe single, specific, completed actions in the past, is often replaced in formal writing by the **passé simple** (or passé défini). The **passé simple** occurs primarily in literature, where the descriptive setting is given in the **imparfait,** while the events which take place against that setting are given in the **passé simple.** It corresponds to the simple past in English *(I wanted, she spoke, they stayed),* except that its use is more limited and occurs most often in the third person singular and plural. Rarely (only in some parts of Normandy and in the South) will the **passé simple** be heard in spoken French. It is above all a literary tense:

Le 17 juin 1940, le maréchal Pétain **annonça** à une nation démoralisée qu'il avait demandé l'armistice; le même jour, Charles de Gaulle, sous-secrétaire d'État, **accompagna** un ami à l'aérodrome, et quand l'avion **commença** à rouler sur la piste, de Gaulle et son aide de camp **sautèrent** à bord.

2. Formes du passé simple (Forms of the passé simple)

The **passé simple** is formed much like the present indicative. The stem for regular verbs is the present-tense stem:

| parl/er | fin/ir | entend/re |

To the stem are added the appropriate **passé simple** endings:

First conjugation verb endings:

–ai	je parlai	*I spoke*
–as	tu parlas	*you spoke*
–a	il (elle) parla	*he (she) spoke*
–âmes	nous parlâmes	*we spoke*
–âtes	vous parlâtes	*you spoke*
–èrent	ils (elles) parlèrent	*they spoke*

EXERCICE A*

Répétez les phrases suivantes en remplaçant le passé composé par le passé simple:

MODÈLE: Il m'**a donné** son livre.   Il me **donna** son livre.

1. Je vous ai donné mon livre. 2. Elle s'est levée lentement. 3. Les enfants sont allés en classe. 4. Tu as porté une robe blanche. 5. Il a habité un petit appartement. 6. Nous n'avons pas parlé. 7. Je me suis couché tout de suite. 8. Marc a commencé sans vous.

Endings are the same for both second and third conjugation verbs:

–is	je finis	*I finished*
–is	tu finis	*you finished*
–it	il (elle) finit	*he (she) finished*
–îmes	nous finîmes	*we finished*
–îtes	vous finîtes	*you finished*
–irent	ils (elles) finirent	*they finished*

–is	je perdis	*I lost*
–is	tu perdis	*you lost*
–it	il (elle) perdit	*he (she) lost*
–îmes	nous perdîmes	*we lost*
–îtes	vous perdîtes	*you lost*
–irent	ils (elles) perdirent	*they lost*

EXERCICE B*

Donnez le passé simple des verbes suivants:

MODÈLE: **elle a entendu**   **elle entendit**

1. nous avons choisi
2. tu as entendu
3. elle n'est pas sortie
4. son ami a attendu
5. l'enfant a obéi
6. ils ont vendu
7. les garçons ont dormi
8. j'ai rempli
9. je suis descendu
10. as-tu répondu?

3. Passé simple des verbes irréguliers (Passé simple of irregular verbs)

Irregular verbs have a special stem which must be learned for each verb. Sometimes this stem resembles the past participle of the verb:

Infinitive	Past Participle	Passé Simple
boire	**bu**	**je bus** *I drank*
dire	**dit**	**je dis** *I said*
avoir	**eu**	**j'eus** *I had*
mettre	**mis**	**je mis** *I put*
lire	**lu**	**je lus** *I read*
connaître	**connu**	**je connus** *I knew*
savoir	**su**	**je sus** *I knew*

Many irregular verbs and most verbs whose infinitives end in **–oir (pouvoir, vouloir)**, add the following endings to form the passé simple:

–us	**je voulus**	*I wanted*
–us	**tu voulus**	*you wanted*
–ut	**il (elle) voulut**	*he (she) wanted*
–ûmes	**nous voulûmes**	*we wanted*
–ûtes	**vous voulûtes**	*you wanted*
–urent	**ils (elles) voulurent**	*they wanted*

EXERCICE C*

Répétez les phrases suivantes au pluriel:

MODÈLE: **Il voulut aller.**   **Ils voulurent aller.**

1. Je bus un café crème.
2. Tu lus l'article.
3. Elle voulut dîner au restaurant.
4. Je connus son ami.
5. Il dit son nom à l'agent.
6. Tu sus l'adresse.
7. Il mit son manteau.
8. Je ne pus pas le faire.

4. Passé simple des verbes <u>avoir</u>, <u>être</u> (Passé simple of <u>avoir</u>, <u>être</u>)

avoir	être
j'eus	je fus
tu eus	tu fus
il (elle) eut	il (elle) fut
nous eûmes	nous fûmes
vous eûtes	vous fûtes
ils (elles) eurent	ils (elles) furent

EXERCICE D*

Répétez les phrases suivantes en employant les sujets indiqués:

MODÈLE: **Il fut** très sérieux. (Vous)
    Vous fûtes très sérieux.

1. Tu fus amusant. (Vous, elle, ils, nous)
2. J'eus assez de temps. (Ma sœur, vous, Louise et moi, vos amis)

REPRISE

EXERCICE E

Complétez les phrases suivantes par la forme convenable du verbe au passé simple:

MODÈLE: (sortir)   Nous _____ avant son arrivée.
                       Nous **sortîmes** avant son arrivée.

1. (être)   Il _____ très élégant.
2. (vouloir)   Elle ne _____ pas y aller.
3. (aller)   À quelle heure y _____-t-elle?
4. (écrire)   Ils _____ cette lettre aussi.
5. (s'habiller)   Tu _____ très vite.
6. (quitter)   Je _____ le bureau à trois heures.
7. (avoir)   Il _____ de la chance!
8. (dire)   Nous _____ au professeur ce qu'il voulut.
9. (aimer)   J'_____ cette belle histoire.
10. (dormir)   Elles _____ jusqu'à midi.

EXERCICE F

Identifiez les verbes indiqués dans le paragraphe suivant. Mentionnez l'infinitif, le temps, et la traduction:

MODÈLE: il *donna* l'ordre.   **donner, passé simple, he gave**

La voiture *s'arrêta.* Je *vis* un homme descendre de l'auto. L'autre *était* toujours derrière. La lune *était* pleine et *brillait* tant qu'elle *illuminait* la rue et les maisons qui *dormaient.* Puis, un autre homme, tout *habillé* en noir, *s'approcha* de la voiture et *parla* doucement à l'homme qui *attendait* derrière.

EXERCICE G

Exprimez au passé composé tous les verbes exprimés au passé simple:

MODÈLE: Ce matin **je me levai** de bonne heure.
           Ce matin, **je me suis levé** de bonne heure.

Ce matin-là je me levai de bonne heure. J'allai à la fenêtre et je regardai le soleil qui se levait. Il faisait très beau, et je restai là à la fenêtre assez longtemps. Puis, je m'habillai et je descendis pour aller prendre mon petit déjeuner. Je sortis. Au coin, je rencontrai mon ami Jean-Claude, et ensemble nous allâmes au café où nous commandâmes des croissants et du café. Nous trouvâmes les croissants et le café au lait délicieux! Peu après, Jean-Claude partit pour son travail. Moi aussi je quittai le café, et je rentrai pour étudier.

LECTURE: Le coup de foudre[1]

Quand il était jeune capitaine, Charles de Gaulle ne s'intéressait pas à la vie sentimentale. En vain ses parents et ses amis lui présentaient une succession de bons partis[2], il leur restait indifférent. Ces quelques paragraphes de Jean Pouget nous révèlent les tactiques enfin poursuivies par son père soucieux.[3] 5

Henri de Gaulle, toujours soucieux de l'établissement de ce fils rétif[4] aux conventions bourgeoises qui simplifient l'existence, a renoncé à l'attaque frontale[5] et organisé une embuscade.[6] Mme Denquin, sa filleule,[7] jouera le rôle de franc-tireur,[8] et le terrain, choisi en fonction de la surprise qu'il ménage,[9] sera le Salon d'automne.[10] 10

Quand son père lui propose de l'accompagner pour visiter cette exposition artistique, Charles n'a aucune raison de se méfier.[11] Il y a beaucoup de monde. Au détour[12] d'une salle, le père et le fils rencontrent Mme Denquin. Elle est accompagnée d'un ménage de Calais, les Vendroux et leur fille. Rien de plus fortuit[13] en apparence que ces présentations 15 devant une toile.[14] D'ailleurs la lucidité du capitaine est prise tout de suite en défaut.[15] S'il ne voit aucune coïncidence suspecte c'est qu'il n'a d'yeux que pour la jeune fille.[16] Tous les témoignages[17] concordent, le coup fut foudroyant et réciproque.[18]

La semaine suivante les familles se retrouvent à Versailles pour le 20 bal de Polytechnique.[19] On n'a pas pris la peine de maquiller la réunion[20] et les parents s'installent à la même table. Le temps presse, dans quelques jours au plus tard le capitaine doit quitter la France. Dans le tourbillon des valses[21] et la griserie de leurs confidences,[22] les jeunes gens sont les seuls à ne point remarquer que tous attendent l'événement. Le cham- 25 pagne est commandé quand Charles se décide, déclare sa flamme,[23] reçoit le consentement de la jeune fille et annonce à tous ses fiançailles dont chacun se réjouit en feignant[24] la stupéfaction. Dans son dos[25] les complices[26] se congratulent mutuellement du succès de leur entreprise

---

1. **coup de foudre** thunderbolt (love at first sight).   2. **bons partis** marriageable persons, good matches.   3. **soucieux** concerned, worried.   4. **rétif** stubborn, resistant.   5. **attaque frontale** frontal attack.   6. **embuscade** ambush.   7. **filleule** goddaughter.   8. **franc-tireur** sniper *(military)*.   9. **ménage** provides.   10. **Salon d'automne** Autumn art exhibit.   11. **se méfier** be suspicious of   12. **détour** turning.   13. **fortuit** accidental, chance.   14. **toile** painting, canvas.   15. **en défaut** off guard.   16. **jeune fille** young lady.   17. **témoignages** accounts.   18. **réciproque** mutual.   19. **bal de Polytechnique** annual ball of the School of Engineering.   20. **maquiller la réunion** disguise the meeting.   21. **tourbillon des valses** whirlwind of waltzes.   22. **griserie de leurs confidences** intoxication of exchanging confidences.   23. **flamme** flame, love.   24. **en feignant** while pretending.   25. **Dans son dos** behind his back.   26. **les complices** the accomplices.

et Henri de Gaulle veille aux détails d'exécution que Charles néglige ₃₀
dans son euphorie.

Extrait de *Un certain capitaine de Gaulle,* de Jean Pouget,
Librarie Arthème Fayard, 1973.

QUESTIONS

1. Est-ce que le jeune capitaine de Gaulle s'intéressait aux jeunes filles?
2. Est-ce que le père de Gaulle voulait que son fils se marie?
3. Que font les conventions bourgeoises pour l'existence?
4. Quel stratagème est-ce que le père a inventé pour présenter la fille des Vendroux à Charles?
5. Est-ce que Charles a aimé la jeune fille immédiatement?
6. Où s'est passée leur deuxième rencontre?
7. Qu'est-ce que c'est que l'École polytechnique?
8. À quel moment Charles déclare-t-il son amour pour Mlle Vendroux?
9. Qui sont les complices?
10. Que pensez-vous de la tactique du père de Gaulle?

COMPOSITION

Écrivez une composition d'au moins deux pages sur un des sujets suivants:

A. Récrivez cette anecdote à votre manière.
B. Racontez un incident similaire dont vous avez connaissance.
C. Comment les conventions bourgeoises simplifient-elles l'existence?

LA MARSEILLAISE

*Cette chanson a été composée en 1792 (dix-sept cent quatre-vingt-douze) par un officier
à Strasbourg. Elle avait comme titre «Chant de guerre pour l'armée du Rhin». Elle
est devenue très populaire et en l'année 1879 (dix-huit cent soixante-dix-neuf), elle
est devenue l'hymne national français. Son nom dérive du fait qu'elle a été introduite
à Paris par un groupe de militaires de la ville de Marseille.* ₅

Allons, enfants de la Patrie,[1]
Le jour de gloire est arrivé;
Contre nous de la tyrannie,
L'étendard sanglant[2] est levé
L'étendard sanglant est levé. ₁₀

---

1. **la Patrie** homeland.   2. **l'étendard sanglant** bloodstained flag.

LA MARSEILLAISE

Entendez-vous dans les campagnes,
Mugir[3] ces féroces soldats?
Ils viennent, jusque dans nos bras,
Égorger[4] nos fils, nos compagnes.[5]
Aux armes, Citoyens![6]   15
Formez vos bataillons!
Marchons, marchons!
Qu'un sang impur abreuve nos sillons![7]

Paroles et musique par Rouget de Lisle (1792)

proverbe

La raison du plus fort est toujours la meilleure.

---

3. **mugir** bellow. 4. **égorger** to cut the throats of. 5. **compagnes** women 6. **citoyens** citizens.
7. **Qu'un sang impur abreuve nos sillons!** May an impure blood water our furrows (of the fields).

quinzième
leçon

CONVERSATION: Confusion au départ

(Il est minuit et demi. La surprise-partie est finie. Ces jeunes gens partent les derniers.)

HENRI: Mais, à qui sont ces chapeaux?

MARC: Celui-ci est le sien et celui-là est à Georges.

GEORGES: Non, tu te trompes! Celui-là est à François. Le mien n'est pas là. *(Il le passe à François.)*

FRANÇOIS: Qui a mon écharpe? Celle-là est à Marc et celle-ci est la tienne. *(Il passe une écharpe à Henri.)*

☆ MARC: Où est Pierre? Ces gants-ci sont les siens . . . *(Il les passe à Pierre.)*

HENRI: Attends! J'ai trouvé un chapeau! C'est le tien, Georges?

GEORGES: Ah, merci! *(Il le prend et l'essaie.)* Oui, c'est le mien!

PIERRE: Quelqu'un a mes gants? Ceux-ci ne sont pas les miens, je me suis trompé.

FRANÇOIS: Ah! Ce sont les miens! Bravo!

☆ HENRI: Personne n'a vu mon chapeau? Je n'ai pas encore le mien!

FRANÇOIS: Mais, mince! On nous a pris nos bottes!

MARC: *(Qui examine l'écharpe qu'il a mise.)* Mais, attends! Cette écharpe n'est pas à moi! La mienne a du bleu!

GEORGES: Mais, dépêchons-nous! Nous allons rater le dernier métro! Prenez vite ce qui reste, on s'arrangera en route!

☆ TOUS: Bon! D'accord! Vite! Allons!

PRATIQUE

Posez les questions et donnez les réponses, en suivant les indications:

☆ Ce chapeau est à toi?	Oui, c'est le mien.
Cette écharpe est à toi?	Oui, c'est la mienne.
Ces gants sont à toi?	Oui, ce sont les miens.
Ces bottes sont à toi?	Oui, ce sont les miennes.

☆ Celui-ci est à Georges?	Oui, c'est le sien.
Celle-ci est à François?	Oui, c'est la sienne.
Ceux-ci sont à Henri?	Oui, ce sont les siens.
Celles-ci sont à Marc?	Oui, ce sont les siennes.

☆ Est-ce que ce chapeau est à Marc?	Non, celui-là n'est pas le sien.
Est-ce que cette écharpe est à Georges?	Non, celle-là n'est pas la sienne.
Est-ce que ces gants sont à Henri?	Non, ceux-là ne sont pas les siens.
Est-ce que ce livre est à Marie?	Non, celui-là n'est pas le sien.
Est-ce que cette auto est à Solange?	Non, celle-là n'est pas la sienne.
Est-ce que ce crayon est à toi?	Non, celui-là n'est pas le mien.
Est-ce que cette écharpe est à moi?	Non, celle-là n'est pas la tienne/ la vôtre.
Est-ce que ces billets sont à nous?	Non, ceux-là ne sont pas les nôtres.

VOCABULAIRE

absurde	absurd	explication *f.*	explanation
ardent	ardent, enthusiastic	examine	is examining
botte *f.*	boot	immense	immense
celui-ci, celui-là	this one, that one	israélite	Jewish
chapeau *m.*	hat	mensonge *m.*	lie
clairement	clearly	metteur en scène *m.*	producer
confusion *f.*	confusion	mince!	damn!
crayon *m.*	pencil	palais *m.*	palace
croire	believe	prenez	take
cuisinier *m.*	cook	protestant	Protestant
départ *m.*	departure	rater	miss *(a train, plane, etc.)*
docteur *m.*	doctor	souterrain	underground
écharpe *f.*	scarf	surprise-partie *f.*	party
encore	still; again	tu te trompes	you're mistaken

GRAMMAIRE ET EXERCICES

1. Pronoms possessifs (Possessive pronouns)

Possessive pronouns are used in French to replace a possessive adjective + noun. The pronoun has two parts: The appropriate definite article **le, la, les** (which follows normal rules of contraction) and a second part which resembles the possessive adjective. Both parts must reflect the number and gender of the noun they replace:

mes livres
my books

son cahier
his notebook

Ce sont **mes livres.**
These are my books.

Voilà **son cahier.**
There is his notebook.

Ce sont **les miens.**
These are mine.

Voilà **le sien.**
There is his.

The possessive pronouns are:

Singular		Plural		
Masculine	Feminine	Masculine	Feminine	
le mien	**la mienne**	**les miens**	**les miennes**	*mine*
le tien	**la tienne**	**les tiens**	**les tiennes**	*yours*
le sien	**la sienne**	**les siens**	**les siennes**	*his, hers, its*
le nôtre	**la nôtre**	**les nôtres**	**les nôtres**	*ours*
le vôtre	**la vôtre**	**les vôtres**	**les vôtres**	*yours*
le leur	**la leur**	**les leurs**	**les leurs**	*theirs*

EXERCICE A*

Répondez aux questions suivantes à la forme négative. Employez un pronom possessif:

MODÈLE: Est-ce que tout le monde a **son livre?** (Georges)
          Non, Georges n'a pas **le sien.**

1. Est-ce que tout le monde a sa place? (Marie)
2. Est-ce que tout le monde a un menu? (Philippe)
3. Est-ce que tout le monde a son billet? (je)
4. Est-ce que tout le monde a ses photos? (nous)
5. Est-ce que tout le monde a des journaux? (vous)
6. Est-ce que tout le monde a ses papiers? (je)
7. Est-ce que tout le monde a son passeport? (nous)
8. Est-ce que tout le monde a des croissants? (tu)
9. Est-ce que tout le monde a des lettres? (Jacqueline)
10. Est-ce que tout le monde a des parents? (vous)

2. <u>Ce</u> — pronom démonstratif (<u>Ce</u> — Demonstrative pronoun)

a. **Ce,** which you have already met as a demonstrative adjective, is also
used as a demonstrative pronoun preceding the verb **être.** It replaces a
subject which has previously been referred to:

Qui est-ce? C'est Georges Renaud.
Who is that? It's Georges Renaud.
Voyez-vous cet homme? C'est le propriétaire.
Do you see that man? He's the owner.
Chambord? C'est un immense château de style Renaissance.
Chambord? It's an immense castle of Renaissance style.

NOTE: In the examples above, **être** is followed by a predicate noun and
its modifiers: **le propriétaire, un immense château.**

EXERCICE B

Complétez les phrases suivantes par des définitions:

MODÈLES: Le Louvre? C'est _____.
           Le Louvre? C'est **un musée à Paris.**

           Le métro? C'est _____.
           Le métro? C'est **un train souterrain.**

1. Versailles? C'est _____. 2. Chambord? C'est _____. 3. Le Jardin
du Luxembourg? C'est _____. 4. Les Champs-Élysées? C'est _____.
5. La concierge? C'est _____. 6. La Sorbonne? C'est _____. 7. Le
facteur? C'est _____. 8. Le guide? C'est _____.

b. **Ce** always precedes **être** before a pronoun:

Ce livre? C'est le mien.   *This book? It's mine.*

When **ce** precedes **moi, toi, lui, elle, nous, vous, eux, elles**, it gives emphasis to the personal pronoun:

Mais **c'est vous** qu'il cherche!   *But it's you he's looking for!*

C'était lui qui était responsable.   *It was he who was responsible.*

EXERCICE C*

Répondez aux questions suivantes à la forme négative en employant des pronoms possessifs:

MODÈLE: Est-ce **votre livre?** (mon père)
           Non, ce n'est pas **le mien,** c'est **le sien.**

1. Est-ce votre voiture? (Georges)
2. Est-ce votre journal? (Catherine)
3. Est-ce ton cahier? (tu)
4. Est-ce votre place? (Marie)
5. Est-ce votre problème? (nous)
6. Est-ce votre explication? (ils)
7. Est-ce ton amie? (tu)
8. Est-ce votre docteur? (elles)
9. Est-ce votre invité? (nous)
10. Est-ce votre route? (vous)

c.   **Ce** is followed by the third person singular form of **être (est, était, sera),** except when the complement is **elles, eux,** or a plural noun. In the latter case, the third person plural form **(sont, étaient, seront)** is used.

C'est moi.	*It is I.*
C'était nous qui l'avons fait.	*It was we who did it.*
Est-ce vous?	*Is it you?*
Ce sera toi, n'est-ce pas?	*It will be you, won't it?*
Ce sont elles qui ont téléphoné.	*It is they who called.*
C'étaient les enfants qui l'ont fini.	*It was the children who finished it.*

d.   In addition to pointing out specific things or people, **ce** may also refer to an idea:

On dit qu'il est très riche, mais **ce n'est pas vrai.**
They say he's very rich, but that's not true.

e.   French people are increasingly using **ce (c')** in many impersonal expressions:

C'est dommage.   *It's too bad.*

EXERCICE D*

Répondez aux questions suivantes à la forme négative:

MODÈLES: **Est-il possible** que vous   Non, **ce n'est pas possible.**
               alliez avec nous?
               On dit qu'il va acheter ce   Non, **ce n'est pas vrai.**
               magasin. **Est-ce vrai?**

1. On dit que vous écrivez beaucoup d'articles pour Le Figaro. Est-ce vrai?   2. Est-il possible que vous y alliez aussi?   3. Est-il important que les enfants viennent avec nous?   4. On dit que Monsieur Larue part demain pour le Canada. Est-ce vrai?   5. Est-il impossible de finir avant midi?   6. Est-il difficile de trouver un appartement à Paris?

3. Il, elle, ils, elles

a. The definite pronouns **il, elle, ils, elles** are used instead of the impersonal **ce** when the verb **être** is followed by an adjective, an adverb, or a prepositional phrase modifying a specific antecedent whose gender and number are known:

Regardez **ce monument. Il** est immense!	*Look at this monument. It is huge!*
J'adore **cette église. Elle** est très belle.	*I love this church. It is beautiful.*
Le Louvre? Il est à Paris.	*The Louvre? It is in Paris.*

EXERCICE E

Complétez les phrases suivantes par un adjectif qui convient:

MODÈLES: Marie? Elle est _____.
Marie? Elle est **trop sérieuse!**
Le Louvre? Il est _____.
Le Louvre? Il est **immense!**

1. Votre professeur? Il est _____.   2. La classe de français? Elle est _____.   3. Cette université? Elle est _____.   4. Cet acteur? Il est _____.   5. Mes amis? Ils sont _____.   6. Votre mère? Elle est _____.   7. Le métro? Il est _____.   8. Ma voiture? Elle est _____.   9. Ta sœur? Elle est _____.   10. Ce café? Il est _____.

b. When nouns of profession, religion, or nationality follow the verb **être** and are not modified in any way, they are regarded as adjectives rather than nouns:

Il est professeur.	*He is a teacher.*
BUT: **C'est un bon professeur.**	*He is a good teacher.*
Elle est française.	*She is French.*
BUT: **C'est une Française.**	*She is a Frenchwoman.*

EXERCICE F*

Répondez aux questions suivantes en employant un adjectif qui convient:

MODÈLES: Il est professeur?
Oui, **c'est un bon professeur.**

Elle est catholique?
Oui, c'est une catholique ardente.

1. Il est médecin? 2. Elle est protestante? 3. Elle est actrice? 4. Il est cuisinier? 5. Ils sont étudiants? 6. Il est israélite? 7. Elles sont sténo-dactylos? 8. Il est agent de police? 9. Ils sont hommes d'affaires? 10. Elle est cinéaste? 11. Ils sont espagnols? 12. Elles sont américaines?

4. Verbes irréguliers <u>croire</u>, <u>voir</u> (Irregular Verbs <u>croire</u>, <u>voir</u>)

je crois	*I believe*	je vois	*I see*
tu crois	*you believe*	tu vois	*you see*
il (elle) croit	*he (she) believes*	il (elle) voit	*he (she) sees*
nous croyons	*we believe*	nous voyons	*we see*
vous croyez	*you believe*	vous voyez	*you see*
ils (elles) croient	*they believe*	ils (elles) voient	*they see*

Past Participle: **cru**   Past Participle: **vu**

EXERCICE G

Répétez les phrases suivantes en employant les sujets indiqués:

MODÈLE: **Je crois** qu'il part aujourd'hui. (tu)
Tu crois qu'il part aujourd'hui.

1. Je crois qu'il a raison. (tu, elle, nous, vous)
2. Je le vois chaque jour. (tu, mon frère, Marie et moi, les élèves)

REPRISE

EXERCICE H

Complétez les phrases suivantes par la forme convenable du présent:

MODÈLE: (croire) _____-tu à son innocence?
Crois-tu à son innocence?

1. (croire)   _____-vous cette histoire?
2. (avoir)   Ils n'_____ pas d'argent.
3. (pouvoir)   Elle _____ bien aller à Paris.
4. (voir)   Le _____-tu?
5. (lire)   Que _____-il?
6. (croire)   Je _____ que vous avez raison.
7. (s'écrire)   Elles _____ l'une à l'autre en français.
8. (croire)   Elles ne le _____ pas.
9. (mettre)   Il _____ son veston.
10. (dire)   Que _____-vous?

EXERCICE I

Mettez les phrases suivantes au passé composé:

MODÈLE: **Je ne crois pas** son histoire.
Je n'ai pas cru son histoire.

1. Je ne vois pas le film dont il parlait. 2. Elle ne croit pas ses mensonges absurdes. 3. Ils se rencontrent au café de Flore. 4. Elle se dit la vraie raison. 5. Nous ne croyons pas ce qu'il dit. 6. Nous nous écrivons pendant les vacances. 7. Les enfants voient le film américain. 8. Il se voit très clairement.

EXERCICE J

Remplacez les mots indiqués par le pronom possessif qui convient:

MODÈLE: Je n'aime pas **ma classe.**
Je n'aime pas **la mienne.**

1. Je n'aime pas **sa voiture.** 2. A-t-il lu **son livre?** 3. Marie a vu **tes amies.** 4. Elles n'ont pas **leurs bicyclettes.** 5. Regardes-tu **mes lettres?** 6. Tu as trouvé **mon paquet** et **ton paquet** aussi? 7. Il est venu à **mon appartement** et à **votre appartement** aussi. 8. Je veux voir **sa sœur** et **ta sœur** aussi.

EXERCICE K

Répondez aux questions suivantes à la forme négative, disant que vous préférez les vôtres:

MODÈLE: Voulez-vous **mon livre de français?**
Merci, je préfère **le mien.**

1. Voulez-vous mon livre d'espagnol? 2. Voulez-vous ma chaise? 3. Voulez-vous ces journaux? 4. Voulez-vous cet appareil? 5. Voulez-vous mes photos? 6. Voulez-vous mes billets?

EXERCICE L

Répondez aux questions suivantes à la forme affirmative, en remplaçant le nom sujet par un pronom:

MODÈLES: **Votre mère** est-elle ici?
Oui, **elle est** ici.

Versailles est-il **un grand palais?**
Oui, **c'est** un grand palais.

1. Ta sœur est-elle absente? 2. Ces livres sont-ils intéressants? 3. Paris est-il en France? 4. La Tour Eiffel est-elle très haute? 5. Le Louvre est-il un grand musée? 6. M. Dupont est-il un bon professeur? 7. Louise est-elle catholique? 8. Ces livres sont-ils des romans

policiers? 9. L'Humanité est-il un journal communiste? 10. Son frère est-il homme d'affaires?

EXERCICE M

Complétez les phrases suivantes par le pronom convenable:

MODÈLES: _____ est **le plus grand musée du monde.**
C'est le plus grand musée du monde.

J'ai vu **la Seine.** _____ est très longue.
J'ai vu la Seine. **Elle est** très longue.

1. _____ est un grand théâtre à Paris. 2. _____ était une bonne situation. 3. Tu vois cette femme? _____ est très courageuse. 4. Connaissez-vous ce garçon? _____ est américain. 5. Vois-tu cette cathédrale? _____ est à Paris. 6. Regardez cette auto. _____ est une Dauphine. 7. Voulez-vous ce livre? _____ est un roman policier. 8. Connaissez-vous M. Dupont? _____ est médecin. 9. _____ est un très bon médecin, paraît-il. 10. _____ sont mes amis. _____ sont à la maison. 11. _____ est possible que les enfants soient en classe. 12. _____ était une merveilleuse chanson.

LECTURE: L'œuvre du sixième jour

Marie Rouget Noël est connue premièrement pour ses poèmes. Elle en a publié de nombreux recueils et a été louée par les écrivains Montherlant et Duhamel. Elle a, pourtant, publié une collection de Contes, *qui ont toutes les qualités de ses poèmes plus l'humour et l'esprit fin qui sont plus évidents dans sa prose. Dans celui-ci* 5 *elle nous offre, avec une petite grimace, une observation sur la condition humaine.*

Dès que le Chien fut créé, il lécha[1] la main du bon Dieu et le bon Dieu le flatta[2] sur la tête:

— Que veux-tu, Chien? 10

— Seigneur bon Dieu, je voudrais loger chez toi, au ciel, sur le paillasson[3] devant la porte.

— Bien sûr que non! dit le bon Dieu. Je n'ai pas besoin de chien puisque je n'ai pas encore créé les voleurs.[4]

— Quand les créeras-tu, Seigneur? 15

— Jamais. Je suis fatigué. Voilà cinq jours que je travaille; il est temps que je me repose. Te voilà fait, toi. Chien, ma meilleure création, mon

---

1. **lécha** licked. 2. **flatta** caressed. 3. **paillasson** straw mat. 4. **voleurs** thieves.

chef-d'œuvre. Mieux vaut m'en tenir là.[5] Il n'est pas bon qu'un artiste
se surmène au-delà[6] de son inspiration. Si je continuais à créer, je serais
bien capable de rater mon affaire. Va, Chien! Va vite t'installer sur la   20
terre. Va et sois heureux.

Le Chien poussa un profond soupir:

— Que ferai-je sur la terre, Seigneur?

— Tu mangeras, tu boiras, tu croîtras et multiplieras.[7]

Le Chien soupira plus tristement encore.   25

— Que te faut-il de plus?

— Toi, Seigneur mon Maître! Ne pourrais-tu pas, toi aussi, t'installer
sur la terre?

— Non! dit le bon Dieu, non, Chien! Je t'assure. Je ne peux pas du
tout m'installer sur la terre pour te tenir compagnie. J'ai bien d'autres   30
chats à fouetter.[8] Ce ciel, ces anges, ces étoiles, je t'assure, c'est tout
un tracas.[9]

Alors le Chien baissa la tête et commença à s'en aller. Mais il revint:

— Ah! si seulement, Seigneur bon Dieu, si seulement il y avait là-
bas une espèce de maître dans ton genre?[10]   35

— Non, dit le bon Dieu, il n'y en a pas.

Le Chien se fit tout petit, tout bas, et supplia[11] plus près encore.

— Impossible, dit le bon Dieu. J'ai fait ce que j'ai fait. Mon œuvre
est achevée.[12] Jamais je ne créerai un être meilleur que toi. Si j'en créais
un autre aujourd'hui, je le sens dans ma main droite, celui-là serait   40
raté.

— O Seigneur bon Dieu, dit le Chien, ça ne fait rien qu'il soit raté,
pourvu que je puisse le suivre partout où il va et me coucher devant
lui quand il s'arrête.

Alors le bon Dieu fut émerveillé[13] d'avoir créé une créature si   45
bonne et il dit au Chien:

— Va! qu'il soit fait selon ton cœur.

N.B. L'Homme est raté, naturellement. Le bon Dieu l'avait bien dit.
Mais le chien est joliment content.

Editions Stock

QUESTIONS

1. Que fit le Chien dès qu'il fut créé?
2. Que fit le bon Dieu?

---

5. **Mieux vaut m'en tenir là** "It's best I stop at this point." 6. **se surmène au-delà** tax himself
beyond. 7. **croîtras et multiplieras** increase and multiply. 8. **autres chats à fouetter** other
things to do, "other fish to fry." 9. **tracas** bother. 10. **genre** type, kind. 11. **supplia**
beseeched. 12. **achevée** finished. 13. **émerveillé** amazed.

3. Pourquoi le bon Dieu n'avait-il pas besoin de chien?
4. Depuis quand le bon Dieu travaillait-il?
5. Pourquoi le bon Dieu ne voulait-il pas continuer à créer?
6. Qu'est-ce que le Chien devra faire sur la terre?
7. Que fallait-il de plus au Chien?
8. Que fera le Chien s'il a sur terre une espèce de maître comme le bon Dieu?
9. De quoi le bon Dieu fut-il émerveillé?
10. Fit-il ce que le Chien voulait?
11. Est-ce que l'Homme est raté?
12. Est-ce que le Chien est content?
13. Y a-t-il une morale à cette histoire? Laquelle?

COMPOSITION

A. Racontez cette histoire à votre manière.

B. Écrivez un petit résumé de l'histoire précédente. N'oubliez pas de mentionner dans votre composition:

1. Pourquoi le bon Dieu s'est arrêté de créer.
2. Quelle était sa meilleure création et ce qu'il attendait d'elle.
3. Ce que cette création a voulu.
4. Ce que le bon Dieu a fait et quel en a été le résultat.

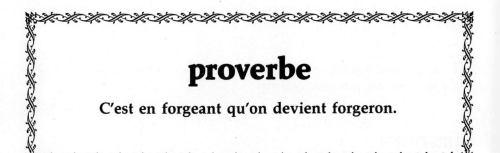

proverbe

C'est en forgeant qu'on devient forgeron.

troisième révision

GRAMMAIRE

1. Imparfait

The **imparfait** expresses actions or conditions of the past. These were not single completed actions, but rather actions occurring over a period of time (such as a description) or performed numerous times. The **imparfait** often furnishes the setting of a story while the **passé composé** tells what happened. The **imparfait** stem comes from the **nous** form of a present indicative verb: nous **habit**/ons; nous **voul**/ons; nous **rempliss**/ons. The endings **–ais, –ais, –ait, –ions, –iez, –aient** are added to this stem.

2. Passé simple

The **passé composé** is often replaced in literature and history by the **passé simple.** The **passé simple** normally uses the regular present tense stem. To this is added a set of endings which vary according to the conjugation. Irregular verbs often have special stems, however, which must be memorized.

3. Futur

Actions occurring in the future are sometimes expressed by **aller** plus an infinitive. More often, however, the **futur** tense is used. In regular verbs, the **futur** stem is simply the infinitive, to which the endings **–ai, –as, –a, –ons, –ez, –ont** are attached. As always, there are a number of irregular verbs whose stems are exceptions.

4. Futur antérieur

If an action has not yet been completed, but is expected to be completed before a particular time in the future, that action is expressed by the **futur antérieur.** Like the **passé composé,** it is made up of **avoir** or **être** as auxiliary (future tense, however, rather than present), and the past participle. The same rules regarding the agreement of past participles apply to the **futur antérieur.**

Deux cent vingt-sept

5. Verbes factitifs

A special use of **faire** is the causative construction, in which the subject causes something to be done rather than actually doing it himself or herself. The appropriate tense of **faire** is followed by the infinitive of the main verb.

6. Pronoms relatifs

Pronouns relating a descriptive clause to the main sentence idea are chosen according to their function in the descriptive clause (subject or object), and to their definite or indefinite antecedent. The definite pronouns are **qui** *(subject),* **que** *(object),* **lequel, laquelle, lesquels, lesquelles** *(following prepositions).* Indefinite pronouns are **ce qui, ce que, quoi** and **ce dont. Dont** is a special form composed of **de** contracted with one of several relative pronouns **(de qui, de laquelle,** etc.)

7. Pronoms possessifs

Possessive pronouns replace a possessive adjective and a noun. The pronoun, which has two parts, must reflect the gender and number of the noun it replaces.

8. Ce — pronom démonstratif

Ce, in addition to functioning as a demonstrative adjective, also may serve as a pronoun preceding the verb **être.** It replaces a subject already known, and is usually followed by **être** and a predicate noun with its modifiers, or a pronoun.

EXERCICES

A. *Mettez les verbes suivants au temps présent ou à l'impératif, selon les indications:*

1. (aller)   Que _____-ils faire?
2. (dormir)   Il _____ toujours.
3. (vouloir)   Nous ne _____ pas y aller.
4. (partir)   Je _____ très tôt le matin.
5. (avoir)   N'_____-elles rien à faire?
6. (mettre)   Où _____-vous votre manteau?
7. (écrire)   Les enfants _____ toujours leurs devoirs.
8. (faire)   Mes frères _____ tout ce qui est nécessaire.
9. (dire)   Tu ne _____ pas la raison?
10. (pouvoir)   Je _____ faire ce que je veux.
11. (sortir)   _____, s'il vous plaît!
12. (être)   _____ sage *(well-behaved; wise),* mon petit!

B. *Exprimez en français:*

1. I am writing a letter.   2. I was writing a letter.   3. I wrote a letter.   4. I will write a letter.   5. I will have written a letter.   6. It is impossible that I write the letter.   7. Do you think that I wrote the letter?   8. I wrote a letter *(passé simple)*.   9. Write this letter!

C. *Exprimez au futur:*

1. Ils viennent le quatorze juillet.   2. Elle finit à trois heures.   3. Je me réveille à six heures et demie.   4. Marie écrit samedi.   5. Tu vas au magasin jeudi, n'est-ce pas?   6. Nous pouvons assister à cette classe.   7. Je suis un peu en retard.   8. Vous avez beaucoup de difficultés, il me semble *(seems)*.

D. *Exprimez en français:*

1. I am having him write the letter.   2. He made me finish the work.   3. They were making us go downtown.   4. I will have you buy the paper.

E. *Pronoms relatifs. Complétez les phrases suivantes par la forme convenable du pronom relatif:*

1. Les messieurs _____ étaient dans la boutique ont acheté plusieurs livres.   2. Mon frère _____ vous avez remarqué hier soir est très timide.   3. La maison _____ ces enfants ont leur classe est très loin.   4. _____ est difficile, c'est son accent méridional *(from the south of France)*.   5. Les livres _____ j'ai besoin sont tous en français.   6. La table sur _____ j'ai mis mes papiers est dans le salon.   7. _____ vous voulez, il me semble, est impossible.   8. Ce garçon, _____ la mère est si malade, veut aller la voir.

F. *Exprimez le passage suivant au passé, en employant d'abord le passé composé et l'imparfait, ensuite le passé simple et l'imparfait:*

Je regarde la télévision quand ce monsieur entre dans la salle. Il est très maigre *(thin)*, et il a de la difficulté à rester debout *(standing)*. Je me lève du fauteuil *(armchair)* où je me repose et je lui demande son nom et ce qu'il veut. Il ne peut pas répondre tout de suite. Je lui apporte un verre d'eau et après quelques minutes, il commence à raconter son histoire.

G. *Pronoms possessifs. Complétez les phrases suivantes par le pronom ou l'adjectif convenable:*

MODÈLE: *(my, yours)* Voici _____ livre. Où est _____?
          Voici **mon** livre. Où est **le vôtre?**

1. *(my, yours)*   Voici _____ salle de classe. Où est _____?
2. *(her, ours)*   J'ai trouvé _____ famille mais je ne vois
                   pas _____.

3. *(your, mine)*   Elle vous a donné _____ billet mais je n'ai
pas _____.

4. *(my, theirs)*   J'ai fini _____ devoirs, et je crois qu'ils ont
fini _____.

5. *(our, his)*   Il a vu _____ voiture mais il n'a pas encore
trouvé _____.

6. *(their, hers)*   Oui, il est _____ ami, mais il n'est pas _____.

H. Ce, il, elle, ils, elles. *Complétez les phrases suivantes par le pronom convenable:*

MODÈLES: *(he)*   Connaissez-vous cet homme? _____ est médecin.
Connaissez-vous cet homme? **Il** est médecin.

         (it)   Je ne peux pas vous accompagner. _____ est
impossible.
Je ne peux pas vous accompagner. **C'est** impossible.

1. *(she)*   Cette femme que je regarde? _____ est actrice.
2. *(they)*   Ces enfants? _____ sont mes élèves.
3. *(it)*   Le Louvre? _____ est fermé aujourd'hui.
4. *(they)*   Oui, je connais ces femmes. _____ sont très célèbres.
5. *(it)*   Elle nous a proposé une visite au musée. _____ est
une bonne idée.
6. *(it)*   _____ est impossible de voyager au mois de janvier.
7. *(he)*   Mon frère est à l'université. _____ est très intelligent.
8. *(he)*   Mon frère est à l'université. _____ est un garçon très
intelligent.
9. *(it)*   Finir avant midi? Mais, _____ est impossible!
10. *(it)*   Passer les vacances à la plage? _____ serait agréable!

prononciation 3

INTONATION

Of all the elements that make up what we commonly call "a foreign accent," there is none so important as intonation — or the melody of speaking that foreign language. Pronunciation of vowels and consonants can be discussed fairly objectively and in a rather definite manner through the use of phonetic symbols, but how can one describe accurately in print the rise and fall in pitch of the voice? An additional problem in French intonation is that there is seldom one single "correct" way of saying a phrase: The same French person might well say a sentence one way on one occasion and quite differently on another, depending on the sense which he or she wishes to convey, the mood he or she is in or, quite simply, to gain variety in his or her speech.

The best guide is your ear. The visual indications in this lesson are only aids and approximations. Stress, duration, rhythm, and other factors which are often a part of an intensive study of intonation will not be considered in this introduction except for one word of caution: Because the French and the English languages share many basic words, you may have a tendency to use the same stress pattern on a French word as you are accustomed to using on its English look-alike. In a phrase such as **il est arrivé,** being used to saying *ar-rive,* you may well remember the French pronunciation of the vowel **i** but forget that the stress is no longer on that sound. Rather, you must say **ar-ri-vé;** and if there is to be any stress at all, it must now be on **-vé.**

SENTENCE PATTERNS

Just as the statement "You are going to class" can be made a question simply by raising the voice at the end: "You are going to class?," so French patterns of intonation often differ with the kind of sentence. Three basic kinds of sentences are: declarative or descriptive sentences, questions, and exclamations.

1. Declarative or Descriptive Sentences

   In most declarative sentences, particularly very simple sentences, two voice progressions can be distinguished: a rising and a falling progres-

Deux cent trente et un

sion. This does not mean, of course, that it is a matter of straight lines mounting in a steady, regular progression from one low pitch to a relatively high pitch. Such a singsong pattern would be easy to diagram but extremely monotonous and unpleasant to listen to:

J'ai donné mon livre   /   à Charles.

Rather, there will always be modulation varying from one speaker to another but adding to the interest and variety of the sentence. In actual practice, the sentence above might well be illustrated this way:

J'ai donné mon livre   /   à Charles.

Note that this time, instead of a voice progression of a single ascending line followed by a descending line, the voice now dips and rises to allow much more variety. Obviously, the amount of variety possible in any one sentence depends on the length of the sentence and on the rapidity with which it is spoken. An expanded sentence such as: **Ce matin, j'ai donné mon livre de français, qui a été écrit par un professeur à la Sorbonne, à Charles, qui est l'ami de mon frère** permits much more variety than the brief **J'ai donné mon livre à Charles.**

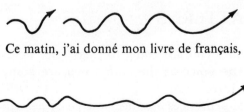

Ce matin, j'ai donné mon livre de français,

qui a été écrit par un professeur à la Sorbonne,

à Charles, qui est l'ami de mon frère.

Another difference in intonation which becomes apparent in the longer sentence is that of the grouping of words. **Ce matin** forms a small group separated from the rest of the sentence by a comma, which normally indicates a brief pause or break. The second group is made up of **j'ai donné mon livre de français,** followed by a comma which separates it from the relative clause **qui a été écrit par un professeur à la Sorbonne; à Charles** is the third group, with the identifying clause **qui est l'ami de mon frère** making up still a fourth group. Separating words into groups, while admittedly artificial and bordering on the mechanical, can offer valuable practice to those for whom listening alone is not sufficient. Although these groupings are seldom arbitrary, the sense of the sentence will dictate certain groups, while further divisions will depend on the speaker.

In listening to the sentence above pronounced by a native speaker, several observations can be made. First of all, the sentence begins on a relatively low tone, and normally, at the final period, the speaker's voice is back on that tone, indicating the completion of the idea. Each word group begins on a tone just a little lower in pitch than that on which the preceding group ended. In the sentence above, for example, **j'ai** begins just a little lower in pitch than **-tin,** and **qui** is slightly lower than **-çais.** Contrary to English intonation, which often drops in pitch at a comma or other break, French intonation rises until the last syllable of the last group, when the voice returns to the low point at which it began.

J'ai donné mon livre de français à Charles, l'ami de mon frère.

Le treize mai il est parti avec ses parents, au bord de la mer.

Les élèves étudiaient le français, l'anglais, la géographie et l'histoire.

2. Interrogative Sentences

Listening to a native French speaker as he or she asks questions suggests that the intonation pattern for questions depends somewhat on the way in which the question is phrased. If, for example, the question can be answered with a simple yes or no, the intonation may well resemble that of a similar English question: Beginning on a fairly low note, the voice rises until the end.

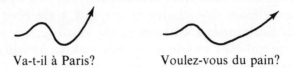

Va-t-il à Paris?   Voulez-vous du pain?

Questions which begin with an interrogative pronoun or adjective follow a different pattern, with the interrogative word (if that seems to be the most important word) generally high in pitch and the rest of the question dropping.

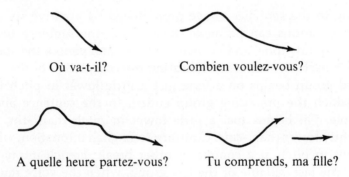

Où va-t-il?   Combien voulez-vous?

A quelle heure partez-vous?   Tu comprends, ma fille?

3. Exclamatory Sentences

Perhaps the best way of illustrating the intonation pattern of exclamatory sentences is to refer to the arrows:

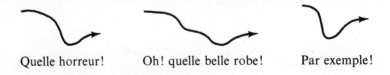

Quelle horreur!   Oh! quelle belle robe!   Par exemple!

EXERCISES — DECLARATIVE SENTENCES*

1. Il n'aime pas le vin.
2. Les élèves sont en classe.
3. Elles vont en ville ensemble.
4. M. Digras voyage toujours par avion.
5. Elle a acheté des oranges, des pommes, du fromage et du pain.
6. Je me lève tous les jours à huit heures.
7. Il a vu la Tour Eiffel, le Louvre, l'Arc de Triomphe et la Madeleine.

8. Aujourd'hui nous avons passé toute la journée à l'université.
9. J'aime beaucoup les pièces de théâtre, mais je déteste les romans.
10. Son frère, qui est assez intelligent mais paresseux, est étudiant ici.
11. Ce matin comme toujours, l'enfant s'est levé à sept heures.
12. On pardonne toujours à ceux que l'on aime.

EXERCISES — INTERROGATIVE SENTENCES*

1. Quand partirez-vous?
2. Que veut-il faire?
3. Avec quoi écrivez-vous?
4. Voulez-vous aller en France?
5. Est-ce que vous voulez aller en France?
6. Ne voulez-vous pas venir?
7. Pourquoi cherche-t-il le professeur?
8. Comment va-t-il le faire?
9. Combien de cours suivez-vous?
10. De qui parlez-vous?

EXERCISES — EXCLAMATORY SENTENCES*

1. Comment!
2. Par exemple!
3. Donnez-le-moi!
4. N'y touchez pas!
5. Cherchez-le!
6. Dites-le-nous!
7. Répondez à la question!
8. Ne la regardez pas!

seizième leçon

CONVERSATION: À quoi? À qui?

GEORGES: À quoi penses-tu?

MARC: Demande-moi plutôt «à qui».

GEORGES: Alors, à qui?

MARC: Je pense à la plus gentille personne . . .

GEORGES: Plus gentille que moi?

MARC: . . . la personne la plus courageuse . . .

☆ GEORGES: Plus courageuse que l'inspecteur Maigret?

MARC: . . . le meilleur général . . .

GEORGES: Meilleur que Napoléon?

MARC: . . . le meilleur psychiatre . . .

GEORGES: Meilleur que Freud?

☆ MARC: . . . la personne enfin qui est la meilleure en tout!

GEORGES: Mais, cette personne idéale n'existe pas!

☆ MARC: Ah, si, mon ami. Tu te trompes! Je pense à ma mère!

PRATIQUE

Posez les questions et donnez les réponses, en suivant les indications:

☆ À qui penses-tu?	Je pense à l'inspecteur Maigret.
À quoi penses-tu?	Je pense à mon roman policier.
À qui penses-tu?	Je pense à Napoléon.
À quoi penses-tu?	Je pense à mon travail.
À qui penses-tu?	Je pense à ma mère.
À quoi penses-tu?	Je pense à sa gentillesse.

☆ Connaissez-vous la personne la plus sage?	Plus sage que moi?
Connaissez-vous la personne la plus gentille?	Plus gentille que moi?
Connaissez-vous la personne la plus courageuse?	Plus courageuse que moi?
Connaissez-vous la personne la plus intelligente?	Plus intelligente que moi?
Connaissez-vous la personne la plus intéressante?	Plus intéressante que moi?

☆ Est-ce que Freud était un bon psychiatre?	Oui, mais ma mère est un meilleur psychiatre que Freud!
Est-ce que Napoléon était un bon général?	Oui, mais ma mère est un meilleur général que Napoléon!
Est-ce que Maigret était un bon inspecteur?	Oui, mais ma mère est un meilleur inspecteur que Maigret!

VOCABULAIRE

ambitieux	ambitious	**intellectuel**	intellectual
bavardent	talk, talking	**mauvais**	bad, wrong
bouton *m.*	button	**philosophe** *m.*	philosopher
célèbre	famous	**pire**	worse
coiffeur *m.*	hairdresser	**psychiatre** *m.*	psychiatrist
commode	convenient	**qui**	who, whom
critique *f.*	criticism	**renommé**	famous
dictée *f.*	dictation	**résultat** *m.*	result
élevé	raised, "brought up"	**semaine** *f.*	week
en employant	by using	**sondage** *m.*	survey, poll
enfin	finally	**timide**	timid
groupe *m.*	group	**visite** *f.*	visit
honnête	honest		
idéal	ideal		
inspecteur *m.*	inspector		
Inspecteur Maigret	famous French fictional detective created by Georges' Simenon		

GRAMMAIRE ET EXERCICES

1. Comparaison des adjectifs (Comparison of adjectives)

a. In addition to simply describing or modifying nouns, adjectives can also indicate to what degree that quality is possessed:

1. Positive

Marie-Hélène est **intelligente.**
Marie-Helene is intelligent.

2. Comparative

Elle est **plus intelligente que** Claude.
She is more intelligent than Claude.

Elle est **moins intelligente que** Claude.
She is less intelligent than Claude.

Elle est **aussi intelligente que** Claude.
She is as intelligent as Claude.

3. Superlative

C'est l'étudiante **la plus intelligente de** sa classe.
She is the most intelligent student in her class.

C'est l'étudiante **la moins intelligente de** sa classe.
She is the least intelligent student in her class.

b. Structure of comparatives and superlatives

1. The comparative is formed by placing **plus** *(more)*, **moins** *(less)*, or **aussi** *(as)* before the adjective and **que** immediately following. The adjective must agree with the subject in gender and number.

In negative sentences, **si** often replaces **aussi** in a comparative of equality:

Tu n'es pas **si fort que** Jean.
You're not as strong as Jean.

EXERCICE A

Mettez ces phrases à la forme féminine:

MODÈLE: Il est **petit.**
         Elle est **petite.**

1. Il est grand.	8. Il est facile.	15. Il est ambitieux.
2. Il est vieux.	9. Il est canadien.	16. Il est sportif.
3. Il est beau.	10. Il est cher.	17. Il est premier.
4. Il est gentil.	11. Il est jeune.	18. Il est long.
5. Il est sympathique.	12. Il est brun.	19. Il est bon.
6. Il est heureux.	13. Il est sérieux.	20. Il est mauvais.
7. Il est important.	14. Il est élégant.	

EXERCICE B*

Répondez aux questions suivantes d'après les modèles:

MODÈLES: Est-ce que Marie et Chantal sont jolies?
          Oui, mais Marie est **plus jolie que** Chantal.

          Est-ce que Louis et Bernard sont intelligents?
          Oui, mais Louis est **plus intelligent que** Bernard.

1. Est-ce que Claire et Madeleine sont belles? 2. Est-ce que Pierre et Henri sont honnêtes? 3. Est-ce que Anne-Marie et Claudine sont petites? 4. Est-ce que ta mère et ma mère sont jolies? 5. Est-ce que Monsieur Renaud et Monsieur Paul sont savants? 6. Est-ce que Jean-Jacques et Georges sont grands? 7. Est-ce que Blois et Chambord sont très vieux? 8. Est-ce que Versailles et Azay-le-Rideau sont célèbres?

EXERCICE C

Demandez à votre voisin/voisine s'il/si elle . . .

1. est moins intelligent que vous. 2. est moins ambitieux que vous. 3. est moins sérieux que vous. 4. est aussi honnête que vous. 5. est plus timide que vous. 6. est aussi gentil que vous. 7. est moins sympathique que vous. 8. est aussi intéressant que vous.

2. In a superlative construction, the position of the adjective may vary:

Chambord est **le plus grand château** de la Touraine.
Chambord is the largest castle in the Touraine.

Chambord est **le château le plus élégant** de la Touraine.
Chambord is the most elegant castle in the Touraine.

Since the normal position of the adjective is immediately following the noun it describes, the superlative phrase — definite article + **plus (moins)** + adjective — also follows the noun. When the superlative adjective is one of those mentioned in Chapter 2 which normally precedes the noun, the superlative phrase also precedes the noun, as in the first example above **(le plus grand).**

3. A superlative structure often introduces a subjunctive clause when the speaker wishes to indicate an element of doubt, personal opinion, or subjective feeling:

C'est le meilleur film qu'elle ait tourné.
It's the best film she made.

In the same way, expressions such as **seul, premier, dernier, il n'y a que** act as superlatives and may introduce a relative clause in the subjunctive:

C'est la seule personne qui puisse réussir.
He is the only person who can succeed.

EXERCICE D

Répétez les noms suivants en employant l'adjectif indiqué:

MODÈLES: (intéressant)   un article
un article intéressant

(vieux)   une femme
une vieille femme

1. (petit)	une maison	6. (jeune)	un garçon
2. (bon)	un cuisinier	7. (mauvais)	une route
3. (difficile)	une leçon	8. (agréable)	une visite
4. (important)	des résultats	9. (sympathique)	un patron
5. (perdu)	des valises	10. (long)	une lettre

EXERCICE E*

Répondez aux questions suivantes à la forme affirmative:

MODÈLES: Est-ce que la Loire est **le plus long fleuve** de France?
Oui, la Loire est **le plus long fleuve** de France.

Est-ce que Claude est **l'élève le plus intelligent** de la classe?
Oui, Claude est **l'élève le plus intelligent** de la classe.

1. Est-ce que Paris est la plus grande ville de France?   2. Est-ce que le Vert-Galant est le plus joli parc de Paris?   3. Est-ce que le Louvre est

le plus beau musée du monde?   4. Est-ce que Marc est le plus petit de tous ces enfants?   5. Est-ce que les Alpes sont les montagnes les plus élevées d'Europe?   6. Est-ce que la Tour Eiffel est le monument le plus connu de France?   7. Est-ce que Jean-Paul Sartre est le philosophe le plus renommé du vingtième siècle?   8. Est-ce que Versailles est le château le plus visité de tous les châteaux de France?

C.   Irregular comparatives and superlatives

1. **bon** becomes **meilleur** and **le meilleur**:

M. Renaud est **un bon professeur.**
Mr. Renaud is a good teacher.

M. Larcher est **un meilleur professeur** que M. Renaud.
Mr. Larcher is a better teacher than Mr. Renaud.

M. Larcher est **le meilleur professeur** du lycée.
Mr. Larcher is the best teacher in the high school.

2. **mauvais** may become either **plus mauvais** or **pire**:

C'est **un mauvais garçon.**
He is a bad boy.

Il est **plus mauvais** que René.
Il est **pire que** René.
He is worse than Rene.

C'est **le plus mauvais garçon** du monde!
C'est **le pire garçon** du monde!
He is the worst boy in the world.

EXERCICE F*

Répondez aux questions suivantes à la forme négative d'après les modèles:

MODÈLES: Est-ce que Monsieur Moraud est **le meilleur professeur** de l'université?
Au contraire, **c'est le plus mauvais professeur** de l'université.

Est-ce que ce roman est **le plus mauvais roman** de la saison?
Au contraire, **c'est le meilleur roman** de la saison.

1. Est-ce que cette université est la plus mauvaise université du monde?   2. Est-ce que ce film est le meilleur film de l'année?   3. Est-ce que cette chanson est la meilleure chanson du groupe?   4. Est-ce que cette saison est la plus mauvaise saison de l'année?   5. Est-ce que cet acteur est le meilleur acteur de Hollywood?

EXERCICE G*

Répondez aux questions suivantes à la forme négative d'après les modèles:

MODÈLES: Est-ce que ce professeur-ci est **meilleur** que celui-là?
Au contraire, **il est plus mauvais** que celui-là.

Est-ce que ce concert est **pire** que le dernier?
Au contraire, **il est meilleur** que le dernier.

1. Est-ce que l'hiver est plus mauvais que le printemps?   2. Est-ce que ce film est pire que l'autre?   3. Est-ce que ton professeur est meilleur que le mien?   4. Est-ce que ce disque-ci est plus mauvais que celui-là?   5. Est-ce que cette auto est meilleure que la vôtre?

d.   Many adjectives express the value of a comparative or superlative:

suprême, minime, supérieur, excellent. As in English, correct usage avoids the addition of **plus . . . que, moins . . . que, le plus . . . , le moins . . .** with words already comparative or superlative in meaning.

Comme coiffeur, **il est vraiment excellent.**
As a hairdresser, he is really excellent.

2.   penser à — penser de

a.   **penser à** *to think about:*

À quoi pensez-vous?	*What are you thinking about?*
Je pense à mes cours.	*I'm thinking about my courses.*

b.   **penser de** *to think of* asks for an evaluation or a judgment:

Que pensez-vous de Gérard?   *What do you think of Gerard?*

EXERCICE H

Répétez les phrases suivantes en employant les sujets indiqués:

MODÈLE: **Je pense** souvent à ces jours. (tu)
              Tu penses souvent à ces jours.

1. Pense-t-elle à ce concert?   (tu, vous, ils, ton ami, ses parents)
2. Que penses-tu de ce concert?   (vous, elle, nous, ils, les critiques)

REPRISE

EXERCICE I

Complétez les phrases suivantes par le présent de l'indicatif ou du subjonctif:

MODÈLES: (vouloir)   _____-tu m'aider?
                      Veux-tu m'aider?

              (pouvoir)   Il est dommage que tu ne _____ pas y aller.
                              Il est dommage que tu ne **puisses** pas y aller.

1. (vouloir) _____-vous m'accompagner?
2. (aller) Je _____ à l'école le mardi.
3. (aller) Il préfère que tu _____ directement à Paris.
4. (faire) Tu ne _____ jamais rien!
5. (se coucher) A quelle heure _____-vous?
6. (finir) Voulez-vous que je _____ la dictée?
7. (s'écrire) Nous _____ l'un à l'autre chaque semaine.
8. (pouvoir) Elle ne _____ pas le faire.
9. (voir) _____-vous ce bouton?
10. (dire) Qu'est-ce qu'il _____?

EXERCICE J

Complétez les phrases suivantes d'une façon convenable:

MODÈLES: Paris est la ville la plus _____.
Paris est la ville la plus **aimée du monde.**

Mon professeur est plus _____.
Mon professeur est plus **sérieux que mon père.**

1. Ma classe de français est moins _____. 2. Ma chambre au dortoir est plus _____. 3. New York est la ville la moins _____. 4. La France est le pays le plus _____. 5. Maurice Chevalier était le chanteur le plus _____. 6. La Tour Eiffel est plus _____. 7. Les châteaux de la Loire sont aussi _____. 8. Ma famille est moins _____. 9. Les États-Unis sont plus _____. 10. L'Italie est le pays le plus _____.

EXERCICE K

Marie-Thérèse et Louise bavardent. Mais aujourd'hui Louise est difficile et elle insiste toujours sur le contraire de ce que dit Marie-Thérèse. Complétez ses réponses:

MODÈLE: MARIE-THÉRÈSE: Tu sais que Louis a reçu des notes merveilleuses dans ce cours. Sans doute c'est le garçon le plus intelligent de la classe.

LOUISE: Mais comment peux-tu dire ça, Marie? Je le connais bien et je trouve que_____. (c'est le garçon le moins intelligent de la classe)

MARIE-THÉRÈSE: Dis-donc, Louise, est-ce que tu as vu le film au *Monde* cette semaine? On dit que c'est le meilleur film de l'année.

LOUISE: Mais n'as-tu pas lu les critiques, Marie? Tout le monde est d'accord, _____.

MARIE-THÉRÈSE: Au moins, il est meilleur que le film de la semaine passée. J'ai trouvé ce film très mauvais.

LOUISE: Comment peux-tu dire ça, Marie? Moi aussi j'ai vu ce film et _____.

MARIE-THÉRÈSE: Alors, c'est peut-être que j'ai vu le film avec Léon Du-
mas, et il me semble que Léon est le garçon le moins
charmant du monde. Franchement, je le déteste, et c'est
pour ça que j'ai trouvé le film si mauvais.

LOUISE: Tu étais au cinéma avec Léon? Mais quelle chance! Je
l'adore et je t'envie! Léon est _____.

MARIE-THÉRÈSE: N'en parlons plus, Louise. Tu es très difficile ce soir et
je te parlerai un autre jour quand tu seras plus commode.
Au revoir!

EXERCICE L

*Faites un sondage (survey) pour apprendre les opinions des étudiants de la classe
sur les meilleurs chanteurs, acteurs, professeurs, cours, etc.:*

MODÈLE: À ton avis, qui est le meilleur chanteur de Rock aujourd'hui?
Quel est le meilleur disque de cette année?

EXERCICE M

*Complétez les phrases suivantes par le comparatif ou le superlatif de l'adjectif.
Attention à la forme de l'adjectif:*

MODÈLES: (difficile) Cette leçon-ci est _____ que les autres leçons.
Cette leçon-ci est **plus difficile** que les autres leçons.

(joli) Jacqueline est _____ fille de sa classe.
Jacqueline est **la plus jolie** fille de sa classe.

1. (facile) Ces leçons-ci sont _____ que ces leçons-là.
2. (intéressant) Ce musée-ci est _____ que celui-là.
3. (élevé) Ce bâtiment est _____ que l'édifice d'en face.
4. (beau) Hélène est _____ femme que j'aie jamais vue.
5. (mauvais) Ce film est _____ film que j'aie jamais vu.
6. (bon) M. Richard est _____ professeur de l'université.
7. (intellectuel) Ce conférencier-ci est _____ que celui-là.
8. (sympathique) Marie est l'amie _____ du monde!
9. (ambitieux) Léon est _____ que Marcel.
10. (mauvais) Mon appareil-photo est _____ le tien.

EXERCICE N

Exprimez en français:

1. She is my best friend. 2. Whom are you thinking about? 3. What
do you think of this movie? 4. It's the best play **(la pièce)** I have ever
seen. 5. The film is worse than the play. 6. He is more lazy **(paresseux)**
than stupid. 7. It is the worst letter that I have ever written. 8. This
class is more boring **(ennuyeux)** than that one.

LECTURE: Une anecdote de Madame de Sévigné

Marie de Rabutin-Chantal, Marquise de Sévigné (1626–1696),
eut une enfance élégante et intellectuelle. Elle allait souvent à la
cour d'Anne d'Autriche, et elle fit des études très avancées pour
une femme de cette époque. Elle était au courant de tout ce qui
intéressait ses contemporains, et elle entretenait une correspondance 5
très étendue. Ses lettres, avec leurs anecdotes et leurs observations
pénétrantes, nous fournissent des renseignements précieux sur la cour
de Louis XIV et les mœurs du dix-septième siècle.

Le courtisan attrapé

Un matin Louis XIV dit au maréchal de Grammont: «Monsieur le maréchal, lisez, je vous prie, ce petit madrigal, et voyez si vous en avez 10
jamais vu un si impertinent. Parce qu'on sait que depuis peu[1] j'aime
les vers, on m'en apporte de toutes les façons!»[2]

Le maréchal après avoir lu,[3] dit au roi: «Votre Majesté juge divinement
bien de toutes choses: il est vrai que voilà le plus sot[4] et le plus ridicule
madrigal que j'aie jamais lu.» 15

Le roi se mit à rire et lui dit: «N'est-il pas vrai que celui qui l'a fait
est bien fat?[5]

— Sire, il n'y a pas moyen de lui donner un autre nom.

— Oh! bien, je suis ravi,[6] dit le roi, que vous m'ayez parlé si
bonnement;[7] c'est moi qui l'ai fait. 20

— Ah! sire, quelle trahison![8] Que Votre Majesté me le rende, je l'ai
lu brusquement.

— Non, monsieur le maréchal, les premiers sentiments sont toujours
les plus naturels.» Le roi a fort ri de cette folie,[9] et tout le monde trouve
que voilà[10] la plus cruelle chose que l'on puisse faire à un vieux courtisan. 25

QUESTIONS

1. À qui Louis XIV a-t-il montré le madrigal?
2. Pourquoi est-ce qu'on apporte des poèmes au roi?
3. Qu'est-ce que le roi a demandé au maréchal?
4. Qu'est-ce que le maréchal a répondu?
5. Pourquoi le maréchal a-t-il répondu si franchement au roi?
6. Quels sentiments sont toujours les plus naturels, d'après le roi?[11]

---

1. **depuis peu** of late.   2. **de toutes les façons** of all sorts.   3. **après avoir lu** after having read.   4.
sot silly, stupid.   5. **fat** conceited.   6. **ravi** delighted.   7. **bonnement** openly, frankly.   8. **trahison**
treachery, betrayal.   9. **folie** joke, "madness."   10. **voilà** that was.   11. **d'après le roi** according
to the king.

7. Est-ce que les sentiments du maréchal étaient vraiment naturels?
8. Pourquoi est-ce la chose la plus cruelle que l'on puisse faire à un vieux courtisan?

COMPOSITION

A. Récrivez cette anecdote à votre manière, sans avoir recours au texte!

B. Rédigez une courte composition de trois paragraphes sur un des sujets suivants:

1. Il est amusant de faire à quelqu'un ce que le roi a fait au maréchal de Grammont.
2. On n'exprime jamais de sentiments purement naturels à ses supérieurs; on cherche toujours à leur faire plaisir *(please them)*. N'oubliez pas de mentionner dans votre réponse:
   a. Votre opinion.
   b. Une justification de votre opinion et des exemples.
   c. Une conclusion: un commentaire sur la nature humaine.

proverbe

La plus belle fille du monde ne peut donner que ce qu'elle a.

dix-septième leçon

CONVERSATION: Sais-tu faire du ski?

KAREN: Dis, Solange . . . sais-tu faire du ski?

SOLANGE: Non, mais je sais jouer du piano . . .

KAREN: Ne plaisante pas!

☆ SOLANGE: Alors, non. Mais je connais un garçon qui sait très bien skier.

KAREN: Est-ce qu'il donne des leçons?

☆ SOLANGE: Je ne pense pas, mais demande-lui toi-même!

KAREN: Comment s'appelle-t-il? Sais-tu son adresse?

SOLANGE: Mais, tu la sais toi-même. Tu connais très bien ce garçon.

KAREN: Pas possible! Marc ne sait que jouer au bridge!

☆ SOLANGE: Mais, ne sais-tu pas que Georges est champion de ski?

KAREN: Georges? Mais, c'est merveilleux! Solange, tu sais toujours bien arranger les choses!

☆ SOLANGE: On verra . . . tu m'en reparleras!

PRATIQUE

Posez les questions et donnez les réponses, en suivant les indications:

☆ Sais-tu faire du ski?	Non, je ne sais pas faire du ski.
Sais-tu faire du vélo?	Non, je ne sais pas faire du vélo.
Sais-tu faire de la voile?	Non, je ne sais pas faire de la voile.
Sais-tu faire des armes?	Non, je ne sais pas faire des armes.

☆ Sais-tu jouer au bridge?	Non, je ne sais pas jouer au bridge.
Sais-tu monter à cheval?	Non, je ne sais pas monter à cheval.
Sais-tu conduire une auto?	Non, je ne sais pas conduire une auto.
Sais-tu danser?	Non, je ne sais pas danser.
Sais-tu nager?	Non, je ne sais pas nager.

☆ Sais-tu jouer aux cartes?	Oui, je sais jouer aux cartes.
Sais-tu jouer du piano?	Oui, je sais jouer du piano.
Sais-tu jouer au tennis?	Oui, je sais jouer au tennis.
Sais-tu jouer de la guitare?	Oui, je sais jouer de la guitare.
Sais-tu jouer au football?	Oui, je sais jouer au football.
Sais-tu jouer de la flûte?	Oui, je sais jouer de la flûte.

☆ Sais-tu son nom?	Mais, tu le sais toi-même.
Connais-tu ce garçon?	Mais, tu le connais toi-même.
Sais-tu son adresse?	Mais, tu la sais toi-même.
Connais-tu ses amis?	Mais, tu les connais toi-même.
Sais-tu le chemin?	Mais, tu le sais toi-même.
Connais-tu la ville?	Mais, tu la connais toi-même.

☆ Connaissez-vous ce monsieur?	Oui, nous connaissons ce monsieur.
Savez-vous son adresse?	Oui, nous savons son adresse.
Connaît-elle ce professeur?	Oui, elle connaît ce professeur.
Sait-elle son prénom?	Oui, elle sait son prénom.
Connaissent-ils ces personnes?	Oui, ils connaissent ces personnes.
Savent-elles leurs leçons?	Oui, elles savent leurs leçons.

VOCABULAIRE

arranger	arrange	faire de la voile	go sailing
à l'aise	at ease	faire du ski	ski
bridge *m.*	bridge *(card game)*	jouer aux cartes	play cards
caissière *f.*	cashier	juge *m.*	judge
champion *m.*	champion	messieurs *m.pl.*	gentlemen
chemin *m.*	road	monter à cheval	ride horseback
cœur *m.*	heart	parmi	among
par cœur	by heart	plaisante	joking, teasing
conduire	drive	pourtant	however
connais-tu?	are you acquainted with?	prénom *m.*	first name
connaître	be acquainted with	reparleras	will talk again
coupable	guilty	sais-tu?	do you know?
dis	say, says	skier	ski
en remplaçant	by replacing		

GRAMMAIRE ET EXERCICES

1. Pronoms personnels toniques (Stressed personal pronouns)

	Singular	Plural
First Person	**moi**	**nous**
Second Person	**toi**	**vous**
Third Person	**lui, elle**	**eux, elles**
	soi *(indefinite)*	

2. Emploi des pronoms personnels toniques (Use of stressed personal pronouns)

a.   In English, we can stress a personal pronoun by underlining it in writing or pronouncing it loudly, slowly, or distinctly. In French, special pronouns (called *stressed*) replace regular subject or object pronouns or are used in addition to them:

Lui veut venir aussi.	*He wants to come, too.*
Moi, je veux venir.	*I want to come.*
Je le leur ai donné **à eux.**	*I gave it to them.*

b.   Following **c'est** or **ce sont:**

C'est elle qui veut venir.	*She wants to come.*
Ce sont eux qui ont cette belle auto.	*It is they who have this beautiful car.*
C'est toi que je cherche.	*It is you that I am looking for.*

NOTE: Only the third person plural pronouns **elles** and **eux** are preceded by **ce sont. C'est** is used with all others, singular and plural.

EXERCICE A*

Répondez aux questions suivantes en employant un pronom tonique:

MODÈLES: Est-ce que c'est Solange qui   Oui, **c'est elle.**
vient?

Est-ce que c'est Paul et vous qui   Oui, **c'est lui et moi.**
chanterez?

1. Est-ce que c'est ta mère qui parle?   2. Est-ce que ce sont vos amis qui téléphonent?   3. Est-ce que c'est vous qui le ferez?   4. Est-ce que c'est Hélène et toi qui le voulez?   5. Est-ce que ce sont les enfants qui attendent?   6. Est-ce que c'est nous qui devons le faire?   7. Est-ce que c'est moi qui suis responsable?   8. Est-ce que ce sont ces femmes qui habitent cet appartement?

c.   Standing alone, without a verb, as a brief response to a question or featured in a fragment:

Qui entre? — **Lui.**   *Who is coming in? — He is.*
Elle ne vient pas. — **Moi** non plus.   *She's not coming. — I'm not either.*

EXERCICE B

Répondez aux questions suivantes d'après le modèle en employant des pronoms toniques:

MODÈLES: Marc est à la porte. Qui est à la porte? — **Lui.**
Je veux le faire. Qui veut le faire? — **Toi.**

1. Marie chantera demain. Qui chantera demain?   2. Tu veux aller en ville. Qui veut aller en ville?   3. Marc finira le premier. Qui finira le premier?   4. Mon frère achète ce beau manteau. Qui l'achète?   5. Ce monsieur demande mon nom. Qui le demande?   6. Georges et Pauline écrivent des notes. Qui écrit des notes?

d.   In compound subjects or objects:

Marie et **lui** sont partis ensemble.   *He and Marie left together.*
Toi et **moi,** nous sommes allés au   *You and I went to the theater.*
   théâtre.
Nous les avons vus, Paul et **elle,** au   *We saw Paul and her at the museum.*
   musée.

NOTE: When one of the stressed pronouns is **moi, nous** is added to collect and group the compound subject.

Exercice C*

Répondez aux questions suivantes en employant des pronoms toniques:

MODÈLES: Est-ce que Paul est allé tout seul? (avec Jeanne)
Non, Paul et **elle** sont allés ensemble.

Est-ce que vous regardez Maurice seulement? (Maurice et Jean)
Non, je regarde Maurice et **lui**.

1. Est-ce que Marc le fait tout seul? (avec Luc)
2. Est-ce que les enfants le lisent tout seuls? (avec sa mère)
3. Est-ce que votre professeur le finit tout seul? (avec sa fille)
4. Est-ce que vous l'écrivez tout seul? (avec mon ami)
5. Est-ce que tu les manges tout seul? (avec mes cousins)
6. Est-ce qu'il cherche les élèves? (les élèves et le professeur)
7. Est-ce que l'agent regarde Henri? (Henri et Luc)
8. Est-ce que Louise a vu Jacques seul? (Jacques et ses amis)

e. Replacing a subject pronoun when it is separated from the verb:

Lui aussi est coupable.   *He also is guilty.*
Eux, pourtant, n'ont pas réussi.   *They, however, didn't succeed.*

EXERCICE D*

Répétez les phrases suivantes en remplaçant les sujets par des pronoms toniques:

MODÈLES: **Mon ami** seul peut le faire.   **Lui** seul peut le faire.
          Les messieurs, pourtant, ne le   **Eux,** pourtant, ne le
          savaient pas.   savaient pas.

1. Jeanne seule sait la réponse. 2. Maurice et Jacques, pourtant, sont
venus quand même. 3. Le guide aussi se reposait. 4. Mon frère seul
veut y aller. 5. Les enfants seuls s'intéressent à cela. 6. Les caissiers
aussi sont trop occupés.

f. Following prepositions:

Chez lui, on est toujours à   *At his house, one is always*
  l'aise.   *comfortable.*
Il est allé **avec elles.**   *He went with them.*
Parle-t-il **pour elle?**   *Is he speaking for her?*
Entre nous, je n'aime pas cette   *Just between us, I don't like that*
  femme.   *woman.*

NOTE: After the preposition **à**, stressed pronouns indicate possession:

Ce livre est **à moi.**   *This book is mine.*
Ces gants sont-ils **à vous?**   *Are these your gloves?*

EXERCICE E*

Répétez les phrases suivantes en employant un pronom tonique pour indiquer la possession:

MODÈLES: Cette lettre est **la mienne.**   Cette lettre est **à moi.**
          Est-ce que ces photos sont **les** Est-ce que ces photos sont **à**
          vôtres?   **vous?**

1. Cette carte est la sienne.   2. Ces billets sont les vôtres.   3. Cet enfant est le tien.   4. Cette robe est la sienne.   5. Ces cravates sont les nôtres.   6. Est-ce que ce cahier est le mien?   7. Est-ce que ces élèves sont les vôtres?   8. Est-ce que cet appartement est le nôtre?

NOTE: When the preposition is **à** or **de,** stressed pronouns are used only to refer to people. When the object of **à** is a thing, the pronoun **y** replaces the prepositional phrase:

Il pense **à Madeleine.**	*He's thinking about Madeleine.*
Il pense **à elle.**	*He's thinking about her.*
Il pense **à son examen.**	*He's thinking about his exam.*
Il **y** pense.	*He's thinking about it.*

When the object of **de** is a thing, the pronoun **en** replaces the prepositional phrase:

Les parents s'occupent **des enfants.**	*The parents take care of the children.*
Les parents s'occupent **d'eux.**	*The parents take care of them.*
Elle s'occupe **de l'auto.**	*She looks after the car.*
Elle s'**en** occupe.	*She looks after it.*

EXERCICE F*

Répondez aux questions suivantes en remplacant l'objet par un pronom:

MODÈLES:	Est-ce que tu t'intéresses **à Marcel?**	Oui, je m'intéresse **à lui.**
	Est-ce que vous vous intéressez **à ces livres?**	Oui, je m'**y** intéresse.
	Est-ce que Marie s'occupe **de son frère?**	Oui, elle s'occupe **de lui.**
	Est-ce que Marie s'occupe **du projet?**	Oui, elle s'**en** occupe.

1. Est-ce que vous pensez à Léon?   2. Est-ce que vous pensez à cet article?   3. Est-ce que Maurice s'intéresse à cette femme?   4. Est-ce que Maurice s'intéresse à ces affaires?   5. Est-ce que tu t'intéresses à tes amis?   6. Est-ce que Marc s'occupe de la voiture?   7. Est-ce que Marc s'occupe de son patron?   8. Est-ce que nous nous occupons de ce projet?   9. Est-ce que tu te souviens de mon frère?   10. Est-ce que tu te souviens de ce livre?

EXERCICE G

Remplacez les compléments par des pronoms toniques:

MODÈLE: Il va y aller **sans Marie.**
          Il va y aller **sans elle.**

1. Il veut partir sans Philippe.   2. Je ne veux pas le faire avec les enfants.   3. Il est resté chez Madame Lessard tout l'après-midi.   4. Elle était assise devant les juges.   5. Voulez-vous le faire pour votre frère?   6. Parmi les enfants, c'est le plus beau.   7. Ma bicyclette est stationnée derrière la maison.   8. Veux-tu venir chez mon oncle demain?

g.   In comparisons:

Ils sont **plus riches que nous.**   *They are richer than we are.*
Chantal est **plus jolie que toi.**   *Chantal is prettier than you.*

EXERCICE H*

Remplacez les noms par des pronoms:

MODÈLE: Mon frère est **moins ambitieux que Claudine.**
          Il est **moins ambitieux qu'elle.**

1. Mes cousins étaient aussi sérieux que Louis.   2. Vous serez moins difficile qu'Hélène.   3. Cette femme n'est pas si belle que vos cousines.   4. Les touristes seront aussi fatigués que les vendeuses.   5. Le client était plus pressé que Fréderick et moi.   6. Les journaux sont plus intéressants que les conférenciers.

h.   In conjunction with **–même:**

On ne peut pas le faire **soi-même.**   *One cannot do it oneself.*
Je l'ai vu **moi-même.**   *I saw it myself.*

i.   In imperatives:

The stressed pronouns **moi** and **toi** are used in an affirmative command instead of **me** and **te** when the pronoun is the final word in the command:

Donnez-le-**moi.**   *Give it to me.*
Donnez-**m'**en.   *Give some to me.*

Lève-**toi.**   *Get up.*
Ne **te** lève pas.   *Don't get up.*

EXERCICE I*

Mettez les phrases suivantes à la forme affirmative:

MODÈLE: Ne **me** le donnez pas.
          Donnez-le-**moi.**

1. Ne me la montrez pas.   5. Ne m'en montre pas.
2. Ne te lave pas.   6. Ne t'habille pas.
3. Ne t'assied pas.   7. Ne t'en souviens pas.
4. Ne me les explique pas.   8. Ne t'en occupe pas.

2. savoir — connaître

Although both **savoir** and **connaître** have the general meaning of *to know,* they are not synonymous; **connaître** means *to be acquainted with* or *to be familiar with;* **savoir** means *to know how to, to know by heart, to know from study:*

Connaissez-vous cette femme?	*Do you know that woman?*
Il ne connaît pas Londres.	*He is not familiar with London.*
Je l'ai connue en France.	*I became acquainted with her in France.*
Savez-vous conduire?	*Do you know how to drive?*
Il ne sait pas sa leçon.	*He doesn't know his lesson.*
Je sais cette histoire par cœur.	*I know this story by heart!*

Present:	je sais	je connais
	tu sais	tu connais
	il (elle) sait	il (elle) connaît
	nous savons	nous connaissons
	vous savez	vous connaissez
	ils (elles) savent	ils (elles) connaissent

Imperative:	sache, sachons, sachez	connais, connaissons, connaissez
Subjunctive:	que je sache	que je connaisse
Passé Composé:	j'ai su	j'ai connu

EXERCICE J

Répétez les phrases suivantes en employant les sujets indiqués:

MODÈLE   **Il sait** jouer au basketball. (tu)
   Tu sais jouer au basketball.

1. Je sais conduire une auto. (il, nous, vous, ma sœur, mes amis)
2. Savez-vous votre leçon? (tu, elles, nous, Louise, les enfants)
3. Je ne la connais pas. (tu, nous, mon ami, les élèves, vous)
4. Il connaît New York assez bien. (ma sœur, son patron, nous, tu)

REPRISE

EXERCICE K

Complétez les phrases suivantes par le présent du verbe:

MODÈLE: (connaître)   Est-ce que tu _____ cette fille?
   Est-ce que tu **connais** cette fille?

1. (savoir)   Que _____-il de cette histoire?
2. (connaître)   Je ne _____ pas ses amis.

3. (savoir)   _____-vous la réponse?
4. (faire)   _____-ils leurs devoirs?
5. (aller)   Les enfants _____ si lentement.
6. (lire)   Elles _____ tous ces livres.
7. (connaître)   _____-vous bien le propriétaire?
8. (croire)   Ne _____ pas ses mensonges!
9. (pouvoir)   Ils ne _____ jamais faire cela!
10. (écrire)   Pourquoi ne m'_____-tu pas?

EXERCICE L

Exprimez en français en employant le verbe **savoir:**

1. we know
2. we used to know
3. we have known
4. we will know
5. we will have known
6. that we know *(subj.)*
7. that we knew *(subj.)*
8. we knew *(passé simple)*

EXERCICE M

Complétez les phrases suivantes par le pronom tonique convenable. Expliquez pourquoi il faut un pronom tonique:

MODÈLE: *(he)*   Jean-Claude et _____ lisent cela ensemble.
                 Jean-Claude et **lui** lisent cela ensemble. *(compound subject)*

1. *(I)*   Qui est à la porte? _____.
2. *(we)*   Ils sont beaucoup plus intelligents que _____.
3. *(he)*   _____ aussi trouve les problèmes difficiles.
4. *(I)*   Hélène et _____, nous allons en classe à bicyclette.
5. *(they, m.)*   _____ sont plus difficiles à comprendre que nous.
6. *(us)*   Pourquoi n'allez-vous pas avec _____?
7. *(them, f.)*   Je parle d'_____.
8. *(you)*   Est-ce _____ qui chantez?
9. *(you, fam.)*   Ils m'ont dit qu'ils préfèrent aller chez _____.

EXERCICE N

Donnez les équivalents français des pronoms entre parenthèses:

MODÈLE: *(to her)*   Nous _____ prêtons nos livres.
                  Nous **lui** prêtons nos livres.

1. *(to him)*   Je _____ donne mon livre de français.
2. *(them)*   Il ne _____ aime pas.
3. *(some)*   Donnez-m' _____.
4. *(them)*   Pensez-vous à _____?
5. *(she, he)*   Gérard et _____ aiment mieux le basketball que _____.
6. *(her)*   _____ avez-vous remarquée?

7. *(them, f.)*   Qui est assis près d'_____?
8. *(whom)*   La femme _____ j'ai vue chez vous était plus jolie que
                Marie.

EXERCICE O

Suivez les indications en posant des questions:

MODÈLE: Demandez à votre voisin/voisine s'il/si elle sait faire du ski.
         Sais-tu faire du ski?

1. Demandez s'il/si elle sait faire du ski nautique.   2. Demandez s'il/si
elle sait jouer aux cartes.   3. Demandez s'il/si elle sait jouer du
piano.   4. Demandez s'il/si elle connaît Lenore Dupont.   5. Demandez
s'il/si elle connaît le professeur.   6. Demandez s'il/si elle connaît le journal *Le Monde*.   7. Demandez s'il/si elle sait la leçon aujourd'hui.   8. Demandez s'il/si elle connaît bien Paris.

LECTURE: Le français en Louisiane

> *Madame Mathé Allain, Française d'origine, réside « à cette heure »*
> *dans l'état de Louisiane aux États-Unis. Elle y enseigne le français*
> *et fait partie d'un groupe dévoué qui cherche à conserver la langue*
> *et les traditions des Acadiens. Madame Allain nous donne ici un*
> *aperçu fascinant d'un aspect important de la culture franco-* 5
> *américaine.*

Plus de trente états américains furent découverts ou explorés par des
Français, mais la présence française ne se fait plus guère sentir[1] dans
ces régions sauf dans les noms géographiques comme Fond-du-lac,
Pierre, ou Grand Têton. Dans le sud de la Louisiane, par contre, un 10
groupe de francophones[2] conserve jalousement[3] sa langue et ses tradi-
tions. Les Louisianais francophones, plus de 500.000 au dernier recensement fédéral,[4] se divisent en trois groupes: les Créoles, les Noirs, et
les Acadiens.

Les Créoles, qui habitent la Nouvelle Orléans et les paroisses[5] qui 15
bordent le Mississippi, descendent des familles européennes arrivées
en Amérique au dix-huitième siècle. Ils parlent le «français colonial,»
une langue qui ne diffère pas sensiblement[6] du français standard. Les
Noirs francophones parlent «créole,» un français extrêmement simplifié,

---

1. **ne se fait plus guère sentir** barely makes itself felt any longer.   2. **francophones** French-
speakers.   3. **jalousement** jealously.   4. **recensement fédéral** federal census.   5. **paroisses**
parishes.   6. **sensiblement** appreciably.

avec des structures africaines, qui s'apparente[7] au créole parlé aux 20
Antilles.

Le groupe de loin le plus important est celui des Acadiens, ou 'Cadiens, ou Cajuns, qui vivent surtout dans les paroisses du sud. Les Cadiens, en principe, descendent des Français chassés de Nouvelle Écosse[8] par les Anglais en 1755. En réalité, beaucoup de Louisianais qui se consi- 25 dèrent «Cajun,» parlent le français acadien et participent à la culture acadienne, appartiennent à d'autres groupes ethniques qui ont été absorbés au cours du dix-neuvième siècle par la culture dominante. C'est ainsi[9] qu'à côté des Hébert, Broussard, et Trahan, on trouve parmi les Cajuns des Domingue et Rodrigue, des Schexnayder et Himmel, des Touchèque 30 (d'origine tchèque) aussi bien que des Abshire et Reed.

Ce qu'ils ont en commun, surtout, est une langue qui bien que française, et bien française, emploie des tournures[10] et des expressions inusitées[11] en France. Les Acàdiens emploient encore de vieilles tournures telles «il est après courir» pour «il est en train de courir» ou «à 35 cette heure» (prononcé «asteur») pour «maintenant.» Certaines structures complexes ont été énormément simplifiées: «Qu'est-ce que c'est,» par exemple, devient tout simplement «Quoi c'est?.»

Le français louisianais a gardé des mots désuets[12] comme «paillasse» pour «clown,» «capot» pour «manteau,» ou «maringouin» pour «mou- 40 stique.» La langue des Cadiens reflète aussi les origines maritimes des habitants de la Nouvelle Écosse. Ils disent donc «amarrer» au lieu de «attacher»; «paré» au lieu de «prêt»; «embarquer» et «débarquer» pour «monter» et «descendre» de voiture.

Les Acadiens durent aussi s'adapter, et adapter leur langue, à un nouvel 45 environnement. Ils empruntèrent[13] donc des mots un peu partout pour les plantes, les animaux, les objets qu'ils ne connaissaient pas avant d'arriver en Louisiane. Ainsi les langues indiennes leur donnèrent «chaoui» pour «raton-laveur,» «ouaouaron» pour «grenouilles» et «filé» pour les feuilles de sassafras pilées que les Indiens avaient appris aux 50 Acadiens à utiliser pour assaisonner les mets.[14] L'espagnol fournit le mot «brème» pour «aubergine,» (de «berengena»), «lagniappe» de «la ñapa» pour quelque chose d'extra donné par un commerçant; et «bagasse» de «bagaso» pour le déchet[15] de la canne à sucre. Les Noirs enrichirent la langue de mots tels que «gris-gris» (mettre le «gris-gris» sur quelqu'un 55 veut dire lui jeter un sort[16]) et surtout «gombo,» le nom africain de la corne grecque, ou «bami,» ce légume mucilagineux qui sert de base au

---

7. **s'apparente** is related.   8. **Nouvelle Écosse** Nova Scotia.   9. **C'est ainsi** It is thus.   10. **tournures** figures, forms.   11. **inusitées** unusual.   12. **désuets** obsolete, out of date.   13. **empruntèrent** borrowed.   14. **assaisonner les mets** to season dishes.   15. **déchet** waste, scraps.   16. **jeter un sort** cast a spell.

Pauvre petite Mamzelle Zizi

Chanson créole

Pauvr' pe-tit' Mam-zell' Zi-zi, Pauvr' pe-tit' Mam-zell Zi-zi

A de gros cha-grins, cha-grins Dans son pe-tit cœur.

Pauvr' pe-tit' Mam-zell' Zi-zi A de gros cha-grins, cha-grins,

Souf-fre d'u-ne ma-la-die Dans son pe-tit cœur meur-tri.

Ca-la-lou* por-te ma-dras, Por-te beaux ju- pons gar-nis;

Ca-la-lou s'ha- bille en soie, Bi-joux et den- tel-les.

Pauvr' pe-tit' Mam-zell' Zi-zi Souf-fre d'u-ne ma-la-die,

A de gros cha-grins, cha-grins Dans son pe-tit cœur.

* Calalou is Mamzelle Zizi's rival

plat national de la Louisiane, le gombo. Les Acadiens ne dédaignèrent[17]
pas l'anglais non plus, adoptant sans le changer le vocabulaire technique
(un «ring-job,» une «strike») et aussi des vocables qu'ils francisent comme   60
«bogué» («buggy») et «barguiner» (to «bargain»).

Le français acadien est facilement compris des Français de France
qui se font comprendre des Acadiens sans grandes difficultés. Les francophones qui viennent en Louisiane sont frappés par l'accueil chaleureux[18]
que leur font ces Français d'Amérique et prennent très au sérieux l'adieu   65
traditionnel de la région: «Revenez back.»

QUESTIONS

1. Où demeure Madame Allain actuellement?
2. Combien d'états américains furent découverts ou explorés par des Français?
3. Comment la présence française se fait-elle sentir aujourd'hui?
4. Pouvez-vous citer d'autres noms géographiques français?
5. Quels sont les trois groupes de francophones louisianais?
6. Quelle est la différence entre le «français colonial» et le «créole»?
7. Quelle est l'origine des Acadiens?
8. Citez quelques caractéristiques du français acadien.
9. Nommez quelques groupes qui ont contribué à la langue acadienne.
10. Est-ce que les Français de la Louisiane sont accueillants?
11. Quel est l'adieu traditionnel de cette région?

COMPOSITION

A. Sans consulter le texte, racontez à votre manière ce que vous pouvez sur
la langue française en Louisiane.

B. Rédigez une composition de trois paragraphes sur un des sujets suivants:

1. Les mots et les expressions d'origine française qu'on utilise aux États-
Unis.
2. Des influences françaises culturelles ou linguistiques dans votre communauté.
3. Les traces de la présence française dans d'autres régions américaines
comme, par exemple, le Wisconsin ou la Nouvelle Angleterre.

---

17. **dédaignèrent** scorn.   18. **accueil chaleureux** warm welcome.

proverbe

À l'œuvre on connaît l'artisan.

dix-huitième leçon

CONVERSATION: Petite discussion familiale I

ELLE: Dis-donc, chéri! Tu ne pourrais pas me prêter un peu d'argent jusqu'à dimanche?

LUI: Mais, ma cocotte! Je viens de t'en donner ce matin!

ELLE: Oui, oui, je sais . . . mais il y avait cette adorable petite robe . . .

☆ LUI: Où ça? Pas chez le boucher! Mon poulet, tu vas me ruiner!

ELLE: Mon amour, ne sois pas méchant!

LUI: Et si je te donnais encore de l'argent, qu'est-ce que tu en ferais?

ELLE: Si j'avais trois cents francs je nous ferais un dîner de gala. J'irais tout de suite au marché: j'achèterais des côtelettes succulentes; je trouverais le meilleur vin; je prendrais les plus belles tomates; je commanderais une glace . . .

LUI: Arrête! Stop! De grâce! Tu sais très bien ce que tu ferais, ma belle! Tu courrais directement au magasin et tu t'achèterais une robe de plus!

☆ ELLE: Oh alors! À quoi bon . . . tu es un vrai avare. J'aurais mieux fait d'écouter ma mère!

☆ LUI: Et moi, de rester vieux garçon!

Petite discussion familiale II

LUI: Écoute, mon poulet! Est-ce qu'il te reste quelques centimes du marché ce matin?

ELLE: Comment! Tu es déjà à sec?[1]

LUI: Ah, mais, tu sais, j'ai rencontré Tristan et il m'a proposé . . .

ELLE: Oui, oui, je sais! Il t'a proposé un petit coup au café du Midi, et il y avait une petite partie de belote et il faisait chaud et voilà et voilà, et maintenant il ne te reste plus rien!

LUI: Doucement, ma petite chatte! Ne ronronne pas si fort!

ELLE: Et si je te prêtais bien quelques francs, qu'est-ce que tu en ferais?

LUI: Ah, mon ange! Si j'avais quelques francs j'irais tout de suite au marché: je t'achèterais une douzaine de roses qui te parleraient de notre amour; je trouverais le meilleur champagne pour fêter notre bonheur conjugal; je chercherais du caviar extra, qui te montrerait combien je t'adore . . .

ELLE: Arrête! Stop! De grâce! Tu sais très bien ce que tu ferais. Tu courrais directement au café et tu offrirais à boire à tout le monde!

LUI: Oh, alors! À quoi bon . . . tu es une vraie avare. J'aurais mieux fait de rester vieux garçon!

ELLE: Et moi, d'écouter ma mère!

---

1. à sec broke (slang).

PRATIQUE

Posez les questions et donnez les réponses, en suivant les indications:

☆ Tu ne pourrais pas me prêter un peu d'argent?

Non, je ne pourrais pas te prêter un peu d'argent.

Il ne pourrait pas me prêter un peu d'argent?

Non, il ne pourrait pas te prêter un peu d'argent.

Vous ne pourriez pas me prêter un peu d'argent?

Non, nous ne pourrions pas te prêter un peu d'argent.

Elles ne pourraient pas me prêter un peu d'argent?

Non, elles ne pourraient pas te prêter un peu d'argent.

☆ Si je te donnais de l'argent, qu'est-ce que tu ferais?

Si tu me donnais de l'argent, je nous ferais un dîner de gala.

Si je te donnais de l'argent, où est-ce que tu irais?

Si tu me donnais de l'argent, j'irais tout de suite au marché.

Si je te donnais de l'argent, qu'est-ce que tu achèterais?

Si tu me donnais de l'argent, j'achèterais des côtelettes succulentes.

Si je te donnais de l'argent, qu'est-ce que tu trouverais?

Si tu me donnais de l'argent, je trouverais le meilleur vin.

Si je te donnais de l'argent, qu'est-ce que tu prendrais?

Si tu me donnais de l'argent, je prendrais les plus belles tomates.

Si je te donnais de l'argent, qu'est-ce que tu commanderais?

Si tu me donnais de l'argent, je commanderais une glace.

☆ Est-ce que tu aurais mieux fait d'écouter ta mère?

Oui, j'aurais mieux fait d'écouter ma mère.

Est-ce que tu aurais mieux fait de rester vieux garçon?

Oui, j'aurais mieux fait de rester vieux garçon.

Est-ce qu'elle aurait mieux fait d'écouter sa mère?

Oui, elle aurait mieux fait d'écouter sa mère.

Est-ce qu'il aurait mieux fait de rester vieux garçon?

Oui, il aurait mieux fait de rester vieux garçon.

VOCABULAIRE

à quoi bon?	what's the use?	de grâce	have mercy
amené	brought	humeur *f.*	humor
apprendre	learn	lèvres *f.pl.*	lips
avare *m.*	miser	marché *m.*	market
bateau *m.*	boat	méchant	mean
ma belle	my beauty	médiocre	mediocre
bonheur conjugal *m.*	marital bliss	offrirais	would offer
boucher *m.*	butcher	partie de belote *m.*	game of belote *(card game)*
caractère *m.*	moral character		
chatte *f.*	cat	passé	out of date
clair	bright, clear, light	peinture *f.*	painting
cocotte *f.*	little chick *(slang)*	petit coup *m.*	a drink *(slang)*
comparer	compare	pratique	practical
comprendre	understand	prendre	take
centime *m.*	smallest denomination of French money	proposé	proposed
		répondre	reply
continuera	will continue	ronronne	purr
côtelettes *f.pl.*	cutlets, chops	ruiner	ruin
coupé	cut	sec, sèche	dry
déjeuner *m.*	lunch	à sec	broke *(slang)*
danser	dance	signalé	indicated
doucement	softly, gently	succulent	succulent
épais, épaisse	thick	tandis que	whereas
extra	especially fine quality	tomate *f.*	tomato
forcé	forced	type *m.*	fellow, "guy"
gala	gala, special	je viens de	I have just
glace *f.*	ice cream, ice	vieux garçon *m.*	bachelor
		vivement	keenly

GRAMMAIRE ET EXERCICES

1. Conditionnel (Conditional)

a. Formation

The conditional tense is formed like the future tense. The stem is the same: Regular verbs use the infinitive while the irregular stems learned in lesson 13 also form the stems for the conditional. The following endings are added:

	Singular	Plural
First Person	–ais	–ions
Second Person	–ais	–iez
Third Person	–ait	–aient

These endings (which are identical to those of the imparfait) are for all conditional forms, regular or irregular:

parler	**je parlerais**	*I would speak*
finir	**je finirais**	*I would finish*
répondre	**je répondrais**	*I would answer*

être	**je serais**	*I would be*
avoir	**j'aurais**	*I would have*
pouvoir	**je pourrais**	*I would be able to, I could*

EXERCICE A

Donnez le conditionnel des verbes suivants:

MODÈLE: **je donnerai   je donnerais**

1. je me lèverai
2. tu choisiras
3. nous entendrons
4. il aura

5. vous irez
6. elle écrira
7. nous nous raserons

8. ils voudront
9. je mettrai
10. tu liras

EXERCICE B

Exprimez à l'imparfait et au conditionnel:

MODÈLE: **je vois   je voyais, je verrais**

1. j'écris
2. elle prend
3. nous parlons

4. je dis
5. elles ont
6. ils vont

7. tu sors
8. vous choisissez

b.   Uses

The conditional in French is generally used as in English:

Je pensais qu'**il irait** en France.	*I thought he would go to France.*
Nous ne pourrions pas vous prêter d'argent.	*We couldn't lend you any money.*
Il **ne partirait pas** sans me dire au revoir.	*He wouldn't leave without telling me goodby.*

EXERCICE C*

Mettez les phrases suivantes au passé en employant le passé composé et le conditionnel:

MODÈLES: Il me **donne** un livre qui m'**aidera.**
Il m'a **donné** un livre qui m'**aiderait.**

Elle **dit** que Martine **continuera** ici.
Elle **a dit** que Martine **continuerait** ici.

1. Il dit qu'il ira au concert ce soir.   2. Je dis qu'elle viendra tout de suite.   3. Elle écrit que tu la verras bientôt.   4. Nous disons que la lettre arrivera demain.   5. Le professeur croit que les élèves finiront cet après-midi.   6. Le guide dit que les touristes partiront de bonne heure.

c. The conditional of **vouloir** and **pouvoir** is also used in everyday requests or questions when courtesy or a desire to persuade dictates a softer, more deferential tone:

Voulez-vous danser?	*Do you want to dance?*
Voudriez-vous danser?	*Would you like to dance?*
Pouvez-vous m'aider?	*Can you help me?*
Pourriez-vous m'aider?	*Could you help me?*

d. Conditional sentences

The conditional is often used in conditional sentences. Conditional sentences consist of two parts: a **si**-clause *(if)* and an independent clause which is the conclusion. It is called a conditional sentence because the action of the main clause is conditional upon that of the **si**-clause. There are three patterns which these sentences regularly follow, and the sequence of tenses is the same as those in English conditional sentences:

Si-Clause	Result Clause
1. Si ma mère me le **dit,** (présent)	je le **ferai.** (futur)
If my mother tells me to,	*I will do it.*

NOTE: The imperative is sometimes used instead of the future tense in the result clause, since the imperative also implies a future action:

Si ta mère te le **dit,** (présent)	**fais**-le. (impératif)
If your mother tells you to,	*do it.*

2. Si tu **étais** ici, (imparfait)	nous **irions** au café ensemble.
If you were here,	(conditionnel)
	we would go to the café together.

3. The third pattern, made up of the **plus-que-parfait** tense in the **si**-clause and the **passé du conditionnel** in the result clause, will be presented in lesson 19 with the **plus-que-parfait** tense.

EXERCICE D

Répondez aux questions suivantes à la forme affirmative:

MODÈLES: Si je veux partir, **resterez-vous** ici?
Oui, si vous voulez partir, **je resterai** ici.

Si'il fait beau, **irez-vous** à la plage?
Oui, s'il fait beau, **j'irai** à la plage.

1. Si Marc vous écrit, répondrez-vous? 2. Si nous le demandons, le ferez-vous? 3. Si les enfants finissent bientôt, les inviterez-vous? 4. Si votre mère le préfère, resterez-vous à la maison? 5. Si Brigitte le cherche, le trouvera-t-elle? 6. Si Marie-Claire vous téléphone, vous expliquerez-

vous?   7. Si vos amis vous attendent, partirez-vous tout de suite?   8. Si les animaux sont perdus, les chercherez-vous?

EXERCICE E*

Répondez aux questions suivantes à la forme négative:

MODÈLES: Si elle le promettait, **insisterais-tu?**
Non, si elle le promettait, **je n'insisterais pas.**

Si tu ne l'aimais pas, **le garderais-tu?**
Non, si je ne l'aimais pas, **je ne le garderais pas.**

1. Si tu l'aimais, l'achèterais-tu?   2. Si Louise était triste, comprendrais-tu?   3. Si nous y allions ensemble, serais-tu plus content?   4. Si ton frère voulait de l'argent, lui en donnerais-tu?   5. Si le professeur insistait, le ferais-tu?   6. Si ta voiture ne marchait pas, prendrais-tu le métro?   7. S'il faisait mauvais temps, viendrais-tu quand même?   8. Si les garçons faisaient beaucoup de bruit, les gronderais-tu?

2.   Passé du conditionnel (Past conditional)

The past conditional describes an action which might have taken place, but for one reason or another did not actually occur:

Il **aurait fini** sa leçon à trois heures **s'il n'avait pas perdu** son temps à jouer en classe.
He would have finished his lesson at three o'clock if he had not wasted his time playing in class.

Similar to the construction of the future perfect, the past conditional consists of the present conditional of the auxiliary and the past participle of the principal verb:

| **j'aurais parlé** | **j'aurais fini** | **je serais parti** |
| *I would have spoken* | *I would have finished* | *I would have left* |

EXERCICE F

Mettez au passé du conditionnel:

MODÈLES: **il écrirait**   **il aurait écrit**
ils s'habilleraient   **ils se seraient habillés**

1. il aimerait   6. tu pourrais
2. je me lèverais   7. nous ne mettrions pas
3. elles choisiraient   8. vous iriez
4. vous partiriez   9. je ne dormirais pas
5. ils n'entendraient pas   10. tu lirais

3. Pronoms démonstratifs (Demonstrative pronouns)

a. **celui, ceux, celle, celles**

The demonstrative adjectives **ce, cet, cette, ces,** introduced in Lesson 10, modify by pointing out the specific person or thing they describe:

ce monument *m.*	*this monument, that monument*
cet édifice *m.*	*this building, that building*
cette femme *f.*	*this woman, that woman*
ces fruits *pl.*	*these fruits, those fruits*

The demonstrative pronouns **celui** *m.,* **ceux** *m. pl.,* **celle** *f.,* **celles** *f. pl.* also point out the person or thing they represent:

Ce monument dont vous parlez n'est pas très connu.
This monument you're speaking of is not very well known.

Celui dont vous parlez n'est pas très connu.
The one you're speaking of is not very well known.

Cette femme qu'il admire est vraiment belle!
This woman that he admires is really beautiful!

Celle qu'il admire est vraiment belle!
The one he admires is really beautiful!

b. Uses of demonstrative pronouns

1. As antecedents of relative pronouns:

Celui qui chante est mon frère.
The one who is singing is my brother.

Ces autobus sont plus confortables que **ceux qu'on trouve à New York.**
These buses are more comfortable than those one finds in New York.

La carte que tu regardes est plus claire que **celle que Charles a achetée.**
The map that you're looking at is clearer than the one Charles bought.

Ces petites filles semblent plus intelligentes que **celles dont il parle.**
These little girls seem more intelligent than the ones he's talking about.

2. Followed by the preposition **de** to indicate possession:

Je n'aime pas cette auto. Je préfère **celle de mon frère.**
I don't like this car. I prefer my brother's (that of my brother).

Vous aimez ce disque? **Celui de Maurice** est plus joli.
Do you like this record? Maurice's is prettier.

EXERCICE G*

Répondez aux questions suivantes en employant un pronom démonstratif:

MODÈLES: Quelle femme regardes-tu? **Cette femme** qui est si élégante?
Oui, je regarde **celle** qui est si élégante.

Quel monsieur cherches-tu? **Ce monsieur** qui parle français?
Oui, je cherche **celui** qui parle français.

1. Quelle femme regardes-tu? Cette femme qui chante si bien?
2. Quelles robes achètes-tu? Ces robes qui sont en solde *(on sale)?*   3. Quel
film voulez-vous voir? Ce film qui est si célèbre?   4. Quels élèves cherchez-vous? Ces élèves qui sont dans votre classe?   5. Quelles classes
préférez-vous? Ces classes qui sont assez faciles?   6. Quel veston portez-
vous? Ce veston que votre frère a acheté?   7. Quelle chanteuse aimez-
vous entendre? Cette chanteuse que Marc préfère aussi?   8. Quels magasins allez-vous visiter? Ces magasins que Louise a signalés?

EXERCICE H*

Répondez aux questions suivantes en employant les pronoms démonstratifs:

MODÈLES: Aimez-vous **la voiture de Marthe?** (André)
Non, je préfère **celle d'André.**
Aimez-vous **les cravates de Martin?** (Georges)
Non, je préfère **celles de Georges.**

1. Aimez-vous les livres de Sartre? (Camus)
2. Aimez-vous les articles de Frédérick? (Montand)
3. Aimez-vous le veston de Louis? (Paul)
4. Aimez-vous la sœur de Jean-Luc? (Jacques)
5. Aimez-vous les chemises de Claude? (Marc)
6. Aimez-vous les lettres de Chantal? (Louise)
7. Aimez-vous les peintures de Degas? (Renoir)
8. Aimez-vous le disque de Charles? (Pierre)

c.   **-ci, -là**

The simple demonstrative pronouns are often combined with the adverbs
-ci and **-là** to differentiate between two nouns already mentioned; **-ci**
(**celle-ci, celui-ci, ceux-ci, celles-ci**) designates the nearer and **-là** (**celle-
là, celui-là, ceux-là, celles-là**) the more distant of the two:

Quel film veux-tu voir, celui-ci ou celui-là?
Which film do you want to see, this one or that one?

Regarde ces jolies statues. Préfères-tu celle-ci ou celle-là?
Look at these pretty statues. Do you prefer this one or that one?

EXERCICE I*

Répondez aux phrases suivantes avec une question, en employant **-ci** *et* **-là:**

MODÈLES: Quelles **jolies statues!**
Préfères-tu **celle-ci ou celle-là?**

Quels **beaux hommes!**
Préfères-tu **celui-ci ou celui-là?**

1. Quelles belles femmes!
2. Quels jolis parcs!
3. Quels bons livres!
4. Quelles autos énormes!
5. Quels enfants adorables!
6. Quelles cathédrales magnifiques!
7. Quels bâteaux formidables!
8. Quelles rues étroites!

d. **ceci, cela (ça)**

The indefinite demonstrative pronouns **ceci** and **cela (ça)** are used in much the same way as **celui-ci** and **celui-là**.

Préférez-vous ceci ou cela?   *Do you prefer this or that?*

They also occur separately, however, with no sense of opposition:

Entendez-vous cela?	*Do you hear that?*
Je n'aime pas ceci.	*I don't like this.*
C'est ça!	*That's it!*

As indefinite pronouns, **ceci** and **cela** have no gender or number and therefore do not change form.

4. Verbe irrégulier <u>prendre</u> (Irregular verb <u>prendre</u>)

je prends	*I take*
tu prends	*you take*
il (elle) prend	*he (she) takes*
nous prenons	*we take*
vous prenez	*you take*
ils (elles) prennent	*they take*

The verbs **apprendre** *(to learn, to teach)* and **comprendre** *(to understand)* are conjugated like **prendre:**

J'apprends le français.	*I'm learning French.*
Nous comprenons le français.	*We understand French.*

EXERCICE J

Répétez les phrases suivantes en employant les sujets indiqués:

MODÈLE: **J'apprends** la géographie. (tu)
Tu apprends la géographie.

1. Il apprend l'espagnol. (tu, vous, mes amis, je, nous)
2. Je prends du café au lait. (vous, tu, Georges, les autres)
3. Comprends-tu cette langue? (elle, vous, les élèves, le professeur)

REPRISE

EXERCICE L

Complétez les phrases suivantes par le présent du verbe:

MODÈLE: (faire)   Qu'est-ce qu'ils _____ le dimanche?
                    Qu'est-ce qu'ils **font** le dimanche?

1. (prendre)   Qu'est-ce que vous _____ pour le déjeuner?
2. (prendre)   Ils _____ leurs devoirs au sérieux.
3. (croire)   Je ne _____ pas tout ce qu'il dit.
4. (comprendre)   Est-ce que tu _____ pourquoi il l'a fait?
5. (connaître)   Jacques _____ très bien son professeur.
6. (voir)   Elles _____ ce qu'elles veulent voir.
7. (sortir)   Tu ne _____ jamais avec elle!
8. (pouvoir)   Est-ce qu'ils _____ le faire?

EXERCICE M

Mettez au futur antérieur et au conditionnel passé:

MODÈLE: **il fera**   **il aura fait, il aurait fait**

1. elles feront   5. tu auras
2. nous pourrons   6. vous serez
3. je voudrai   7. elles verront
4. il saura   8. j'irai

EXERCICE N

Exprimez en français:

1. He said he would go.   2. I knew that she would be here.   3. Would you like to speak to Paul?   4. Would you prefer to visit the Louvre?   5. Would you lend me your book?   6. He thought I wouldn't come.

EXERCICE O

Complétez les phrases suivantes par des pronoms démonstratifs:

1. Ces femmes-ci parlent plus vite que _____.   2. Ce professeur-ci est plus sévère que _____ de Paul.   3. Cette table-ci est plus pratique que _____ dans l'autre salle.   4. Entendez-vous _____?   5. Je n'aime pas _____!   6. _____ qui parlent très peu sont souvent les plus sages.

7. Admirez-vous ces statues-ci? Je préfère _____ de Rodin.   8. _____ m'intéresse beaucoup.   9. _____ qui écrit tous ses devoirs apprend bien sa leçon.   10. Ces magasins-ci sont aussi modernes que _____ de New York.

LECTURE: La Cantatrice chauve

Eugène Ionesco, membre de l'Académie française, est surtout re-
nommé comme protagoniste de «l'absurde.» Il est auteur de nom-
breuses pièces de théâtre et de prose symbolique et quelquefois fan-
tasque. La pièce dont nous lisons un extrait, est une critique de ce
que l'auteur appelle «la petite bourgeoisie universelle»; une société   5
conformiste et médiocre qui n'a pour se débattre avec la vie que
des clichés de pensée et d'action.

Scène I

Intérieur bourgeois anglais, avec des fauteuils[1] anglais. Soirée anglaise. M. Smith, Anglais, dans son fauteuil anglais et ses pantoufles[2] anglaises, fume sa pipe anglaise et lit un journal anglais, près d'un feu anglais.   10 Il a des lunettes anglaises, une petite moustache grise, anglaise. À côté de lui, dans un autre fauteuil anglais, Mme Smith, Anglaise, raccommode des chaussettes anglaises. Un long moment de silence anglais. La pendule[3] anglaise frappe dix-sept coups anglais.

Mme Smith:	Tiens, il est neuf heures. Nous avons mangé de la soupe, 15 du poisson, des pommes de terre au lard,[4] de la salade anglaise. Les enfants ont bu de l'eau anglaise. Nous avons bien mangé, ce soir. C'est parce que nous habitons dans les environs de Londres et que notre nom est Smith.
M. Smith:	*(continuant sa lecture, fait claquer sa langue.)* 20
Mme Smith:	Les pommes de terre sont très bonnes avec le lard, l'huile[5] de la salade n'était pas rance.[6] L'huile de l'épicier[7] du coin est de bien meilleure qualité que l'huile de l'épicier d'en face, elle est même meilleure que l'huile de l'épicier du bas de la côte.[8] Mais je ne veux pas dire que leur huile 2 à eux soit mauvaise.
M. Smith:	*(continuant sa lecture, fait claquer sa langue.)*
Mme Smith:	Pourtant, c'est toujours l'huile de l'épicier du coin qui est la meilleure . . .
M. Smith:	*(continuant sa lecture, fait claquer sa langue.)*

1. **fauteuils** armchairs.   2. **pantoufles** slippers.   3. **pendule** clock.   4. **lard** bacon.   5. **huile** oil.   6. **rance** rancid.   7. **épicier** grocer.   8. **du bas de la côte** down the hill.

MME SMITH:	Mary a bien cuit[9] les pommes de terre, cette fois-ci. La dernière fois elle ne les avait pas bien fait cuire. Je ne les aime que lorsqu'elles sont bien cuites.
M. SMITH:	*(continuant sa lecture, fait claquer sa langue.)*
MME SMITH:	La tarte aux coings[10] et aux haricots[11] a été formidable. 35 On aurait bien fait peut-être de prendre, au dessert, un petit verre de vin de Bourgogne australien[12] mais je n'ai pas apporté le vin à table afin de ne pas donner aux enfants une mauvaise preuve de gourmandise.[13] Il faut leur apprendre à être sobre et mesuré dans la vie. 40
M. SMITH:	*(continuant sa lecture, fait claquer sa langue.)*
MME SMITH:	Mrs. Parker connaît un épicier bulgare,[14] nommé Popochef Rosenfeld, qui vient d'arriver[15] de Constantinople. C'est un grand spécialiste en yaourt.[16] Il est diplômé de l'école des fabricants[17] de yaourt d'Andrinople. J'irai demain lui 45 acheter une grande marmite[18] de yaourt bulgare folklorique. On n'a pas souvent des choses pareilles ici, dans les environs de Londres.
M. SMITH:	*(continuant sa lecture, fait claquer sa langue.)*
MME SMITH:	Le yaourt est excellent pour l'estomac,[19] les reins,[20] l'ap- 50 pendicite et l'apothéose.[21] C'est ce que m'a dit le docteur Mackenzie-King qui soigne les enfants de nos voisins, les Johns. C'est un bon médecin. On peut avoir confiance en lui. Il ne recommande jamais d'autres médicaments que ceux dont il a fait l'expérience sur lui-même.[22] Avant de 55 faire opérer Parker, c'est lui d'abord qui s'est fait opérer du foie,[23] sans être aucunement malade.[24]
M. SMITH:	Mais alors comment se fait-il que le docteur s'en soit tiré[25] et que Parker en soit mort?
MME SMITH:	Parce que l'opération a réussi chez le docteur et n'a pas 60 réussi chez Parker.
M. SMITH:	Alors Mackenzie n'est pas un bon docteur. L'opération aurait dû réussir chez tous les deux ou alors tous les deux auraient dû succomber.[26]
MME SMITH:	Pourquoi? 65

---

9. **cuit** cooked. 10. **coings** quinces. 11. **haricots** beans. 12. **Bourgogne australien** Australian burgundy. 13. **gourmandise** gluttony. 14. **bulgare** Bulgarian. 15. **vient d'arriver** just arrived. 16. **yaourt** yogurt. 17. **fabricants** manufacturers. 18. **marmite** pot. 19. **estomac** stomach. 20. **reins** kidneys. 21. **apothéose** apotheosis, deification. 22. **a fait l'expérience sur lui-même** tried out the experiment on himself. 23. **foie** liver. 24. **aucunement malade** in any way ill. 25. **s'en soit tiré** pulled through. 26. **succomber** perish, succumb.

M. SMITH: Un médecin consciencieux doit mourir avec le malade s'ils ne peuvent pas guérir[27] ensemble. Le commandant d'un bateau périt avec le bateau, dans les vagues. Il ne lui survit pas.

MME SMITH: On ne peut comparer un malade à un bateau. 70

M. SMITH: Pourquoi pas? Le bateau a aussi ses maladies; d'ailleurs ton docteur est aussi sain[28] qu'un vaisseau; voilà pourquoi encore il devait périr en même temps que le malade comme le docteur et son bateau.

MME SMITH: Ah! Je n'y avais pas pensé . . . C'est peut-être juste . . . 75 et alors, quelle conclusion en tires-tu?

M. SMITH: C'est que tous les docteurs ne sont que des charlatans. Et tous les malades aussi. Seule la marine[29] est honnête en Angleterre.

MME SMITH: Mais pas les marins.[30] 80

M. SMITH: Naturellement.

Extrait de *La Cantatrice chauve,* par Eugène Ionesco

Questions

1. Où se passe l'action de la première scène de *La Cantatrice chauve?*
2. Qui sont les personnages dans cette scène?
3. Qu'est-ce qu'ils font?
4. Quelle heure est-il au début de la pièce? Comment le savez-vous?
5. Est-ce que les Smith ont bien dîné?
6. Qu'est-ce qu'ils ont mangé?
7. De quoi Mme Smith parle-t-elle?
8. Comment répond M. Smith?
9. Pourquoi n'ont-ils pas pris de vin au dessert?
10. Qui est Popochef Rosenfeld?
11. Pour quoi le yaourt est-il excellent?
12. Qui est le docteur Mackenzie-King?
13. Pourquoi peut-on avoir confiance en lui?
14. Que fait-il avant de recommander des médicaments?
15. Pourquoi a-t-il fait opérer Parker?
16. Quel a été le résultat de l'opération?
17. Pourquoi Mackenzie n'est-il pas un bon docteur?
18. Que doit faire un médecin consciencieux?
19. Est-ce que la marine est honnête en Angleterre?
20. Et les marins?

27. **guérir** recover. 28. **sain** healthy, sound. 29. **marine** navy. 30. **marins** sailors.

COMPOSITION

A. Écrivez une description de la mise en scène.

B. En un paragraphe, expliquez pourquoi le docteur Mackenzie n'est pas un bon médecin.

C. Rédigez une composition d'une page sur un des sujets suivants:

1. Comment la famille Smith est typique d'une famille contemporaine bourgeoise.
2. L'attitude stéréotypée exprimée dans cette scène envers la mentalité masculine et féminine.
3. Être «bourgeois» — est-ce bon ou mauvais? un compliment ou une injure?
   a. Dans le premier paragraphe, énoncez votre idée principale.
   b. Dans les paragraphes suivants, approfondissez cette idée et donnez des exemples.
   c. Dans le dernier paragraphe, résumez vos idées et tirez des conclusions.

proverbe

Il vaut mieux avoir affaire à Dieu qu'à ses saints.

dix-neuvième leçon

CONVERSATION: Petite visite

(On sonne à la porte; l'hôtesse ouvre.)

HÔTESSE: Mais, quelle bonne surprise! Entrez donc!

VISITEUSE: Je vous demande pardon d'arriver à l'improviste. Je ne resterai qu'un instant!

HÔTESSE: Mais, asseyez-vous! C'est un plaisir de vous voir.

VISITEUSE: Je ne veux pas vous déranger, j'aurais dû vous écrire un petit mot!

HÔTESSE: Mais, vous ne me dérangez pas du tout!

VISITEUSE: Si j'avais eu le temps, je vous aurais téléphoné, mais j'étais trop pressée.

☆ HÔTESSE: Qu'est-ce que je peux vous offrir? Du café? Un jus de fruit?

VISITEUSE: Si vous avez du thé, j'en prendrai . . . mais ne vous en faites pas pour moi!

☆ HÔTESSE: J'aurais fait un gâteau si j'avais su que vous veniez . . .

VISITEUSE: Ces petits biscuits sont parfaits; si je mangeais du gâteau je prendrais du poids.

HÔTESSE: Et votre famille, tout le monde va bien?

VISITEUSE: Très bien, merci. Si j'y avais pensé j'aurais apporté des photos. *(Elle regarde sa montre.)* Mais, je dois me sauver! Si je bavarde trop je serai en retard.

☆ HÔTESSE: Déjà! Mais, c'est une bien petite visite! Vous reviendrez?

VISITEUSE: Bien sûr, un de ces jours, quand j'aurai le temps. Au revoir, chère madame, et merci pour le thé!

HÔTESSE: Au revoir, madame!

PRATIQUE

Posez les questions et donnez les réponses, en suivant les indications:

☆ Qu'est-ce que vous auriez fait si vous aviez eu le temps?

Si j'avais eu le temps, je vous aurais téléphoné / j'aurais fait un gâteau.

Qu'est-ce que vous auriez écrit si vous aviez eu le temps?

Si j'avais eu le temps, je vous aurais écrit une lettre.

Où seriez-vous allé si vous aviez eu le temps?

Si j'avais eu le temps, je serais allé(e) au marché.

☆ Auriez-vous fait un gâteau si vous aviez su que je venais?

Oui, j'aurais fait un gâteau si j'avais su que vous veniez.

Auriez-vous fait du café si vous aviez su que je venais?

Oui, j'aurais fait du café si j'avais su que vous veniez.

Auriez-vous fait des biscuits si vous aviez su que je venais?

Oui, j'aurais fait des biscuits si j'avais su que vous veniez.

☆ Si je mange du gâteau, est-ce que je prendrai du poids?

Oui, si tu manges du gâteau, tu prendras du poids.

Si je mangeais du gâteau, est-ce que je prendrais du poids?

Oui, si tu mangeais du gâteau, tu prendrais du poids.

Si j'avais mangé du gâteau, est-ce que j'aurais pris du poids?

Oui, si tu avais mangé du gâteau, tu aurais pris du poids.

VOCABULAIRE

à l'avance	ahead of time	malheureusement	unfortunately
adieux *m. pl.*	farewell	menaçant	menacingly
j'aurais dû	I should have	montre *f.*	watch
banque *f.*	bank	ne vous en faites pas	don't go to a lot of trouble
bref, brève	brief		
brusquement	brusquely	occasion *f.*	occasion
cellule *f.*	cell	offrir	offer
déranger	disturb	ouvre	opens
Égyptienne *f.*	Egyptian woman *(old term for gypsy)*	pâle	pale
		plaisir *m.*	pleasure
en effet	indeed	porte *f.*	door
en face	opposite	pressé	hurried, rushed
endormi	asleep	rayon *m.*	ray
franchi	crossed	recula	backed
gâteau *m.*	cake	reviendrez	will return
gronderais-tu?	would you scold?	sauver	save
hors	outside of, beyond	je dois me sauver	I must run along
hôtesse *f.*	hostess	seuil *m.*	sill
à l'improviste	unexpectedly	sonne	rings
instant *m.*	instant	suppliait	was begging
jus *m.*	juice	traînait	was dragging
lâcha	let go, dropped	tremblement *m.*	shaking, trembling
logette *f.*	small quarters, dwelling		

GRAMMAIRE ET EXERCICES

1. Plus-que-parfait (Pluperfect)

Il avait déjà fini ses leçons, alors le professeur lui a donné un livre à lire.
He had already finished his lessons, so the teacher gave him a book to read.

Malheureusement, **elles avaient oublié** leurs billets.
Unfortunately, they had forgotten their tickets.

The **plus-que-parfait** (pluperfect), like the **passé composé,** is a tense used to describe a single specific action completed in the past. The difference between the **plus-que-parfait** and the **passé composé** is indicated by the name: **plus-que-parfait** — literally, *more than perfect.* Not only did the action take place in the past, but it also had taken place and been completed before another past action — thus removing it even further in time.

a. Formation

The **plus-que-parfait** is made up of the imparfait of the auxiliary and the past participle of the main verb:

elle était sortie — *she had gone out*
tu avais choisi — *you had chosen*

avaient-ils fait?	*had they made?*
nous n'étions pas allés	*we had not gone*

EXERCICE A*

Mettez les verbes suivants au plus-que-parfait:

MODÈLE: **il est allé**
il était allé

1. ils sont allés
2. j'ai fini
3. nous avons lu
4. ils sont partis
5. j'ai entendu
6. tu as dormi
7. elle s'est habillée
8. je suis sorti
9. vous vous êtes levé
10. nous nous sommes rencontrés

EXERCICE B*

Répondez aux questions suivantes à la forme négative:

MODÈLES: **Étiez-vous allé?**
Non, je n'étais pas encore allé.

Aviez-vous fini?
Non, je n'avais pas encore fini.

1. Étaient-ils sortis? 2. Avions-nous répondu? 3. Avait-il choisi? 4. Étiez-vous venu? 5. Avaient-ils dormi? 6. Vous étiez-vous regardé dans le miroir? 7. S'était-il rasé? 8. Étaient-elles allées? 9. Avait-il gagné? 10. Avais-tu appris la leçon?

b. Uses

The **plus-que-parfait** is used to express a past action which occurred before another past action:

Il avait déjà fini son travail quand elle est arrivée.
He had already finished his work when she arrived.

J'avais promis de l'accompagner mais au dernier moment je n'ai pas pu.
I had promised to go with him but at the last moment I was not able to.

EXERCICE C*

Répondez aux questions suivantes à la forme affirmative:

MODÈLES: **Quand elle est arrivée, aviez-vous fini?**
Oui, quand elle est arrivée, j'avais fini.

Quand tu es venu, avait-elle mangé?
Oui, quand je suis venu elle avait mangé.

1. Quand il est allé à Paris, avait-il reçu votre lettre? 2. Quand tu as téléphoné, avais-tu vu le journal? 3. Quand nous sommes venus, aviez-vous fini de dîner? 4. Quand elle est partie, avait-elle promis de revenir? 5. Quand il s'est endormi, avait-il écrit la lettre? 6. Quand les enfants ont quitté l'école, avaient-ils fini leurs devoirs? 7. Quand vous êtes venu, aviez-vous déjà voyagé par avion? 8. Quand il a répondu, avait-il lu la lettre de Cécile?

2. Passé antérieur et passé surcomposé (Past anterior and Passé surcomposé)

a. Following **quand, lorsque, après que, dès que, aussitôt que,** a special form is used in place of the **plus-que-parfait** to correspond with the style of the rest of the passage. When the passage is in the literary-historical past **(passé simple)** a special literary tense called the **passé antérieur** describes an action which would otherwise be expressed in the **plus-que-parfait.** The **passé antérieur** consists of the **passé simple** of the auxiliary and the past participle of the main verb:

Aussitôt qu'il eut fini ses classes, il alla à un petit café du quartier.
As soon as he had finished with his classes, he went to a little cafe in the neighborhood.

Dès qu'il fut descendu, il remarqua la différence.
As soon as he had come downstairs, he noticed the difference.

EXERCICE D*

Mettez les verbes suivants au plus-que-parfait:

MODÈLES: **il fut descendu**   **il était descendu**
        j'eus fini   **j'avais fini**

1. nous eûmes parlé   5. vous fûtes arrivé
2. elles furent venues   6. tu eus dormi
3. je fus allé   7. nous fûmes partis
4. il eut vendu   8. j'eus mis

b. When the passage is not written in literary-historical style, however, following **quand, lorsque, aussitôt que, après que, dès que,** the **passé surcomposé** expresses the action normally described by the **plus-que-parfait.** The **passé surcomposé** is made up of the **passé composé** of the auxiliary plus the past participle of the main verb:

Quand j'ai eu parlé avec mes parents, j'ai fait mes adieux et je m'en suis allée.
When I had spoken with my parents, I said good-by and went away.

Il avait fini ses classes, alors **il est allé** au café.
(plus-que-parfait)   (passé composé)

Quand il a eu fini ses classes, **il est allé** au café.
(passé surcomposé)   (passé composé)

Literary-historical style:

Il avait fini ses classes, alors **il alla** au café.
(plus-que-parfait)   (passé simple)

Quand il eut fini ses classes, **il alla** au café.
(passé antérieur)   (passé simple)

In conversation, however, the **passé surcomposé** is normally avoided:

Après avoir parlé avec mes parents, j'ai fait mes adieux.
After having spoken with my parents, I said good-by.

EXERCICE E

Mettez les verbes suivants au plus-que-parfait:

MODÈLES: **il a été descendu   il était descendu**
           j'ai eu fini   j'avais fini

1. nous avons eu parlé   5. nous avons été partis
2. elles ont été venues   6. tu as eu dormi
3. j'ai été allé   7. il a été sorti
4. tu as eu fait   8. j'ai eu mis

EXERCICE F

Exprimez en français:

1. I am going   4. I will go   7. I would have gone
2. I used to go   5. I will have gone   8. I had gone
3. I went   6. I would go

3. Emploi du plus-que-parfait (Use of plus-que-parfait)

The **plus-que-parfait** and its alternate forms **passé antérieur** and **passé surcomposé** are generally used in French as they are in English. Conditional sentences require the **plus-que-parfait** in the **si**-clause when the verb in the main clause is in the past conditional:

S'ils m'avaient demandé,   je le leur aurais dit.
(plus-que-parfait)   (passé du conditionnel)
If they had asked me,   *I would have told them.*

Ils l'auraient fait   si vous l'aviez voulu.
They would have done it   *if you had wanted it.*

NOTE: This is the third pattern of conditional sentences mentioned in Lesson 18.

EXERCICE G*

Répondez aux questions suivantes à la forme affirmative:

MODÈLES: **Si vous aviez fini, seriez-vous parti?**
Oui, si j'avais fini, je serais parti.

Si Louise était venue, l'auriez-vous su?
Oui, si Louise était venue, je l'aurais su.

1. Si vous aviez fini vos devoirs, auriez-vous regardé la télévision?   2. Si ta sœur était sortie avec Paul, aurait-elle vu ce film?   3. Si les enfants avaient voulu le faire, seraient-ils restés ici?   4. Si je l'avais demandé, l'aurais-tu fait?   5. S'ils avaient promis, les aurais-tu crus?   6. Si tu avais pu l'acheter, l'aurais-tu fait?   7. Si Paul avait eu raison, aurais-tu été content?   8. Si vous étiez arrivé en avance, auriez-vous rencontré les autres?

4. Verbe irrégulier <u>devoir</u> (Irregular verb <u>devoir</u>)

je dois	*I owe, I must, I have to*
tu dois	*you owe, you must, you have to*
il (elle) doit	*he (she) owes, he (she) must, he (she) has to*
nous devons	*we owe, we must, we have to*
vous devez	*you owe, you must, you have to*
ils (elles) doivent	*they owe, they must, they have to*

Passé composé: **j'ai dû**

NOTE: When the past participle reflects a preceding feminine direct object, the circumflex no longer appears: **La somme que j'ai due . . .**

Because of the meaning of **devoir,** pay special attention to its use before the infinitive of another verb. Note the differences in meaning in different tenses:

Vous devez écrire.	*You must write. You have to write.* **(présent)**
Vous deviez écrire.	*You were to write. You were supposed to write.* **(imparfait)**
Vous avez dû écrire.	*You had to write. You must have written.* **(passé composé)**
Vous devrez écrire.	*You will have to write.* **(futur)**
Vous devriez écrire.	*You should write. You ought to write.* **(conditionnel)**
Vous auriez dû écrire.	*You should have written. You ought to have written.* **(passé du conditionnel)**

EXERCICE H

Répétez les phrases suivantes en employant les sujets indiqués:

MODÈLE: **Je dois partir** tout de suite. (elle)
Elle doit partir tout de suite.

1. Il doit aller en ville. (je, nous, ma sœur, vous, ils)
2. J'aurais dû finir plus tôt. (vous, tu, les élèves, nous, Maurice)

REPRISE

EXERCICE I

Complétez les phrases suivantes par le présent du verbe indiqué:

MODÈLE: (savoir)   Nous _____ faire du ski.
                       Nous **savons** faire du ski.

   1. (prendre)   Qu'est-ce qu'il _____ pour le dîner?
   2. (comprendre)   Vous ne _____ jamais ce que je veux!
   3. (savoir)   Il ne _____ jamais la réponse.
   4. (connaître)   Elles _____ bien leurs camarades.
   5. (apprendre)   Les élèves _____-ils le latin?
   6. (écrire)   Mes élèves _____ mal très souvent.
   7. (dormir)   Je ne _____ pas très bien à l'hôtel.
   8. (voir)   Tu ne _____ pas l'affiche?
   9. (dire)   Qu'est-ce que tu _____ de ce film?
  10. (faire)   Qu'est-ce qu'ils _____ ici?

EXERCICE J

Répondez aux questions suivantes à la forme affirmative:

MODÈLES: **S'il parle, lui répondras-tu?**
            Oui, s'il parle, je lui répondrai.

            S'il parlait, lui répondrais-tu?
            Oui, s'il parlait, je lui répondrais.

            S'il avait parlé, lui aurais-tu répondu?
            Oui, s'il avait parlé, je lui aurais répondu.

1. Si je vous écris, me répondrez-vous? 2. Si je finis, pourras-tu
m'accompagner?   3. Si j'arrive à deux heures, seras-tu ici?   4. S'il était
en France, verrait-il les monuments? 5. S'il prenait un taxi, arriverait-
il à l'heure? 6. S'il étudiait le français, comprendait-il le professeur? 7. Si nous avions répondu, auriez-vous été content? 8. Si
nous avions téléphoné, auriez-vous entendu?   9. Si nous étions partis
à midi, serions-nous arrivés avant minuit?   10. Auraient-ils été plus heureux si j'étais allé à Paris par avion?

EXERCICE K

*Voici un bref extrait du roman «Notre-Dame de Paris» par Victor Hugo. Identifiez
les verbes — infinitif, temps, sens:*

MODÈLE: **C'était en effet la voix de Quasimodo.**
           C'était (être, imparfait, *it was*) en effet la voix de Quasimodo.

C'était en effet la voix de Quasimodo.

Alors le prêtre sentit la grosse main qui le traînait par le pied hors de la cellule. C'est là qu'il devait mourir. Heureusement pour lui, la lune venait de se lever depuis quelques instants.

Quand ils eurent franchi la porte de la logette, son pâle rayon tomba sur la figure du prêtre. Quasimodo le regarda en face, un tremblement le prit, il lâcha le prêtre, et recula.

L'Égyptienne, qui s'était avancée sur le seuil de la cellule, vit avec surprise les rôles changer brusquement. C'était maintenant le prêtre qui menaçait, Quasimodo qui suppliait.

EXERCICE L

Exprimez en français:

1. I owe him some money.
2. I must see him.
3. I was supposed to come.
4. I had to write.
5. I will have to go.
6. I ought to listen.
7. I should buy it.
8. I should have done it.

LECTURE: Si

Si je n'avais pas trop bu, je l'aurais entendu;
Si je l'avais entendu, je me serais levé;
Si je m'étais levé, je l'aurais découverte;[1]
Si je l'avais découverte, j'aurais pu déjeuner;
Si j'avais déjeuné, j'aurais eu des forces;[2]   5
Si j'avais eu des forces, j'aurais pu courir;
Si j'avais pu courir, je ne l'aurais pas manqué;[3]
Si je ne l'avais pas manqué, je serais arrivé;
Si j'étais arrivé, je ne l'aurais pas perdue;[4]
Si je ne l'avais pas perdue, je ne serais pas sans fonds;[5]   10
Si je n'étais pas sans fonds, je ne serais pas ici;
    Mais puisque je suis ici, vous seriez gentil
De mettre quelque chose dans mon vilain[6] chapeau.

Qu'est-ce qui s'est passé?

Alors, par suite d'un orage[7] il y a eu une panne d'électricité.[8] Par   15
conséquent le réveille-matin[9] n'a plus marché et cet homme infortuné

---

1. **je l'aurais découverte** I would have discovered it.   2. **des forces** the strength.   3. **je ne l'aurais pas manqué** I would not have missed it.   4. **perdue** lost.   5. **je ne serais pas sans fonds** I would not be without funds.   6. **vilain** miserable; dirty.   7. **par suite d'un orage** as a result of a thunderstorm.   8. **une panne d'électricité** an electrical power breakdown.   9. **le réveille-matin** the alarm clock.

s'est levé tard le matin. Il n'a pas eu le temps de déjeuner, il a manqué son train, il est arrivé très tard à son bureau, et il a perdu sa situation. Il ne lui reste plus qu'à mendier dans les rues.[10]

QUESTIONS

1. S'il n'avait pas trop bu, qu'est-ce qu'il aurait entendu?
2. Qu'est-ce qu'il aurait fait s'il l'avait entendu?
3. Qu'est-ce qu'il aurait découvert s'il s'était levé?
4. S'il avait pu déjeuner, qu'est-ce qu'il aurait eu?
5. Qu'est-ce qu'il n'aurait pas perdu s'il n'avait pas manqué le train?
6. Si votre réveil n'avait pas sonné aujourd'hui, qu'est-ce que vous auriez fait?
7. Si vous aviez perdu votre situation, qu'est-ce que vous auriez été obligé de faire?

COMPOSITION

A. Décrivez ce que vous auriez fait si vous aviez été le monsieur ou la dame qui a manqué son train.
B. Qu'est-ce que vous auriez fait si vous aviez été sans argent? Est-ce que vous auriez mendié dans les rues ou est-ce que vous auriez fait autre chose? Écrivez votre solution à ce problème.
C. Imaginez que par suite d'un événement imprévu vous avez été obligé de faire quelque chose dont vous n'avez pas l'habitude. N'oubliez pas de mentionner:
    1. Votre situation imaginaire actuelle.
    2. L'événement imprévu dont votre situation est le résultat.
    3. La solution que vous proposez à votre problème ou à votre dilemme.
    4. La morale.

proverbe

Souvent femme varie; bien fol est qui s'y fie.

---

10. **mendier dans les rues** to beg in the streets.

vingtième
leçon

CONVERSATION: Pique-nique à la campagne

SOLANGE: Marc! Attends-moi! Tu marches trop vite!

MARC: *(de loin.)* Comment? Qu'est-ce que tu dis? Parle plus fort!

SOLANGE: Je meurs! Marche plus lentement. Je suis claquée.

☆ MARC: Ah, bon! Je ne t'ai pas entendue, tu parles trop bas.

SOLANGE: Arrêtons-nous. J'ai une faim de loup!

MARC: Je suis parfaitement d'accord. Déjeunons au plus vite!

(Ils s'installent sous un arbre. Solange sort une nappe de son sac, elle l'étend, puis elle met dessus des verres, des assiettes, un couteau, et un tire-bouchon. Finalement, elle y pose une bouteille de vin.)

SOLANGE: Enfin, tout est prêt! Voilà ton vin . . . passe-moi la quiche, veux-tu? Et mon sandwich.

MARC: Mais, je n'ai pas de sandwichs. C'est toi qui les as. Et la quiche aussi.

SOLANGE: Mais non, Marc. Je ne porte que le vin et les couverts. Tu portes toujours la quiche et les sandwichs.

☆ MARC: Je t'assure que je n'ai que des allumettes et un mouchoir!

SOLANGE: Ce qui veut dire que le pique-nique est toujours chez toi! Mais, quelle tête d'oiseau! Franchement, Marc . . .

MARC: Doucement! Ne m'engueule pas! Il y a sûrement un café au village là-bas; ils auront certainement des sandwichs.

SOLANGE: Quel pique-nique! Je te suis fidèlement à travers champs pendant deux heures et demie pour finir à une table de café!

☆ MARC: C'est la vie!

PRATIQUE

Posez les questions et donnez les réponses, en suivant les indications:

☆ Est-ce que je marche trop vite?	Oui, tu marches trop vite.
Est-ce que je parle fort?	Oui, tu parles fort.
Est-ce que je marche lentement?	Oui, tu marches lentement.
Est-ce que je parle trop bas?	Oui, tu parles trop bas.
☆ Tu portes le vin et la quiche?	Non, je ne porte que le vin.
Tu porte des allumettes et les sandwichs?	Non, je ne porte que des allu-mettes.
Tu portes un mouchoir et la quiche?	Non, je ne porte qu'un mouchoir.
Tu portes la bouteille et les sandwichs?	Non, je ne porte que la bouteille.
☆ Le pique-nique est-il toujours chez toi?	Oui, le pique-nique est toujours chez moi.
Y a-t-il sûrement un café là-bas?	Oui, il y a sûrement un café là-bas.
Auront-ils certainement des sandwichs?	Oui, ils auront certainement des sandwichs.
Est-ce que je te parle franche-ment?	Oui, tu me parles franchement!
Est-ce que je te suis fidèlement?	Oui, tu me suis fidèlement.
Est-ce que c'est la vie?	Oui, c'est la vie!

VOCABULAIRE

absence *f.*	absence	faim *f.*	hunger
agi	acted	faux, fausse	false
allumettes *f.pl.*	matches	fidèlement	faithfully
artiste *m.&f.*	artist	finalement	finally
assiette *f.*	plate	s'installent	settle themselves
je t'assure	I assure you	loup *m.*	wolf
au plus vite	as fast as possible	meurs	am dying
bas	quietly, low	mouchoir *m.*	handkerchief
c'est la vie!	that's life!	nappe *f.*	tablecloth
campagne *f.*	country	nouvelle *f.*	news
certainement	certainly	oiseau *m.*	bird
chagrin *m.*	disappointment	tête d'oiseau	"bird brain"
claqué	exhausted *(slang)*	parfaitement	perfectly
constant	constant, steady	quiche *f.*	quiche *(egg and cheese pie)*
courant	running	récent	recent
couteau *m.*	knife	relatif	relative
couvert *m.*	table setting	suffisant	enough, sufficient
de loin	from afar	je te suis	I follow you
dessine	draws, sketches	sûrement	surely
diamant *m.*	diamond	tire-bouchon *m.*	corkscrew
engueule	yell at, "bawl out"	à travers	across
étend	spreads out	verre *m.*	glass

GRAMMAIRE ET EXERCISES

1. Adverbes (Adverbs)

Il parlait **lentement.**   *He was speaking slowly.*
  (verb)   (adverb)

Il parlait **très lentement.**   *He was speaking very slowly.*
  (verb) (adverb)(adverb)

Elle portait une **bien** jolie robe. *She was wearing a very pretty dress.*
    (verb)   (adverb)(adjective)

Tournez **à gauche.**   *Turn to the left.*
      (prep. phrase acts as adverb)

While an adjective describes a noun or pronoun, an adverb describes a verb, an adjective, or another adverb. It is invariable — that is, it does not change form to agree in gender or number as an adjective does. Adverbs may express place, time, manner, quantity, affirmation, negation, interrogation, or doubt. In addition to the adverbs themselves, there exist also many prepositional phrases which function as adverbs.

2. Adverbes de manière (Adverbs of manner)

a.   Adverbs of manner are often derived from adjectives. When the adjective ends in a vowel, the ending **–ment** is added. The feminine serves as the stem, however, when the basic form ends in a consonant:

MASCULINE	FEMININE	ADVERB	
absolu	absolue	**absolument**	*absolutely*
vrai	vraie	**vraiment**	*really*
assuré	assurée	**assurément**	*assuredly*
lent	lente	**lentement**	*slowly*
sérieux	sérieuse	**sérieusement**	*seriously*
relatif	relative	**relativement**	*relatively*
franc	franche	**franchement**	*frankly*

EXERCICE A

Donnez l'adverbe qui correspond à chaque adjectif:

MODÈLES: vrai **vraiment**
          long **longuement**

1. lent
2. facile
3. honorable
4. heureux
5. relatif
6. faux
7. honnête
8. assuré

b. Another group of adverbs of manner is derived from adjectives containing more than one syllable and ending in **–ent** and **–ant**. The corresponding adverbs end in **–emment** and **–amment**:

ADJECTIVE	ADVERB	
différent	**différemment**	*differently*
récent	**récemment**	*recently*
élégant	**élégamment**	*elegantly*

EXERCICE B

Donnez l'adverbe qui correspond à chaque adjectif:

MODÈLE: constant **constamment**

1. élégant
2. récent
3. différent
4. évident
5. indépendant
6. suffisant
7. courant
8. négligent
9. constant
10. intelligent

c. A few adjectives of manner function as adverbs without changing form:

bas	*low*
clair	*clearly, distinctly* (as in the expression **voir clair** and **parler clair**)
exprès	*expressly, on purpose*
fort	*very; extremely; hard*
haut	*high; loudly*
juste	*precisely; exactly*
net	*at once; flatly; outright*

d. The following common adverbs of manner have distinct forms of their own:

ADJECTIVE	ADVERB	
bon	**bien**	*well*
mauvais	**mal**	*badly*
petit	**peu**	*little*

3. Adverbes de quantité (Adverbs of quantity)

assez	*enough*	**plus**	*more*
aussi	*as*	**presque**	*almost*
autant	*as much*	**si**	*so, so much*
beaucoup	*much, many*	**tant**	*such*
combien	*how much*	**tellement**	*so*
davantage	*more*	**tout**	*all, quite*
guère	*not such, scarcely*	**très**	*very*
moins	*less*	**trop**	*too much*
peu	*little, few*		

Adverbs of quantity are normally followed by **de** plus a noun:

Franchement, il a **trop de patience.**   *Frankly, he has too much patience.*

EXERCICE C*

Répondez aux questions suivantes d'après le modèle:

MODÈLE: Est-ce que vous avez de l'énergie? (beaucoup)
         Oui, **j'ai beaucoup d'énergie.**

1. Est-ce qu'ils ont des enfants? (beaucoup)
2. Est-ce que tu as du temps? (ne . . . guère)
3. Est-ce qu'elle a du talent? (peu)
4. Y a-t-il des hôtels ici? (trop)
5. Est-ce qu'il a du courage? (trop)
6. Est-ce qu'ils avaient de l'argent? (moins)

4. Adverbes de lieu (Adverbs of place)

ailleurs	*elsewhere*	Il veut aller **ailleurs.**
auprès	*near by*	Elle vit **auprès** de ses parents.
autour	*around about*	Il **cherchait** tout autour.
avant	*before (in time)*	Je veux finir **avant** de partir.
çà	*here*	Nous avons cherché **çà** et là.
dedans	*within*	Oui, ils sont là-**dedans.**
dehors	*outside*	Les enfants préfèrent jouer **dehors.**
derrière	*in back*	Allez **derrière.**

devant	in front	Allez **devant.**
ici	here	Nous sommes **ici.**
là	there	Vous êtes **là?**
loin	far	Tu vas aller très **loin?**
où	where; when	**Où** va-t-il?
partout	everywhere	Elle courait **partout.**
y	there	Ils **y** vont.

Prepositional phrases which function as adverbs of place:

à droite	to the right	en haut	upstairs, up above
à gauche	to the left	en bas	downstairs
en avant	forward; before	au-dessus	above
en arrière	backward; behind	au-dessous	below
au milieu	in the center	par-devant	in front of
au bout	at the end	par-derrière	in back of

EXERCICE D

Exprimez en français:

1. Where do they live? 2. She arrived before me. 3. Look inside. 4. Have you looked everywhere? 5. They are outside. 6. Marseilles is far from Paris. 7. The house is at the end of the street. 8. L'Ile de la Cité is in the middle of the Seine.

5. Adverbes de temps (Adverbs of time)

alors	then	jamais	never
aujourd'hui	today	longtemps	a long while
auparavant	formerly	maintenant	now
aussitôt	immediately	naguère	lately
bientôt	soon	parfois	occasionally
déjà	already	quand	when
demain	tomorrow	quelquefois	sometimes
depuis	since	souvent	often
désormais	hereafter	tantôt	in a little while;
dorénavant	hereafter		a little while ago
encore	still; yet	tard	late
enfin	finally	tôt	early
ensuite	then	toujours	always
jadis	formerly		

Expressions which function as adverbs of time:

actuellement	now	tout à coup	all of a sudden
à présent	at present	tout à l'heure	in a few minutes, a
d'abord	at first		few minutes ago
sur-le-champ	at once	tout de suite	immediately

Another group of adverbs is formed by the addition of **–ment** to adjectives which mark order or rank:

premièrement	*firstly*
deuxièmement	*secondly*
secondement	*secondly* (used when there are only two in the series)
dernièrement	*lastly*

EXERCICE E*

Répondez aux questions suivantes d'après le modèle:

MODÈLE: Est-ce que vous allez à la plage? (souvent)
Oui, **je vais souvent à la plage.**

1. Est-ce que tu as fini ton travail? (enfin)
2. Est-ce que vous avez lu ce livre? (déjà)
3. Est-ce qu'ils vont arriver bientôt? (tout à l'heure)
4. Quand est-ce que tu es rentré? (tard)
5. Est-ce qu'elle travaille ici? (à présent)
6. Quand est-ce que vous irez à Lyon? (demain)
7. Est-ce qu'ils viennent ici? (quelquefois)
8. Est-ce qu'il a bien regardé cet homme? (longtemps)

6. Comparaison des adverbes (Comparison of adverbs)

a. Regular comparisons

Like adjectives, adverbs of manner also indicate degree through comparison:

M. Dupont est **le meilleur professeur** de français.
      (adjective)
Mr. Dupont is the best French teacher.

M. Dupont est **le professeur que j'aime le mieux.**
      (adverb)
Mr. Dupont is the teacher I like best.

In a comparison, **plus, aussi,** or **moins** is placed before the adverb; in the superlative form, **le plus** or **le moins** precedes the adverb. Since the adverb is invariable, the masculine singular form of the definite article is always used:

Elle étudie **plus sérieusement** que lui.
She studies more seriously than he does.

Tu parles **aussi couramment** que lui.
You speak as fluently as he does.

Tu parles **le moins couramment** de tous ces élèves.
You speak the least fluently of all these students.

EXERCICE F*

Répondez aux questions suivantes selon les modèles:

MODÈLES: Parle-t-il **couramment?** (oui)
Oui, il parle **aussi couramment que moi.**

Travaille-t-il **vite?** (non)
Non, il travaille **moins vite que moi.**

1. Chante-t-elle bien? (oui)
2. Écrit-il vite? (non)
3. Finiront-ils tôt? (oui)
4. Travaille-t-il sérieusement? (non)
5. S'habille-t-il élégamment? (oui)
6. Parle-t-elle franchement? (non)
7. Parle-t-il fort? (oui)
8. Se lève-t-il lentement? (non)
9. Étudient-elles sérieusement? (oui)
10. L'explique-t-il clairement? (non)

EXERCICE G*

Répondez aux questions suivantes en employant la forme superlative:

MODÈLES: Qui parle **franchement?** (Hélène)
Hélène parle **le plus franchement.**

Qui s'habille **élégamment?** (Claudine)
Claudine s'habille **le plus élégamment.**

1. Qui étudie sérieusement? (Henri)
2. Qui chante fort? (Paul)
3. Qui travaille vite? (Georges)
4. Qui parle couramment français? (Claude)
5. Qui s'exprime juste? (Monsieur Orléans)
6. Qui choisit rapidement? (Madame Plons)
7. Qui marche lentement? (Maurice)
8. Qui revient récemment de Paris? (Carole)

b.   Irregular comparisons

Several important adverbs have irregular comparative forms:

bien	*(well)*	**mieux**	*(better)*	**le mieux**	*(the best)*
mal	*(badly)*	**pis**	*(worse)*	**le pis**	*(the worst)*
		plus mal	*(worse)*	**le plus mal**	*(the worst)*
peu	*(little)*	**moins**	*(less)*	**le moins**	*(the least)*
beaucoup	*(much)*	**plus**	*(more)*	**le plus**	*(the most)*

Je parle **bien.**	*I speak well.*
Il parle **mieux.**	*He speaks better.*
Vous parlez **le mieux de tous les élèves.**	*You speak the best of all the students.*

EXERCICE H*

Répondez aux questions suivantes:

MODÈLES:　Est-ce que vous comprenez **bien?** (Claude)
Oui, mais Claude comprend **mieux que moi.**

Est-ce que vous écrivez **mal?** (Marie)
Oui, mais Marie écrit **plus mal que moi.**

1. Est-ce que vous chantez bien? (Charles)
2. Est-ce que vous travaillez peu? (Louise)
3. Est-ce que vous étudiez beaucoup? (les enfants)
4. Est-ce que vous jouez mal? (Jacques)
5. Est-ce que vous le ferez bien? (Chantal)
6. Est-ce que vous sortez peu? (Michel)

EXERCICE I

Exprimez en français:

1. He sings well.　2. He is a good singer.　3. She has the worst grade in the class.　4. She writes the worst of all the students.　5. They have the smallest apartment.　6. They work the least of all our friends. 7. We have a better car than you.　8. We drive **(conduire)** better than you.

c.　Adverbs of time and place compared

Il est arrivé **plus tôt que nous.**　*He arrived earlier than we did.*
Tu vas toujours **plus loin que les**　*You always go farther than the*
　autres.　*others.*

7.　Place des adverbes (Position of adverbs)

a.　When the adverb modifies a simple tense, the adverb usually comes directly after the verb:

Je l'**admire beaucoup.**
I admire him very much.

Tu **n'as pas toujours** raison.
You are not always right.

Ses enfants lui **causaient souvent** de gros chagrins.
His children often caused him great sorrow.

EXERCICE J*

Répondez aux questions suivantes à la forme affirmative:

MODÈLES:　L'aimez-vous? (beaucoup)
Oui, **je l'aime beaucoup.**

Allez-vous à Paris? (souvent)
Oui, **je vais souvent à Paris.**

1. Venez-vous à Rome? (parfois)
2. Connaissez-vous ce livre?
   (déjà)
3. Travailles-tu? (encore)

4. Écrivez-vous à vos parents?
   (souvent)
5. Rentres-tu le soir? (tard)
6. Le voulez-vous? (toujours)

b.   If the verb is made up of several parts, the adverb usually stands between the auxiliary and the past participle:

Elle n'a pas encore fini.   *She hasn't finished yet.*
Il a mal agi dans ce cas.   *He acted unwisely in this case.*

c.   Adverbs of time or place, as well as those ending in **–ment** derived from adjectives, generally stand after the past participle or, for emphasis, at the beginning of the sentence.

Il a cherché partout.   *He looked everywhere.*
Hier il est parti en voyage.   *Yesterday he left on a trip.*

When there are noun objects, however, these adverbs of place and time normally appear at the end of the sentence:

J'ai acheté ces chaussures hier.   *I bought these shoes yesterday.*

d.   When the adverb modifies an adjective or another adverb, the adverb normally precedes the word it modifies:

Elle est toujours belle.   *She is always beautiful.*
Tu étais parfaitement bête!   *You were completely stupid!*

EXERCICE K*

Mettez les phrases suivantes au passé composé:

MODÈLES: **Il s'amuse bien pendant** votre absence.
              Il s'est bien amusé pendant votre absence.

              Il travaille si lentement!
              Il a travaillé si lentement!

1. Je vous voyais partout.   2. Répondais-tu toujours à mes lettres?   3. Il lisait ensuite Le Figaro.   4. Les enfants finissent tout de suite.   5. Elle parle doucement.   6. Mon petit frère s'habille rapidement.   7. Il ne cherche jamais sa famille.   8. Tu parlais franchement à tes amis.

REPRISE

EXERCICE L

Répétez les phrases suivantes en employant les adverbes indiqués:

MODÈLE: J'aime ce roman. (beaucoup)
           J'aime beaucoup ce roman.

1. Elle est partie. (déjà)
2. Tu n'as pas fait ton travail. (encore)
3. J'achète des gâteaux. (rarement)
4. Si, je l'ai fini. (presque)
5. Ma chambre est grande. (assez)
6. Je peux voir le diamant. (à peine)
7. Il va aux États-Unis par avion. (souvent)
8. Ils travaillent au journal. (toujours)

EXERCICE M

Répondez aux questions suivantes en employant les adverbes indiqués:

MODÈLE: Comment parle-t-il français? (couramment)
Il parle français couramment.

1. Quand va-t-il partir? (immédiatement)
2. A-t-elle si peu d'argent? (assez)
3. Avait-il fini? (à peine)
4. Avez-vous bien écrit ces devoirs? (mal)
5. Quand avez-vous vu le film? (hier)
6. Va-t-il annoncer la nouvelle aujourd'hui? (probablement)

EXERCICE N

Répondez aux questions suivantes d'après les indications:

MODÈLE: Qui avez-vous vu au restaurant? *(no one)*
Je n'ai vu personne au restaurant.

1. Qu'avez-vous fait ce matin? *(nothing)*
2. Y a-t-il un garçon à la porte? *(no)*
3. Avez-vous visité Paris? *(never)*
4. Qui a lu le journal? *(no one)*
5. Allez-vous toujours en ville tous les jours? *(no longer)*
6. Avez-vous beaucoup de temps pour faire ce travail? *(scarcely)*
7. Combien de cours suivez-vous ce semestre? *(none at all)*
8. As-tu beaucoup de parents ici à Lyon? *(only one sister)*
9. Qu'est-ce qui est arrivé ici? *(nothing)*
10. Demandez-vous trop de travail? *(none at all)*
11. Avez-vous le temps et le besoin de faire ce voyage? *(neither)*
12. Y a-t-il quelque chose d'intéressant dans le journal? *(nothing)*

EXERCICE O

Complétez les phrases suivantes par les formes convenables des verbes:

MODÈLE: (être) S'il _____ à Paris, il trouverait beaucoup à voir.
S'il était à Paris, il trouverait beaucoup à voir.

1. (venir) Si tu _____ ici, tu trouverais beaucoup à faire.
2. (avoir) Il viendra s'il _____ assez de temps.

3. (voyager)   Si j'avais assez d'argent, je _____ partout.
4. (partir)   Si Marie était allée en France, je _____ avec elle.
5. (se réveiller)   Si tu _____ plus tôt, tu aurais pu l'accompagner.
6. (obéir)   Si le professeur insiste, _____-lui tout de suite!
7. (vendre)   Si je n'avais pas eu assez d'argent, je _____ ma
                    bicyclette.
8. (lire)   Si tu _____ le journal, tu verras l'article de ton
                    professeur.

LECTURE: Mon oncle

Je me souviens bien de mon oncle Victor. Il ne venait que rarement
mais je ne l'ai jamais oublié. C'était un homme tranquille qui parlait
peu et riait moins. Il s'habillait simplement et sobrement, et d'année
en année[1] son costume ne changeait pas. Il assistait[2] fidèlement aux
grandes réunions familiales qui avaient lieu[3] chaque année chez mon   5
grand-père. Il arrivait toujours très tôt le matin de la fête et ensuite il
se tenait scrupuleusement à l'écart[4] pendant toute la journée! Si on
lui adressait directement la parole, il répondait poliment, mais bientôt
il glissait hors de la portée[5] des convives.

C'était seulement avec les enfants que Victor se sentait à l'aise.[6] Réfu- 10
gié avec nous au fond du jardin, il passait de longues heures à écouter
des récits de nos triomphes et de nos malheurs. Il avait de la compassion — pour les poupées cassées autant que pour les cœurs brisés. Tout
ce qui nous intéressait l'intéressait, lui aussi. Tant d'attention! Pour
les enfants, c'était presque enivrant![7]   15

Fatalement, le coucher du soleil[8] nous emportait notre ami. De nouveau, il fallait l'attendre patiemment pendant des mois. Comme ces
plantes exotiques qui ne fleurissent[9] qu'une fois par an à Noël, mon
oncle Victor s'épanouissait chaque été à l'Assomption[10] et puis rentrait
dans l'obscurité.   20

Tout cela se passait il y a une cinquantaine d'années, mais je me
souviens de lui comme si c'était hier.

QUESTIONS

1. De qui l'auteur se souvient-il?
2. Comment Victor s'habillait-il?
3. Qu'est-ce qui se passait chaque année chez le grand-père?

---

1. **d'année en année** from year to year.   2. **assistait** attended.   3. **avaient lieu** took place.   4.
à l'écart out of reach; out of the way.   5. **hors de la portée** out of the reach.   6. **se sentait à
l'aise** felt at ease.   7. **enivrant** intoxicating.   8. **le coucher de soleil** sunset.   9. **fleurissent**
bloom.   10. **l'Assomption** August 15, feast of the Assumption of the Virgin Mary, a traditional
holiday in France.

4. Où Victor se réfugiait-il?
5. Est-ce qu'il parlait beaucoup?
6. Avec qui passait-il de longues heures?
7. Pour quoi avait-il de la compassion?
8. À quelle heure l'oncle partait-il?
9. Combien de temps fallait-il attendre son retour?
10. Pourquoi Victor ressemblait-il à une plante exotique?
11. À quel moment de l'année revenait-il?
12. Quelle est la date de l'Assomption?

COMPOSITION

A. Écrivez un paragraphe sur l'attitude de Victor envers les enfants.
B. Décrivez une plante exotique qui ne fleurit qu'une fois par an; il y en a
plusieurs espèces.
C. Utilisant la lecture comme modèle, rédigez une description d'un parent ou
d'un ami.
D. Décrivez en détail une fête familiale annuelle.

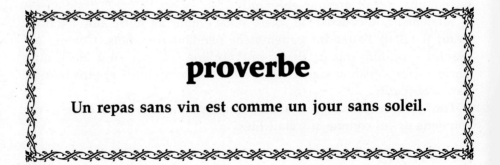

proverbe

Un repas sans vin est comme un jour sans soleil.

quatrième révision

GRAMMAIRE

1. Comparaison des adjectifs

a. The comparative form of adjectives is formed by placing **plus** *(more)*, **moins** *(less)*, or **aussi** *(as)* before the adjective, and **que** *(than)* before the person or thing being compared. A few adjectives are irregular in comparison and change form rather than add **plus.**

b. The superlative places the definite article before the comparative form and **de** *(in, of)* after the general category mentioned. When the adjective is one which normally follows the noun which it describes, it will follow in the superlative as well, and must be preceded by the definite article.

2. Pronoms personnels toniques

The pronoms toniques **(moi, toi, elle, lui, nous, vous, elles, eux)** are used to indicate stress or emphasis. After prepositions, in compound subjects or objects, in comparisons, when the subject or object of the sentence is to be emphasized, following **ce** and a form of the verb **être,** when the subject is separated from the verb, standing alone in answer to a question, and in the compound expression **–même** *(self)*, a **pronom tonique** is used in place of the usual subject or object pronoun.

3. Conditionnel et passé du conditionnel

The conditional mood uses the same stem as the future tense, and to this stem, the imparfait endings are added. It is translated always by *would,* and in addition to its regular use, is often used with the verbs **pouvoir** and **vouloir** when a softer, more polite form is desired. The past conditional is made up of the conditional form of the auxiliary and the past participle.

4. Plus-que-parfait

Actions performed at a point earlier in time than another past tense action are translated by the **plus-que-parfait.** It is made up of the **imparfait** of the auxiliary *(had)*, along with the past participle of the verb. In clauses introduced by **quand, lorsque, aussitôt que, dès que** or **après que,** the **passé surcomposé** or the **passé antérieur** is used in place of the **plus-que-parfait.**

5. Phrases conditionnelles

Conditional sentences are made up of two parts: the condition (**si**-clause) and the conclusion. They generally follow the same sequence of tenses in French as they do in English:

Condition	Conclusion
Si + présent	futur
Si + imparfait	conditionnel
Si + plus-que-parfait	passé du conditionnel

6. Pronoms démonstratifs

Celui, celle, ceux, celles are definite pronouns pointing out a specific object or person. They must agree with their antecedent in gender and in number. Their English equivalents are *this, that, these, those.* When differentiating between two specific items, they are often combined with **−ci** *(this,* or *the latter)* and **−là** *(that,* or *the former).*

7. Adverbes

An adverb modifies a verb, an adjective, or another adverb. It is often formed in French by adding **−ment** to the feminine singular form of the adjective, although there are several exceptions, such as **bon / bien, mauvais / mal,** and **petit / peu.** Adverbs formed from adjectives of more than one syllable which end in **−ent** (or **−ant**) change to **−emment (−amment),** while in a few adverbs, the final **−e** of the feminine form is replaced by **−é** before adding the usual **−ment.** When the verb being modified is a simple verb, the adverb usually follows the verb. In compound tenses, however, the adverb is usually placed between the auxiliary and the past participle. Adverbs of time often begin the sentence, but adverbs of place and time may both follow the past participle.

8. Comparaison des adverbes

Like adjectives, adverbs are compared by placing **plus, moins** or **aussi** before the adverb, and **que** before the item being compared. The superlative form is made up of the definite article and the comparative form of the adverb. Since adverbs have no gender, however, the **le** of the superlative is invariable.

EXERCICES

A. *Adjectifs. Complétez les phrases suivantes par l'équivalent des mots entre parenthèses:*

1. *(as important as)*   Mais mon père est _____ le vôtre!
2. *(bigger than)*   Paris est-il _____ New York?
3. *(less interesting than)*   Ce roman est _____ le dernier.
4. *(the best of)*   Le Monde est _____ tous les journaux.
5. *(the least expensive)*   Cette auto était _____.
6. *(the longest)*   La Loire est _____ fleuve de France.
7. *(the least important)*   Cette position est _____ de toutes les positions offertes.
8. *(better . . . than)*   Monique est _____ danseuse _____ Hélène.

B. *Pronoms. Complétez les phrases suivantes par les pronoms convenables:*

1. *(him)*   Je pense à _____.
2. *(him)*   Elle _____ a parlé dimanche.
3. *(him)*   Invitez-_____ aussi.
4. *(I)*   Tu es plus intelligent que _____.
5. *(I)*   _____ n'aime pas ce restaurant.
6. *(me)*   Donnez-le-_____.
7. *(me)*   Ne _____ le donnez pas.
8. *(them, f.)*   Ce sont _____.
9. *(them, f.)*   Nous ne _____ parlons pas.
10. *(them, f.)*   Je _____ ai rencontrées chez Pauline.

C. *Pronoms démonstratifs. Complétez les phrases suivantes par des pronoms démonstratifs:*

1. J'ai beaucoup aimé ce film-ci, mais _____ était un peu ennuyeux.   2. Elle préfère cette pièce-ci. _____ est trop longue.   3. Mes amis refusent de visiter ces monuments-ci, mais ils aiment beaucoup _____.   4. Ces cathédrales-ci sont magnifiques, mais _____ tombent en ruine.   5. Je dois acheter ce manteau-ci, mais _____ est plus élégant.

D. *Phrases conditionnelles. Complétez les phrases suivantes par la forme convenable du verbe:*

1. *(écrire)*   Si vous me donnez l'adresse, je lui _____.
2. *(avoir)*   Elle l'aurait fini si elle _____ plus de temps.
3. *(voir)*   Si tu _____ le film, tu l'aurais aimé.
4. *(pouvoir)*   Si je _____ venir, j'arriverai vers trois heures.
5. *(savoir)*   Elle aurait acheté le livre si elle _____ le titre.
6. *(vouloir)*   Si tu _____ le faire, je t'aiderais.
7. *(finir)*   Ils _____ s'ils avaient le temps.
8. *(venir)*   Si nous les invitons, ils _____ demain.

E. *Adverbes. Répondez aux questions suivantes en employant l'adverbe indiqué:*

1. Quand irez-vous à Paris? *(tomorrow)*
2. Aiment-ils cet hôtel? *(very much)*
3. Comment parle-t-elle? *(fluently)*
4. Avez-vous acheté un journal? *(already)*
5. Comment s'habille-t-il? *(elegantly)*
6. Allaient-elles au théâtre? *(often)*

F. *Devoir. Exprimez en français:*

1. We must finish tomorrow. 2. We were supposed to finish tomorrow. 3. We had to finish yesterday. 4. We will have to finish tomorrow. 5. We should finish tomorrow. 6. We should have finished yesterday.

prononciation 4

LIAISON

What is **liaison?** When does it occur? Equally important, when does it not occur? What happens to the pronunciation of the words when it does occur? Ignoring the established rules for **liaison** immediately marks the foreigner in France, and yet — the speech of a cultured Frenchman, of a youngster playing in the streets, of lycée and university students often seems to be inconsistent in the observance of or disregard for **liaison.**

Liaison is the articulation of the final consonant of a word — a final consonant normally not pronounced — before a word beginning with a vowel sound. In **Nous‿avons très peu d'argent,** for example, the final consonant **s** of **nous** is pronounced, even though it is silent in **Nous n'avons pas beaucoup d'argent,** or in **Dites-le-nous, c'est «nous» sans nous.** The sounding of the **s** in **nous** in the sentence **Nous‿avons très peu d'argent** is an example of **liaison.**

The changing, living, growing quality of spoken language is one of the elements responsible for the differences in French **liaison.** Today many of the rules which formerly governed the use of **liaison** are obsolete. Although poetic language (which is rarer and less liable to change) retains its extensive use of **liaison,** particularly in the more classic works, even twentieth-century poetry shows the modernizing influence, and in many cases **liaison** is limited.

The tendency to avoid or reduce **liaison** is particularly evident in casual or informal conversation. Just as contractions such as *don't, can't, shouldn't* are heard chiefly in everyday speech, yet avoided in more formal situations, **liaison** is much more frequently heard in formal, cultivated speech.

Even in the most casual of speech, however, there remain certain occasions where **liaison,** the pronouncing of a final consonant that would normally remain silent, is strictly practiced. Depending on the situation, there are other opportunities for **liaison** which may or may not be ignored — depending on the speaker. And finally, there are a number of contexts in which **liaison** is never correct.

SOME RULES GOVERNING LIAISON

a. Since the word **liaison** comes from the verb **lier** *(to link, fasten, connect)*, linking will occur only when it is appropriate. It will not occur at the end of a sentence: **Elle ira sans nous.** Nor will the final consonant be sounded, even

Trois cent onze

though the following word begins with a vowel, if the two words are separated by a pause of any sort, whether or not marked by a comma or other mark of punctuation: **Pour vous, il ferait n'importe quoi.** Within the sentence, however, words which belong together, words relating to a single idea, are subject to **liaison.**

b. Such a group of words may be signaled by a preposition, an article, a possessive or demonstrative adjective, or a conjunction.*

    1. Les‿enfants ne voulaient pas venir.   *definite article*
    2. Leurs‿élèves sont tous intelligents.   *possessive adjective*
    3. Ces‿animaux sont très féroces.   *demonstrative adjective*
    4. Il en veut un‿autre.   *indefinite article*
    5. Il est resté ici pendant‿un mois.   *preposition*
    6. Vos‿autres poèmes sont plus beaux.   *possessive adjective*
    7. Quand‿il arrivera, je le verrai.   *conjunction*

c. **Liaison** always occurs in a verb group made up of a verb (whether affirmative or negative) and object pronouns.*

    1. Je vous‿en prie.
    2. Allez-vous‿en.
    3. Ils ne nous‿ont pas vus.
    4. Elle me les‿a donnés.

Whenever possible, **liaison** also occurs between a verb and a dependent infinitive immediately following.*

    1. Il faut‿aller ensemble.
    2. Je dois‿être à Paris le 13 avril.

d. When the subject of the sentence is a pronoun, **liaison** connects it with the verb, if possible.*

    1. Ils‿écrivent de très bonnes lettres.
    2. Vous‿avez de la chance!
    3. Peut‿on le lire?
    4. Tout‿est fini.

Noun subjects, however, remain apart.*

    1. Les enfants écrivent de très bonnes lettres.
    2. Ces filles ont de la chance!

e. Certain idiomatic phrases and expressions, although difficult to classify under specific rules, are invariably connected by **liaison.***

    1. de plus‿en plus
    2. de mieux‿en mieux
    3. les Champs‿Élysées

4. tout_à coup
5. tout_à fait
6. tout_à l'heure
7. de temps_en temps
8. accent_aigu
9. petit_à petit
10. Comment_allez-vous?

f. Liaison does not occur before a word beginning with an aspirate **h:***

1. Un héros doit être courageux.
2. Les hiboux sont si intéressants!
3. Pour les Hollandais, la liberté est plus importante que la vie.

g. Liaison never occurs between words not connected by sense or between groups of words separated by a pause or by a mark of punctuation.

h. Liaison does not occur between a noun in the singular and a qualifying adjective which follows immediately.*

1. un sujet intéressant
2. un nez adorable

i. Liaison never occurs before the numbers **huit, onze, un.***

1. Ces onze garçons étaient très malheureux.
2. Nous serons huit à table.
   Exceptions: dix-huit; vingt-huit.

j. There is no **liaison** between **et** and a following word.*

1. En juillet et août il fait très chaud.
2. Il voyagera en Espagne et en Italie.

k. There are some optional **liaisons.** In casual conversation they may be ignored. In more formal speech, however, or in reading aloud, many of these would be heard.

CHANGES IN PRONUNCIATION CAUSED BY LIAISON

a. Although **liaison** itself consists of the sounding of a normally silent final consonant, that consonant is not sounded with the word to which it belongs. Rather, it becomes the first letter of the word following:*

1. les_enfants [le-zã-fã]
2. leurs_élèves [lœʀ-ze-lɛv]
3. Comment_allez-vous? [kɔ-mã-ta-le-vu]

b. The **f** of **neuf,** in two instances, is pronounced as **v** in liaison:*

1. neuf‿heures [nœ-vœʀ]
2. neuf‿ans [nœ-vã]

c. The **d** of **quand** is sounded as **t** in liaison:*

Quand‿il [kã-til]

vingt et unième
leçon

CONVERSATION: Qu'as-tu?

SOLANGE: Qu'est-ce que tu as? Tu n'as pas bonne mine!

☆ KAREN: Oh, je n'ai rien. J'ai un peu froid, c'est tout.

SOLANGE: Tu as l'air fatigué. Tu n'es pas malade?

KAREN: Non, non. J'ai seulement un peu mal à la tête. Et je commence à avoir mal à la gorge.

SOLANGE: Prends garde! C'est la saison de la grippe! Moi aussi, j'ai mal à la gorge. Mais je n'ai pas froid, j'ai chaud. Je n'ai pas bien dormi cette nuit.

☆

KAREN: Moi non plus. J'avais mal au dos. Et mon oreiller est tombé par terre, les couvertures ont glissé au pied du lit, et le réveil a sonné une heure en avance!

SOLANGE: Ma pauvre amie! Quelle nuit affreuse! As-tu déjeuné ce matin?

KAREN: Non, je n'ai pas du tout faim. Mais j'ai très soif!

SOLANGE: Tu as besoin d'un bon thé au citron, très chaud.

☆ KAREN: Nous avons toutes les deux besoin de repos! Heureusement que les vacances arrivent!

SOLANGE: Et pas un instant trop tôt!

PRATIQUE

Posez les questions et donnez les réponses, en suivant les indications:

☆ Qu'est-ce que tu as?	Je n'ai rien.
Qu'est-ce qu'ils ont?	Ils n'ont rien.
Qu'est-ce que j'ai?	Tu n'as rien.
Qu'ont-elles?	Elles n'ont rien.
Qu'avez-vous?	Nous n'avons rien.
Qu'a-t-il?	Il n'a rien.
Qu'as-tu?	Je n'ai rien.

☆ As-tu froid?	Oui, j'ai froid.
As-tu l'air fatigué?	Oui, j'ai l'air fatigué.
As-tu mal à la tête?	Oui, j'ai mal à la tête.
As-tu mal à la gorge?	Oui, j'ai mal à la gorge.

☆ As-tu chaud?	Non, je n'ai pas chaud.
As-tu froid?	Non, je n'ai pas froid.
As-tu mal au dos?	Non, je n'ai pas mal au dos.
As-tu faim?	Non, je n'ai pas faim.
As-tu soif?	Non, je n'ai pas soif.
As-tu besoin d'un thé chaud?	Non, je n'ai pas besoin d'un thé chaud.
As-tu besoin de repos?	Non, je n'ai pas besoin de repos.

VOCABULAIRE

affreux	frightful	faire des excuses	make excuses
aller à bicyclette	go by bicycle	glissé	slid
aller à cheval	go on horseback	grippe *f.*	flu
aller à pied	go on foot	mal à la gorge	sore throat
aller bien	be well	mal au dos	backache
aller mal	be ill	match *m.*	sports match
aspirine *f.*	aspirin	mine *f.*	countenance, "look"
avoir besoin de	need	oreiller *m.*	pillow
avoir l'air . . .	seem, look as if	ôte	take off
caresser	caress	par terre	on the floor, on the ground
cette nuit *f.*	last night		
chaud	hot	pied du lit *m.*	foot of the bed
citron *m.*	lemon	prends garde	take care, be careful
comment allez-vous?	how are you?	refuser	refuse
cou *m.*	neck	repos *m.*	rest
couvertures *f.pl.*	blankets	réveil *m.*	alarm clock
estomac *m.*	stomach	soif *f.*	thirst

GRAMMAIRE ET EXERCICES

1. Locutions verbales (Verbal expressions)

a. **aller**

aller bien, aller mal

Comment vas-tu?	*How are you?*
Je vais bien, merci.	*I'm fine, thank you.*

aller à cheval, à bicyclette, à pied

Il est allé en classe à bicyclette.	*He went to class on a bicycle.*
Il préfère aller à pied.	*He prefers to walk.*

ça va

Comment ça va?	*How's everything?*

ça vous va

Cette coiffure vous va bien.	*That hair style suits you well.*

s'en aller

Elle s'en est allée.	*She went away.*

EXERCICE A

Répondez aux questions suivantes en employant une locution verbale:

MODÈLE: **Comment va-t-il** aujourd'hui?
Il va bien. (Ou) Il va mal. (Ou) Il va mieux aujourd'hui.

1. Comment allez-vous aujourd'hui?   2. Et votre sœur?   3. Et votre projet — est-ce que ça va bien aussi?   4. Comment trouvez-vous ce manteau que je viens d'acheter?   5. Mais où est Charles? Je ne le vois pas!

b.   **avoir**

    avoir âge, avoir ans

Quel âge a-t-il?	*How old is he?*
Il a cinq ans.	*He is five.*

    avoir l'air (de)

Elle a l'air triste.	*She looks sad.*
Elle a l'air intelligent.	*She looks intelligent.*
Elle a l'air d'être intelligente.	

    avoir besoin (de)

Tu as besoin de moi.	*You need me.*
J'ai besoin de manger.	*I need to eat.*

    avoir chaud

J'ai toujours chaud.	*I'm always warm.*

NOTE: 1. When the subject is not a person, **être** is used:

       Ce café est très chaud.   *This coffee is very hot.*

    2. When describing the weather, **faire** is used:

       Mais il fait très chaud!   *But it's awfully hot!*

    avoir de la chance

Vous avez de la chance!	*You're lucky!*

    avoir envie (de)

J'ai envie de rester ici.	*I feel like staying here.*

    avoir faim

Il avait très faim.	*He was very hungry.*

    avoir froid

Nous avions froid.	*We were cold.*
But: **La viande est froide!**	*The meat is cold!*
Qu'il fait froid!	*It's cold out!*

    avoir honte (de)

Vous devriez avoir honte.	*You should be ashamed.*

avoir lieu

La réunion aura lieu demain.	*The meeting will take place tomorrow.*

avoir mal

As-tu mal aux dents?	*Do you have a toothache?*

avoir peur (de)

J'ai peur des chiens.	*I'm afraid of dogs.*

avoir raison

Tu as toujours raison.	*You are always right.*

avoir soif

Avez-vous soif?	*Are you thirsty?*

avoir sommeil

Il avait sommeil.	*He was sleepy.*

avoir tort

Nous avons tort.	*We are wrong.*

avoir + subject

Qu'avez-vous?	*What's the matter with you?*

il y a

Il y a deux livres ici.	*There are two books here.*

EXERCICE B*

Mettez les phrases suivantes à l'imparfait:

MODÈLE: **J'ai** soif.   **J'avais** soif.

1. Il y a un bon film au cinéma.   2. J'ai terriblement sommeil.   3. Nous avons tous les deux froid.   4. Il a toujours de la chance.   5. Vous avez encore faim?   6. Mon patron a besoin d'un sténo-dactylo.   7. Ils ont envie d'aller au musée.   8. Marcel a l'air stupide.   9. Pourquoi avez-vous peur?   10. Ont-elles tort?

EXERCICE C

Complétez les phrases suivantes par les mots convenables. Choisissez parmi ces **mots: âge, l'air, besoin, chaud, de la chance, envie, faim, froid, honte, lieu, mal, peur, raison, soif, sommeil, tort.**

MODÈLE: Les enfants ont toujours _____.
          Les enfants ont toujours **faim.**

1. Elle a toujours _____ en hiver. 2. Regardez Marthe! Elle a _____ si heureuse aujourd'hui! 3. Le match de basketball aura _____ vendredi. 4. Quel _____ as-tu? 5. Paul a trouvé de l'argent? Il a _____! 6. J'ai mal dormi cette nuit et aujourd'hui j'ai _____. 7. Son père est si sévère que Pauline a _____ de lui. 8. J'ai oublié ma leçon de musique et j'ai _____ de voir mon professeur. 9. Que voulez-vous faire ce matin? — J'ai _____ de visiter le musée. 10. Elle avait _____ et elle voulait aller au café pour prendre une tasse de café. 11. Mais vous avez _____! Il n'est pas venu avec Charles! 12. À quelle heure dînons-nous? J'ai très _____! 13. Mon frère est allé chez le dentiste parce qu'il avait _____ aux dents. 14. Mais pour acheter une voiture vous avez _____ de beaucoup d'argent. 15. Porter un pull-over? Mais j'ai _____! 16. Oui, je suis d'accord. Vous avez _____.

EXERCICE D

Exprimez en français:

1. What's the weather like?
2. Is it snowing?
3. It's always cold in winter.
4. Is it windy out?
5. Yes, but the sun is shining.
6. I am happy when it rains.
7. There were six of them.
8. How old is she? She's twenty-three.

EXERCICE E*

Répétez les phrases suivantes en commençant par les mots indiqués:

MODÈLE: Vous avez mal à l'estomac. (Il est dommage que)
Il est dommage que vous ayez mal à l'estomac.

1. Vous allez mieux. (Il est bon que)
2. Tu as mal aux yeux. (Je regrette que)
3. Marc a mal au dos. (Il est impossible que)
4. Nous aurons mal à la tête. (Pensez-vous que)
5. Après un match de soccer, tout le monde a mal aux jambes. (Il est possible que)
6. J'ai mal à la gorge. (Il est rare que)
7. Vous avez mal aux pieds. (Je m'étonne que)
8. Elle a mal au cou. (Je doute que)

REPRISE

EXERCICE F

Complétez les phrases suivantes par la forme convenable du verbe:

MODÈLE: (dire) Si je te _____ leurs noms, les inviteras-tu?
Si je te **dis** leurs noms, les inviteras-tu?

1. (lire)   Si je te donne mon livre, le _____-tu?
2. (comprendre)   S'il vous l'expliquait, _____-vous?
3. (savoir)   Si je _____ son adresse, j'irais le voir.
4. (entendre) Tu l'aimeras si tu l'_____.
5. (avoir)   Si vous _____ assez d'argent, l'auriez-vous acheté?
6. (boire)   Je ne l'_____ pas _____ si j'avais su ce qui arriverait.
7. (faire)   Le _____-il si tu le demandes?
8. (pouvoir)   Elle irait si elle _____.

EXERCICE G

Répondez aux questions suivantes à la forme affirmative:

MODÈLE: Est-ce que **vous voulez** partir de bonne heure?
          Oui, **je veux** partir de bonne heure.

1. Est-ce que vous voulez aller au théâtre avec nous?   2. Est-ce que Marie doit travailler beaucoup?   3. Est-ce qu'il faut rester ici jusqu'à midi?   4. Est-ce que tu vas sortir ce soir?   5. Est-ce que vous refusez de faire vos devoirs?   6. Est-ce que tu choisis de faire des études de médecine?   7. Est-ce que vous venez de parler avec Marc?   8. Est-ce que vous cherchez à être invité chez eux?

EXERCICE H

Exprimez au passé composé:

MODÈLE: **Je me lève** à sept heures.
          Je me suis levé à sept heures.

1. Tu te laves avant de t'habiller, n'est-ce pas?   2. Ensuite tu te brosses les dents.   3. S'amusent-ils bien ensemble?   4. À quelle heure se mettent-ils à table?   5. Est-ce qu'il ne se réveille pas de bonne heure?   6. Pourquoi vous faites-vous couper les cheveux?

EXERCICE I

Exprimez au passé en employant le passé composé et l'imparfait:

Jeudi Paul se réveille très tôt le matin. Il se lève tout de suite, mais il est toujours fatigué. Il a mal à la tête, et les yeux lui font mal. Il se regarde dans le miroir. Il remarque que ses yeux sont tout rouges. Qu'il fait froid dans son appartement! Il n'a pas faim, ce qui est difficile à comprendre! Mais peut-être faut-il aller chez le médecin?

EXERCICE J

Complétez les phrases suivantes par la forme convenable du verbe. Il faut choisir parmi le plus-que-parfait, le passé surcomposé, et le passé antérieur:

MODÈLE: (aller) Il _____ en Suisse avant de recevoir sa lettre.
Il **était allé** en Suisse avant de recevoir sa lettre.

1. (venir)   Elles _____ tout de suite.
2. (acheter) Quand j' _____ le chapeau, je suis rentrée.
3. (lire)   Quand il _____ le livre, il le donna à Marc.
4. (oublier) Aussitôt que tu l'_____, tu as recommencé.
5. (refuser) Il _____ son invitation, mais son ami avait insisté.
6. (partir)   Quand nous _____ en vacances, nous avons emmené notre frère.
7. (dormir)   Dès qu'il _____ huit heures, il se réveilla plein de vigueur.
8. (arriver) Aussitôt que vous _____, ils nous ont téléphoné.

EXERCICE K

Complétez les phrases suivantes par le pronom convenable:

MODÈLE: *(him)* Je _____ ai parlé hier.
Je **lui** ai parlé hier.

1. *(them)*   Je _____ ai écrit lundi.
2. *(them)*   Est-ce que vous _____ voulez?
3. *(there)* Nous ne voulons pas _____ aller.
4. *(me)*   Donnez-les-_____.
5. *(her)*   _____ avez-vous parlé récemment?
6. *(who)*   Mon amie _____ est très jolie n'aime pas y aller.
7. *(whom)*   _____ est-ce que vous cherchez?
8. *(any)*   Ils ne m'_____ ont pas donné.

EXERCICE L

Exprimez en français en employant **pouvoir:**

1. she is able to
2. she used to be able to
3. she has been able to
4. she will be able to
5. she would be able to
6. she will have been able to
7. she would have been able to
8. she had been able to
9. that she is able to *(subjunctive)*
10. that she was able to *(subjunctive)*

LECTURE: Le Bouillon

*Jean-Jacques Sempé et Nicolas Goscinny, les auteurs de ce souvenir
d'enfance perspicace, ressemblent beaucoup aux petits garçons qu'ils
décrivent. Eux-mêmes gamins indisciplinés et spirituels, ils ont pris
place aujourd'hui parmi les dessinateurs et les auteurs les plus re-
cherchés en France et à l'étranger. Ce petit aperçu de la «vie scolaire,» 5
écrit comme parlent les enfants, provoquera une crise de nostalgie
chez tous ceux qui ont jamais été enfants!*

Aujourd'hui, à l'école, la maîtresse a manqué.[1] Nous étions dans la cour, en rang, pour entrer en classe, quand le surveillant[2] nous a dit: «Votre maîtresse est malade, aujourd'hui.» 10

Et puis monsieur Dubon, le surveillant, nous a conduits en classe. Le surveillant, on l'appelle le Bouillon, quand il n'est pas là, bien sûr. On l'appelle comme ça, parce qu'il dit tout le temps: «Regardez-moi dans les yeux» et dans le bouillon il y a des yeux.[3] Moi non plus je n'avais pas compris tout de suite, c'est des grands[4] qui me l'ont expliqué. 15 Le Bouillon a une grosse moustache et il punit souvent, avec lui, il ne faut pas rigoler.[5] C'est pour cela qu'on était embêté[6] qu'il vienne nous surveiller, mais, heureusement, en arrivant en classe, il nous a dit: «Je ne peux pas rester avec vous, je dois travailler avec monsieur le Directeur, alors, regardez-moi dans les yeux et promettez-moi d'être sages.» Tous 20 nos tas[7] d'yeux ont regardé dans les siens et on a promis. D'ailleurs, nous sommes toujours assez sages.

Mais il avait l'air de se méfier,[8] le Bouillon, alors, il a demandé qui était le meilleur élève de la classe. «C'est moi, monsieur!» a dit Agnan, tout fier. Et c'est vrai, Agnan c'est le premier de la classe, c'est aussi 25 le chouchou de la maîtresse[9] et nous on ne l'aime pas trop, mais on ne peut pas lui taper dessus[10] aussi souvent qu'on le voudrait, à cause de ses lunettes. «Bon, a dit le Bouillon, tu vas venir t'asseoir à la place de la maîtresse et tu surveilleras tes camarades. Je reviendrai de temps en temps voir comment les choses se passent. Révisez vos leçons.» Agnan, 30 tout content, est allé s'asseoir au bureau de la maîtresse et le Bouillon est parti.

«Bien, a dit Agnan, nous devions avoir arithmétique, prenez vos cahiers, nous allons faire un problème.» «T'es pas un peu fou?»[11] a demandé Clotaire. «Clotaire, taisez-vous!»[12] a crié Agnan, qui avait vraiment l'air 35 de se prendre pour la maîtresse. «Viens me le dire ici, si t'es un homme!» a dit Clotaire et la porte de la classe s'est ouverte et on a vu entrer le Bouillon tout content. «Ah, il a dit. J'étais resté derrière la porte pour écouter. Vous là-bas, regardez-moi dans les yeux!» Clotaire a regardé, mais ce qu'il a vu n'a pas eu l'air de lui faire tellement plaisir. «Vous 40 allez me conjuguer le verbe:[13] je ne dois pas être grossier[14] envers un camarade qui est chargé de me surveiller et qui veut me faire faire des problèmes d'arithmétique.» Après avoir dit ça, le Bouillon est sorti, mais il nous a promis qu'il reviendrait.

---

1. **maîtresse a manqué** schoolmistress was absent.   2. **surveillant** in France, a member of the school staff whose duty is to supervise the children and maintain order.   3. **yeux** eyes *(the small globules of fat on the surface of very hot broth or bouillon).*   4. **grands** older children, "big kids."   5. **rigoler** fool around   6. **embêtés** annoyed.   7. **tas** heaps, "bunches."   8. **se méfier** be suspicious.   9. **chouchou de la maîtresse** teacher's pet.   10. **taper dessus** hit, "pitch into."   11. **T'es pas un peu fou?** Are you nuts?   12. **taisez-vous** shut up!   13. **conjuguer le verbe** conjugate the verb *("conjugating verbs" is the equivalent of "writing lines" as punishment for misconduct).*   14. **grossier** rude.

Joachim s'est proposé pour guetter[15] le surveillant à la porte, on a 45
été tous d'accord, sauf Agnan, qui criait: «Joachim à votre place!» Joachim
a tiré la langue[16] à Agnan, il s'est assis devant la porte et il s'est mis
à regarder par le trou de la serrure.[17] «Il n'y a personne, Joachim?» a
demandé Clotaire. Joachim a répondu qu'il ne voyait rien. Alors Clotaire
s'est levé et il a dit qu'il allait faire manger son livre d'arithmétique à 50
Agnan, ce qui était vraiment une drôle d'idée, mais ça n'a pas plu à
Agnan qui a crié: «Non! J'ai des lunettes!» «Tu vas les manger aussi!» a
dit Clotaire, qui voulait absolument qu'Agnan mange quelque chose.
Mais Geoffroy a dit qu'il ne fallait pas perdre du temps avec des bêtises,
qu'on ferait mieux de jouer à la balle. «Et les problèmes, alors?» a de- 55
mandé Agnan, qui n'avait pas l'air content, mais nous, on n'a pas fait
attention et on a commencé à se faire des passes et c'est drôlement
chouette[18] de jouer entre les bancs. Quand je serai grand, je m'achèterai
une classe, rien que pour jouer dedans. Et puis, on a entendu un cri
et on a vu Joachim, assis par terre et qui se tenait le nez avec les mains. 60
C'était le Bouillon qui venait d'ouvrir la porte et Joachim n'avait pas
dû[19] le voir venir. «Qu'est-ce que tu as?» a demandé le Bouillon, tout
étonné, mais Joachim n'a pas répondu, il faisait ouille ouille[20] et c'est
tout, alors le Bouillon l'a pris dans ses bras et l'a emmené dehors.[21]
Nous, on a ramassé la balle et on est retourné à nos places. 65

Quand le Bouillon est revenu avec Joachim, qui avait le nez tout
gonflé,[22] il nous a dit qu'il commençait à en avoir assez[23] et que si ça
continuait, on verrait ce qu'on verrait. «Pourquoi ne prenez-vous pas
exemple sur votre camarade Agnan?» il a demandé, «il est sage, lui.»
Et le Bouillon est parti. On a demandé à Joachim ce qui lui était arrivé 70
et il nous a répondu qu'il s'était endormi à force de regarder par le
trou de la serrure.

«Un fermier va à la foire, a dit Agnan, dans un panier, il a vingt-
huit œufs à cinq cents francs la douzaine[24] . . .» «C'est de ta faute, le
coup du nez» a dit Joachim. «Ouais!»[25] a dit Clotaire, on va lui faire 75
manger son livre d'arithmétique, avec le fermier, les œufs et les lunettes!»
Agnan, alors, s'est mis à pleurer, il nous a dit que nous étions des
méchants et qu'il le dirait à ses parents et qu'ils nous feraient tous
renvoyer et le Bouillon a ouvert la porte. On était tous assis à nos
places et on ne disait rien et le Bouillon a regardé Agnan qui pleurait 80
tout seul, assis au bureau de la maîtresse. «Alors quoi, il a dit, le Bouillon,
c'est vous qui vous dissipez,[26] maintenant! Vous allez me rendre fou!
Chaque fois que je viens, il y en a un autre qui fait le pitre![27] Regardez-

---

15. **guetter** watch out for. 16. **tiré la langue** stuck out his tongue. 17. **le trou de la serrure**
the keyhole. 18. **drôlement chouette** "really terrific." 19. **n'avait pas dû** must not have. 20.
ouille ouch. 21. **dehors** outside. 22. **gonflé** swollen. 23. **en avoir assez** to have enough of. 24.
cinq cents francs la douzaine sum expressed in "old francs," current expression would be "fifty
francs." 25. **ouais** yes! 26. **vous dissipez** wasting time. 27. **fait le pitre** acting up, playing
the buffoon.

moi bien dans les yeux, tous! Si je reviens encore une fois et je vois quelque chose d'anormal, je sévirai!»[28] et il est parti de nouveau. Nous, 85 on s'est dit que ça n'était plus le moment de faire les guignols,[29] parce que le surveillant, quand il n'est pas content, il donne de drôles de punitions. On ne bougeait pas, on entendait seulement renifler[30] Agnan et mâcher[31] Alceste, un copain qui mange tout le temps. Et puis, on a entendu un petit bruit du côté de la porte. On a vu le bouton de la 90 porte qui tournait très doucement et puis la porte a commencé à s'ouvrir, petit à petit, en grinçant.[32] Tous, on regardait et on ne respirait pas souvent, même Alceste s'est arrêté de mâcher. Et, tout d'un coup, il y en a un qui a crié: «C'est le Bouillon!» La porte s'est ouverte et le Bouillon est entré, tout rouge. «Qui a dit ça?» il a demandé. «C'est Nicolas!» a 95 dit Agnan. «C'est pas vrai, sale menteur!»[33] et c'était vrai que c'était pas[34] vrai, celui qui avait dit ça, c'était Rufus. «C'est toi! C'est toi! C'est toi!» a crié Agnan et il s'est mis à pleurer. «Tu seras en retenue!»[35] m'a dit le Bouillon. Alors je me suis mis à pleurer, j'ai dit que «ce n'était pas juste et que je quitterais l'école et qu'on me regretterait bien.» 100 «C'est pas lui, m'sieu, c'est Agnan qui a dit le Bouillon!» a crié Rufus. «Ce n'est pas moi qui a dit le Bouillon!» a crié Agnan. «Tu as dit le Bouillon, je t'ai entendu dire le Bouillon parfaitement, le Bouillon!» «Bon, ça va comme ça, a dit le Bouillon, vous serez tous en retenue!» «Pourquoi moi? a demandé Alceste. Je n'ai pas dit le Bouillon, moi!» 105 «Je ne veux plus entendre ce sobriquet[36] ridicule, vous avez compris?» a crié le Bouillon, qui avait l'air drôlement énervé.[37] «Je ne viendrai pas en retenue!» a crié Agnan et il s'est roulé par terre en pleurant et il avait des hoquets[38] et il est devenu tout rouge et puis bleu. En classe, à peu près tout le monde criait ou pleurait, j'ai cru que le Bouillon 110 allait s'y mettre aussi, quand le Directeur est entré. «Que se passe-t-il, le Bouil . . . Monsieur Dubon?» il a demandé le Directeur.[39] «Je ne sais plus, monsieur le Directeur, a répondu le Bouillon, il y en a un qui se roule par terre, un autre qui saigne du nez[40] quand j'ouvre la porte, le reste qui hurle, je n'ai jamais vu ça! Jamais!» Et le Bouillon 115 se passait la main dans les cheveux et sa moustache bougeait dans tous les sens.

Le lendemain, mademoiselle est revenue, mais le Bouillon a manqué.

Extrait du *Petit Nicolas* de Sempé-Goscinny, © Éditions Denoël, Paris

120

28. **sévirai** will act severely.   29. **faire les guignols** act foolish.   30. **renifler** sniffle.   31. **mâcher** chew.   32. **grinçant** creaking *(door)*.   33. **sale menteur** dirty liar.   34. **c'était pas** the omission of **ne** in negative sentences is characteristic of rapid and colloquial speech.   35. **retenue** detention, staying after school.   36. **sobriquet** nickname.   37. **énervé** unnerved, at his wit's end.   38. **hoquets** hiccups.   39. **il a demandé le Directeur** the Director asked *(the **il** in this sentence is imitative of children's speech "the Director he asked").*   40. **saigne du nez** bleeding from the nose, "has a bloody nose."

QUESTIONS

1. Où se trouvent les petits garçons dans cette histoire?
2. Pourquoi est-ce que le surveillant est responsable d'eux ce jour-là?
3. Quel est le nom du surveillant?
4. Quel est son sobriquet?
5. Pourquoi ne reste-t-il pas dans la classe?
6. Qui est le chouchou de la maîtresse?
7. Qu'est-ce qu'un chouchou?
8. Où s'assied Agnan?
9. Que veut-il que la classe fasse?
10. Est-ce que la classe fait ce que veut Agnan?
11. Où est-ce que le surveillant était resté pour écouter?
12. Qu'est-ce qu'il a donné à Clotaire comme punition? Faites-le vous-même!
13. Pour quoi Joachim s'est-il proposé?
14. Qu'est-ce que Clotaire voulait faire faire à Agnan?
15. Pourquoi les enfants ne doivent-ils pas taper sur Agnan?
16. A quoi décident-ils de jouer?
17. Est-ce que Joachim a vu venir le surveillant?
18. Qu'est-ce qui est arrivé?
19. Qui est-ce qui a crié «le Bouillon»?
20. Qui est finalement entré dans la classe?
21. Qu'est-ce que le Directeur a appelé le surveillant?
22. Le lendemain, qui manquait?

COMPOSITION

A. Expliquez l'origine du sobriquet du surveillant.
B. Racontez l'incident où Joachim a reçu un coup au nez.
C. Tout le monde a vécu des situations semblables à celle de notre histoire; rédigez une composition de deux pages au sujet d'un pareil incident de votre enfance. N'oubliez pas de:
   1. situer l'incident dans le temps et dans un lieu;
   2. identifier les personnages;
   3. indiquer l'importance des personnages à l'histoire;
   4. mener l'action à un point culminant;
   5. résumer le récit par une conclusion, moralisante ou pas, selon votre disposition.

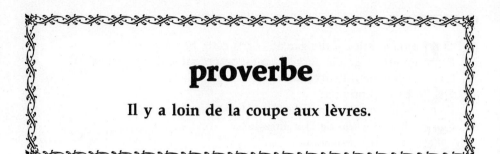

proverbe

Il y a loin de la coupe aux lèvres.

vingt-deuxième leçon

CONVERSATION: La liste

(Un frère et une sœur regardent la liste de corvées que leur mère leur a laissée.)

FRÈRE: *(lisant la liste à haute voix.)* Faire la vaisselle, nettoyer le salon, cirer les chaussures . . .

SŒUR: *(qui prend la liste et continue à lire.)* . . . repasser le linge, épousseter les meubles, passer l'aspirateur . . .

☆ FRÈRE: *(Il continue.)* . . . éplucher les légumes, chercher le pain et mettre la table! Mon Dieu! On en a pour tout l'après-midi. Et moi, qui comptais sortir; on n'en finira jamais.

SŒUR: Si, si! Fais voir . . . on va partager: moi, je déteste faire la vaisselle mais je me plais à nettoyer le salon . . .

FRÈRE: . . . et si je me dépêche de cirer les chaussures, nous pourrons repasser le linge ensemble . . .

SŒUR: . . . et toi, tu peux passer l'aspirateur et moi, je vais épousseter les meubles . . .

FRÈRE: . . . et je tâcherai d'éplucher les pommes de terre si tu veux bien chercher le pain.

SŒUR: Si cela t'est égal, je préfère mettre la table et toi, tu peux chercher le pain.

☆ FRÈRE: D'accord!

SŒUR: Formidable! On aura fini dans une heure et demie!

PRATIQUE

Posez les questions et donnez les réponses en suivant les indications:

☆ Allez-vous faire la vaisselle?	Oui, nous allons faire la vaisselle.
Allez-vous cirer les chaussures?	Oui, nous allons cirer les chaussures.
Allez-vous éplucher les légumes?	Oui, nous allons éplucher les légumes.
Allez-vous épousseter les meubles?	Oui, nous allons épousseter les meubles.
Allez-vous chercher le pain?	Oui, nous allons chercher le pain.
Allez-vous mettre la table?	Oui, nous allons mettre la table.
☆ Détestes-tu faire la vaisselle?	Oui, je déteste faire la vaisselle.
Te plais-tu à nettoyer le salon?	Oui, je me plais à nettoyer le salon.
Te dépêches-tu de cirer les chaussures?	Oui, je me dépêche de cirer les chaussures.
Pourrons-nous repasser le linge ensemble?	Oui, nous pourrons repasser le linge ensemble.
Tâches-tu d'éplucher les pommes de terre?	Oui, je tâche d'éplucher les pommes de terre.
Veux-tu chercher le pain?	Oui, je veux chercher le pain.

VOCABULAIRE

achat *m.*	purchase	hésité	hesitated
achever	finish	laissé	left
aspirateur *m.*	vacuum cleaner	linge *m.*	linens, sheets, etc.
avis *m.*	opinion	lisant	reading
bénéfices *m.pl.*	benefits	liste *f.*	list
bottin *m.*	telephone directory	malgré	in spite of
cérémonie *f.*	ceremony	marge *m.*	margin
cesse-t-il?	does he/it stop?	meubles *m.pl.*	furniture
cirer	wax	nettoyer	clean
consent-elle?	does she consent?	perfectionner	improve, perfect
corvée *f.*	chore	permission *f.*	permission
coudre	sew	je me plais	I enjoy
coupe-papier *m.*	letter opener	préparatifs *m.pl.*	preparations
défendre	forbid	principes *m.pl.*	principles
enseignez	teach	rapport *m.*	relationship
éplucher	peel	repasser	iron
épousseter	dust	si cela t'est égal	if it's all the same to you
espères-tu?	do you hope, expect?	songe-t-elle?	does she dream?
essayé	tried	tâcherai	will try
fumer	smoke	tapez	type
formidable!	terrific! great!	tenez	here, hold
gare *f.*	station	timbre-dateur *m.*	date stamp
s'habitue-t-elle?	does she become accustomed?	vaisselle *f.*	dishes
		vivre	live

GRAMMAIRE ET EXERCICES

1. Infinitif (Infinitive)

The infinitive has many functions, but it most often occurs as a verbal:

Il était impossible d'aimer cet enfant.
It was impossible to love that child.

Je préfère ne pas parler allemand ici.
I prefer not to speak German here.

NOTE: Both **ne** and **pas** precede the infinitive.

2. Infinitif comme nom (Infinitive as a noun)

When the infinitive occurs as a noun, it may be preceded by the article:

le coucher du soleil   *the sunset*

The infinitive may serve as subject or object in the sentence:

Parler couramment une langue étrangère est difficile. (subject)
To speak a foreign language fluently is difficult.

Il aime **écrire.** (object)
He likes to write.

EXERCICE A*

Répondez aux questions suivantes en employant l'infinitif comme sujet:

MODÈLES: Est-ce que vous aimez **voyager?**
Oui, **voyager est toujours un plaisir.**

Est-ce que vous aimez **lire?**
Oui, **lire est toujours un plaisir.**

1. Est-ce que vous aimez manger? 2. Est-ce que vous aimez écrire?
3. Est-ce que vous aimez recevoir des lettres? 4. Est-ce que vous aimez travailler? 5. Est-ce que vous aimez étudier? 6. Est-ce que vous aimez regarder la télévision? 7. Est-ce que vous aimez coudre *(sew)?* 8. Est-ce que vous aimez faire du ski?

3. Infinitif après une préposition (Infinitives following a preposition)

All prepositions except **en** require the infinitive of the verb:

Sans écouter, elle s'est levée pour partir.
Without listening, she stood up to leave.

Pour finir, il a travaillé jour et nuit.
In order to finish, he worked day and night.

Avant de commencer, il a demandé sa permission.
Before beginning, he asked her permission.

NOTE: **Avant** *(before)* is always followed by **de** when it precedes an infinitive.

EXERCICE B*

Combinez les deux phrases en employant **avant de:**

MODÈLES: Nous avons parlé un peu. Puis nous avons **fini** nos devoirs.
Nous avons parlé un peu **avant de finir** nos devoirs.

Il a écouté plusieurs disques. Puis il a **acheté** celui-là.
Il a écouté plusieurs disques **avant d'acheter** celui-là.

1. Il a essayé plusieurs manteaux. Puis il a acheté celui-là. 2. Louise a écouté la radio. Puis elle est sortie avec Jeannette. 3. Nous avons bavardé pendant une heure. Puis nous avons commencé notre travail. 4. Ils ont essayé plusieurs fois. Puis ils ont demandé l'avis de leur voisin. 5. Il a hésité un instant. Puis il a téléphoné à la préfecture de police. 6. J'ai fait tous les préparatifs. Puis j'ai commencé. 7. J'ai cherché le numéro dans le bottin. Puis j'ai téléphoné à Claude. 8. Elle a joué du piano pendant une heure. Puis elle a commencé la lettre.

EXERCICE C*

Combinez les deux phrases en employant une préposition avec l'infinitif:

MODÈLES: Elle est sortie. Elle n'a pas **écouté.**
Elle est sortie **sans écouter.**

Il voulait **finir.** Il a travaillé nuit et jour.
Pour finir, il a travaillé nuit et jour.

1. Elle est partie. Elle n'a pas fini. 2. Il n'a pas dormi. Il est allé au bureau. 3. Nous avons voulu réussir. Nous avons travaillé nuit et jour. 4. Tu as voulu gagner. Tu as fait un grand effort. 5. J'ai fait mon rapport. Je n'ai pas entendu le conférencier. 6. Vous avez réussi à l'examen. Vous n'avez pas étudié.

4. Infinitif passé (Past infinitive)

The past infinitive always follows the preposition **après** *(after).* This form is made up of the infinitive of the auxiliary and the past participle of the verb:

Après avoir mangé un peu, il est sorti.
After eating a little, he went out.

Après être rentré, il a cherché partout l'argent perdu.
After returning, he looked everywhere for the lost money.

EXERCICE D*

Combinez les deux phrases en employant le passé de l'infinitif:

MODÈLES: J'ai **fait** mes achats. Puis je suis rentré.
Après avoir fait mes achats, je suis rentré.

Il a **fini** ses devoirs. Puis il est allé au café.
Après avoir fini ses devoirs, il est allé au café.

1. J'ai écrit une lettre à Jean. Puis je l'ai mise à la poste. 2. J'ai lu le journal. Puis je me suis endormi. 3. J'ai fait ma valise. Puis je suis allé à la gare en taxi. 4. J'ai trouvé son numéro de téléphone. Puis j'ai pris rendez-vous avec elle. 5. J'ai fini le roman. Puis je l'ai jeté dans un coin. 6. Je suis rentré. Puis j'ai commencé la nouvelle leçon. 7. Je suis arrivée. Puis j'ai pris une chambre à l'hôtel de l'Union. 8. J'ai demandé son nom. Puis je l'ai oublié.

5. Infinitif complément (Dependent infinitive)

When the infinitive is dependent on another verb, the infinitive may be preceded by **à** or **de,** or it may follow the verb directly, depending on the verb which precedes it:

Ils ont **commencé à étudier.**	*They began to study.*		
Ils ont **refusé d'étudier.**	*They refused to study.*		
Ils **aiment étudier.**	*They like to study.*		

There are no rules for determining which of these two prepositions, if either, will occur before a dependent infinitive. It is best to learn each verb and the required preposition, if any, as it occurs. The lists below will help, but it is wise to check a good dictionary which indicates the preposition required before a dependent infinitive. Some verbs have a different meaning when used with **à** than they do when used with **de:**

J'ai décidé **d'étudier.**	*I decided to study.*
J'ai décidé Paul **à étudier.**	*I persuaded Paul to study.*

Il demande **à croire.**	*He wants to believe.*
Il demande à ses amis **de croire.**	*He wants his friends to believe.*

a. Verbs which are not followed by a preposition:

aimer	*to like*	**falloir**	*to be necessary*
aimer mieux	*to prefer*	**laisser**	*to leave; to allow*
aller	*to go*	**oser**	*to dare*
compter	*to intend*	**pouvoir**	*to be able to*
croire	*to believe*	**préférer**	*to prefer*
désirer	*to desire*	**savoir**	*to know, know how*
devoir	*to owe, must*	**sembler**	*to seem*
entendre	*to hear*	**venir**	*to come*
espérer	*to hope*	**voir**	*to see*
faire	*to do, make*	**vouloir**	*to wish, want*

EXERCICE E

Répondez aux questions suivantes à la forme affirmative:

MODÈLES: Voulez-vous danser?
Oui, **je veux danser.**

Savez-vous danser?
Oui, **je sais danser.**

1. Voulez-vous aller au cinéma? 2. Aimes-tu faire du ski? 3. Peux-tu y aller? 4. Sais-tu conduire une auto? 5. Veux-tu étudier? 6. Vas-tu faire les devoirs? 7. Comptes-tu aller avec nous? 8. Préfères-tu rester à la maison? 9. Espères-tu voir ce film? 10. Devez-vous partir tout de suite?

b. Verbs followed by **de** before a dependent infinitive:

avoir peur de	*to be afraid*	**défendre de**	*to forbid*
cesser de	*to stop, cease*	**demander de**	*to ask*
craindre de	*to fear*	**se dépêcher de**	*to hurry*
décider de	*to decide*	**dire de**	*to tell*

empêcher de	to prevent	prier de	to beg, ask
essayer de	to try	promettre de	to promise
finir de	to finish	refuser de	to refuse
ordonner de	to order	regretter de	to regret
oublier de	to forget	remercier de	to thank
permettre de	to permit	tâcher de	to try

EXERCICE F

Répondez aux questions suivantes à la forme affirmative:

MODÈLES: Refuse-t-il de répondre?
Oui, il **refuse de répondre.**

Finit-il d'écrire?
Oui, il **finit d'écrire.**

1. Refuse-t-il de le faire? 2. Finit-il de travailler? 3. Essaie-t-il de venir? 4. Cesse-t-il de boire? 5. Regrette-t-il de le laisser? 6. Tâche-t-il de le dire? 7. Permet-il de fumer ici? 8. Défend-il de fumer dans la maison? 9. Oublie-t-il d'aller? 10. A-t-il peur d'oublier?

EXERCICE G

Mettez les phrases suivantes au passé composé:

MODÈLES: Il **n'essaie pas de venir.**
Il **n'a pas essayé de venir.**

Vous **me défendez d'écrire.**
Vous **m'avez défendu d'écrire.**

1. Il tâche d'oublier. 2. Elle me défend de venir. 3. Tu cesses de travailler. 4. J'oublie de préparer le dîner. 5. Vous essayez de finir. 6. Je finis d'écrire mes lettres. 7. Il me promet de rester. 8. Elle se dépêche de suivre. 9. Vous m'empêchez de lire l'article. 10. Tu m'ordonnes de le faire.

c. Verbs followed by **à** before a dependent infinitive:

aider à	to help	enseigner à	to teach
s'amuser à	to amuse onself	s'habituer à	to accustom one
apprendre à	to teach, learn	hésiter à	to hesitate
arriver à	to succeed	inviter à	to invite
avoir à	to have	recommencer à	to begin again
commencer à	to begin	réussir à	to succeed
consentir à	to consent	songer à	to think; dream
continuer à	to continue	tarder à	to delay in
se décider à	to decide	tenir à	to value; prize

EXERCICE H

Répondez aux questions suivantes à la forme affirmative:

MODÈLES: Consent-elle à venir?
Oui, elle consent **à venir.**

Continue-t-elle à écrire?
Oui, elle continue **à écrire.**

1. S'amuse-t-elle à chanter? 2. Commence-t-elle à travailler? 3. Réussit-elle à achever le travail? 4. S'habitue-t-elle à vivre seule? 5. Songe-t-elle à passer l'hiver ici? 6. Aide-t-elle à préparer le repas? 7. Les invite-t-elle à nous accompagner? 8. Hésite-t-elle à dire quelque chose? 9. Demande-t-elle à nous accompagner? 10. Continue-t-elle à visiter les musées?

EXERCICE I

Mettez les phrases suivantes à la forme négative:

MODÈLES: Ils **commencent à dîner.**
Ils **ne commencent pas à dîner.**

Il **s'amuse à dessiner.**
Il **ne s'amuse pas à dessiner.**

1. Je songe à voyager. 2. Ils ont recommencé à travailler. 3. Vous les aidez à finir. 4. Elle nous a invités à passer le week-end ici. 5. Il tient à aider les pauvres. 6. Vous arrivez à finir le livre. 7. Je leur enseigne à conduire une auto. 8. Il s'est habitué à travailler la nuit. 9. Elle s'apprend à faire du ski. 10. Nous avons réussi à vendre tous les billets.

6. Infinitif comme impératif (Infinitive as imperative)

The infinitive sometimes replaces the imperative in written commands and directions:

Faire la vaisselle. *Do the dishes.*
Mettre la table. *Set the table.*

EXERCICE J

Voici des instructions laissées pour un sténo-dactylo qui commence un nouveau travail. Mettez les verbes à l'infinitif:

MODÈLE: **Vous ouvrez** les lettres avec un coupe-papier.
Ouvrir les lettres avec un coupe-papier.

1. Vous ouvrez les lettres reçues avec un coupe-papier. 2. Vous mettez la date sur la correspondance avec un timbre-dateur. 3. Vous lisez les

lettres.   4. Vous notez sur la marge les indications nécessaires pour répondre.   5. Vous composez la réponse, ou vous écrivez la réponse dictée par le patron.   6. Vous tapez la réponse à la machine à écrire en double *(with carbon)*.   7. Vous mettez le nom et l'adresse du destinataire sur l'enveloppe.   8. Vous classez *(file)* le double.

7.   Verbe irrégulier <u>recevoir</u> (Irregular verb <u>recevoir</u>)

je reçois	*I receive*
tu reçois	*you receive*
il (elle) reçoit	*he (she) receives*
nous recevons	*we receive*
vous recevez	*you receive*
ils (elles) reçoivent	*they receive*

Present Subjunctive: **que je reçoive**   *that I receive*
Passé composé: **j'ai reçu**   *I received*

EXERCICE K

Répétez les phrases suivantes en employant les sujets indiqués:

MODÈLE: **Il reçoit** un paquet. (tu)
   Tu reçois un paquet.

1. Je reçois un chèque. (nous, elles, mon ami, vous)
2. Est-ce qu'il a reçu la nouvelle? (elle, tu, Marie, les enfants, votre père)

REPRISE

EXERCICE L

Complétez les phrases suivantes par la forme convenable du verbe, à l'indicatif ou au subjonctif:

MODÈLES: (venir)   Ils _____ toujours le dimanche.
   Ils **viennent** toujours le dimanche.

   (dire)   Qu'est-ce que vous voulez que je _____?
   Qu'est-ce que vous voulez que je **dise?**

1. (recevoir)   Qu'est-ce qu'il _____ pour ses services?
2. (vouloir)   Pourquoi ne _____-vous pas y aller?
3. (avoir)   Que _____-elles à faire?
4. (recevoir)   Est-ce qu'ils _____ des bénéfices?
5. (dire)   Nous ne _____ pas toute l'histoire.
6. (venir)   À quelle heure est-ce que tu _____?
7. (aller)   Est-ce que vous êtes sûr qu'elle _____ en Italie?
8. (tenir)   Il _____ toujours à ses principes.

9. (recevoir)   Il est bon que tu _____ tant d'argent de ton père.
10. (être)   Faut-il que je _____ présente à la cérémonie?

EXERCICE M

Complétez les phrases suivantes par la préposition **à** *ou* **de** *s'il y a lieu:*

MODÈLE: Il refuse _____ étudier.
           Il refuse **d'étudier.**

1. Il refuse _____ venir.   2. Vous voulez _____ partir tout de suite,
n'est-ce pas?   3. Elle commence _____ travailler le soir.   4. Je ne sais
pas _____ nager.   5. Tu continues _____ lire malgré tout.   6. Il finit
_____ faire ses devoirs.   7. Nous préférons _____ le voir nous-
mêmes.   8. Elle tient _____ perfectionner son français.   9. J'oublie
_____ fermer la porte.   10. Il regrette _____ être ici.   11. Nous allons
_____ partir à midi.   12. Elle a essayé _____ trouver son livre.   13. Tu
hésites _____ nous accompagner.   14. Vous pouvez toujours _____
sortir.   15. Il nous a défendu _____ fumer ici.

EXERCICE N

Exprimez en français:

1. To write a great book is his ambition.   2. To complete this article is
important.   3. After finishing his work, he left.   4. Before going to bed,
you must brush your teeth.   5. To forget his name is not nice.   6. Before
asking his permission, you should try it.   7. After promising the children
that they can come, you must do it.   8. To receive a check is always a
pleasure.

LECTURE: La Petite Poule d'Eau[1]

> *Gabrielle Roy est une femme de lettres canadienne d'expression fran-*
> *çaise. Originaire du Manitoba, elle est auteur de romans psychologi-*
> *ques qui traitent en général de la vie et de l'histoire des canadiens-*
> *français. Dans* La Petite Poule d'Eau, *elle décrit la lutte contre*
> *la nature et la solidarité de la cellule familiale, les deux forces qui*   5
> *formaient les traditions des premiers habitants de ce pays sauvage*
> *et magnifique au début de ce siècle. Dans cet extrait, nous trouvons*
> *les enfants Tousignant aux premiers moments de leur première classe*
> *dans leur première école.*
>
> *Les Tousignant, éleveurs de moutons, vivent seuls, loin de toute*   10
> *autre habitation. Famille nombreuse (onze enfants), ils ont obtenu*
> *du gouvernement leur propre école et leur propre maîtresse. L'école*

---

1. **poule d'eau** water hen.

elle-même, petit bâtiment tout neuf, se trouve à deux pas de leur
résidence. Ce matin, la mère, Luzina, ravie d'avoir enfin procuré
de l'éducation à ses enfants, ne peut pas résister à la tentation d'écouter 15
à la fenêtre ouverte de la salle de classe.

Vers dix heures et demie, Luzina eut besoin de[2] copeaux[3] pour alimenter
son four où cuisait un gâteau à la mélasse, et elle s'en alla tout naturellement ramasser ceux qui étaient tombés du rabot[4] d'Hippolyte[5] tout
autour de l'école. Loin d'elle, l'idée d'épier[6] la maîtresse. Luzina était 20
bien déterminée à respecter l'indépendance de mademoiselle Côté.[7] Ce
matin même, elle croyait avoir tranché[8] une fois pour toutes cette question du partage[9] de l'autorité dans l'île de la Petite Poule d'Eau. «À
l'école, avait prononcé Luzina, vous obéirez aveuglément[10] à votre
maîtresse.» Elle ne serait pas de ces femmes qui tiennent pour leurs 25
enfants contre la maîtresse,[11] les plaignent d'une petite correction reçue
et nuisent ainsi au prestige de l'autorité.[12]

Le dos penché, la tête rentrée dans les épaules, elle s'apprêtait[13] à
dépasser le coin de l'école sans être vue par la fenêtre ouverte, lorsqu'une
question bien précise cloua Luzina sur place.[14]   30

— Dans quelle province vivons-nous? voulait savoir mademoiselle
Côté.

Quelle question? Luzina s'apprêtait à répondre. Il se trouvait[15] une
souche,[16] tout contre l'école, exactement sous la fenêtre ouverte. Luzina
s'y laissa choir.[17]   35

— Quel est le nom de notre province? répéta mademoiselle Côté.
Aucun enfant ne répondait.

Luzina commença de se sentir mal à l'aise.[18] «Bande de petits
ignorants!» pensa-t-elle. «Vous devriez[19] pourtant savoir cela.» Ses lèvres
formaient la réponse, en détachaient les syllabes. Toute sa volonté[20]   40
était tendue à la faire passer dans l'esprit des écoliers. «Si c'est pas
une honte,[21] pas même savoir où on vit!»

Une voix s'éleva enfin, défaillante,[22] peureuse:
— La Poule d'Eau, Mademoiselle.

Luzina avait reconnu la voix de Pierre.   4[5]

«Si c'est pas honteux, un grand garçon de onze ans! se dit Luzina.

---

2. **eut besoin de** needed.   3. **copeaux** wood shavings.   4. **rabot** plane *(carpentry)*.   5. **Hippolyte**
Luzina's husband and builder of the schoolhouse.   6. **épier** spy on.   7. **mademoiselle Côté** the
schoolmistress.   8. **tranché** settled   9. **partage** sharing.   10. **aveuglément** blindly.   11. **qui tiennent . . . la maîtresse** who side with their children against the teacher.   12. **nuisent . . . autorité**
there undermine the prestige of authority.   13. **s'apprêtait** was preparing herself.   14. **cloua Luzina sur place** rooted Luzina to the spot.   15. **Il se trouvait** there was.   16. **souche** stump.   17.
s'y laissa choir flopped down.   18. **mal à l'aise** uneasy.   19. **devriez** should.   20. **volonté**
will.   21. **honte** shame.   22. **défaillante** faint.

Je m'en vas[23] lui en faire des Poule d'Eau quand il va revenir à la maison, celui-là.»

La maîtresse continuait avec patience.

— Non, Pierre, la Poule d'Eau est le nom de cette région seulement. [50] Encore,[24] je ne sais pas trop si c'est le véritable nom géographique. C'est plutôt, je crois, une expression populaire. Mais je demande le nom de la grande province dans laquelle est comprise la Poule d'Eau et bien d'autres comtés. Quelle est cette province?

Aucune illumination ne frappait l'esprit des écoliers Tousignant. [55]

— C'est une très grande province, les aida encore un peu plus mademoiselle Côté. Elle est presque aussi grande à elle seule que toute la France. Elle part des États-Unis et va jusqu'à la baie d'Hudson.

— Le Manitoba!

C'était Edmond qui venait de lancer le mot. Sa petite voix pointue[25] [60] avait pris l'accent même de la victoire. De l'autre côté du mur de l'école, Luzina était tout aussi fière. Son gras visage rose s'attendrissait.[26] Edmond vraiment! Une petite graine qui n'avait pas encore huit ans! Où est-ce qu'il avait appris celui-là que l'on vivait dans le grand Manitoba? Il avait le nez partout aussi, cet Edmond, fureteur,[27] toujours occupé à [65] écouter les grandes personnes. Luzina lui accorda une vaste absolution.

— Très bien, approuvait la maîtresse. Cette province est en effet[28] le Manitoba. Mais elle est comprise ainsi que huit autres provinces dans un très grand pays qui se nomme . . .

— Le Canada, offrit Pierre sur un ton de voix humble, comme s'ex- [70] cusant.

— Mais, oui, mais oui, très bien, Pierre. Puisque nous habitons le Canada, nous sommes des . . . Cana . . . des Canadi . . .

— Des Canadiens, trouva Pierre.

— C'est cela, c'est très bien, le félicita mademoiselle. [75]

Luzina convint[29] que Pierre s'était quelque peu racheté.[30] Tout de même:[31] aller dire qu'on vivait dans la province de la Poule d'Eau. Quel enfant imbécile!

— Nous sommes des Canadiens, poursuivait la maîtresse, mais nous sommes surtout des Canadiens français. Il y a bien longtemps, il y a [80] plus de trois cents ans, le Canada n'était habité que par des Peaux-Rouges. Le roi de France envoya alors un Français découvrir le Canada. Il se nommait Jacques Cartier.

Le soleil réchauffait Luzina, bien à l'abri[32] du vent, le dos contre le

---

23. **Je m'en vas** I'm going. 24. **encore** moreover. 25. **pointue** shrill. 26. **s'attendrissait** softened. 27. **fureteur** prying. 28. **en effet** indeed. 29. **convint** acknowledged. 30. **racheté** redeemed. 31. **tout de même** all the same. 32. **abri** shelter.

mur de l'école. Elle avait croisé les mains. Ravie, elle écoutait la belle, 85
vieille, vieille histoire, qu'elle avait connue un jour et, par la suite, presque oubliée. C'était beau! Plus beau encore que dans les livres à entendre
raconter par la maîtresse avec tout ce talent, cette jeunesse fervente
qu'elle y mettait. Luzina avait envie de rire, de pleurer.

— Les premiers colons furent des Français . . . le gouverneur de Mon- 90
tréal, Maisonneuve . . . Celui de Québec se nommait Champlain . . .
les explorateurs du Nouveau-Monde, presque tous étaient des Français:
Iberville, des Groseilliers, Pierre Radisson. Le Père Marquette et Louis
Joliet avaient découvert le chemin des Grands Lacs. La Vérendrye
était allé à pied[33] jusqu'aux Rocheuses.[34] Cavelier de la Salle avait 95
navigué jusqu'à l'embouchure[35] du Mississippi. Tout ce pays était à la
France . . .

— La Poule d'Eau aussi? demanda Edmond.

— La Poule d'Eau aussi, acquiesça[36] la maîtresse en riant.

Luzina sourit également avec indulgence. 100

Bien sûr, la France était maîtresse de tout le pays! En bonne écolière,[37]
Luzina suivait attentivement la leçon, mais elle était tout de même plus
avancée que les enfants; sa mémoire, délivrée de soucis ménagers,[38]
affranchie[39] de presque toute sa vie, déterrait[40] des dates, certaines batailles qu'elle retrouvait avec délices.[41] Tout en écoutant,[42] Luzina avait 105
même commencé de mener pour son propre compte[43] le récit du passé.

Extrait de *La Petite Poule d'Eau,* par Gabrielle Roy (édition révisée)

QUESTIONS

1. Où habite la famille Tousignant?
2. À quelle époque se passe cette histoire?
3. Pourquoi l'école est-elle importante pour la famille Tousignant?
4. Est-ce que l'école est loin de leur maison?
5. Pour quelle raison Luzina s'approche-t-elle de l'école?
6. Pourquoi y a-t-il des copeaux par terre?
7. Qui est Hippolyte?
8. Qui est la maîtresse d'école?
9. Est-elle gentille? Comment le savez-vous?
10. Où est Luzina quand elle entend une question posée par la maîtresse?
11. Quelle est la première question posée par la maîtresse?
12. Quelle est la réponse correcte?
13. D'où vient le nom «la Poule d'Eau»?

33. **à pied** on foot. 34. **Rocheuses** Rockies, Rocky Mountains. 35. **embouchure** mouth *(of a river)*. 36. **acquiesça** agreed. 37. **en bonne écolière** as a good schoolgirl. 38. **soucis ménagers** household cares. 39. **affranchie** freed. 40. **déterrait** unearthed. 41. **délices** delight. 42. **Tout en écoutant** while listening. 43. **compte** account, version.

14. Qui a répondu correctement à la question de la maîtresse?
15. Quelle est la grandeur du Manitoba?
16. Dans quel pays se trouve la province du Manitoba?
17. Comment s'appellent les gens qui habitent le Canada?
18. Qui est-ce que le roi de France a envoyé découvrir le Canada?
19. Comment s'appelait le premier gouverneur de Montréal?
20. Qui était Champlain?
21. Qu'est-ce que le Père Marquette et Louis Joliet ont découvert?
22. Qui est allé à pied jusqu'aux Rocheuses?
23. Jusqu'où La Salle a-t-il navigué?
24. Nommez trois autres explorateurs français.
25. Qu'est-ce que la mère, Luzina, a fait pendant la leçon d'histoire?

COMPOSITION

A. Écrivez les réponses aux questions N° 3, 9 et 25.
B. Écrivez un petit paragraphe sur les explorateurs français et ce qu'ils ont découvert.
C. Rédigez une brève histoire de votre état ou province. N'oubliez pas de mentionner dans votre composition:
1. Les premiers explorateurs et les premiers colons: leurs origines; leurs raisons pour venir en ce lieu.
2. Les premières villes et leur situation géographique.
3. Les occupations et les métiers qui ont contribué au développement du territoire.
4. Les premiers gouverneurs et les premiers hommes d'importance politique.
5. Le système de gouvernement actuel et la situation économique aujourd'hui (les produits importants, les industries principales, etc.).
6. Une petite description touristique de votre état ou province.

proverbe

Donner un œuf pour avoir un bœuf.

vingt-troisième leçon

CONVERSATION: Les affaires sont les affaires

LE P.-D.G.:[1]   *(à l'intercom).* Voulez-vous venir, Marianne, j'ai une lettre importante à dicter.

LE SECRÉTAIRE: *(répondant par l'intercom.)* Mademoiselle Surleau est indisposée. Je suis Robert Dubois, son remplaçant. Puis-je vous aider?

LE P.-D.G.:   *(petit silence surpris.)* Par exemple! *(pause.)* Mais, bien sûr! Je vous ai demandé de venir ici!

LE SECRÉTAIRE: Tout de suite, madame!

(Dans le bureau du P.-D.G.)

LE P.-D.G.:   Eh, bien, Monsieur Dubois, je veux dicter une lettre; commençons: *(Le jeune homme s'installe pour écrire.)* «Messieurs, nous avons bien reçu votre lettre du dix avril . . .»

LE SECRÉTAIRE: Pardon, madame! Vous avez dit «dix» ou «six»?

LE P.-D.G.:   J'ai dit «dix.»

LE SECRÉTAIRE: Merci!

LE P.-D.G.:   Je vous en prie. Nous pouvons continuer?

LE SECRÉTAIRE: Oui, madame.

LE P.-D.G.:   Bon! «. . . accompagnée de votre chèque de cent mille cinq cents francs . . .»

LE SECRÉTAIRE: Pardon, madame. Vous avez dit «cinq mille cent francs» ou «cent mille cinq francs»?

LE P.-D.G.:   *(irritée.)* J'ai dit «cent mille cinq cents francs»!

LE SECRÉTAIRE: Ah! Merci, continuons.

LE P.-D.G.:   *(sèchement.)* Merci! «. . . que vous avez envoyé pour réserver des stands . . .»

LE SECRÉTAIRE: Pardon, madame! Vous avez dit «des» stands ou «deux» stands?

LE P.-D.G.:   *(fâchée.)* «Des» stands! Mais, mon Dieu, monsieur! Faites donc un petit effort pour comprendre au moins une phrase! «. . . des stands pour l'exposition du mois d'août. Nous sommes bien conscients de la gravité de . . .» *(Le secrétaire cesse d'écrire)* Vous n'écrivez plus, monsieur?

LE SECRÉTAIRE: C'est que vous allez vraiment très vite, madame, et en vous écoutant, j'ai perdu ma place.

LE P.-D.G.:   *(découragée.)* Écoutez, monsieur: en attendant que ma secrétaire revienne, je vais dicter mes lettres au magnétophone. Ce sera plus facile pour vous et moins énervant pour moi. Et prions que Marianne se remette bien vite!

---

1. **P.-D.G.** Président-Directeur Général (equivalent to Chairman of the Board of Directors).

PRATIQUE

Entraînez votre oreille! Si vous devenez secrétaire, vous devrez distinguer entre beaucoup de sons qui se ressemblent. Répétez toutes les phrases suivantes à haute voix.[1] Puis, une personne lira une phrase de chaque groupe. Vous indiquerez la phrase que vous croirez entendre.

Répétez et écoutez:	*Indiquez:*
1. a. messieurs	1. a. _____
b. monsieur	b. _____
c. mes sœurs	c. _____
2. a. le dix	2. a. _____
b. le six	b. _____
c. le lis	c. _____
3. a. cent francs	3. a. _____
b. cinq francs	b. _____
c. son franc	c. _____
4. a. nous avons	4. a. _____
b. nous avions	b. _____
c. nos avions	c. _____
d. nos savons[2]	d. _____
5. a. merci, Marie . . .	5. a. _____
b. mais si, Marie . . .	b. _____
c. même si Marie . . .	c. _____
6. a. des bons	6. a. _____
b. de bons	b. _____
c. deux bons	c. _____
d. d'un bon	d. _____
7. a. vous avez	7. a. _____
b. vous savez	b. _____
c. vous sauvez	c. _____
d. vous aurez	d. _____
8. a. le mois d'août	8. a. _____
b. le moins doux	b. _____
c. le mois où	c. _____
d. le Mont-Dore[3]	d. _____
9. a. en attendant	9. a. _____
b. en entendant	b. _____
c. en inclinant	c. _____
d. un intendant	d. _____

1. **à haute voix** out loud.   2. **savons** soaps, bars of soap.   3. **le Mont-Dore** petite ville près de Clermont-Ferrand.

VOCABULAIRE

affaires *f.pl.*	business	**magnétophone** *m.*	tape-recorder
battre	beat, subdue	**misère** *f.*	misery, squalor
bon *m.*	coupon	**modiste** *f.*	maker of women's hats
charmer	charm	**ouvrir**	open
cloche *f.*	bell	**par exemple!**	my goodness! of all
commençons	let's begin		things!
conscient	aware of	**pomme** *f.*	apple
découragé	discouraged	**portière** *f.*	car door, door
dicter	dictate	**P-D.G. (président-**	corporation
distinguer	distinguish	**directeur général)**	president
en attendant	while waiting	**prions**	let us pray
en écoutant	while listening	**se remette**	recovers
en entendant	upon hearing	**remplaçant** *m.*	replacement
en inclinant	in bending	**se ressemblent**	resemble each other
énervant	frustrating, tiring	**sèchement**	drily
entraînez	drill, train	**secrétaire** *m. & f.*	secretary
fatiguer	tire	**son** *m.*	sound
gravité *f.*	gravity, seriousness	**stand** *m.*	exhibit booth and / or
indisposé	ill, indisposed		area at an exposition
intendant *m.*	supervisor	**Suisse** *f.*	Switzerland
intercom *m.*	office intercom	**surprendre**	surprise, overcome
irritée	annoyed, irritated		
je vous en prie	think nothing of it; you're welcome		

GRAMMAIRE ET EXERCICES

1. Formation du participe présent (Formation of the present participle)

Regardless of conjugation, the present participle of any verb is formed from the first person plural present tense. The **–ons** ending is dropped, and the present participle ending **–ant** is added to the stem:

nous parl/ons	**parlant**	*speaking*
nous finiss/ons	**finissant**	*finishing*
nous répond/ons	**répondant**	*answering*
nous voul/ons	**voulant**	*wanting*

The only exceptions are **avoir, être,** and **savoir:**

avoir	**ayant**	*having*
être	**étant**	*being*
savoir	**sachant**	*knowing*

EXERCICE A

Donnez le participe présent des verbes suivants:

MODÈLES: nous choisissons
          choisissant

          nous quittons
          quittant

1. nous obéissons	5. nous prenons	9. nous avons
2. nous voyons	6. nous savons	10. nous descendons
3. nous répondons	7. nous faisons	11. nous sortons
4. nous sommes	8. nous buvons	12. nous dormons

2. Participe présent comme forme verbale (Present participle as a verbal)

a.   Time

In spite of the term "present participle," the action of the participle is not always in the present. Rather, the action is always simultaneous with that of the main verb:

Present tense:

Ayant assez d'argent, **il n'a pas** besoin de travailler.
Having plenty of money, he doesn't need to work.

Past tense:

Ayant assez d'argent, **il n'avait pas** besoin de travailler.
Having plenty of money, he didn't need to work.

Future tense:

Ayant assez d'argent, **il n'aura pas** besoin de travailler.
Having plenty of money, he won't need to work.

EXERCICE B*

Combinez les deux phrases en employant un participe présent:

MODÈLES: Il **a** beaucoup de temps. Il peut aider.
          Ayant beaucoup de temps, il peut aider.

          Il **aime** faire du ski. Il est allé à Chamonix.
          Aimant faire du ski, il est allé à Chamonix.

1. Il a beaucoup de travail. Il est toujours occupé.   2. Il est assez intelligent. Il doit savoir les résultats.   3. Il veut aller en Suisse. Il a acheté un billet.   4. Il sait bien conduire une auto. Il s'est offert pour conduire.   5. Elle voit la robe. Elle l'a désirée.   6. Elle fait des progrès. Elle finira

bientôt.   7. Elle cherche son amie. Elle a trouvé son nouvel appartement.   8. Elle connaît bien ces enfants. Elle leur a demandé un service.

b.   Negation

The present participle is made negative by the addition of **ne . . . pas** or its equivalent:

Ne voulant pas étudier, il a décidé de sortir.
Not wanting to study, he decided to go out.

Ne voulant plus étudier, il a décidé de sortir.
Not wanting to study any longer, he decided to go out.

EXERCICE C

Mettez les participes présents à la forme négative:

MODÈLES: **voulant** étudier
ne voulant pas étudier

sachant son nom
ne sachant pas son nom

1. voulant rester à la maison
2. écoutant le professeur
3. écrivant les lettres promises
4. finissant à l'heure
5. venant par avion
6. allant en autobus
7. choisissant le meilleur
8. lisant le journal

c.   Objects

As a verbal, the present participle may be accompanied by an object, either direct or indirect:

Montrant la carte aux élèves, il a posé des questions sur la géographie.
Showing the map to the students, he asked questions about geography.

d.   **en**

The idea of *by means of* or *while* is expressed by **en** followed by the present participle:

Il a réussi à ses examens **en étudiant** huit heures par jour.
He passed his exams by studying eight hours a day.

En étudiant, il a trouvé le livre qu'il cherchait.
While studying, he found the book he was looking for.

EXERCICE D*

Transformez les phrases suivantes en employant un participe présent avec **en:**

MODÈLES: J'ai fini mon travail. J'ai travaillé nuit et jour.
J'ai fini mon travail **en travaillant** nuit et jour.

Elle choisit ses cours. Elle lit le bulletin.
Elle choisit ses cours **en lisant** le bulletin.

1. J'ai fini ce livre. J'ai lu toute la journée.   2. Nous irons en France. Nous voyagerons en autocar.   3. Il a trouvé cette situation. Il a lu le journal.   4. Elle est venue ici. Elle a pris un taxi.   5. Je suis rentré tôt. J'ai quitté le bureau à quatre heures.   6. Ils ont vu cet article. Ils ont acheté un journal dans la rue.

e.   **tout en**

The idea of two simultaneous actions is emphasized when the present participle is preceded by **tout en:**

Tout en étudiant cette leçon, j'ai mangé trois pommes et une banane.
While studying this lesson, I ate three apples and one banana.

EXERCICE E

Complétez les phrases suivantes comme vous voulez:

MODÈLES: Tout en attendant ma sœur, _____ .
Tout en attendant ma sœur, **j'ai rangé ma chambre.**

Tout en étudiant mes leçons, _____ .
Tout en étudiant mes leçons, **j'ai écouté mes nouveaux disques.**

1. Tout en finissant cette lettre, _____ .   2. Tout en faisant des courses, _____   3. Tout en allant à l'école, _____ .   4. Tout en expliquant les problèmes, _____ .   5. Tout en cherchant son ami, _____ .   6. Tout en lisant ce roman, _____ .

3. Participe présent comme adjectif (Present participle as adjective)

Like a past participle, a present participle also functions as an adjective, describing a noun or pronoun and agreeing in gender and number with the noun it modifies:

Une jeune fille souriante est toujours jolie.
A smiling girl is always pretty.

La charmante actrice a été bien reçue.
The charming actress was well received.

If there is any doubt whether the present participle is functioning as an adjective or as a verb, it is helpful to substitute a qualifying adjective for the participle. If this can be done, the participle functions as an adjective.

Une jeune fille heureuse est toujours jolie.
La belle actrice a été bien reçue.

EXERCICE F*

Employez le participe présent du verbe indiqué comme adjectif dans les phrases suivantes:

MODÈLE: (gagner) les élèves
         les élèves gagnants

1. (charmer)   ces enfants   5. (danser)   les fontaines
2. (gagner)   le ticket   6. (battre)   une pluie
3. (surprendre) des nouvelles   7. (fatiguer) les travaux
4. (obéir)   un chien

NOTE: Present participles are used much more frequently in English than in French. French often uses the infinitive where English makes use of the present participle. A rule of thumb is that when the verbal functions as a subject or an object, French requires the infinitive in place of the present participle:

Voir, c'est **croire.**   *Seeing is believing.*
J'aime **danser** et **chanter.**   *I like dancing and singing.*

4. Présent avec <u>depuis</u>, <u>il y a</u>, <u>voici (voilà)</u>

Il est à Paris **depuis quinze jours.**
Il y a quinze jours qu'il est à Paris.
Voici quinze jours qu'il est à Paris.
He has been in Paris for two weeks now.

An action taking place at the present time — regardless of when the action began — is expressed in French by the present tense. To indicate how long the action has been going on, **depuis, voici . . . que, voilà . . . que,** or **il y a . . . que,** plus a time expression is used. English uses a progressive tense form to express an equivalent situation.

EXERCICE G*

Répondez aux questions suivantes selon les réponses indiquées. Commencez vos réponses par **voici . . . que:**

MODÈLE: Depuis quand est-ce que vous écrivez? (une heure)
         Voici une heure que j'écris.

1. Depuis quand est-ce qu'ils voyagent? (deux mois)
2. Depuis quand est-ce qu'elle étudie le français? (un semestre)
3. Depuis quand est-ce que tu travailles ici? (six mois)
4. Depuis quand est-ce qu'il habite cet appartement? (quatre ans)
5. Depuis quand est-ce qu'ils sont au café? (une heure et demie)

EXERCICE H

Exprimez en français en employant **depuis:**

1. She has been working for one hour.
2. They have been talking on the telephone for ten minutes.
3. I have been living in this house for two years.

5. Imparfait avec depuis, voilà . . . que, il y avait . . . que

An action that began in the past and continued until another past action is expressed in French by the imperfect tense. **Voilà . . . que, il y avait . . . que,** and **depuis** indicate how long that action had been going when it was interrupted.

Il y avait deux ans qu'il étudiait le français quand je l'ai rencontré.
He had been studying French for two years when I met him.

Ils habitaient cet appartement **depuis trois mois** quand on l'a vendu.
They had been living in that apartment for three months when it was sold.

EXERCICE I*

Répondez aux questions suivantes selon les réponses indiquées. Commencez vos réponses par **il y avait . . . que:**

MODÈLE: Depuis quand étudiiez-vous quand je suis arrivé? (deux heures)
          Il y avait deux heures que j'étudiais quand vous êtes arrivé.

1. Depuis quand parlait-il quand tu es venu? (un quart d'heure)
2. Depuis quand habitiez-vous cette maison quand il l'a vendue? (trois ans)
3. Depuis quand travaillait-elle ici quand tu l'as rencontrée? (quatre mois)
4. Depuis quand marchaient-ils quand il a commencé à neiger? (dix minutes)
5. Depuis quand chantait-il dans ce cabaret quand on l'a découvert? (quinze jours)

6. Il y a et voilà avec le passé composé

Il y a . . . (que) and **voilà . . . que** *(ago)* are used with the passé composé to describe completed actions in the past:

Voilà deux ans qu'il m'a écrit cette lettre.   *He wrote me this letter two*
Il m'a écrit cette lettre **il y a deux ans.**   *years ago.*
Il y a deux ans qu'il m'a écrit cette lettre.

EXERCICE J*

Répondez aux questions suivantes selon les réponses indiquées:

MODÈLE: Quand a-t-il écrit cette lettre? (deux ans)

Il a écrit cette lettre **il y a deux ans.**
Voilà deux ans qu'il a écrit cette lettre.

1. Quand avez-vous lu ce livre? (cinq ans)
2. Quand a-t-il commencé ce projet? (un mois)
3. Quand avons-nous vu ce film? (trois semaines)
4. Quand sommes-nous allés en Italie? (deux ans)
5. Quand ont-ils fini cette étude? (six mois)
6. Quand as-tu trouvé cet argent? (quatre jours)
7. Quand est-il venu ici? (sept mois)
8. Quand sont-elles descendues? (trois semaines)

7. Verbe irrégulier <u>ouvrir</u> (Irregular verb <u>ouvrir</u>)

Although the infinitive of this verb ends in **–ir, ouvrir** (like **offrir,** *to offer,* and **couvrir,** *to cover*) is conjugated like most **–er** verbs:

j'ouvre	*I open, I am opening*
tu ouvres	*you open, you are opening*
il (elle) ouvre	*he (she) opens, is opening*
nous ouvrons	*we open, are opening*
vous ouvrez	*you open, are opening*
ils (elles) ouvrent	*they open, are opening*

Passé Composé: **j'ai ouvert; j'ai offert; j'ai couvert**

EXERCICE K

Répétez les phrases suivantes en employant les sujets indiqués:

MODÈLE: **Il ouvre** la porte. (je)
J'ouvre la porte.

1. Elle ouvre la portière. (elles, nous, vous, tu)
2. Je me couvre toujours en hiver. (il, vous, les vieux, tu)
3. Vous offrez toujours le café. (elle, ma mère, le garçon, tu)

REPRISE

EXERCICE L

Complétez les phrases suivantes par la forme convenable du verbe:

MODÈLE: (apprendre) J'_____ le français.
J'apprends le français.

> La piété[42] de notre souvenir,
> À chaque fois que retentira
> Dans leurs conques[43]
> L'appel des Muezzins[44]
> Pour la Sainte Prière[45] du Vendredi!   90

Ousmane Socé, *Rythmes du Khalam* (Paris, Nouvelles Éditions Latines, 1962)

QUESTIONS — «IMPOSSIBILITÉ»

1. Quelles sont les cinq choses que le poète voudrait dire?
2. Qu'est-ce que les fleurs mortes peuvent entendre?
3. Où sombrent les pensées du poète?
4. Quand son âme pleure-t-elle?
5. Que dit le poète en son rêve?

QUESTIONS — «FEUILLE AU VENT»

1. À quel objet le poète se compare-t-il?
2. Pourquoi est-ce qu'on se plaint de lui?
3. Pourquoi est-ce qu'on rit de lui?
4. Comment le poète ressemble-t-il à la brise?
5. Que cherche le capitaine à la proue de son vaisseau?
6. Quelle phrase décrit un phare?[46]
7. Combien de rêves a le poète?
8. Décrivez ces rêves.

QUESTIONS — «IN MEMORIAM»

1. Comment s'appelle la vieille femme?
2. Où habitait-elle?
3. Pourquoi est-ce que l'homme blanc l'a déplacée?
4. Pourquoi la grand'mère ne peut-elle jamais plus dormir?
5. Qu'est-ce que le poète a mis sur la tombe de la vieille?
6. Qu'est-ce qui a pétri les cymbales sur les sables de Bègne?
7. Qu'est-ce que la Sainte Prière du Vendredi?

COMPOSITION

Dans vos compositions, n'oubliez pas de:

a. commencer chaque paragraphe par une phrase qui contient votre idée principale;

---

42. **piété** devoutness, piety. 43. **conques** conch shells. 44. **Muezzins** those who call out the daily Moslem prayers from the minarets. 45. **Sainte Prière** holy prayer. 46. **phare** lighthouse.

b. élargir et approfondir cette idée dans le paragraphe;

c. donner des exemples, tirés de la lecture ou de votre expérience personnelle;

d. en tirer des conclusions, bien notées, dans une ou deux phrases à la fin de chaque paragraphe;

e. avoir toujours un paragraphe final dans lequel vous résumez vos idées et donnez, s'il y en a une, la morale.

A. Rédigez une petite composition d'un ou de deux paragraphes sur un des sujets suivants:

1. Pourquoi est-ce que le poète dans «Feuille au vent» se compare à la brise? Comment est la personnalité d'une personne qui se trouve pareille à «la brise qui frôle et fuit»?

2. Si la personne qu'on aime ne répond pas à l'amour qu'on lui offre, qu'est-ce qu'on peut faire?

3. Dans le poème «In Memoriam», une vieille femme est déplacée pour faire place à une ville moderne. Quelles sont vos réactions à cette situation? En trouvez-vous de semblables dans votre communauté? Donnez un exemple.

B. Faites quelques recherches sur la vie d'un de ces poètes. Écrivez une courte biographie, en indiquant les événements qui ont contribués le plus, à votre avis, à sa carrière.

C. Dans le poème «Feuille au vent», le poète parle des «barrières». Quelles sont les barrières dont il parle? Est-ce que ces barrières existent exclusivement pour les Noirs, ou est-ce qu'elles existent pour d'autres aussi, les femmes par exemple? Comprenez dans votre composition autant d'exemples que possible.

proverbe

La fortune vient en dormant.

vingt-quatrième leçon

CONVERSATION: Monologue à deux

(Marc lit le journal. De temps en temps il fait des observations là-dessus. Georges, absorbé par la lettre qu'il écrit, n'écoute guère.)

MARC: Tiens! L'ambassadeur du Japon a été reçu hier à l'Élysée.

GEORGES: *(sans lever la tête.)* Ah, oui? Ma mère a reçu une lettre du Japon une fois, le timbre était joli.

☆ MARC: Mon Dieu! Un tableau du Moyen Âge a été volé au Louvre . . .

GEORGES: *(qui écrit sans écouter.)* C'est bien possible. J'y ai perdu mon parapluie.

MARC: . . . mais il a été retrouvé par la police en deux heures!

☆ GEORGES: *(très préoccupé.)* Non, on ne l'a jamais retrouvé.

MARC: Par exemple! Maintenant il y a un groupe qui veut faire abattre la tour Eiffel!

GEORGES: *(qui écrit de nouveau furieusement.)* Bonne idée! La vue d'en haut est ravissante. . . .

MARC: Ah! Je vois que ta cousine Géraldine Drue se marie avec Hubert Pinçon le 18 du mois prochain, à l'église St. Étienne.

☆ GEORGES: *(finissant enfin sa lettre.)* Tiens! Ma cousine Géraldine se marie aussi le mois prochain. Elle va épouser Hubert Pinçon, à l'église St. Étienne . . . Passe-moi le journal. J'ai entendu dire qu'une peinture a été volée au Louvre. Je me demande si elle sera jamais retrouvée.

PRATIQUE

Posez les questions et donnez les réponses, en suivant les indications:

☆ Est-ce que l'ambassadeur a été reçu?	Oui, il a été reçu hier.
Est-ce que ces dames ont été reçues?	Oui, elles ont été reçues hier.
Est-ce que tu as été reçu(e)?	Oui, j'ai été reçu(e) hier.
Est-ce que vous avez été reçu(e)s?	Oui, nous avons été reçu(e)s hier.

☆ Le tableau a-t-il été retrouvé?	Oui, il a été retrouvé.
Ton parapluie a-t-il été retrouvé?	Oui, il a été retrouvé.
La lettre a-t-elle été retrouvée?	Oui, elle a été retrouvée.
Tes clés ont-elles été retrouvées?	Oui, elles ont été retrouvées.
Vos livres ont-ils été retrouvés?	Oui, ils ont été retrouvés.

☆ Est-ce que l'ambassadeur a été reçu au Louvre?	Non, il a été reçu à l'Elysée.
Est-ce que la lettre a été reçue par ta cousine?	Non, elle a été reçue par ma mère.
Est-ce que le tableau a été volé au Centre Pompidou?	Non, il a été volé au Louvre.
Est-ce que la peinture a été retrouvée par les gardiens?	Non, elle a été retrouvée par la police.

VOCABULAIRE

abattre	tear down, raze	lait *m.*	milk
absorbé	absorbed	locataire *m.*	tenant
ambassadeur *m.*	ambassador	se marie	is getting married
s'assit	sat down	marqué	marked
appeler	call, name	mener	lead
apprécié	appreciated	observations *f.pl.*	comments,
appuyer	press, lean		observations
boucherie *f.*	butcher shop	opinion *f.*	opinion
cadeau *m.*	gift	osant	daring
clé *f.*	key	payer	pay
clef *f.*	key	plan *m.*	city map
comité *m.*	committee	plancher *m.*	floor
commencer	begin	poche *f.*	pocket
drapeau *m.*	flag	police *f.*	police
Élysée *m.*	official residence of	posséder	possess
	president of France	poteau-indicateur *m.*	signpost
employer	use	préoccupé	preoccupied
entendu dire	heard tell	ravissant	gorgeous, ravishing
épouser	marry, wed	retrouvé	found again, re-
essayez	try		covered
essuyer	dry, wipe	de temps en temps	from time to time
gardien *m.*	guard, watchman	timbre *m.*	stamp
gaz *m.*	gas *(natural)*	touriste *m. & f.*	tourist
impossible	impossible	tutoyer	use familiar form: «tu»
incident *m.*	incident	volé	stolen
s'inquiéter	worry	vue *f.*	view

GRAMMAIRE ET EXERCICES

1. Passif (Passive voice)

In studying French verbs, special attention has been given to the characteristics of tense (position in time) and mood (indicative, imperative, subjunctive). All of the constructions studied, regardless of tense or mood,
have expressed actions performed by the subject and the verbs were in
the active voice. When the subject, instead of performing the action, is
acted upon, the passive voice is required:

Active: **Marie-Louise a écrit cette lettre** hier.
Marie-Louise wrote that letter yesterday.

Passive: **Cette lettre a été écrite** aujourd'hui **par Marie-Louise.**
That letter was written today by Marie-Louise.

Active: **Le gouvernement a critiqué la décision** du comité.
The government criticized the decisions of the committee.

Passive: **La décision** du comité **a été critiquée par le gouvernement.**
The decision of the committee has been criticized by the government.

2. Formation du passif (Formation of the passive)

The passive voice consists of the appropriate tense of the verb **être** and the past participle of the main verb. The past participle agrees with the gender and number of the subject:

Présent:
La lettre **est écrite** par M. Chevrillon.
The letter is being written by Mr. Chevrillon.

Imparfait:
La lettre **était écrite** par M. Chevrillon.
The letter was being written by Mr. Chevrillon.

Passé Composé:
La lettre **a été écrite** par M. Chevrillon.
The letter has been (was) written by Mr. Chevrillon.

Plus-que-parfait:
La lettre **avait été écrite** par M. Chevrillon.
The letter had been written by Mr. Chevrillon.

Futur:
La lettre **sera écrite** par M. Chevrillon.
The letter will be written by Mr. Chevrillon.

Futur Antérieur:
La lettre **aura été écrite** par M. Chevrillon.
The letter will have been written by Mr. Chevrillon.

Conditionnel:
La lettre **serait écrite** par M. Chevrillon.
The letter would be written by Mr. Chevrillon.

Conditionnel Passé:
la lettre **aurait été écrite** par M. Chevrillon.
The letter would have been written by Mr. Chevrillon.

NOTE: The agent (the one performing the action) is preceded by **par:**

> **par M. Chevrillon**

> When the verb expresses a mental, emotional, or habitual relationship, **de** precedes the agent:

> Ce vin **n'est pas très apprécié des** gourmets.
> *This wine is not particularly appreciated by gourmets.*

> Il **est estimé de** tous ses collègues.
> *He is esteemed by all his colleagues.*

EXERCICE A*

Mettez les phrases suivantes au passif:

MODÈLES: Madame Plon **vend** le lait.
Le lait **est vendu par** Madame Plon.

Les touristes **achètent** les cartes postales.
Les cartes postales **sont achetées par** les touristes.

1. Madame Plon vend les journaux. 2. Les touristes achètent ces plans de Paris. 3. Pauline donne ce cadeau. 4. Mon ami conduit cette auto. 5. Ma mère range ma chambre. 6. Frédéric refuse toutes les invitations. 7. Les enfants boivent le lait. 8. Les Parisiens lisent ces journaux. 9. Sa sœur ouvre toutes ses lettres. 10. La police recherche les enfants perdus.

EXERCICE B*

Répondez aux questions suivantes en employant le passif:

MODÈLES: Qui **a lu** ce livre? (M. Durand)
Ce livre **a été lu par** M. Durand.

Qui **a acheté** ces gants? (Madame Fournier)
Ces gants **ont été achetés par** Madame Fournier.

1. Qui a lu cet article? (Philippe)
2. Qui a acheté cette chemise? (Léon)
3. Qui a trouvé ces clefs? (ton frère)
4. Qui a organisé ce cours? (le professeur)
5. Qui a fini ces devoirs? (les élèves)
6. Qui a ouvert le bureau? (le patron)
7. Qui a compris ce problème? (Marie-Louise)
8. Qui a choisi la route? (mon père)

EXERCICE C*

Mettez les phrases suivantes au passif:

MODÈLES: On **écrira** la lettre aujourd'hui.
La lettre **sera écrite** aujourd'hui.

La concierge **nettoyait** les escaliers.
Les escaliers **étaient nettoyés par** la concierge.

1. On a vendu les casseroles hier. 2. On a trouvé les enfants perdus. 3. On verra les résultats plus tard. 4. On parlait français ici. 5. Les critiques appréciaient le roman. 6. Sa mère a lavé le chemisier. 7. Un poteau-indicateur marquait le chemin. 8. Le facteur distribuait les lettres.

3. Comment éviter le passif (Avoiding the passive)

French usually prefers an active construction to the passive because it is a stronger, more forceful expression. Common active substitute constructions use reflexive verbs or the indefinite subject pronoun **on**, especially when the agent is not expressed:

Passive: **La viande est vendue** à la boucherie.
Meat is sold at the butchershop.

Active: **La viande se vend** à la boucherie. *(reflexive)*
        On vend la viande à la boucherie. (**on** — *subject*)

Passive: **Paris est appelé** la Ville Lumière.
        Paris is called the City of Light.
Active: **Paris s'appelle** la Ville Lumière. *(reflexive)*
        On appelle Paris la Ville Lumière. (**on** — *subject*)

EXERCICE D*

Mettez les phrases suivantes à la voix active en employant des verbes pronominaux:

MODÈLES: **Paris est appelé** la Ville Lumière.
        Paris s'appelle la Ville Lumière.

        Le bureau est ouvert.
        Le bureau s'ouvre.

1. La porte est ouverte. 2. Le musée est fermé. 3. La phrase sera répétée. 4. Cela n'est pas dit. 5. Cette nouvelle sera entendue. 6. Cela est fait souvent. 7. Cela sera vu partout. 8. Ces villes sont trouvées dans les montagnes.

EXERCICE E*

*Mettez les phrases suivantes à la voix active en employant le pronom **on** comme sujet:*

MODÈLES: **L'auto a été vendue.**
        On a vendu l'auto.

        Les clefs ont été trouvées.
        On a trouvé les clefs.

1. Le travail sera recommencé. 2. La porte a été fermée. 3. Toutes ces casseroles seront achetées. 4. Le français est parlé ici. 5. Les machines étaient vendues ici. 6. La maison sera vue dans le lointain. 7. Les questions seront expliquées. 8. Le gaz est utilisé ici.

4. Infinitifs qui se terminent en –oyer et –uyer (Verbs with infinitives ending in –oyer and –uyer)

Verbs ending in **–oyer** and **–uyer** change the **–y** to **–i** before a mute **e**. This change also occurs in the future and conditional tenses:

tutoyer (*to address by* **tu**)

Présent	Présent du Subjonctif	Futur	Conditionnel
je tutoie	**je tutoie**	**je tutoierai**	**je tutoierais**
tu tutoies	**tu tutoies**	**tu tutoieras**	**tu tutoierais**
il (elle) tutoie	**il (elle) tutoie**	**il (elle) tutoiera**	**il (elle) tutoierait**

nous tutoyons	nous tutoyions	nous tutoierons	nous tutoierions
vous tutoyez	vous tutoyiez	vous tutoierez	vous tutoieriez
ils (elles)	ils (elles)	ils (elles)	ils (elles)
tutoient	tutoient	tutoieront	tutoieraient

essuyer *(to dry)*

j'essuie	j'essuie	j'essuierai	j'essuierais
tu essuies	tu essuies	tu essuieras	tu essuierais
il (elle) essuie	il (elle) essuie	il (elle) essuiera	il (elle) essuierait
nous essuyons	nous essuyions	nous essuierons	nous essuierions
vous essuyez	vous essuyiez	vous essuierez	vous essuieriez
ils (elles)	ils (elles)	ils (elles)	ils (elles)
essuient	essuient	essuieront	essuieraient

Verbs whose infinitives end in **–ayer (payer, essayer)** may be spelled with a **–y** or an **–i** before a mute **e: je paye** or **je paie**

EXERCICE F

Mettez les verbes suivants au pluriel:

MODÈLE: **je tutoie**
          nous tutoyons

1. j'emploie
2. je renvoie
3. il essuie
4. il emploie
5. il tutoie
6. il nettoie
7. tu tutoies
8. j'appuie
9. elle essuie
10. tu appuies

EXERCICE G

Mettez les verbes suivants au futur:

MODÈLES: **nous tutoyons**   **nous tutoierons**
          vous payez   **vous paierez** (or **vous payerez**)

1. vous essuyez
2. je tutoie
3. je nettoie
4. vous tutoyez
5. ils nettoient
6. elles tutoient
7. ils paient
8. vous essayez

5. Infinitifs qui se terminent en –eler et –eter (Verbs with infinitives ending –eler and –eter)

A number of verbs with infinitives ending in **–eler,** as well as some verbs ending in **–eter,** also change in spelling because of the pronunciation of vowel sounds. In verbs such as **appeler,** for example, when the syllable following the **el** contains a mute **e,** the l is doubled:

appeler *(to call)*

Présent	Présent du Subjonctif	Futur	Conditionnel
j'appelle	j'appelle	j'appellerai	j'appellerais
tu appelles	tu appelles	tu appelleras	tu appellerais
il (elle) appelle	il (elle) appelle	il (elle) appellera	il (elle) appellerait
nous appelons	nous appelions	nous appellerons	nous appellerions
vous appelez	vous appeliez	vous appellerez	vous appelleriez
ils (elles) appellent	ils (elles) appellent	ils (elles) appelleront	ils (elles) appelleraient

Other verbs which follow this pattern are **acheter, lever, achever, mener:**

j'achète	j'achète	j'achèterai	j'achèterais
nous achetons	nous achetions	nous achèterons	nous achèterions
je me lève	je me lève	je me lèverai	je me lèverais
nous nous levons	nous nous levions	nous nous lèverons	nous nous lèverions

EXERCICE H

Répondez aux questions suivantes à la forme affirmative:

MODÈLES: **Appelez-vous** le chien?
Oui, **j'appelle** le chien.

Achetez-vous cette blouse?
Oui, **j'achète** cette blouse.

1. Achetez-vous un journal? 2. Appelez-vous les enfants? 3. Achevez-vous votre travail? 4. Levez-vous le drapeau? 5. Menez-vous les touristes? 6. Promenez-vous le chien?

EXERCICE I

Mettez les phrases suivantes au futur:

MODÈLES: **Elle achète** une nappe.
Elle achètera une nappe.

Nous appelons les élèves.
Nous appellerons les élèves.

1. Elles achètent des fruits. 2. J'amène mon frère chez elle. 3. Il se lève à sept heures. 4. Vous vous promenez en ville. 5. Ils achèvent leurs études. 6. Il s'appelle Léon. 7. Nous promenons son cheval. 8. Elle lève la main.

6. Infinitifs qui se terminent en –éler et –éter (Verbs with infinitives ending –éler and –éter)

Verbs ending in **–éler (révéler)** and **–éter (inquiéter)** retain the **é** in the future and conditional:

refléter	*to reflect*	**il reflétera**	*it will reflect*
compléter	*to complete*	**il complétera**	*he will complete*
posséder	*to possess*	**il possédera**	*he will possess*
révéler	*to reveal*	**il révélera**	*he will reveal*

Most of these same verbs, however, change in spelling form **é** to **è** in some form of the present tense:

je **reflète**	je **complète**	je **possède**	je **révèle**
tu **reflètes**	tu **complètes**	tu **possèdes**	tu **révèles**
il **reflète**	il **complète**	il **possède**	il **révèle**
ils **reflètent**	ils **complètent**	ils **possèdent**	ils **révèlent**

EXERCICE J

Répondez aux questions suivantes à la forme négative:

MODÈLES: **Complétez-vous** ce formulaire?
Non, **je ne complète pas** ce formulaire.

Possédez-vous une voiture?
Non, **je ne possède pas** de voiture.

1. Possédez-vous beaucoup d'argent? 2. Reflétez-vous leurs opinions? 3. Révélez-vous les noms? 4. Le complétez-vous? 5. Possédez-vous une maison? 6. Révélez-vous votre décision?

7. Infinitifs qui se terminent en –cer et –ger (Verbs with infinitives ending in –cer and –ger)

Verbs with infinitives in **–cer** and **–ger** change **c** to **ç** and **g** to **ge** before the vowels **a** and **o,** in order to maintain the soft consonant sounds of **c** and **g:**

	voyager *(to travel)*	**commencer** *(to begin)*
Present:	**je voyage**	**je commence**
	tu voyages	**tu commences**
	il (elle) voyage	**il (elle) commence**
	nous voyageons	**nous commençons**
	vous voyagez	**vous commencez**
	ils (elles) voyagent	**ils (elles) commencent**
Imparfait:	**je voyageais**	**je commençais**

REPRISE

EXERCICE K

Complétez les phrases suivantes par la forme convenable du verbe:

MODÈLE: (nettoyer)   Elle _____ le tapis.
                             Elle **nettoie** le tapis.

1. (commencer)   A quelle heure _____-nous?
2. (s'inquiéter)   Je _____ beaucoup de ses actions.
3. (posséder)   Est-ce que tu _____ vraiment ce chef-d'œuvre?
4. (acheter)   Qu'_____-t-il pour sa mère?
5. (s'appeler)   Comment _____-t-il?
6. (payer)   Combien _____-ils?
7. (employer)   Il _____ toujours les mêmes mots.
8. (voyager)   Nous ne _____ pas souvent.
9. (essuyer)   Pourquoi _____-il la table?
10. (tutoyer)   Mais je _____ toujours les enfants!

EXERCICE L

Exprimez en français.

MODÈLE: She is being chosen.
         Elle est choisie.

1. She was being chosen.
2. She has been chosen.
3. She had been chosen.
4. She will be chosen.
5. She will have been chosen.
6. She would be chosen.
7. She would have been chosen.
8. She was chosen. (*passé simple*)
9. . . . that she be chosen.
   (*présent du subjonctif*)
10. . . . that she was chosen.
   (*passé du subjonctif*)

EXERCICE M

Mettez les phrases suivantes à la voix active:

MODÈLE: Le billet **a été acheté par** Charles.
         Charles **a acheté** le billet.

1. Le cahier a été trouvé par Louise.   2. Les valises ont été portées par mes amis.   3. La chambre a été rangée par ma mère.   4. Cette lettre serait écrite par Marie-Hélène.   5. Les livres avaient été perdus par les enfants.   6. L'auto sera conduite par M. Georges.   7. Le dîner sera commandé par Maurice.   8. La pièce serait présentée par les étudiants.

EXERCICE N

Exprimez en français:

1. I lost the book on Thursday.   2. The book was lost on Thursday.
3. They bought the house last week.   4. The house was bought by

them last week.   5. This room was cleaned yesterday by my sister.
6. My sister cleaned this room yesterday.

EXERCICE O

Remplacez les mots entre parenthèses par leurs équivalents français:

L'inspecteur ferma la porte et s'assit à son bureau. L'homme ne le regarda
pas mais resta impassible, n'osant pas lever les yeux du plancher. Un
moment de silence, puis l'inspecteur commença:

— *(What)* vous savez de l'incident d'hier soir?
— Incident? *(What)* incident? De *(what)* parlez-vous, monsieur?
— Vous savez très bien de *(what)* il s'agit. Je parle du vol des diamants
 de l'Anglaise à l'hôtel Berry. *(Where)* étiez-vous quand ils ont été volés?
— *(Where)?* Mais, à *(what)* heure, monsieur?
— Vous ne savez pas? Disons à onze heures et demie.
— Voyons . . . à onze heures et demie je devais être chez moi. Mais
 demandez à ma femme.
— *(What)* est votre adresse ici?
— 243, rue La Fayette.
— Et vous êtes sûr que vous étiez là à onze heures et demie avec votre
 femme? Vous savez que nous avons déjà parlé à votre femme.
— Eh bien, *(what)* dit-elle?
— Elle dit que vous étiez sorti avec un type qu'elle ne connaît pas.
— Enfin . . .
— *(Who)* est-ce, ce type?
— Il s'appelle Connard. Je ne le connais pas bien.
— *(What)* il fait, ce Connard?
— Je ne sais pas.

L'inspecteur ramassa un objet du bureau et le montra à l'homme.

— *(What is it?)*
— Évidemment, c'est une clé.
— Très bien. Et *(what)* sorte de clé?
— *(What)* voulez-vous dire?
— Vous ne savez pas que c'est la clé de la chambre à l'hôtel Berry?
— C'est vrai?
— Oui, c'est vrai. Vous ne demandez pas le nom du locataire?
— Eh bien, la chambre de *(whom)?*
— Mais, vous devez le savoir, monsieur, puisqu'on a trouvé cette clé
 dans votre poche ce matin. Maintenant, où sont les diamants?

Et l'inspecteur se leva.

LECTURE: «Jules Verne, le griot[1] du village»

Jules Verne, l'écrivain-héros des amateurs de science-fiction, est né le 8 février 1828. Bien que ses fidèles aient toujours reconnu cette date si significative pour eux, ce n'est que récemment que le «monde littéraire» a su lui adresser les paroles respectueuses dont il a toujours été digne. Tous ceux qui goûtent depuis longtemps le plaisir de «Vingt 5 *mille lieues sous les mers», «De la terre à la lune», ou «Le Tour du monde en quatre-vingts jours», apprécieront la critique intelligente qui suit.*

Mis pour la première fois, cette année, au programme de l'agrégation de lettres,[2] l'écrivain français le plus lu à l'étranger mérite bien tous 10 ces hommages. Ceux des maîtres à penser de notre époque sont parfois plus ambigus. Gramsci[3] voit en lui le modèle des auteurs populaires. Pour rattraper le temps perdu à l'ignorer, certains érudits en font un écrivain occulte, ou engagé,[4] cherchant à tout prix[5] un mystère qu'ils auraient l'honneur de dévoiler;[6] sinon, comment admettre la pérennité 15 d'un simple «auteur pour enfants»?

Le mépris[7] implicite de cette attitude montre que l'on ne comprend ni les enfants ni Jules Verne. Quand paraît, en 1863, «Cinq semaines en ballon», son premier récit, les littéraires n'ont que dédain[8] pour la technique et les réussites obtenues dans la crasse des fumées et du 20 cambouis.[9] Le succès de l'ouvrage, cependant, est immédiat, et Verne écrira quelque soixante-quinze récits de «Voyages extraordinaires».

Extraordinaires, oui, mais jamais inimaginables. . . . Rien n'est plus étranger[10] à Jules Verne que le merveilleux; les faits les plus invraisemblables[11] ont une explication rationnelle — il suffit de les décryp- 25 ter.[12] Son génie a été de moderniser tous les vieux rêves de l'humanité: conquête de la nature, maîtrise[13] des énergies, descente au fond des mers, envol vers le ciel. Les royaumes interdits[14] s'ouvrent par la grâce de la technique, et Prométhée,[15] délivré[16] de son vautour,[17] triomphe.

Comme il était «instructif,» et que ses personnages[18] ne connaissaient 30 pas les démons du sexe, on a donc fait de Jules Verne un «auteur pour enfants». Ce qu'il est aussi, mais pour une raison plus essentielle: il invente un nouveau langage de l'imaginaire, approprié à son temps.

---

1. **griot** minstrel. 2. **agrégation de lettres** academic degree. 3. **Gramsci** a critic. 4. **engagé** committed *(to an idea or cause)*. 5. **à tout prix** at any price. 6. **dévoiler** reveal, unveil. 7. **mépris** scorn. 8. **dédain** disdain. 9. **crasse et cambouis** dirt and grease. 10. **étranger** foreign. 11. **invraisemblables** unreal, unlikely. 12. **décrypter** decipher, decode. 13. **maîtrise** mastery. 14. **royaumes interdits** forbidden kingdoms. 15. **Prométhée** Prometheus. 16. **délivré** freed. 17. **vautour** vulture. 18. **personnages** characters.

Lire Jules Verne, c'est renouer[19] avec la mémoire mythique de notre civilisation, c'est écouter le griot du village conter les exploits des fonda- 35 teurs de la tribu.[20] Que le héros vernien,[21] drapé[22] dans ses bons sentiments et sa foi[23] en sa mission civilisatrice, nous paraisse un peu trop vertueux, tient à son rôle de modèle dans notre société. «Que tous les enfants le sachent bien: avec de l'ordre, du zèle, du courage, il n'est pas situation, si périlleuse soit-elle,[24] dont on ne puisse se tirer», écrit 40 Jules Verne dans «Deux Ans de vacances». Abrupte, naïve, c'est une morale mythologique.

Extrait d'un article de l'Express, par William Desmond

QUESTIONS

1. Quel âge aurait Jules Verne aujourd'hui?
2. Nommez deux livres qu'il a écrits.
3. À quel programme ses œuvres ont-elles été mises?
4. Quelles qualités cherche-t-on à attribuer aujourd'hui à Jules Verne?
5. Où est le mépris dans les mots «auteur pour enfants»?
6. Que montre ce mépris?
7. Quel était le premier récit de Jules Verne? Quand a-t-il paru?
8. Comment les «littéraires» l'ont-ils reçu?
9. Quel a été le génie de Jules Verne?
10. Que veut dire «approprié à son temps»?
11. En lisant Jules Verne, avec quoi est-ce que nous renouons?
12. Que faut-il pour se tirer de toute situation périlleuse?

COMPOSITION

A. Écrivez une courte biographie de Jules Verne.
B. Pourquoi a-t-on toujours considéré Jules Verne un auteur pour enfants?
C. Écrivez la réponse à la question N° 5.
D. Écrivez une composition de deux pages, au minimum, sur une des suggestions suivantes:
   1. Lisez un roman de Jules Verne et faites-en un résumé.
   2. Racontez le mythe de Prométhée. Montrez comment cette allusion est appropriée à cette critique.
   3. Comparez un livre contemporain de science-fiction à un livre de Jules Verne. Comment sont-ils similaires? Comment diffèrent-ils?

---

19. **renouer** renew our ties. 20. **tribu** tribe. 21. **vernien** pertaining to Verne. 22. **drapé** robed. 23. **foi** faith. 24. **si périlleuse soit-elle** however perilous it may be.

proverbe

On a souvent besoin d'un plus petit que soi.

cinquième révision

GRAMMAIRE

1. Locutions verbales

The verbs **aller** and **avoir** are used in many idioms. These expressions often have a person as the subject, and they must be memorized.

2. Infinitif

In addition to its use as a sort of "family name" for verbs, the infinitive has many functions as a verbal:

a. As a noun, the infinitive may be preceded by an article, and may serve either as the subject or the object of the sentence.

b. Following all prepositions except **en,** the infinitive form of the verb is required.

c. The past infinitive (the infinitive of the auxiliary and the past participle) is required after the preposition **après** *(after).*

d. When the infinitive is dependent on another verb, it may be preceded by **à** or **de,** depending on the verb which it follows. Whether or not a preposition is required, and which one, must be either learned or checked in a dictionary.

e. The infinitive is sometimes used in written commands or directions in place of the imperative.

3. Participe présent

The present participle is formed by dropping the **−ons** ending of the first person plural of the present tense and adding **−ant. Avoir, être,** and **savoir** are exceptions and must be learned. The present participle may be used as a verbal, describing an action that is simultaneous with that of the main verb of the sentence. It may be negated like a verb, and may be accompanied by an object. When **en** precedes it, it expresses the idea of *by means of,* or *while,* and **tout en** before the present participle emphasizes the simultaneous quality of the two actions. The present participle may also function as an adjective, taking on the regular adjective endings in order to agree in gender and number with the noun it describes.

4. Présent avec depuis, il y a, voici et voilà

Depuis, il y a, voici and **voilà** are used with the present tense to indicate how long an action has been going on.

5. Imparfait avec depuis, voilà . . . que, il y avait . . . que

Actions begun in the past and interrupted by another past action are expressed in French by the imparfait. How long these actions had been going on when interrupted is indicated by **depuis, voilà . . . que, il y avait . . . que** plus the expression of time.

6. Passif

In the passive voice, the subject, instead of performing the action, is acted upon. Passive verbs are made up of the verb **être** and the past participle of the main verb. This participle agrees with the subject in gender and number. The agent performing the action is preceded by **par.** Since the active voice is usually preferred to the passive, a reflexive form of the verb is often substituted for the passive, or the indefinite subject pronoun **on** with an active verb may be used, especially when the agent is not expressed.

7. Verbes à alternance du radical

A number of important French verbs effect changes in spelling in one or several tenses because of pronunciation:

a. Verbs whose infinitive ends in **–cer** change **c** to **ç** when followed by **a, o,** or **u.**

b. Infinitives ending in **–ger** insert **e** after the **g** before an **a, o,** or **u.**

c. Verbs ending in **–oyer** or **–uyer** (and sometimes **–ayer**) change **y** to **i** before **e,** except in the **nous** and **vous** forms.

d. Verbs whose stems end in unaccented **e** plus a single consonant (**acheter, mener**) place an **accent grave** (`) over the **e** whenever the following syllable also has a mute **e.**

e. Verbs ending in **–eler** double the l when the next syllable contains a mute **e.**

EXERCICES

A. *Mettez les verbes suivants au présent selon les indications:*

1. (recevoir)   Ils _____ un chèque par mois.
2. (devoir)   Je _____ partir demain.
3. (ouvrir)   _____-tu la boîte?
4. (prendre)   Nous _____ tous nos repas dans la cuisine.
5. (croire)   Non, il ne me _____ pas.
6. (savoir)   Il _____ toutes les réponses.
7. (connaître)   Tu ne _____ pas Chantal?
8. (voir)   Vous _____ le problème!
9. (devoir)   Ils _____ finir ce soir.
10. (couvrir)   _____ la casserole.

B. *Exprimez en français:*

1. Are you hungry?
2. He is always thirsty.
3. My eyes hurt.
4. We're cold and need our sweaters.
5. Does your head still ache?
6. What's the matter?
7. She wants to stay here.
8. You're wrong!

C. *Complétez les phrases suivantes par la forme convenable du verbe:*

1. *(Studying)*   _____ est difficile.
2. *(finishing)*   Après _____ la lettre, il est sorti.
3. *(dancing)*   J'aime beaucoup les poupées _____.
4. *(watching)*   Elle adore _____ la télévision.
5. *(Buying)*   _____ une nouvelle voiture prend beaucoup de temps.
6. *(reading)*   Tout en _____, j'ai trouvé ce que je cherchais.
7. *(going to bed)*   Avant de _____, j'ai lu un autre chapitre.
8. *(answering)*   Il n'aime pas _____ aux lettres.
9. *(Being)*   _____ tort, je lui ai fait mes excuses.
10. *(accepting)*   Avant de _____, nous avons longuement réfléchi.

D. *Le présent avec* **depuis, il y a, voici (voilà).** *Répondez aux questions suivantes d'après le modèle:*

MODÈLE: Travaille-t-il ici? (deux mois)

         Oui, il travaille ici **depuis deux mois.**
         Oui, **il y a deux mois qu'**il travaille ici.

1. Est-elle en France? (six semaines)
2. Ont-ils une voiture? (cinq ans)

3. Étudiez-vous les affaires? (trois semestres)
4. Joue-t-il du piano? (huit ans)
5. Restes-tu à la maison? (huit jours)

E. *L'imparfait avec* **depuis, voilà, il y avait.** *Répondez aux questions suivantes d'après le modèle:*

MODÈLE: Étaient-ils à Paris quand vous les avez vus? (un an)

           Oui, ils étaient à Paris **depuis un an** quand je les ai vus.
           Oui, **il y avait un an qu'**ils étaient à Paris quand je les ai vus.

1. Étudiait-elle quand vous êtes arrivé? (trois heures)
2. Regardaient-ils la télévision quand Marc a téléphoné? (une demi-heure)
3. Lisiez-vous le journal quand je vous ai dérangé?
4. Préparait-elle le déjeuner quand il est rentré?
5. Écoutaient-elles les disques quand nous sommes arrivés?

F. *Le passif. Exprimez à la voix active:*

MODÈLE: Ce roman **a été choisi par le professeur.**
           Le professeur a choisi ce roman.

1. La voiture a été achetée par Estelle.
2. La date sera choisie par le comité.
3. Le menu sera apporté par le garçon.
4. Les enfants étaient surveillés par leur mère.
5. Ce journal est lu par beaucoup de Français.
6. La dîner a été préparé par sa sœur.
7. Les questions seront posées par le professeur.
8. Cette chanteuse est appréciée des critiques.

G. *Exprimez en français en employant le verbe* **se coucher:**

1. We are going to bed.
2. We were going to bed.
3. We went to bed.
4. We had gone to bed.
5. We will go to bed.
6. We would go to bed.
7. We will have gone to bed.
8. We would have gone to bed.
9. . . . that we go to bed. *(présent du subjonctif)*
10. . . . that we went to bed. *(passé du subjonctif)*

H. *Complétez les phrases suivantes par la forme convenable du verbe:*

1. (appeler)   M'_____-tu?
2. (acheter)   Ils _____ toujours la meilleure qualité.
3. (essayer)   Elle _____ de finir avant midi.
4. (changer)   _____-nous de route?
5. (payer)   Ils _____ la facture par chèque.
6. (tutoyer)   Elle _____ tout le monde.
7. (essuyer)   J'_____ les casseroles.
8. (se lever)   À quelle heure _____-tu?

dimensions
culturelles
1

PARIS

(1) Paris est la capitale de la France. C'est une ville ancienne en même temps que moderne. On y trouve des bâtiments du futur aussi bien que des ruines romaines. (2) La Seine, un des plus grands fleuves de France, traverse Paris de l'est à l'ouest. La partie de la ville au nord de la Seine s'appelle la rive droite; la partie au sud s'appelle la rive 5 gauche.

   Au milieu de la Seine se trouve l'île de la Cité. Cette petite île est la plus vieille partie de Paris: elle était déjà habitée en 50 avant J.-C. Bien qu'elle ait changé plus qu'aucune partie de Paris, elle est encore pleine de souvenirs et de monuments historiques. (3) On y trouve, par 10 exemple, la cathédrale de Notre-Dame, une des plus belles cathédrales du monde, construite entre 1163 et 1345; (4) la Sainte Chapelle que Saint Louis a fait construire pour abriter la couronne d'épines rapportée des croisades; elle a deux étages de vitraux exquis; (5) le Palais de Justice et (6) la Conciergerie, où les prisonniers attendaient la guillotine pendant 15 la Révolution.

   (7) La rive droite est un beau mélange de toutes les périodes. Il y a de vieilles maisons comme celles de la place des Vosges, un ensemble créé par Henri IV, (8) et l'hôtel de Sens. (9) Il y a des constructions modernes, comme la Maison de la Radio. Il y a aussi des églises de 20 tous les styles: Saint Eustache, (10) la basilique du Sacré-Cœur, au sommet de Montmartre, et (11) l'église de la Madeleine, près de la place de la Concorde, qui était à l'origine un temple de la gloire consacré aux armées de Napoléon.

   (12) Aujourd'hui, le bâtiment le plus extraordinaire de la rive droite — 25 et peut-être du monde entier — est sans aucun doute le Centre National d'Art et de Culture Georges Pompidou qui s'élève au plateau Beaubourg entre le Marais et le site des anciennes Halles de Paris. Pour préserver l'espace intérieur, les architectes de cette structure ultra-moderne de verre et d'acier ont transporté à l'extérieur toute la tuyauterie nécessaire 30 au bâtiment (eau, électricité, climatisation); ces tuyaux géants sont peints en couleurs vives qui correspondent à la fonction remplie. Des escaliers roulants abrités dans des tubes en matière transparente semblent animer

4 **traverse**	crosses	30 **verre**	glass
5 **rive**	bank	**acier**	steel
13 **couronne d'épines**	crown of thorns	**tuyauterie**	pipes
14 **croisades**	crusades	31 **climatisation**	air conditioning
14 **vitraux**	stained-glass windows	**tuyaux géants**	giant pipes
19 **hôtel**	*here:* residence	32 **escaliers roulants**	escalators
22 **sommet**	top	33 **abrités**	sheltered

la façade du bâtiment. Inauguré en 1977, le Centre Pompidou a été
visité par deux millions de personnes pendant ses quatre premiers mois! 35

(13) Sur les grands boulevards, percés au dix-neuvième siècle par
ordre de Napoléon III, coule la vie mouvementée de la grande ville
moderne. Ces grandes artères nous mènent à tout ce qui est «grand»:
les grands hôtels, les grands théâtres, les grands magasins, l'Opéra, (14)
la Bibliothèque nationale (15) et la Bourse.   40

(16) Le Louvre se trouve aussi sur la rive droite. Ce palais, commencé
sous Philippe Auguste en 1204, n'a été achevé qu'en 1848! C'est aujourd'hui le musée d'art le plus important de France. (17) Du centre
des jardins du Louvre, on peut voir l'arc de triomphe du Carrousel et,
plus loin, le jardin des Tuileries. Ce très beau jardin, créé par le dessina- 45
teur Le Nôtre, est un des lieux favoris des enfants parisiens.

(18) À côté des Tuileries, sur la place de la Concorde, l'obélisque de
Louxor occupe à présent le lieu où ont été guillotinées les victimes de
la Révolution. (19) D'ici, l'avenue des Champs-Élysées s'étend jusqu'à
l'arc de triomphe de l'Étoile sous lequel brûle une flamme éternelle à 50
la mémoire du Soldat inconnu de la guerre de '14.

(20) Pas trop loin de l'arc de triomphe de l'Étoile, mais sur la rive
gauche, se trouve la tour Eiffel. Elle a trois cents mètres de haut, et
du sommet on a une vue merveilleuse de la ville de Paris. Ce monument
renommé a été construit par l'ingénieur Gustave Eiffel pour l'Exposition 55
universelle de 1889. Cette tour, que l'on a critiquée à l'époque autant
que l'est Beaubourg aujourd'hui, est devenue le symbole de Paris et
de la France.

(21) Si la rive droite est la partie la plus moderne de la ville, la rive
gauche ressemble quelquefois à une ville de province: à chaque pas on 60
rencontre le passé. Dans les petites rues qui datent du Moyen Âge,
on trouve des librairies et des antiquaires; (22) l'hôtel de Cluny nous
offre un bel exemple d'architecture médiévale, et il contient un musée
d'art médiéval; (23) pas loin de Montparnasse, où se dresse maintenant
un gratte-ciel ultra-moderne appelé tour Montparnasse, se trouvent les 65
arènes de Lutèce, ruines romaines qui datent de l'an 280.

(24) Le Quartier latin, sillonné des plus vieilles rues de Paris, est le
centre de la vie estudiantine. Depuis l'époque de Pierre Abélard (dou-
zième siècle), des jeunes de tous les pays du monde viennent faire leurs

37	**coule**	flows	
	mouvementée	agitated	
39	**grands magasins**	department stores	
40	**la Bourse**	Stock Exchange	
50	**flamme**	flame	
51	**Soldat inconnu**	Unknown Soldier	
57	**autant que l'est**	as much as	
	Beaubourg	Beaubourg	
	aujourd'hui	is today	

65	**gratte-ciel**	sky-scraper	
67	**sillonné**	crossed by	
68	**Pierre Abélard**	*philosopher and theolo-*	
		gian of the 12th cen-	
		tury. His love for Hé-	
		loïse is well-known.	

«Sur la place de la Concorde, . . .
l'obélisque de Louxor . . .»

«La basilique du Sacré-
Cœur, au sommet de
Montmartre . . .»

«. . . la cathédrale de Notre-
Dame, une des plus belles
cathédrales du monde . . .»

Trois cent quatre-vingt-quatre

«Le Centre National
d'Art et de Culture
Georges Pompidou qui
s'élève au plateau
Beaubourg . . .»

L'arc de triomphe de Carrousel
et le jardin des Tuileries

«. . . un gratte-ciel ultra-moderne
appelé tour Montparnasse . . .»

études à l'université de Paris. La Sorbonne, faculté des lettres et des 70
sciences de l'université, a une réputation mondiale. (25) Tout près de
la Sorbonne, dans le Panthéon, reposent les cendres de beaucoup de
grands hommes. (26) Pas loin d'ici se trouve le palais du Luxembourg,
ancienne résidence de Marie de Médicis, femme de Henri IV et aujourd'hui lieu de réunion du Sénat. Il est entouré d'un très beau jardin. 75

Paris est une ville historique, une ville-musée, mais c'est aussi un
des grands centres urbains du monde, où on peut trouver tous les cou-
rants de la pensée contemporaine. Elle mérite bien d'être appelée la
Ville Lumière.

72 **cendres**	ashes	75 **lieu de réunion**	meeting place

EXERCICE A

Répondez aux questions suivantes:

1. Qu'est-ce qui divise Paris en deux parties principales?
2. Où se trouve l'île de la Cité?
3. Qui a fait construire la Sainte Chapelle?
4. Pourquoi les architectes de Beaubourg ont-ils mis la tuyauterie à l'extérieur?
5. Dans l'architecture traditionnelle, la tuyauterie est-elle exposée ou cachée?
6. Qu'est-ce que c'est aujourd'hui que le palais du Louvre?
7. Nommez quelques tableaux célèbres qui sont exposés au Louvre.
8. Quel autre jardin Le Nôtre a-t-il dessiné?
9. La tour Eiffel a-t-elle toujours été acceptée par les Parisiens?
10. Aimez-vous les mélanges d'architecture ancienne et moderne?
11. Croyez-vous que les vieux bâtiments vaillent la peine d'être préservés?
12. Si vous alliez à Paris, quel monument visiteriez-vous en premier lieu?
13. Préférez-vous les petites villes ou les grandes métropoles?

EXERCICE B

Décrivez la ville dans laquelle vous demeurez en suivant les indications:

Je demeure à _____ depuis _____.
Cette ville se trouve _____.
Elle est _____. (grande, petite, moyenne)
Elle a été fondée par _____.
Son industrie principale est _____.
Son climat est _____.
Elle contient _____. (des jardins publics, des fontaines, une grande
bibliothèque)
Quand j'aurai terminé mes études _____. (je resterai dans ma ville, je partirai)

EXERCICE C

Faites une liste des avantages et inconvénients de la vie à la campagne et de
la vie urbaine.

EXERCICE D

Décrivez un bâtiment extraordinaire que vous connaissez ou dont vous avez entendu parler.

EXERCICE E

Examinez un plan de Paris. Faites une liste des monuments dont vous reconnaissez le nom.

dimensions
culturelles
2

LES CHÂTEAUX DE LA LOIRE

(1) La Loire traverse une des plus belles régions de France, qui comprend de l'est à l'ouest l'Orléanais, le Blésois, la Touraine et l'Anjou. (2) D'Orléans à l'est à Angers à l'ouest, la Loire et ses affluents (le Cher, la Vienne et l'Indre) arrosent une région dont le climat modéré et la fertilité des terres ont toujours contribué à la douceur de vivre.   5

(3) Les rois de France y ont été attirés dès le Moyen Âge et y ont fait construire des châteaux de tous les styles qui reflètent l'histoire de France et l'évolution de la société française.

(4) À l'origine, le souci principal des rois était essentiellement la défense. Ancienne prison et château-fort, le château de Loches conserve 10 des remparts et des donjons remarquables. Les comtes d'Anjou s'en servaient déjà au onzième siècle. (5) Angers est entouré de remparts dominés de dix-sept tours impressionnantes: elles mesurent de quarante à soixante mètres de haut. Ce château, commencé sous Philippe Auguste et achevé sous Saint Louis, contient aujourd'hui un musée de tapisseries. 15
(6) C'est à Chinon, dont il ne reste que des ruines, que Jeanne d'Arc se présenta au dauphin Charles avant la reprise d'Orléans aux Anglais.

(7) La citadelle austère de Langeais fut construite par Louis XI pour protéger la vallée de la Loire contre les Bretons. (8) Ici, en 1419, eut lieu le mariage d'Anne de Bretagne et Charles VIII, et ainsi l'union de 20 la Bretagne à la France.

(9) C'est au château d'Amboise que Charles VIII se donna un coup à la tête qui causa sa mort prématurée à l'âge de vingt-huit ans. Amboise doit être vu de la rive droite de la Loire. Massif et assez sinistre, ce grand bâtiment s'élève au-dessus de la ville comme une montagne au- 25 dessus d'un village. (10) À l'intérieur, on trouve une célèbre rampe à chevaux et à carrosses qui monte de bas en haut. (11) Dans la chapelle Saint-Hubert, dans le jardin du château, reposent les restes de Léonard de Vinci. Le grand chef algérien Abd el-Kader y fut emprisonné au dix-neuvième siècle.   30

(12) Une visite au château de Blois sert de leçon d'histoire et d'architec-

1 **comprend**	includes	5 **la douceur de vivre**	the charms of life
2 **l'Orléanais, le Blésois, la Touraine et l'Anjou**	*The names of these regions correspond to the names of their principal city: Orléans, Blois, Tours and Angers*	6 **attirés**	attracted
		10 **château-fort**	medieval fortress
		12 **s'en servaient déjà**	already used it
		entouré	surrounded
		17 **reprise**	retaking
3 **affluents**	tributaries	22 **coup**	blow
4 **arrosent**	irrigate	27 **carrosses**	coaches

«Angers est entouré de remparts dominés de dix-sept tours impressionnantes.»

«C'est à Chinon . . . que Jeanne d'Arc se présenta au dauphin Charles . . .»

«François Premier ordonna la construction de l'énorme château de Chambord . . .»

«Le château de Chenon-
ceaux fut construit en
1515.»

«Le château de Chaumont
se dresse élégamment sur
les bords de la Loire.»

«Azay-le-Rideau . . . est
une belle résidence
flanquée de tours aux
toits pointus.»

Trois cent quatre-vingt-onze

ture. (13) L'aile du quinzième siècle, qui harmonise les briques roses de ses murs avec les ardoises bleues de son toit, est dominé par une statue équestre de Louis XII. (14) En face, l'aile François Premier, en pierre grise, est décorée d'un extraordinaire escalier à claire-voie qui montre le triomphe de l'influence italienne. La troisième aile, qui date du dix-septième siècle, a la régularité de l'architecture française classique. 35

(15) Au seizième siècle, influencés par la Renaissance italienne et moins préoccupés de leur défense que de la douceur de vivre, les rois de France ont construit quelques-uns des plus élégants châteaux de la région. (16) Par exemple, François Premier ordonna la construction de l'énorme château de Chambord où il résidait quand il allait à la chasse. (17) Les dames de la cour pouvaient suivre les péripéties de la chasse de la terrasse du toit, dont les 365 cheminées donnent l'impression d'une petite ville aérienne. Une grande attraction touristique de Chambord est son escalier à vis qui va du rez-de-chaussée au toit. 40 45

(18) Moins majestueux que Chambord, mais de dimensions plus humaines, le château de Chenonceaux fut construit en 1515 par un financier, Thomas Bohier. Confisqué par François Premier en 1535, le château fut offert par son fils Henri II à sa maîtresse, Diane de Poitiers. (19) C'est Diane qui fit construire le pont qui enjambe le Cher, pour pouvoir se rendre plus facilement à la chasse. À la mort du roi Henri II, sa femme, Catherine de Médicis, reprit Chenonceaux à Diane et lui donna en échange le château de Chaumont. C'est Catherine qui fit construire la galerie qui recouvre le pont. 50 55

(20) Diane n'avait pas beaucoup perdu à l'échange. Le château de Chaumont se dresse élégamment sur les bords de la Loire. (21) Il comprend des écuries magnifiques, qui sont toujours bien entretenues. Sur les murs, on peut voir les initiales de Diane de Poitiers qu'elle y a fait inscrire au cours d'un séjour. 60

(22) Azay-le-Rideau, bâti sur l'eau et entouré de jardins, est une belle résidence, flanquée de tours aux toits pointus.

(23) On appelle la vallée de la Loire le Jardin de la France. On pourrait tout aussi bien l'appeler le Musée de la France: (24) à chaque moment, on y rencontre les beautés de la nature et les témoignages de l'histoire. 65

32 **aile**	wing	51 **pont**	bridge
33 **ardoises**	slates	**enjambe**	spans
toit	roof	52 **se rendre**	to go
35 **escalier à claire-**	open staircase	55 **galerie**	a covered walk
voie		58 **écuries**	stables
42 **quand il allait**	when he went	59 **murs**	walls
à la chasse	hunting	62 **flanquée**	flanked
43 **péripéties**	adventures	65 **témoignages**	marks;
46 **escalier à vis**	spiral staircase		testimonies

EXERCICE A

Répondez aux questions suivantes:

1. Pourquoi les rois de France ont-ils construit des châteaux dans la région de la Loire?
2. Que contient aujourd'hui le château d'Angers?
3. Quel événement historique important eut lieu à Chinon?
4. A quel âge mourut Charles VIII?
5. Quel artiste célèbre est enterré à Amboise?
6. Combien de styles différents peut-on observer au château de Blois?
7. Quelle est la différence entre un château comme Loches, par exemple, et le château de Chambord?
8. Quand François Premier se servait-il du château de Chambord?
9. Comment appelle-t-on la vallée de la Loire?
10. Dans quel château de la Loire la vie vous semblerait-elle la plus agréable?

EXERCICE B

Dessinez une carte de la région que traverse la Loire; indiquez-y les principaux châteaux.

EXERCICE C

Exprimez au passé. Choisissez entre l'imparfait et le passé composé:

Pendant les grandes vacances je fais un voyage en France. D'abord je vais à Paris. La ville est pleine de touristes et il fait mauvais temps. Je décide d'aller passer quelques jours en Touraine. Quand j'arrive à Tours, le soleil brille. Je loue une bicyclette et je fais un petit voyage le long de la Loire. Il y a des châteaux sur les deux rives. Je préfère Azay-le-Rideau.

EXERCICE D

Voici une liste des châteaux de la Loire qui sont mentionnés dans le texte:

Loches, Angers, Chinon, Langeais, Amboise, Blois, Chambord, Chenonceaux, Chaumont, Azay-le-Rideau. Dans quel château s'est passé l'événement mentionné?

1. Charles VIII y est mort.
2. François Premier y allait à la chasse.
3. Abd el-Kader y fut emprisonné.
4. Catherine de Médicis y fit construire une galerie sur un pont.
5. Jeanne d'Arc y rencontra le dauphin Charles.
6. Le mariage d'Anne de Bretagne y eut lieu.

EXERCICE E

Sur le modèle du premier paragraphe du texte, décrivez le cours de la Seine ou du Mississippi.

dimensions
culturelles
3

Trois cent quatre-vingt-quatorze

HISTOIRE DE FRANCE: PREMIÈRE PARTIE

(1) La France contemporaine s'est formée sur le territoire de l'ancienne Gaule. De cette période et de la période préhistorique, il nous reste beaucoup de traces. (2) Parmi les mieux connues, citons les dolmens et les menhirs de Carnac, l'homme Cro-Magnon de la vallée de la Dordogne, (3) la grotte de Lascaux et la ville de Marseille, ancienne colonie 5 grecque. Les Gaulois étaient d'origine celte ou ibérique et leur religion était le druidisme.

(4) En 51 avant J.- C., les légions de Jules César firent la conquête du pays. Vercingétorix est le chef gaulois qui essaya d'organiser la résistance à César et il fut vaincu à Alésia. 10

(5) Avec la conquête romaine, la Gaule perdit sa liberté politique. Mais elle gagna la paix, la sécurité et la prospérité matérielle avec la civilisation développée et raffinée que les Romains lui apportèrent. Comme les Gaulois, les Romains laissèrent de nombreuses traces qu'on trouve aujourd'hui en France: ruines de théâtres, (6) de temples, (7) 15 d'amphithéâtres, de villas privées, de routes nationales, (8) d'aqueducs.

(9) À la fin du premier siècle après J.- C., le christianisme se répandit en Gaule. Elle eut aussi ses martyrs, comme par exemple Saint Denis, premier évêque de Paris, qui fut décapité sur la colline de Montmartre au troisième siècle. 20

(10) Pendant quatre cents ans, la Gaule resta plus ou moins unie sous l'influence romaine. Mais, à partir du quatrième siècle, les invasions des Barbares commencèrent. (11) La tribu des Francs (qui devait donner son nom à la France) devint éventuellement la plus puissante, surtout sous Clovis, le plus important des rois mérovingiens, qui se convertit 25 au christianisme en 496.

(12) Ses descendants s'entretuèrent et n'eurent pas la force de faire face à l'invasion islamique qui, au huitième siècle, arrivait presque à la Loire. Charles Martel, maire du palais, vainquit les Arabes à Poitiers en 732 et ses descendants fondèrent la dynastie carolingienne. 30

(13) Charlemagne, petit-fils de Charles Martel, est le plus connu des Carolingiens. En 800, il fut couronné empereur d'Occident. (14) Sous son règne, il y eut une véritable renaissance de la civilisation: écoles,

3 **dolmens**	dolmens *(prehistoric monuments shaped like a horizontal table)*	19 **évêque**	bishop
		colline	hill
4 **menhirs**	menhirs *(upright prehistoric stones)*	22 **à partir du quatrième siècle**	from the fourth century on
		24 **puissante**	powerful
5 **grotte**	cave	27 **s'entretuèrent**	killed each other off
10 **Alésia**	*today the town of Alise-Sainte-Reine, in the Côte d'Or, near Dijon*	29 **maire**	mayor

Peintures préhistoriques dans la grotte de Lascaux

Le Pont-du-Gard, ancien aqueduc romain

Le monastère de Mont-Saint-Michel: «Pendant le Moyen Âge, les monastères devinrent des centres de culture.»

monuments s'élevèrent. Mais son vaste empire fut démembré après le
traité de Verdun en 843 et le pays fut ravagé de nouveau par des tribus 35
barbares, cette fois par les Normands, pirates du Nord. Ces Vikings
ont même menacé la ville de Paris et pour la sauver, le roi Charles III
fut forcé de leur céder toute la région qui s'appelle aujourd'hui la Normandie (911).

(15) En 987, un membre de la famille des Capet fut choisi comme 40
roi par les seigneurs assemblés: la dynastie capétienne devait régner
sans interruption jusqu'à la Révolution française!

(16) L'élection d'Hugues Capet montre le triomphe du système féodal
qui gouvernait la société française pendant le Moyen Âge. La féodalité
était un système de relations complexes selon lequel les faibles étaient 45
protégés par les forts. En échange, les faibles travaillaient pour les forts
et leur rendaient des services. (17) Ainsi, les paysans travaillaient la
terre pour les nobles qui les protégeaient en retour. (18) Chaque seigneur
avait son armée, c'est-à-dire des chevaliers et des soldats qui lui étaient
fidèles et l'aidaient à faire la guerre contre ses ennemis; en revanche, 50
il leur garantissait des armes, de la nourriture et un logement.

(19) La conquête de l'Angleterre par Guillaume, duc de Normandie,
eut lieu pendant le Moyen Âge (1066). (20) Elle est décrite dans la
tapisserie de Bayeux, document précieux conservé en Normandie. La
conquête de Guillaume marque l'introduction en Angleterre d'une forte 55
influence française sur la langue et les institutions. Elle marque aussi
le commencement d'une rivalité entre les deux pays qui finira par la
guerre de Cent Ans.

(21) C'est aussi au Moyen Âge que les villes ont commencé à se
développer. Elles étaient fortifiées et leurs habitants, qui étaient surtout 60
des marchands et des artisans, se groupaient ainsi pour être en sécurité.
(22) L'extérieur des maisons formait les murs de la ville. (23) À l'intérieur
de la ville, les rues étaient étroites et noires. Les boutiques offraient
des marchandises de toutes sortes aux passants. (24) Avec l'accroissement
du commerce, les foires du Moyen Âge devinrent très importantes. Des 65
marchands européens s'y rencontraient, y échangeaient des idées et y
forgeaient des liens.

(25) Pendant le Moyen Âge, les monastères devinrent des centres
de culture. Les moines ont préservé, étudié et interprété notre héritage
classique. 70

34 s'élevèrent	rose	50 fidèles	faithful
démembré	dismembered	faire la guerre	make war
35 traité	treaty	en revanche	in return
44 Moyen Âge	Middle Ages (period in European history from about 500 to about 1450)	51 nourriture	food
		63 étroites	narrow
		boutiques	shops
46 les forts	the strong	67 liens	ties
49 chevaliers	knights		

EXERCICE A

Complétez les phrases suivantes par le pronom relatif convenable:

1. Le chef gaulois _____ César vainquit s'appelait Vercingétorix.
2. Saint Denis, _____ fut décapité, était le premier évêque de Paris.
3. Clovis, _____ se convertit au christianisme, était un roi mérovingien.
4. L'invasion islamique _____ nous avons parlé eut lieu au huitième siècle.
5. Le seigneur pour _____ les paysans travaillaient les protégeait.

EXERCICE B

Exprimez au passé. Choisissez entre l'imparfait et le passé simple:

Tristan est le neveu du roi Marc. Le roi Marc désire se marier. Il envoie Tristan chercher sa future femme, Iseult. Iseult est très belle. Elle a les cheveux blonds. Pendant le voyage de retour, par malheur, Tristan et Iseult boivent une potion magique. Ils s'aiment jusqu'à la mort.

EXERCICE C

Exprimez en français:

1. December 7, 1941
2. March 27, 2002
3. July 4, 1776
4. December 24, 1600

5. October 12, 1492
6. April 15, 1937
7. February 12, 1809
8. February 22, 1732

EXERCICE D

Répondez aux questions suivantes:

1. Reste-t-il en France beaucoup de traces de la période préhistorique?
2. Qu'est-ce que c'est qu'un dolmen?
3. Quelle était la religion des Gaulois?
4. Quel général romain a fait la conquête de la Gaule?
5. Citez quelques-uns des avantages de la conquête romaine.
6. Quand est-ce que le christianisme apparut en Gaule?
7. Comment s'appelle le premier évêque de Paris?
8. D'où vient le nom de la France?
9. Qui arrêta l'invasion islamique du huitième siècle?
10. Pourquoi peut-on dire qu'il y eut une véritable renaissance de la civilisation sous Charlemagne?
11. Que veut dire le mot «Normands»?
12. Est-ce que la dynastie capétienne a régné longtemps?
13. Décrivez le système féodal.
14. Qui a conquis l'Angleterre en 1066?
15. Quelle activité s'est développée au Moyen Âge?

EXERCICE E

Écrivez un court paragraphe sur les dynasties qui ont régné en France selon le plan suivant:

1. Commencez par donner le nom des dynasties.
2. Cherchez dans le texte *Dimensions culturelles Histoire de France: Première partie* ou dans un dictionnaire l'origine de ces noms. Ecrivez trois phrases qui résument vos recherches.
3. Écrivez une ou deux phrases sur les accomplissements de ces dynasties.
4. Concluez en répondant à cette question: Quelle sorte de gouvernement a la France d'aujourd'hui?

EXERCICE F

Vrai ou Faux?

1. Il nous reste peu de traces de la période préhistorique.
2. La première religion des Gaulois était le christianisme.
3. Vercingétorix a vaincu César à Alésia.
4. Il reste aujourd'hui en France de nombreuses traces de la conquête romaine.
5. Saint Denis fut le troisième évêque de Paris.
6. Clovis fut le roi mérovingien le plus important.
7. Au huitième siècle, les Arabes envahirent la France jusqu'à la Loire.
8. Le premier roi capétien fut élu.
9. Sous le régime féodal, les forts et les faibles avaient des responsabilités réciproques.
10. La culture du Moyen Âge fut préservée dans les foires.

HISTOIRE DE FRANCE: DEUXIÈME PARTIE

(1) Les premiers rois capétiens n'ont régné que sur des domaines très modestes. Ils ont agrandi leur royaume petit à petit et ont remplacé les seigneurs féodaux comme protecteurs du peuple. Ils ont introduit l'hérédité de la couronne et ont vraiment créé la nation française.

(2) Le règne de Louis IX (1226–1270) marque l'apogée de la monarchie 5 médiévale. Mieux connu sous le nom de Saint-Louis, il essaya de gouverner ses sujets avec justice et d'introduire des principes d'équité dans les relations internationales. C'est lui qui fit construire à Paris la Sainte Chapelle qui demeure un des plus beaux témoignages de la foi ardente de cette époque. (3) Saint-Louis, roi chrétien avant tout, participa à 10 deux croisades et mourut de la peste à Tunis, au cours de la dernière croisade.

(4) Après la mort de Saint-Louis, les hommes de loi qui entouraient son petit-fils, Philippe le Bel, commencèrent à développer la théorie de l'absolutisme royal. Le roi s'attaqua à l'ordre religieux des Templiers 15 et fit arrêter le pape qui représentait un obstacle à son autorité. (5) À partir de cette époque et jusqu'en 1378, les papes résidèrent en Avignon, sous le contrôle des rois de France.

À la mort de Philippe le Bel, on invoqua pour la première fois en France la loi salique qui excluait les filles d'un roi de la succession. 20 Puisque les descendants directs de Philippe le Bel n'avaient pas d'héritiers mâles, on fit appel à un cousin, Philippe de Valois, qui devint Philippe VI de France. Ce choix fut protesté par Edouard III d'Angleterre, petit-fils de Philippe le Bel par sa mère, et fut à l'origine de la longue guerre entre la France et l'Angleterre qu'on appelle la guerre de Cent Ans. 25

(6) Cette guerre est marquée par des succès anglais, des revers français et des renversements soudains de la situation. L'épisode le plus connu en est sûrement la courte chevauchée triomphale de Jeanne d'Arc qui reprit aux Anglais la ville d'Orléans qu'ils occupaient et fit couronner à Reims le dauphin Charles, désormais Charles VII de France. Jeanne 30

4	couronne	crown	22 héritiers	heirs
5	apogée	height	26 revers	set-backs
9	témoignages	proofs	27 renversements	reversals
11	peste	plague	28 chevauchée	ride
13	entouraient	surrounded	30 dauphin	dauphin *(title of the eld-est son of the king of France)*
15	Templiers	Templars *(members of a wealthy and power-ful military order of the Middle Ages)*		
			désormais	hereafter
20	loi salique	salic law *(named after a custom of the Salian Franks)*		

dimensions
culturelles
4

d'Arc fut faite prisonnière et brûlée à Rouen en 1431 après un long procès. Sa mort marque un tournant décisif dans le déclin militaire des Français.

(7) Les successeurs de Charles VII achevèrent de consolider la victoire française. C'est à cette période que la France acquit la Bourgogne, pro- 35 vince importante et riche dont les ducs avaient pris parti pour le roi d'Angleterre.

(8) Charles VIII, par son mariage avec la duchesse Anne de Bretagne, permit à la France d'acquérir cette province. Après sa mort prématurée, son successeur Louis XII épousa la veuve, pour s'assurer que la province 40 resterait entre les mains des Français. Charles VIII et Louis XII firent des expéditions en Italie qui introduisirent les Français aux merveilles de la Renaissance italienne.

(9) Le plus grand roi français de la Renaissance est François Premier. Quoiqu'il ait participé à de nombreuses guerres, il réussit à créer autour 45 de lui une vie de cour brillante et à s'entourer d'artistes tels les peintres Léonard de Vinci et Titien et le sculpteur Benvenuto Cellini. (10) On peut admirer aujourd'hui au Louvre des chefs-d'oeuvre de ces artistes comme la *Joconde* et les *Nymphes de Fontainebleau.*

La fin du règne de François Premier et le règne de ses successeurs 50 ont été marqués par des guerres de religion longues et cruelles, qui opposaient les catholiques aux protestants. La Renaissance française, qui s'était ouverte dans un esprit d'optimisme symbolisé par les bons géants de l'écrivain Rabelais, Gargantua et Pantagruel, se termine sur le scepticisme de Montaigne. 55

(11) Henri III étant mort sans héritier direct, on fit appel pour lui succéder à Henri de Navarre, de la famille des Bourbons. Ce protestant se convertit au catholicisme et devint le pacificateur et le restaurateur de la France déchirée par les luttes internes. Son grand titre de gloire est la promulgation de l'édit de Nantes (1598), qui instaura la tolérance 60 envers les protestants.

Louis XIII et son ministre, le cardinal de Richelieu, continuèrent à affermir l'autorité royale et à développer le principe de l'absolutisme.

(12) «Un roi, une foi, une loi»: cette formule résume la monarchie absolue à son apogée, sous le règne de Louis XIV, le Roi-Soleil. (13) C'est lui 65 qui fit construire, à dix-huit kilomètres de Paris, le château de Versailles,

31 **brûlée**	burnt	45 **réussit à**	succeeded in
32 **procès**	trial	56 **on fit appel**	they called upon
34 **achevèrent**	completed	59 **déchirée**	torn
36 **avaient pris parti**		63 **affermir**	strengthen
pour	had sided with	64 **une foi**	one faith
40 **épousa**	married		
veuve	widow		

Le château de Versailles

«Le parc avec ses bassins, ses fontaines, ses allées et ses plates-bandes . . .»

symbole du grand siècle, le dix-septième. Les bâtiments de Versailles furent en grande partie construits par l'architecte Mansart. (14) Le parc avec ses bassins, ses fontaines, ses allées et ses plates-bandes aux couleurs vives, fut dessiné par Le Nôtre. Louis XIV s'intéressa personnellement à tous les détails de la construction. (15) Ses successeurs, quoique n'aimant pas la vie cérémonieuse de Versailles, y firent ajouter le Grand et (16) le Petit Trianon et (17) le Hameau de Marie-Antoinette. 70

À la mort de Louis XIV en 1715, la monarchie française tomba en décadence. Rois faibles et dépravés, dépenses outrées, guerres fréquentes: cet état de choses était maintenant remarqué ouvertement et critiqué par une opinion publique éclairée par les écrits des «philosophes». Petit à petit se développa en France une ambiance propice à la révolution qui éclata en 1789. 75

(18) La Révolution de 1789 est un des grands événements de l'histoire de l'humanité. Longue et compliquée, elle mit fin à la monarchie, établit une république, abolit les privilèges féodaux, établit l'autorité civile et donna pour la première fois aux Français qui luttèrent victorieusement contre les monarques européens coalisés le sens d'être une nation. 80

(19) En 1799, Napoléon Bonaparte fut élu premier consul. Au commencement du Consulat, il appliqua ses énormes talents à l'organisation interne de la France: le Code civil (ou Code Napoléon), qui est encore aujourd'hui la base de la législation française, fut rédigé sous ses ordres. (20) Après s'être fait proclamer empereur, il passa la plus grande partie de son temps à faire la guerre à l'Europe coalisée contre lui. Après une série d'étonnantes victoires, il fut battu à Waterloo en 1815 et exilé à l'île de Sainte-Hélène où il mourut. 85 90

(21) De 1815 à 1848, la France fut gouvernée par les frères du roi Louis XVI (qui avait été guillotiné pendant la Révolution) et par Louis-Philippe d'Orléans, un cousin. Cette restauration de la monarchie n'arriva pas à rétablir l'Ancien Régime. Au contraire, elle vit le triomphe d'une nouvelle classe, la bourgeoisie, qui s'avérait la grande bénéficiaire de la Révolution. Honoré de Balzac montre dans ses romans la montée au pouvoir de cette classe. 95

(22) La monarchie fut définitivement répudiée à la révolution de 1848. 10

69	bassins	ornamental pools	78	ambiance	atmosphere
	allées	paths	79	éclata	burst
	plates-bandes	flower beds	88	rédigé	written
75	outrées	excessive	91	étonnantes	amazing
77	éclairée	enlightened	92	île	island
	philosophes	*Not philosophers in the true sense of the word. Social and political critics and reformers of 18th century France such as Voltaire, Diderot, d'Alembert.*	97	s'avérait	turned out to be
			98	montée	climb

La Deuxième République, pourtant, ne dura pas longtemps et fit place en 1852 au Second Empire. Louis-Napoléon Bonaparte, neveu de Napoléon Premier, après avoir été élu président **de la** république, se fit proclamer empereur! (23) Sous son règne, la France entra dans une période de développement économique intense: chemins de fer, mines, grands 105 magasins, travaux d'urbanisation, surtout à Paris. Avec la croissance industrielle vint le développement d'un prolétariat ouvrier qui est décrit par Emile Zola dans ses romans.

La guerre franco-prussienne de 1870 mit fin au Second Empire. Depuis cette époque, la France est une république (officiellement proclamée 110 en 1875). La Troisième République a été marquée par deux guerres mondiales et de nombreux scandales politiques. Elle a duré jusqu'en 1940.

Le régime de Vichy, sous la direction du maréchal Pétain, chef de l'état, a duré jusqu'à la libération de la France en 1944 (24) date à laquelle 115 le général de Gaulle a établi en France un gouvernement provisoire. En 1946, la Quatrième République l'a remplacé et a duré jusqu'à 1958. À cette date, le général de Gaulle est revenu au pouvoir et a fait approuver la constitution de la Cinquième République.

Depuis 1946 la France joue un rôle européen important. C'est un 120 Français, Jean Monnet, qui a organisé le Marché commun qui s'efforce de coordonner les activités économiques de ses membres. (25) Le Parlement de l'Europe est situé à Strasbourg, en territoire français.

105 **chemins de fer**	railroads	120 **joue**	plays
106 **grands magasins**	department stores	121 **s'efforce**	attempts

EXERCICE A

Exprimez au passé. Choisissez entre l'imparfait et le passé simple:

Jeanne d'Arc naît à Domrémy aux jours les plus sombres de la guerre de Cent Ans. La France est presque totalement occupée par l'armée anglaise. Le roi de France, Charles VI est fou *(insane)*. Un jour qu'elle garde ses moutons dans les champs, elle entend des voix. Ces voix lui commandent d'aller à l'aide de la France. Malgré l'opposition de ses parents, elle part au secours de son pays. Elle obtient des armes et un cheval. Quelques mois plus tard, elle arrive à Chinon, où se tient la cour du dauphin.

EXERCICE B

Exprimez en français:

1. L'armistice qui a terminé la guerre de '14 a été signé _____ (November 11, 1918).
2. La date de la fête nationale en France est _____ (July 14th).

3. C'est l'anniversaire de la prise de la Bastille _____ (July 14, 1789).
4. Les privilèges féodaux ont été abolis dans la nuit du _____ (August 4, 1789).
5. Napoléon Bonaparte fut couronné empereur _____ (December 2, 1804).
6. Louis XVI fut guillotiné _____ (January 21, 1793).

EXERCICE C

Répondez aux questions suivantes:

1. Qu'est-ce qui caractérise le règne de Saint Louis?
2. Où Saint Louis est-il mort?
3. Dans quel continent se trouve la ville dans laquelle Saint Louis est mort?
4. Qu'est-ce que c'est que la loi salique?
5. Citez une des causes de la guerre de Cent Ans.
6. Depuis quand la Bourgogne et la Bretagne font-elles partie de la France?
7. Qu'est-ce que c'est qu'une veuve?
8. Avez-vous déjà entendu parler de la *Joconde?*
9. Où se trouve la *Joconde* aujourd'hui?
10. Décrivez le changement qui prit place entre le commencement et la fin de la Renaissance française.
11. Qu'est-ce que c'est que l'édit de Nantes?
12. Quel roi de France est le meilleur exemple du monarque absolu?
13. Nommez quelques-uns des artistes qui ont créé Versailles.
14. Citez quelques-uns des accomplissements de la Révolution française.
15. Qu'est-ce que c'est que le Code civil?
16. À quelle classe la Révolution française a-t-elle vraiment profité?
17. À quelle période la France commença-t-elle vraiment à s'industrialiser?
18. Combien de temps a duré la Troisième République?
19. Sous quel régime politique ont eu lieu la guerre de '14 et la guerre de '39?
20. Sous quel régime politique se trouve la France aujourd'hui?

EXERCICE D

Écrivez une ou deux phrases sur chacune des figures littéraires mentionnées dans le texte.

EXERCICE E

Faites une liste des régimes politiques qui se sont succédés en France au dix-neuvième siècle.

EXERCICE F

Parmi les adjectifs suivants, choisissez celui qui convient. N'oubliez pas l'accord:

international, dernier, long, nombreux, étonnant, féodal, vif

1. Saint Louis est mort pendant la _____ croisade.
2. Napoléon remporta des victoires _____.

3. La guerre de Cent Ans fut une _____ guerre.
4. Saint Louis essaya d'introduire l'équité dans les relations _____.
5. Les fleurs des jardins de Versailles ont des couleurs _____.
6. Les privilèges _____ furent abolis en août 1789.
7. François Premier participa à de _____ guerres.

EXERCICE G

Voici quelques phrases historiques célèbres:

1. Henri de Navarre, se convertissant au catholicisme pour devenir roi de France: «Paris vaut bien une messe.»
2. Louis XIV, énonçant le principe de la monarchie absolue: «L'État, c'est moi.»
3. Mme. Roland, sur le point d'être guillotinée pendant la Révolution: «O liberté, que de crimes on commet en ton nom!»
4. Napoléon Bonaparte à ses soldats avant la bataille des Pyramides: «Soldats, du haut de ces pyramides, quarante siècles vous contemplent!»
5. Formule employée avant d'annoncer le successeur d'un roi défunt: «Le roi est mort. Vive le roi!»

Écrivez un paragraphe court sur la signification de chaque phrase historique ci-dessus.

dimensions
culturelles
5

LA FRANCE: APERÇU GÉNÉRAL

(1) Depuis le règne du roi Henri IV dont le ministre Sully (1559–1641) a déclaré que «le labourage et le pâturage sont les deux mamelles de la France,» la France maintient sa réputation de grande puissance agricole.

(2) Mais il est essentiel de se rappeler que la France est aujourd'hui 5 une très grosse puissance industrielle, la quatrième puissance économique de l'Ouest, après les États-Unis, l'Allemagne de l'Ouest et le Japon. Depuis dix ans, l'économie française se développe plus rapidement que celle de l'Allemagne de l'Ouest et des États-Unis.

(3) La France a obtenu ces résultats en développant sélectivement 10 certaines industries qui demandent des connaissances technologiques avancées. Par exemple, la technologie française s'est adressée au problème des transports en commun et a développé des turbotrains et des voitures de métro que l'on exporte actuellement dans de nombreux pays y compris les États-Unis. (4) L'avion supersonique Concorde, malgré 15 les nombreuses controverses auxquelles il a donné naissance, est tout de même une grande réussite aéronautique franco-britannique.

Un domaine tout à fait spécialisé et dans lequel l'industrie française se spécialise est celui de la construction d'aéroports outre-mer. Ce sont des compagnies françaises qui ont construit les aéroports de Beirout 20 et de Damas. (5) Enfin, on trouve des Français à l'œuvre dans tous les domaines d'un intérêt critique aujourd'hui: l'électronique, l'énergie et la désalinisation.

En 1977, avec 53 millions d'habitants, la France était le quinzième pays le plus peuplé du monde. L'augmentation de la population française, 25 frappante depuis l'après-guerre, semble ralentir (0.26% en 1976).

(6) La plupart des Français demeurent dans des villes. Ces villes sont dirigées par des maires. Depuis la période napoléonienne, Paris était la seule ville de France à être administrée par deux préfets, nommés par le gouvernement; mais cet état de choses a changé en 1976 et aux 30 élections municipales de mars 1977, Paris a aussi élu un maire.

En plus de Paris qui compte aujourd'hui une population de 2.300.000

1 règne	reign	16 naissance	birth
2 labourage	ploughing	17 réussite	success
pâturage	grazing	19 outre-mer	overseas
mamelles	breasts	21 à l'œuvre	at work
3 puissance	power	26 frappante	striking
13 transports en	mass trans-	ralentir	to slow down
commun	portation	29 préfets	prefects
14 voitures de métro	subway trains		
actuellement	today		
15 y compris les Etats-Unis	including the United States		
malgré	in spite of		

«La Normandie offre de belles fermes
entourées de vergers et de champs
où paissent des vaches . . .»

Fronton dans le Pays Basque

«Beaucoup de Bretons
sont pêcheurs.»

«En Provence, la mer et le soleil rendent joyeuse la vie des Méridionaux.»

«Strasbourg: L'Alsace et la Lorraine
ont toutes deux une riche
histoire . . .»

«La Champagne et la Bourgogne sont
réputées dans le monde entier pour
les vins délicieux qu'elles produisent.»

Quatre cent treize

habitants (8 millions pour la région parisienne), les agglomérations les plus importantes de la France sont Marseille, Dijon, Lyon, Toulouse, Bordeaux, Montpellier, Nantes, Rennes, Caen, Rouen, Lille, Strasbourg, 35 Nancy, Le Havre, Clermont-Ferrand, Besançon. Paris joue toujours un rôle politique et administratif important, mais un des buts de la politique gouvernementale depuis plusieurs années est de diminuer sa prédominance sur toutes les activités françaises. La Commission Nationale pour l'Aménagement du Territoire (C.N.A.T.) est chargée de la planification 40 du développement urbain et de la décentralisation des activités économiques (7). On peut constater ses efforts, par exemple, dans le développement industriel de l'Ouest et du Sud-Ouest de la France où l'on a construit des usines automobiles (Ford à Bordeaux, Chrysler à La Rochelle, Citroën à Rennes) (8) et des complexes pétrochimiques (Nantes-Saint 45 Nazaire et Bordeaux-Le Verdon). La C.N.A.T. s'adresse aujourd'hui aux problèmes des villes de taille moyenne.

(9) Un autre développement urbain d'importance est la construction des villes nouvelles. Beaucoup de progrès ont été accomplis depuis la construction des premiers grands ensembles, élevés rapidement pour 50 faire face à la crise du logement de l'après-guerre, jusqu'au développement d'une ville-modèle comme Vaudreuil, en Normandie, sans oublier, bien entendu, Sarcelles, qui a déjà été consacrée par la littérature.

Sous l'Ancien Régime, la France était divisée en provinces, régions différenciées par leur histoire, leurs coutumes, leurs activités. (10) Depuis 55 la Révolution, la France est divisée en départements. Elle compte aujourd'hui 95 départements qui sont dirigés par des préfets, représentants locaux du pouvoir central. Ces départements sont groupés en 22 régions qui correspondent à peu près aux anciennes provinces de France. Voici un bref coup d'œil sur les provinces françaises. 60

(11) La Bretagne, qui ne fait partie de la France que depuis la fin du quinzième siècle, garde précieusement ses vieilles coutumes et essaie de préserver sa vieille langue celtique (12). Beaucoup de Bretons sont pêcheurs, et leur existence est souvent difficile.

(13) La Normandie offre de belles fermes, entourées de vergers et 65 de champs où paissent les vaches dont le lait permet la fabrication de nombreux fromages.

37 **buts**	aims	59 **anciennes provinces**	former French
40 **Aménagement**	Planning	**de France**	provinces
47 **villes de taille**	middle-sized cities	60 **coup d'œil**	glance
moyenne		61 **qui ne fait partie de**	which has only
50 **grands ensembles**	housing projects	**la France que**	been part of
élevés	built		France
51 **la crise du logement**	the housing	64 **pêcheurs**	fishermen
	shortage	65 **vergers**	orchards
53 **Sarcelles**	new town near	66 **paissent**	graze
	Paris	**vaches**	cows
55 **coutumes**	customs		

(14) La région bordelaise, qui correspond à l'ancienne Aquitaine, (15) produit du vin réputé, et les forêts de pins qui la couvrent ont donné naissance à des industries diverses.   70

(16) Les bergers du Pays Basque mènent leurs troupeaux dans les sentiers des Pyrénées.

(17) En Provence, la mer et le soleil rendent joyeuse la vie des Méridionaux et des hordes de touristes qui s'y rendent toute l'année. (18) Les touristes, français et étrangers, affluent aussi dans les hautes montagnes 75 comme les Alpes pour y faire du ski.

(19) Le nord et l'est de la France sont des régions très industrialisées. On y trouve des mines de fer et de charbon, des brasseries et des hauts fourneaux. L'Alsace et la Lorraine ont toutes deux une riche histoire et des liens spéciaux avec le reste de la France.   80

(20) La Champagne et la Bourgogne sont réputées dans le monde entier pour les vins délicieux qu'elles produisent.

(21) Que l'on s'intéresse à l'histoire, (22) aux monuments, (23) à la bonne cuisine, (24) aux sports, (25) au repos, on trouvera en France de quoi satisfaire ses goûts.   85

71 **troupeaux**	herds	78 **brasseries**	breweries
72 **sentiers**	paths	79 **hauts fourneaux**	blast furnaces
73 **Méridionaux**	Southerners	80 **liens**	ties
74 **s'y rendent**	go there	83 **Que l'on s'intéresse**	Whether one is
75 **affluent**	flock		interested

EXERCICE A

Exprimez au passé en employant l'imparfait et le passé composé:

Après la guerre de '39, la France a un problème démographique sérieux. La population reste stationnaire. Elle n'augmente pas. Le gouvernement décide de prendre des mesures pour encourager les naissances. On encourage les familles à avoir plus d'enfants en leur donnant des allocations familiales *(family allowances)*. Le programme réussit. La population française augmente.

EXERCICE B

Écrivez un paragraphe sur votre état en répondant aux questions suivantes:

1. Où est situé votre état?
2. Est-ce que votre état contient des montagnes?
3. Quel est le fleuve le plus long de votre état?
4. Votre état est-il agricole ou industriel?
5. Quelle est son activité économique principale?
6. Quelle est sa population?
7. Nommez ses deux villes les plus importantes.
8. Qui est responsable de l'administration de votre état? (Un gouverneur)
9. Si vous aviez le choix, resteriez-vous dans votre état ou en choisiriez-vous un autre?
10. Donnez les raisons de votre réponse à la question neuf.

EXERCICE C

Voici une liste de provinces françaises: la Bretagne, la Normandie, l'Aquitaine, la Provence, l'Alsace, la Lorraine, la Champagne, la Bourgogne; dans quelle province se passent les activités décrites?

MODÈLE: On y pêche beaucoup.
          En Bretagne.

1. On essaie d'y parler la vieille langue celtique.
2. On y fabrique de nombreux fromages.
3. On y passe beaucoup de temps au bord de la mer.
4. On y fabrique de la bière.
5. On y trouve des mineurs.
6. On y produit des vins délicieux.

EXERCICE D

Répondez aux questions suivantes:

1. Donnez le nom de quatre grandes puissances industrielles.
2. Dans quels pays se trouvent Beirout et Damas?
3. Êtes-vous jamais monté(e) dans un turbotrain?
4. Qu'est-ce qui caractérise la population française aujourd'hui?
5. Quel problème présente Paris pour les autres villes de France?
6. Pourquoi a-t-on été obligé de construire des villes nouvelles?
7. Qui dirige les départements?
8. Quelles régions de France les touristes préfèrent-ils?
9. Avez-vous jamais voyagé en France?

EXERCICE E

Écrivez un paragraphe en répondant aux questions suivantes:

1. Avez-vous jamais bu du vin de France?
2. Comment s'appelait-il?
3. Était-il blanc, rouge ou rosé?
4. De quelle province venait-il?
5. Quel est le centre de la production vinicole aux États-Unis?
6. Que pensez-vous du vin américain?

Sur le même modèle, écrivez un paragraphe sur le fromage de France.

EXERCICE F

Vrai ou Faux?

1. La France développe sélectivement quelques industries.
2. Les Français ne s'intéressent pas à la technologie.
3. Le Concorde ne va pas très vite.
4. La France a 40 millions d'habitants.

5. Le gouvernement français essaie de décentraliser les activités économiques.
6. Depuis la Révolution, la France est divisée administrativement en provinces.
7. On fabrique de nombreux fromages en Normandie.
8. Il ne fait pas beau en Provence.
9. Dans une brasserie, on fabrique de la bière.
10. La cuisine française a une bonne réputation.

dimensions
culturelles
6

MYTHOLOGIE DES FRANÇAIS

Pour essayer de bien comprendre un peuple, il faut savoir plus que sa
langue. Il faut connaître son histoire, sa littérature et les mythes qui
constituent ce que le critique Roland Barthes appelle, dans son livre
Mythologies, sa «symbolique nationale». Parmi les plus importants, il faut
placer certains événements historiques que le temps, la distance et l'ima- 5
gination des Français ont revêtus d'une coloration de légende très souvent inexacte.

Le premier en date serait sans doute l'effort fait par le chef gaulois
Vercingétorix pour s'opposer à la domination romaine qui était tolérée
par la plupart de ses compatriotes. Cet événement peut s'interpréter 10
comme la résistance d'un chef à la collaboration avec l'envahisseur,
un thème qui revient fréquemment dans l'histoire de France. Pendant
la guerre de Cent Ans, on le retrouve dans la résistance désespérée de
Jeanne d'Arc, aidée d'une poignée de fidèles, qui s'oppose à la collaboration des puissants chefs bourguignons avec l'Angleterre. Et, à la période 15
moderne, on retrouve encore la figure du chef isolé (de Gaulle) qui
résiste à un ennemi puissant et apparemment invincible (les Allemands)
avec lequel beaucoup de Français ont choisi de collaborer. L'attitude
de ce Français isolé qui proclame qu'il est la vraie France et qu'il va
continuer la lutte contre l'ennemi a pu paraître absurde à ceux qui ne 20
comprenaient pas qu'elle se rattachait à une vieille tradition française.

Jeanne d'Arc et de Gaulle font partie d'un autre mythe historique:
celui de l'intervention miraculeuse ou de la victoire inattendue qui sau-
vent le pays de la défaite et même de l'annihilation. Appartiennent
également à cette tradition la bataille de Poitiers de 732, qui évita à la 25
France la domination arabe, la bataille de Valmy de 1792, qui sauva
la Révolution française et la première bataille de la Marne de septembre
1914 qui protégea Paris d'une invasion allemande. Ces batailles qui op-
posent souvent des forces inégales (les volontaires sans expérience de
Valmy, par exemple, qui faisaient face aux forces prussiennes réputées 30
les meilleures d'Europe), entretiennent la croyance des Français en la
destinée spéciale de leur pays.

La Révolution française (comme la Révolution américaine, d'ailleurs)
a pris la valeur d'un mythe, selon lequel les Français opprimés ont renversé l'oppresseur et ont introduit une ère caractérisée par la liberté, 35

4 **symbolique**	symbolic	21 **qu'elle se rattachait**	that it belonged
6 **ont revêtus**	have clothed	22 **font partie d'**	belong to
	with	29 **appartiennent**	belong
13 **désespérée**	desperate	30 **faisaient face**	faced
14 **poignée**	handful	31 **entretiennent**	keep alive
15 **bourguignons**	Burgundian	33 **d'ailleurs**	by the way
20 **lutte**	struggle	35 **ont renversé**	overthrew

l'égalité et la fraternité. En réalité, le gouvernement révolutionnaire, surtout sous Robespierre, a exercé sur les Français une tyrannie constante rationalisée par la menace d'invasion étrangère du territoire français. Quant aux grands principes de '89, la liberté et l'égalité sont restées longtemps théoriques et limitées, et la fraternité n'est peut-être pas de ce monde. Malgré cela, il n'y a guère de Français qui n'aient la larme à l'œil en entendant jouer le chant révolutionnaire «la Marseillaise», devenu l'hymne national de la France, ou qui ne participent avec enthousiasme à la célébration du quatorze juillet.

Un des mythes historiques les plus étonnants est celui de Napoléon, héritier et incarnation de la Révolution en Europe. Ce mythe, soigneusement préparé par Napoléon lui-même dans les mémoires qu'il dicta à Sainte-Hélène, déguisa (pour les Français du moins) la conquête militaire dont cette même Europe fut plusieurs fois la victime jusqu'à la défaite finale de Napoléon à Waterloo.

Le mythe plus récent de l'Allemagne, ennemie héréditaire de la France, ne tient pas compte du fait que l'unité allemande ne s'est faite qu'au dix-neuvième siècle. Il néglige aussi le fait que, en réalité, l'Angleterre d'abord et la maison d'Autriche ensuite, ont été les principaux obstacles à la sécurité française jusqu'au milieu du dix-huitième siècle.

Les Français s'attribuent volontiers certains traits psychologiques qui sont haussés au niveau du mythe. Ils sont convaincus, par exemple, qu'ils sont le peuple le plus logique de la terre. Sans bien connaître la philosophie de Descartes, ils se déclarent «cartésiens». David Schoenbrun, dans son livre *As France Goes,* donne un bon exemple de cette attitude dans une anecdote qui met en scène un chauffeur de taxi parisien. À minuit, roulant dans Paris, il ralentit aux croisements, mais brûle plusieurs feux rouges. Rappelé à l'ordre par son passager, le chauffeur explique qu'il serait honteux qu'un être intelligent comme lui laisse une machine automatique prendre ses décisions!

Roland Barthes retrouve aussi dans le bon sens la base du réel petit-bourgeois français. Une conséquence du bon sens, selon Barthes, est «le refus de l'altérité, la négation du différent». En un mot, la méfiance, qui caractérise les rapports des Français avec «les autres». Le Français se méfie des étrangers, du gouvernement, de tous ceux qui l'entourent, sauf de sa famille sur laquelle il croit pouvoir compter. Cette méfiance

39 **Quant aux**	As to	61 **met en scène**	features
42 **qui n'aient la larme à l'œil**	who don't have tears in their eyes	62 **il ralentit aux croisements**	he slows down at intersections
46 **héritier**	heir	63 **brûle plusieurs feux rouges**	goes through several red lights
soigneusement	carefully		
52 **ne tient pas compte**	does not take into account	64 **honteux**	shameful
s'est faite	became a reality	68 **méfiance**	suspicion
57 **haussés**	elevated	70 **se méfie des étrangers**	distrusts foreigners
niveau	level	71 **sauf**	except

peut le pousser à déposer son argent à l'étranger, à faire au fisc des
déclarations inexactes, à cacher soigneusement ses signes extérieurs de
richesse, en un mot, à se débrouiller, c'est-à-dire à employer toutes
les ressources de son intelligence à déjouer des ennemis ou à vaincre 75
des obstacles réels ou imaginaires.

Cette méfiance pousse aussi le Français à préserver jalousement son
anonymité et son indépendance. D'où son individualisme, une qualité
positive, même si elle est quelquefois poussée à l'extrême.

Le Français méfiant préfère le connu à l'inconnu: il est souvent chau- 80
viniste et ne doute point de la supériorité de la langue française, de la
culture française, de la cuisine française, du vin français. S'il est parisien,
il prône la supériorité de la capitale sur les provinces. S'il est provincial,
il compare favorablement sa province aux pays limitrophes. Quand il
voyage à l'étranger, il essaie de retrouver la France. 85

Ce mythe de la supériorité française, s'il avait une réalité historique
aux dix-septième et dix-huitième siècles, époques auxquelles la culture
et la langue françaises rayonnaient réellement en Europe, a subi de rudes
chocs aux dix-neuvième et vingtième siècles. À mesure que l'écart entre
la réalité française et ses mythes sous-jacents s'est agrandi, les Français 90
sont devenus plus difficiles et plus susceptibles.

Depuis les années '60, cependant, une nouvelle réalité économique
et sociale a créé en France une nouvelle ambiance. Les nouvelles généra-
tions n'acceptent plus si facilement les mythes qui nourrissaient leurs
aînés. Les voyages, les échanges, les communications, ont ouvert les 95
yeux des Français aux réalités extérieures et leur ont fait réaliser que
beaucoup de leurs croyances fondamentales étaient périmées. La France
d'aujourd'hui est en train de se créer une nouvelle mythologie!

72 **fisc**	I.R.S.	89 **À mesure que l'écart**	As the distance
73 **cacher**	hide	90 **sous-jacents**	underlying
74 **se débrouiller**	to get by	91 **susceptibles**	touchy
75 **déjouer**	to foil	93 **ambiance**	atmosphere
83 **il prône**	he brags about	94 **nourrissaient**	nurtured
84 **limitrophes**	neighboring	97 **périmées**	obsolete
88 **rayonnaient**	were an influen- tial force		
a subi	sustained		

EXERCICE A

Répondez aux questions suivantes:

1. Qu'est-ce qu'il faut connaître pour bien comprendre un peuple?
2. Comment peut-on interpréter l'opposition de Vercingétorix aux Romains?
3. Comment peut-on comprendre l'attitude du général de Gaulle en 1940?
4. Connaissez-vous des batailles dans l'histoire américaine qui aient l'importance symbolique de la bataille de Valmy?
5. Qu'est-ce qui caractérise souvent les batailles comme la bataille de Valmy?
6. Quel est le mythe de la Révolution française?

7. Quels sont les principes de '89?
8. Comment s'appelle l'hymne national de la France?
9. Quelle est la date de la fête nationale en France?
10. Êtes-vous touché quand vous entendez jouer l'hymne national des États-Unis?
11. Aimez-vous participer aux célébrations patriotiques?
12. Comment peut-on interpréter la carrière de Napoléon?
13. Quels ont été jusqu'au vingtième siècle les principaux obstacles à la sécurité française?
14. Que pensez-vous de l'attitude du chauffeur de taxi?
15. Est-ce que vous vous arrêtez aux feux rouges quand ils brillent la nuit dans une ville déserte?
16. Donnez quelques exemples de la méfiance des Français.
17. Est-ce que vous savez vous débrouiller?
18. Pourquoi est-ce que les Français du vingtième siècle sont susceptibles?
19. Est-ce que la situation change actuellement?
20. Pourquoi change-t-elle?

EXERCICE B

Complétez les phrases suivantes avec les mots d'un Français qui vient d'arriver aux États-Unis:

1. En France, on mange une cuisine raffinée. Aux États-Unis _____.
2. En France, le vin est excellent. Aux États-Unis _____.
3. En France, les femmes s'occupent de leur intérieur. Aux États-Unis _____.
4. En France, l'homme est maître dans son foyer. Aux États-Unis _____.
5. En France, les enfants sont sages *(well-behaved).* Aux États-Unis _____.

EXERCICE C

Écrivez un paragraphe sur certains événements historiques que l'imagination des Américains a transformés.

EXERCICE D

Faites un portrait des Américains: quels traits psychologiques leur sont spéciaux?

EXERCICE E

Racontez une anecdote qui illustre un trait psychologique français ou américain.

EXERCICE F

Comparez l'attitude des Français et des Américains envers le fisc.

EXERCICE G

Écrivez les commentaires d'un New-Yorkais qui vient d'arriver dans une petite ville du centre des États-Unis.

appendices

conversation translations

LESSON 1: En route to Paris

(In the train compartment.)

MARC: Excuse me! Is there a space free (empty) here?
FIRST STUDENT: Yes, of course.

(Marc sits down.)

SECOND STUDENT: Are you American?
MARC: Yes. I'm a student.
FIRST STUDENT: We're students too, my friend and I.
MARC: Hello!
FIRST STUDENT: Hello! *(They shake hands.)*
SECOND STUDENT: Hello!
MARC: Are you English?
FIRST STUDENT: No, I'm from Quebec. But my friend is English.
SECOND STUDENT: We are studying at the Sorbonne.
MARC: And the girls over there? Are they students too?
SECOND STUDENT: The tall one is a medical student and the small one studies music. They're Spanish.
MARC: And the large gentleman near the window?
FIRST STUDENT: He is a history professor. He lectures at the Institute. His family is with him.
MARC: Why, almost everyone here is a student!
SECOND STUDENT: Of course! It's the "return." From every corner of the world they come to study in Paris!

LESSON 2: Arrival in Paris

(The conductor passes in the corridor.)

CONDUCTOR: Arrival in twenty minutes!
LITTLE BOY: Oh! There it is! There it is! There's the Eiffel Tower!
FATHER: Well then, let's look for our things.
MOTHER: I have my handbag and my black suitcase.
LITTLE BOY: I have my books and my backpack.
LITTLE GIRL: Where's my doll? I don't have my doll!
MOTHER: Here! Here's your doll. Take your net tote bag and hush!

Quatre cent vingt-quatre

FATHER:	Let's hurry! Where's my camera?
LITTLE BOY:	Here, papa! And here's your umbrella too!
LITTLE GIRL:	Mamma! I only have one shoe!
LITTLE BOY:	What a dummy you are! It's there, under your suitcase.
FATHER:	Let's see . . . we have our suitcases, our packages, our cameras, our children — all our things. We're ready!
ELDERLY LADY:	Excuse me, sir. You are forgetting something.
FATHER:	That is impossible, madam. I have no more room.
ELDERLY LADY:	Oh, yes, sir. Look carefully. It's your ticket!
FATHER:	Oh, good heavens! Thank you very much, madam!

LESSON 3: Marc finds an apartment

(Marc is talking to the concierge.)

Marc:	Good morning, madam.
CONCIERGE:	Good morning, sir.
Marc:	You have an apartment for rent, do you not?
CONCIERGE:	Yes, sir. Would you like to see it?
Marc:	Yes, please. Is it on the ground floor?
CONCIERGE:	No, sir. It's on the first floor. Follow me, please.

(They go up the stairs.)

Marc:	How many rooms are there?
CONCIERGE:	There are five rooms, plus a kitchen, a bathroom, and a balcony.
Marc:	Is there central heating?
CONCIERGE:	Why, certainly!
Marc:	And running water?
CONCIERGE:	But, naturally, sir!
Marc:	And what is the rent?
CONCIERGE:	Two thousand eight hundred francs per month, sir.

(A short silence.)

Marc:	That is really too expensive, madam. You have nothing smaller?
CONCIERGE:	Yes indeed, sir. I just happen to have a small studio on the sixth floor, for three hundred and eighty francs. Would you like to see it?
Marc:	I would like to very much, madam. Thank you very much!

LESSON 4: At the café

(The café terrace is crowded. One place remains, at the table where Marc is drinking his coffee.)

GEORGES:	Do you mind?
MARC:	Sit down!

GEORGES: My name is Georges Martin. I'm a law student.
MARC: I'm Marc Gibson. I'm studying at the Sorbonne.

(They shake hands).

WAITER: *(to Georges.)* What would you like?
GEORGES: Coffee with cream. *(to Marc.)* Do you live near here?
MARC: Yes, near the Luxembourg. I have a small studio. And you?
GEORGES: I have a room on the Boul'Mich, at my brother-in-law's.
MARC: Is this your first year here?
GEORGES: No, the third.
WAITER: Here you are, sir. *(He puts down the coffee.)* One franc eighty.

(Georges pays the waiter.)

MARC: Can you tell me what you have to do to get an orange card?
GEORGES: Are you familiar with the métro stations?
MARC: Not at all!
GEORGES: Listen, I'm in a hurry. I work evenings at the Self Cluny. If you want to come with me, I'll explain to you on the way.
MARC: Is it far?
GEORGES: No, right near here.
MARC: Okay!

(Georges finishes his coffee and they leave together.)

LESSON 5: Pronoun nonsense

— Where are you going?
— I'm going downtown.
— Why are you going there?
— I want to buy some.
— But, you have some!
— No, I don't have any.
— Oh yes. You have three of them.
— No. I haven't any more of them.
— What do you do with them?
— We eat them.
— Why do you eat them?
— Because we like to eat them.
— Are you going there now?
— Where?
— Well, downtown!
— Yes, I'm going there.
— Can I go there?
— If you want.
— I want to.
— Let's go then.

LESSON 6: At the police station

(Marc wants to obtain an identity card.)

EMPLOYEE: Sit down, sir. Fill out this form.
MARC: Excuse me, sir, but I don't understand it. Please explain it to me.
EMPLOYEE: Well now, write your name . . . *(Marc writes his name.)* . . . and now, write your address in Paris.
MARC: Do I write it here?
EMPLOYEE: No! No! Don't put it there! Write it here!
MARC: There!
EMPLOYEE: Put down your passport number.
MARC: But, I don't know it, sir.
EMPLOYEE: Then look on your passport!
MARC: But, I don't have it with me, sir.
EMPLOYEE: *(exasperated.)* To obtain an identity card, you must present it! Go home and get it!
MARC: But it's late. You're closing.
EMPLOYEE: You can come back tomorrow. Good evening, sir!
MARC: *(with a deep sigh.)* Yes, sir. Good evening, sir!

LESSON 7: The telephone call

(Marc comes down the stairs; he knocks at the concierge's door.)

CONCIERGE: *(opens the door.)* Hello, Mr. Gibson!
MARC: Hello, Mrs. André! May I use your telephone?
CONCIERGE: Of course, sir. It's right here.
MARC: I have to telephone my friend.
CONCIERGE: Do you want me to do it for you?
MARC: No, thank you! I'd rather you stayed here to help me!
CONCIERGE: Do you know the number?
MARC: Ah, no!
CONCIERGE: Here's the phonebook. You'll have to look for it.

(Marc looks up the number.)

MARC: There it is. I have it now.
CONCIERGE: First of all, lift the receiver.
MARC: *(He lifts it.)* Yes.
CONCIERGE: Do you hear the dial tone?
MARC: Yes.
CONCIERGE: Well, dial the number.
MARC: *(He dials the number.)* Three hundred forty-two, sixty-three, ninety-nine.
CONCIERGE: You have to speak very loudly, because this line is bad.
MARC: Hello? Hello? Marc Gibson here. I'd like to speak to Mr. Georges Martin, please. Hello? This is . . . hello?

CONCIERGE: Is there noise on the line?
MARC: Yes. I can't understand anything!
CONCIERGE: Well, hang up. You must start over again.
MARC: Thank you, madam, but I think it's better that I go see him.
CONCIERGE: As you wish, sir.

LESSON 8: Advice from a friend

(Karen's place. Solange is reading while Karen is getting ready to go out.)

SOLANGE: Karen! What is your birthday?
KAREN: November thirteenth.
SOLANGE: What is your sign? Sagittarius?
KAREN: No, Scorpio. Say, Solange, what time is it?
SOLANGE: It's ten after seven. What time is your date?
KAREN: At seven-thirty.
SOLANGE: With whom?
KAREN: With Georges and his sister, Hélène.
SOLANGE: What are you going to wear?
KAREN: My yellow dress.
SOLANGE: What are you going to do?
KAREN: We're going to a concert and afterwards to the disco.
SOLANGE: Who's playing?
KAREN: A Belgian pianist, . . . I forget his name.
SOLANGE: Are you taking a taxi?
KAREN: You're kidding! We're taking the subway, like everybody else! What's the matter with you? You're really curious!
SOLANGE: I'm reading your horoscope in this magazine. Be very careful this evening!
KAREN: But I always am, my dear!
SOLANGE: Ah, but tonight, no foolishness! Don't wear dark colors, avoid taxis, and return early!
KAREN: Perfect! I have lots of work to do and little money. That suits me fine!

LESSON 9: Lost identity card

(At Marc's place.)

MARC: Say Georges! Have you seen my identity card?
GEORGES: What! Have you already lost it?
MARC: I had it this morning when I left.
GEORGES: Where did you go?
MARC: I went to class.
GEORGES: And afterwards?

MARC: I spent a moment at the bookstalls where I bought an old book.
GEORGES: Then what did you do?
MARC: Then I went to a café. I drank a coffee with cream and I ate two croissants . . . and I read my newspaper.
GEORGES: And you telephoned me.
MARC: That's right.
GEORGES: What time did you come back?
MARC: I came back around noon. I came in, I put down my books, and then you arrived.
GEORGES: Have you looked carefully in your wallet?
MARC: Yes, yes, everywhere!
GEORGES: But Marc . . . what is that piece of paper under the table?
MARC: Ah! A thousand thanks, old man! You have found my identity card!

LESSON 10: Morning scene

MOTHER: *(She calls her little girl who is sleeping.)* Get up, Mireille! It's already seven o'clock!
DAUGHTER: *(in a muffled voice.)* Yes, mamma, I'm getting up.
MOTHER: Hurry up, Mireille! Get dressed quickly!
DAUGHTER: Yes, mamma. I'm hurrying.
MOTHER: Wash your hands and run a comb through your hair. You haven't done your hair yet.
DAUGHTER: *(who arrives in the kitchen.)* There, mamma. I'm dressed!
MOTHER: Come quickly and eat! Heavens! You haven't washed your face! Naughty girl! Or your neck either!
DAUGHTER: But I brushed my teeth!
MOTHER: *(getting angry.)* What! Still barefoot? Your legs are going to get cold. Put on your socks and shoes, at once!
DAUGHTER: *(gulping down her bread and jam and café au lait.)* Don't worry, mamma, I'm putting them on right this minute.
MOTHER: Don't you want your red sweater? No? *(She pushes her toward the door.)* Well then, goodbye, my darling! Don't forget your books! Go quickly! You have just enough time!
DAUGHTER: Goodbye, mamma! See you this evening! *(The door closes.)*
MOTHER: Oof! It can really be tiring, getting a child up! I'm going back to bed!

LESSON 11: A sleepless night

(Morning, at Marc's place.)

GEORGES: What's the matter, old man? You look worn out.
MARC: I didn't sleep all night.

GEORGES: Were you sick?

MARC: No, there was too much noise.

GEORGES: People walking around in the streets?

MARC: No — in the apartment building! The neighbors next door were celebrating their wedding anniversary.

GEORGES: Were they talking too loudly?

MARC: No, they weren't talking — they were shouting, laughing, dancing, and making an incredible racket!

GEORGES: You didn't do anything?

MARC: Oh yes. I got up twice to pound on the wall!

GEORGES: Did they stop?

MARC: You're joking! They were singing so loudly they didn't hear me!

GEORGES: Didn't you complain to the concierge?

MARC: What's the use? She's their mother-in-law. She was one of the guests!

LESSON 12: The theater where I left my gloves

KAREN: What's the name of the actress we saw last Saturday?

SOLANGE: The woman who played the role of the maid?

KAREN: No, the girl you talked to me about the other day.

SOLANGE: I don't remember anymore, but she wasn't bad.

KAREN: Do you know the theater where she plays?

SOLANGE: It's the Théâtre de la Huchette.

KAREN: Is that the theater where there are paintings on the walls?

SOLANGE: No. That's the theater which has walls in ruin!

KAREN: Oh, yes! The little old theater that I found by chance, near the Place Saint-Michel?

SOLANGE: That's it. The troup is excellent. You want to go again to see the plays that we saw?

KAREN: One of these days, perhaps. But for the moment I only want to retrieve my gloves which I left there.

SOLANGE: Oh! Well, I wish you luck!

LESSON 13: The future

SOLANGE: What will you do next summer?

MARC: I'll travel a little and then I'll go home to work until classes start.

SOLANGE: Where will you go?

MARC: Either to Spain or to Switzerland; I'll decide later. What will you do?

SOLANGE: I'll go to the Alps, as usual.

MARC: Will you rest?

SOLANGE: Yes and no! I'll go to a summer camp. I'll be in charge of thirty children aged eight to ten.

MARC: You're lucky! Me, I'll be in a factory where I'll make beautiful pans
           and a good deal of money, but I won't see very much sun!
SOLANGE: Will you come back to France in the fall?
MARC: Perhaps. But I think I'll come back in two years, when I will have
           finished my studies.
SOLANGE: We'll miss you. Will you write to me?
MARC: Of course I'll write to you! You can count on that!

LESSON 14: General de Gaulle's *Appeal of June 18th*

On June 17, 1940, Marshall Petain announced to a demoralized nation that
he had requested an armistice; the same day, Charles de Gaulle, Undersecretary
of State, accompanied a friend to the airport, and when the plane began to
roll down the runway, de Gaulle and his assistant leaped on board.

On June 18, he was in England, and at 6 P.M., in front of a B. B. C. microphone,
de Gaulle used all his eloquence in an impassioned plea to all his friends in
France to come to England to continue the French Resistance. He found himself
all alone, but through his efforts he created a free France with an army, the
free "Forces Françaises." He was hated by many — by the English, Americans,
even some French people, but he represented the honor of France.

Let's look at, in his own words, a few lines of that courageous appeal that
forged world unity during that time:

". . . France is not alone! She is not alone! She is not alone! She has a
vast Empire behind her. She can unite with the British Empire which possesses
the sea and continue the struggle. She can, like England, use without limit
the immense industry of the United States.

This war is not limited to the sad territory of our country. This war is not
decided by the Battle of France. This war is a world war. All the faults, all
the delays, all the sufferings do not erase the fact that there are, in the world,
all the necessary means to one day crush our enemies. Struck down today
by mechanical force, we can conquer in the future with a superior mechanical
force. The fate of the world is there.

. . . Whatever happens, the flame of the French resistance should not be
extinguished and will not be extinguished."

LESSON 15: Departure confusion

(It is 12:30 A.M. The party is over. These young men are the last to leave.)

HENRI: Whose hats are these?
MARC: This one is his and that one is Georges'.
GEORGES: No, you're wrong! That one is François'. Mine isn't there. *(He passes
           it to François.)*
FRANÇOIS: Who has my scarf? That one is Marc's and this one is yours. *(He
           passes a scarf to Henri.)*

MARC: Where is Pierre? These gloves are his . . . *(He hands them to Pierre.)*
HENRI: Hold it! I found a hat! Is it yours, Georges?
GEORGES: Oh, thank you! *(He takes it and tries it on.)* Yes, it's mine!
PIERRE: Does somebody have my gloves? These aren't mine, I made a mistake.
FRANÇOIS: Ah! Those are mine! Bravo!
HENRI: Nobody has seen my hat? I still don't have mine!
FRANÇOIS: Damn! Someone took our boots!
MARC: *(Examining the scarf he put on)* But, wait! This scarf isn't mine! Mine has blue in it!
GEORGES: Hurry up! We're going to miss the last subway! Quick, take what's left, we'll work it out on the way!
ALL: Fine! Okay! Quick! Let's go!

LESSON 16: About what? About whom?

GEORGES: What are you thinking about?
MARC: Ask me rather "about whom."
GEORGES: Well then, about whom?
MARC: I'm thinking of the nicest person . . .
GEORGES: Nicer than me?
MARC: . . . the bravest person . . .
GEORGES: Braver than Inspector Maigret?
MARC: . . . the best general . . .
GEORGES: Better than Napoleon?
MARC: . . . the best psychiatrist . . .
GEORGES: Better than Freud?
MARC: . . . the person, in fact, who is the best in everything!
GEORGES: But, this ideal person doesn't exist!
MARC: Oh yes, my friend! You are mistaken! I'm thinking of my mother!

LESSON 17: Do you know how to ski?

KAREN: Say, Solange . . . do you know how to ski?
SOLANGE: No, but I know how to play the piano . . .
KAREN: Don't be silly!
SOLANGE: Well then, no. But I know a boy who knows how to ski very well.
KAREN: Does he give lessons?
SOLANGE: I don't think so, but ask him yourself!
KAREN: What's his name? Do you know his address?
SOLANGE: But, you know it yourself. You know this boy very well.
KAREN: Not possible! Marc only knows how to play bridge!
SOLANGE: But don't you know that Georges is a ski champion?
KAREN: Georges? But, that's marvelous! Solange, you always know how to arrange things well!

SOLANGE: We'll see . . . you'll talk to me about it ("Let me know how things work out").

LESSON 18: Family discussion I

SHE: Say, honey! You couldn't lend me a little money until Sunday, could you?
HE: But, baby doll! I just gave you some this morning!
SHE: Yes, yes, I know . . . but there was this adorable little dress . . .
HE: Where? Not at the butcher shop! My pet, you're going to ruin me!
SHE: My love, don't be mean!
HE: And if I gave you some more money, what would you do with it?
SHE: If I had three hundred francs I would make us a gala dinner. I would go right to the market: I would buy some succulent cutlets; I would find the best wine; I would take the most beautiful tomatoes; I would order an ice cream dessert . . .
HE: Halt! Stop! Spare me! You know very well what you would do, my beauty! You would run directly to the store and you would buy yourself another dress!
SHE: Oh! What's the use . . . you are a real miser. I would have done better to have listened to my mother!
HE: And I, to have stayed a bachelor!

Family discussion II

HE: Listen, my pet! Do you have a few pennies left from marketing this morning?
SHE: What! Are you broke already?
HE: Oh, well, you know, I met Tristan and he suggested that I . . .
SHE: Yes, yes, I know! He suggested that you have a little drink at the Café du Midi, and there was a little card game going, and the weather was hot, and so on and so forth, and now you have nothing left!
HE: Gently, my little kitten! Don't purr so loudly!
SHE: And if I lent you a few francs, what would you do with them?
HE: Oh, my angel! If I had a few francs, I would go right to the market: I would buy you a dozen roses which would speak to you of our love; I would find the best champagne to celebrate our conjugal bliss; I would look for extra fine caviar, which would show you how much I adore you . . .
SHE: Halt! Stop! Spare me! You know very well what you would do. You would run directly to the café and you would offer to buy drinks for everyone!
HE: Oh! What's the use . . . you are a real miser. I would have done better to have stayed a bachelor!
SHE: And I, to have listened to my mother!

LESSON 19: Little visit

(The doorbell rings; the lady of the house opens.)

HOSTESS: Why, what a nice surprise! Do come in!

VISITOR: I beg your pardon for arriving unannounced. I'll only stay an instant!

HOSTESS: But, do sit down! It's a pleasure to see you.

VISITOR: I don't want to bother you, I should have written you a note.

HOSTESS: But you aren't bothering me at all!

VISITOR: If I had had the time, I would have telephoned you, but I was too rushed.

HOSTESS: What can I offer you? Coffee? Fruit juice?

VISITOR: If you have some tea, I'll take some . . . but don't go out of your way for me!

HOSTESS: I would have made a cake if I had known that you were coming . . .

VISITOR: These little cookies are perfect; if I ate cake I would gain weight.

HOSTESS: And your family, everyone is well?

VISITOR: Very well, thank you. If I had thought of it, I would have brought some photos. *(She looks at her watch.)* But I must run!

HOSTESS: Already! But what a short visit! You will come back?

VISITOR: Certainly, one of these days when I have the time. Goodby, dear madam, and thank you for the tea!

HOSTESS: Goodby, madam!

LESSON 20: Picnic in the country

SOLANGE: Marc! Wait for me! You're walking too fast!

MARC: *(from a distance.)* What? What are you saying? Speak more loudly!

SOLANGE: I'm dying! Walk more slowly! I'm beat!

MARC: Oh, alright! I didn't hear you, you speak too softly.

SOLANGE: Let's stop. I'm as hungry as a wolf!

MARC: I agree completely. Let's have lunch as fast as possible!

(They settle themselves under a tree. Solange takes a tablecloth out of her bag, spreads it out, then she places glasses, plates, a knife, and a corkscrew on it. Lastly, she puts down a bottle of wine.)

SOLANGE: Finally, everything's ready! There's your wine . . . pass me the quiche, will you? And my sandwich.

MARC: But, I don't have any sandwiches. It's you who has them. And the quiche too.

SOLANGE: No, Marc. I'm only carrying the wine and things to eat with. You've got the quiche and the sandwiches.

MARC: I assure you that I only have some matches and a handkerchief!

SOLANGE: Which means that the picnic is still at your place! What a bird brain! Really, Marc . . .

MARC: Gently! Don't bawl me out! There must be a café in the village over there; they'll certainly have sandwiches.

SOLANGE: What a picnic! I follow you faithfully across the fields for two and a half hours to wind up at a café table!

MARC: That's life!

LESSON 21: What's the matter with you?

SOLANGE: What's the matter with you? You don't look well!

KAREN: Oh, nothing. I'm a little cold, that's all.

SOLANGE: You look tired. You aren't sick?

KAREN: No, no. I just have a little headache. And I'm beginning to have a sore throat.

SOLANGE: Be careful! It's the flu season! I have a sore throat too. But I'm not cold, I'm hot. I didn't sleep well last night.

KAREN: Neither did I. My back hurt. And my pillow fell on the floor, the blankets slid to the foot of the bed, and the alarm clock went off an hour early!

SOLANGE: My poor friend! What a frightful night! Did you eat breakfast this morning?

KAREN: No, I'm not hungry at all. But I'm very thirsty!

SOLANGE: You need a good, hot cup of tea, with lemon.

KAREN: We both need rest! It's a good thing vacation's coming!

SOLANGE: And not a moment too soon!

LESSON 22: The list

(A brother and a sister look at the list of chores their mother has left for them.)

BROTHER: *(reading the list out loud.)* Do the dishes, clean the living room, polish the shoes . . .

SISTER: *(taking the list and continuing to read.)* . . . do the ironing, dust the furniture, vacuum . . .

BROTHER: *(he continues.)* . . . peel the vegetables, get the bread and set the table! Good grief! We have enough here for the whole afternoon. And I was counting on going out; we'll never finish.

SISTER: Oh yes! Let me see . . . we'll split it; I hate doing the dishes but I like to clean the living room . . .

BROTHER: . . . and if I hurry and polish the shoes, we can do the ironing together . . .

SISTER: . . . and you can vacuum and I'll dust the furniture . . .

BROTHER: . . . and I'll try to peel the potatoes if you'll get the bread.

SISTER: If it's all the same to you, I prefer to set the table and you can get the bread.

BROTHER: Okay!

SISTER: Terrific! We'll be finished in an hour and a half!

LESSON 23: Business is business

PRESIDENT: *(on the intercom.)* Would you please come here, Marianne, I have an important letter to dictate.

SECRETARY: *(replying on the intercom.)* Miss Surleau is ill. I am Robert Dubois, her replacement. Can I help you?

PRESIDENT: *(short, surprised silence.)* Well! *(pause.)* Well, yes! I asked you to come here!

SECRETARY: At once, madame!

(In the president's office)

PRESIDENT: Very well, Mr. Dubois, I wish to dictate a letter; let's begin: *(The young man prepares to write.)* "Gentlemen, we have received your letter of April 10th . . ."

SECRETARY: Excuse me, madame! Did you say "tenth" or "sixth"?

PRESIDENT: I said "tenth."

SECRETARY: Thank you!

PRESIDENT: You're welcome. Can we continue?

SECRETARY: Yes, madame.

PRESIDENT: Good! ". . . accompanied by your check for one hundred thousand five hundred francs . . ."

SECRETARY: Excuse me, madame. Did you say "five thousand one hundred francs" or "one hundred thousand five francs"?

PRESIDENT: *(irritated.)* I said "one hundred thousand five hundred francs"!

SECRETARY: Oh! Thank you, let's continue.

PRESIDENT: *(dryly.)* Thank you! ". . . which you sent to reserve some exhibit areas . . ."

SECRETARY: Excuse me, madame! Did you say "some" areas or "two" areas?

PRESIDENT: *(angry.)* "Some" areas! Good heavens! Make a little effort to understand at least one sentence! ". . . *some* areas for the exposition of the month of August. We are well aware of the gravity of . . ." *(The secretary stops writing.)* Aren't you writing any more, sir?

SECRETARY: You're really going too fast, madame, and while I was listening to you, I lost my place.

PRESIDENT: *(discouraged.)* Listen: until my secretary comes back, I'll dictate my letters on the tape recorder. That will be easier for you and less nerve-racking for me. And let's pray that Marianne recovers very quickly!

LESSON 24: Monologue for two

(Marc is reading the newspaper. From time to time he makes comments about it. Georges, absorbed by the letter he is writing, barely listens.)

MARC: Well! The ambassador from Japan was received yesterday at the Elysée.

GEORGES: *(without raising his head.)* Oh, yes? My mother got a letter from Japan once, the stamp was pretty.

MARC: Good lord! A medieval painting was stolen from the Louvre . . .

GEORGES: *(who is writing without listening.)* That's very possible. I lost my umbrella there.

MARC: . . . but it was found by the police within two hours!

GEORGES: *(very preoccupied.)* No, they never found it.

MARC: My word! Now there's a group that wants to tear down the Eiffel Tower!

GEORGES: *(writing furiously again.)* Good idea! The view from up there is gorgeous. . . .

MARC: Ah! I see that your cousin Geraldine Drue is getting married to Hubert Pinçon the 18th of next month, at St. Stephen's church.

GEORGES: *(finally finishing his letter.)* My, my! My cousin Geraldine is getting married next month, too. She's going to marry Hubert Pinçon, at St. Stephen's church. . . . Pass me the paper. I heard that a painting was stolen from the Louvre. I wonder if it will ever be found.

proverb
translations

LEÇON 1:   Petit à petit l'oiseau fait son nid.
           Little by little the bird makes its nest.

LEÇON 2:   Plus on est de fous, plus on rit.
           The more the merrier.

LEÇON 3:   L'appétit vient en mangeant.
           Appetite comes with eating.

LEÇON 4:   Plus ça change, plus c'est la même chose.
           The more things change, the more they remain the same.

LEÇON 5:   Vouloir, c'est pouvoir.
           Where there's a will, there's a way.

LEÇON 6:   Une hirondelle ne fait pas le printemps.
           One swallow does not make the springtime.

LEÇON 7:   Honni soit qui mal y pense.
           Evil to him who evil thinks. (In the English royal coat of arms,
           the spelling is "Honi.")

LEÇON 8:   On ne fait pas d'omelette sans casser les œufs.
           You can't make an omelet without breaking the eggs.

LEÇON 9:   La fête passée, adieu le saint.
           The feastday over, goodby the saint; Out of sight, out of mind.

LEÇON 10: En avril, ne te découvre pas d'un fil. En mai, fais ce qu'il
           te plaît.
           *In April, don't take off a thread. (Stay warmly dressed.) In May,
           do as you will.*

LEÇON 11: L'habit ne fait pas le moine.
           The habit does not make the monk; Clothes do not make the man.

Quatre cent trente-huit

LEÇON 12:   Ce que femme veut, Dieu le veut.
What woman wants, God wants.

LEÇON 13:   Un tiens vaut mieux que deux tu l'auras.
A bird in the hand is worth two in the bush.

LEÇON 14:   La raison du plus fort est toujours la meilleure. (La Fontaine)
Might makes right.

LEÇON 15:   C'est en forgeant qu'on devient forgeron.
By forging one becomes a blacksmith; we learn by doing.

LEÇON 16:   La plus belle fille du monde ne peut donner que ce qu'elle a.
The most beautiful girl in the world can only give what she has.

LEÇON 17:   À l'œuvre on connaît l'artisan.
A craftsman is judged by the quality of his work.

LEÇON 18:   Il vaut mieux avoir affaire à Dieu qu'à ses saints.
It is better to deal directly with God than with his saints.

LEÇON 19:   Souvent femme varie; bien fol est qui s'y fie.
Woman is fickle; foolish is he who trusts in her.

LEÇON 20:   Un repas sans vin est comme un jour sans soleil. (Brillat-Savarin)
A meal without wine is like a day without sunshine.

LEÇON 21:   Il y a loin de la coupe aux lèvres.
There's many a slip 'twixt cup and lip.

LEÇON 22:   Donner un œuf pour avoir un bœuf.
Give an egg to get an ox; Give a little to gain a lot.

LEÇON 23:   La fortune vient en dormant.
All things come to him who waits.

LEÇON 24:   On a souvent besoin d'un plus petit que soi. (La Fontaine)
We often depend on those weaker than we.

expressions utiles

SALLE DE CLASSE

Entrez!	Come in.
Asseyez-vous!	Sit down.
Ouvrez vos livres à la page . . .	Open your books to page . . .
au premier paragraphe	in the first paragraph
en haut de la page	at the top of the page
au bas de la page	at the bottom of the page
Répétez après moi!	Repeat after me.
Fermez vos livres!	Close your books.
Allez au tableau!	Go to the blackboard.
Écrivez!	Write.
Voyons . . .	Let's see . . .
Je ne sais pas.	I don't know.
Comprenez-vous?	Do you understand?
Je ne comprends pas.	I don't understand.
Comment dit-on en français . . . ?	How do you say in French . . . ?
Que veut dire . . . ?	What does . . . mean?
Qu'est-ce que c'est que . . . ?	What is . . . ?

CONVERSATION DES ÉTUDIANTS

Salut!	Hello!
Ciao!	Good-by!
Ça va?	How goes it?
Tais-toi!	Shut up! Be quiet!
Moi non plus.	Me neither.
Mince!	Man! *(May be approval or dislike)*
Ça m'est égal.	It's all the same to me.
Imbécile! Idiot! Débile!	Stupid!
Je m'en fiche.	I don't give a damn.
Je m'en fous!	I don't give a damn. *(stronger)*
Merde!	Damn!
prendre un pot	To have a drink.
J'en ai marre!	I've had it!
J'en ai ras le bol!	I've had it!
Compostez votre billet!	Cancel your ticket!

poids et mesures

POIDS

100 grammes	3.52 oz.	Approx. ¼ lb.
500 grammes	17.63 oz.	Approx. 1 lb.
1,000 grammes (1 kilo)	35.27 oz.	Approx. 2 lbs.

MESURES

1 cm (centimètre)	.3937 in.	Approx. ½ in.
1 m. (mètre)	39.37 in.	Approx. 1 yd. and 3 in.
1 km. (kilomètre)	.6213 mi.	Approx. ⅝ mi.
1 l. (litre)		Approx. 1¾ pts.

TEMPÉRATURES

FAHRENHEIT	CENTIGRADE
212	100
194	90
176	80
140	60
104	40
98.6	37
68	20
32	0
14	−10
−4	−20

conjugaison
des verbes

INFINITIF, PARTICIPES	LES TEMPS SIMPLES					
					SUBJONCTIF	
	PRÉSENT	IMPARFAIT	FUTUR	CONDITIONNEL	PRÉSENT	IMPARFAIT
1. aller	vais	allais	irai	irais	aille	allasse
to go	vas	allais	iras	irais	ailles	allasses
	va	allait	ira	irait	aille	allât
	allons	allions	irons	irions	allions	allassions
allant	allez	alliez	irez	iriez	alliez	allassiez
allé	vont	allaient	iront	iraient	aillent	allassent
2. asseoir	assieds	asseyais	assiérai	assiérais	asseye	assisse
(s'asseoir)	assieds	asseyais	assiéras	assiérais	asseyes	assisses
to sit	assied	asseyait	assiéra	assiérait	asseye	assît
	asseyons	asseyions	assiérons	assiérions	asseyions	assissions
asseyant	asseyez	asseyiez	assiérez	assiériez	asseyiez	assissiez
assis	asseyent	asseyaient	assiéront	assiéraient	asseyent	assissent
asseoir	assois	assoyais	assoirai	assoirais	assoie	
(alternate)	assois	assoyais	assoiras	assoirais	assoies	
	assoit	assoyait	assoira	assoirait	assoie	
assoyant	assoyons	assoyions	assoirons	assoirions	assoyions	
	assoyez	assoyiez	assoirez	assoiriez	assoyiez	
	assoyent	assoyaient	assoiront	assoiraient	assoient	
3. avoir	ai	avais	aurai	aurais	aie	eusse
to have	as	avais	auras	aurais	aies	eusses
	a	avait	aura	aurait	ait	eût
	avons	avions	aurons	aurions	ayons	eussions
ayant	avez	aviez	aurez	auriez	ayez	eussiez
eu	ont	avaient	auront	auraient	aient	eussent

LES TEMPS COMPOSÉS	LES TEMPS LITTÉRAIRES	

	PASSÉ SIMPLE	PASSÉ ANTÉRIEUR
Passé composé: je suis allé	allai	fus allé
Futur antérieur: je serai allé	allas	fus allé
Conditionnel passé: je serais allé	alla	fut allé
Plus-que-parfait: j'étais allé	allâmes	fûmes allés
Passé surcomposé: j'ai été allé	allâtes	fûtes allés
Subjonctif passé: je sois allé	allèrent	furent allés
Subjonctif plus-que-parfait: je fusse allé		

	PASSÉ SIMPLE	PASSÉ ANTÉRIEUR
Passé composé: je me suis assis	assis	fus assis
Futur antérieur: je me serai assis	assis	fus assis
Conditionnel passé: je me serais assis	assit	fut assis
Plus-que-parfait: je m'étais assis	assîmes	fûmes assis
Passé surcomposé: ————	assîtes	fûtes assis
Subjonctif passé: je me sois assis	assirent	furent assis
Subjonctif plus-que-parfait: je me fusse assis		

	PASSÉ SIMPLE	PASSÉ ANTÉRIEUR
Passé composé: j'ai eu	eus	eus eu
Futur antérieur: j'aurai eu	eus	eus eu
Conditionnel passé: j'aurais eu	eut	eut eu
Plus-que-parfait: j'avais eu	eûmes	eûmes eu
Passé surcomposé: j'ai eu eu	eûtes	eûtes eu
Subjonctif passé: j'aie eu	eurent	eurent eu
Subjonctif plus-que-parfait: j'eusse eu		

INFINITIF, PARTICIPES		LES TEMPS SIMPLES				
					SUBJONCTIF	
	PRÉSENT	IMPARFAIT	FUTUR	CONDITIONNEL	PRÉSENT	IMPARFAIT
4. battre	bats	battais	battrai	battrais	batte	battisse
to beat	bats	battais	battras	battrais	battes	battisses
	bat	battait	battra	battrait	batte	battît
battant	battons	battions	battrons	battrions	battions	battissions
battu	battez	battiez	battrez	battriez	battiez	battissiez
	battent	battaient	battront	battraient	battent	battissent
5. boire	bois	buvais	boirai	boirais	boive	busse
to drink	bois	buvais	boiras	boirais	boives	busses
	boit	buvait	boira	boirait	boive	bût
buvant	buvons	buvions	boirons	boirions	buvions	bussions
bu	buvez	buviez	boirez	boiriez	buviez	bussiez
	boivent	buvaient	boiront	boiraient	boivent	bussent
6. conduire	conduis	conduisais	conduirai	conduirais	conduise	conduisisse
to drive	conduis	conduisais	conduiras	conduirais	conduises	conduisisses
	conduit	conduisait	conduira	conduirait	conduise	conduisît
conduisant	conduisons	conduisions	conduirons	conduirions	conduisions	conduisissions
conduit	conduisez	conduisiez	conduirez	conduiriez	conduisiez	conduisissiez
	conduisent	conduisaient	conduiront	conduiraient	conduisent	conduisissent
7. connaître	connais	connaissais	connaîtrai	connaîtrais	connaisse	connusse
to know	connais	connaissais	connaîtras	connaîtrais	connaisses	connusses
	connaît	connaissait	connaîtra	connaîtrait	connaisse	connût
connaissant	connaissons	connaissions	connaîtrons	connaîtrions	connaissions	connussions
connu	connaissez	connaissiez	connaîtrez	connaîtriez	connaissiez	connussiez
	connaissent	connaissaient	connaîtront	connaîtraient	connaissent	connussent
8. courir	cours	courais	courrai	courrais	coure	courusse
to run	cours	courais	courras	courrais	coures	courusses
	court	courait	courra	courrait	coure	courût
courant	courons	courions	courrons	courrions	courions	courussions
couru	courez	couriez	courrez	courriez	couriez	courussiez
	courent	couraient	courront	courraient	courent	courussent

LES TEMPS COMPOSÉS		

LES TEMPS LITTÉRAIRES		
	PASSÉ SIMPLE	PASSÉ ANTÉRIEUR

		PASSÉ SIMPLE	PASSÉ ANTÉRIEUR
Passé composé:	j'ai battu	battis	eus battu
Futur antérieur:	j'aurai battu	battis	eus battu
Conditionnel passé:	j'aurais battu	battit	eut battu
Plus-que-parfait:	j'avais battu	battîmes	eûmes battu
Passé surcomposé:	j'ai eu battu	battîtes	eûtes battu
Subjonctif passé:	j'aie battu	battirent	eurent battu
Subjonctif plus-que-parfait:	j'eusse battu		
Passé composé:	j'ai bu	bus	eus bu
Futur antérieur:	j'aurai bu	bus	eus bu
Conditionnel passé:	j'aurais bu	but	eut bu
Plus-que-parfait:	j'avais bu	bûmes	eûmes bu
Passé surcomposé:	j'ai eu bu	bûtes	eûtes bu
Subjonctif passé:	j'aie bu	burent	eurent bu
Subjonctif plus-que-parfait:	j'eusse bu		
Passé composé:	j'ai conduit	conduisis	eus conduit
Futur antérieur:	j'aurai conduit	conduisis	eus conduit
Conditionnel passé:	j'aurais conduit	conduisit	eut conduit
Plus-que-parfait:	j'avais conduit	conduisîmes	eûmes conduit
Passé surcomposé:	j'ai eu conduit	conduisîtes	eûtes conduit
Subjonctif passé:	j'aie conduit	conduisirent	eurent conduit
Subjonctif plus-que-parfait:	j'eusse conduit		
Passé composé:	j'ai connu	connus	eus connu
Futur antérieur:	j'aurai connu	connus	eus connu
Conditionnel passé:	j'aurais connu	connut	eut connu
Plus-que-parfait:	j'avais connu	connûmes	eûmes connu
Passé surcomposé:	j'ai eu connu	connûtes	eûtes connu
Subjonctif passé:	j'aie connu	connurent	eurent connu
Subjonctif plus-que-parfait:	j'eusse connu		
Passé composé:	j'ai couru	courus	eus couru
Futur antérieur:	j'aurai couru	courus	eus couru
Conditionnel passé:	j'aurais couru	courut	eut couru
Plus-que-parfait:	j'avais couru	courûmes	eûmes couru
Passé surcomposé:	j'ai eu couru	courûtes	eûtes couru
Subjonctif passé:	j'aie couru	coururent	eurent couru
Subjonctif plus-que-parfait:	j'eusse couru		

INFINITIF, PARTICIPES	LES TEMPS SIMPLES					
					SUBJONCTIF	
	PRÉSENT	IMPARFAIT	FUTUR	CONDITIONNEL	PRÉSENT	IMPARFAIT
9. craindre	crains	craignais	craindrai	craindrais	craigne	craignisse
to fear	crains	craignais	craindras	craindrais	craignes	craignisses
	craint	craignait	craindra	craindrait	craigne	craignît
craignant	craignons	craignions	craindrons	craindrions	craignions	craignissions
craint	craignez	craigniez	craindrez	craindriez	craigniez	craignissiez
	craignent	craignaient	craindront	craindraient	craignent	craignissent
10. croire	crois	croyais	croirai	croirais	croie	crusse
to believe	crois	croyais	croiras	croirais	croies	crusses
	croit	croyait	croira	croirait	croie	crût
croyant	croyons	croyions	croirons	croirions	croyions	crussions
cru	croyez	croyiez	croirez	croiriez	croyiez	crussiez
	croient	croyaient	croiront	croiraient	croient	crussent
11. devoir	dois	devais	devrai	devrais	doive	dusse
to owe,	dois	devais	devras	devrais	doives	dusses
have to	doit	devait	devra	devrait	doive	dût
devant	devons	devions	devrons	devrions	devions	dussions
dû, due	devez	deviez	devrez	devriez	deviez	dussiez
	doivent	devaient	devront	devraient	doivent	dussent
12. dire	dis	disais	dirai	dirais	dise	disse
to say, tell	dis	disais	diras	dirais	dises	disses
	dit	disait	dira	dirait	dise	dît
	disons	disions	dirons	dirions	disions	dissions
disant	dites	disiez	direz	diriez	disiez	dissiez
dit	disent	disaient	diront	diraient	disent	dissent
13. écrire	écris	écrivais	écrirai	écrirais	écrive	écrivisse
to write	écris	écrivais	écriras	écrirais	écrives	écrivisses
	écrit	écrivait	écrira	écrirait	écrive	écrivît
écrivant	écrivons	écrivions	écrirons	écririons	écrivions	écrivissions
écrit	écrivez	écriviez	écrirez	écririez	écriviez	écrivissiez
	écrivent	écrivaient	écriront	écriraient	écrivent	écrivissent

LES TEMPS COMPOSÉS	LES TEMPS LITTÉRAIRES	
	PASSÉ SIMPLE	PASSÉ ANTÉRIEUR
Passé composé: j'ai craint	craignis	eus craint
Futur antérieur: j'aurai craint	craignis	eus craint
Conditionnel passé: j'aurais craint	craignit	eut craint
Plus-que-parfait: j'avais craint	craignîmes	eûmes craint
Passé surcomposé: j'ai eu craint	craignîtes	eûtes craint
Subjonctif passé: j'aie craint	craignirent	eurent craint
Subjonctif plus-que-parfait: j'eusse craint		
Passé composé: j'ai cru	crus	eus cru
Futur antérieur: j'aurai cru	crus	eus cru
Conditionnel passé: j'aurais cru	crut	eut cru
Plus-que-parfait: j'avais cru	crûmes	eûmes cru
Passé surcomposé: j'ai eu cru	crûtes	eûtes cru
Subjonctif passé: j'aie cru	crurent	eurent cru
Subjonctif plus-que-parfait: j'eusse cru		
Passé composé: j'ai dû	dus	eus dû
Futur antérieur: j'aurai dû	dus	eus dû
Conditionnel passé: j'aurais dû	dut	eut dû
Plus-que-parfait: j'avais dû	dûmes	eûmes dû
Passé surcomposé: j'ai eu dû	dûtes	eûtes dû
Subjonctif passé: j'aie dû	durent	eurent dû
Subjonctif plus-que-parfait: j'eusse dû		
Passé composé: j'ai dit	dis	eus dit
Futur antérieur: j'aurai dit	dis	eus dit
Conditionnel passé: j'aurais dit	dit	eut dit
Plus-que-parfait: j'avais dit	dîmes	eûmes dit
Passé surcomposé: j'ai eu dit	dîtes	eûtes dit
Subjonctif passé: j'aie dit	dirent	eurent dit
Subjonctif plus-que-parfait: j'eusse dit		
Passé composé: j'ai écrit	écrivis	eus écrit
Futur antérieur: j'aurai écrit	écrivis	eus écrit
Conditionnel passé: j'aurais écrit	écrivit	eut écrit
Plus-que-parfait: j'avais écrit	écrivîmes	eûmes écrit
Passé surcomposé: j'ai eu écrit	écrivîtes	eûtes écrit
Subjonctif passé: j'aie écrit	écrivirent	eurent écrit
Subjonctif plus-que-parfait: j'eusse écrit		

INFINITIF, PARTICIPES	LES TEMPS SIMPLES					
					SUBJONCTIF	
	PRÉSENT	IMPARFAIT	FUTUR	CONDITIONNEL	PRÉSENT	IMPARFAIT
14. envoyer	envoie	envoyais	enverrai	enverrais	envoie	envoyasse
to send	envoies	envoyais	enverras	enverrais	envoies	envoyasses
	envoie	envoyait	enverra	enverrait	envoie	envoyât
envoyant	envoyons	envoyions	enverrons	enverrions	envoyions	envoyassions
envoyé	envoyez	envoyiez	enverrez	enverriez	envoyiez	envoyassiez
	envoient	envoyaient	enverront	enverraient	envoient	envoyassent
15. essayer	essaie	essayais	essaierai	essaierais	essaie	essayasse
to try	essaies	essayais	essaieras	essaierais	essaies	essayasses
	essaie	essayait	essaiera	essaierait	essaie	essayât
essayant	essayons	essayions	essaierons	essaierions	essayions	essayassions
essayé	essayez	essayiez	essaierez	essaieriez	essayiez	essayassiez
	essaient	essayaient	essaieront	essaieraient	essaient	essayassent
essayer	essaye	essayais	essayerai	essayerais	essaye	essayasse
(alternate	essayes	essayais	essayeras	essayerais	essayes	essayasses
forms)	essaye	essayait	essayera	essayerait	essaye	essayât
	essayons	essayions	essayerons	essayerions	essayions	essayassions
	essayez	essayiez	essayerez	essayeriez	essayiez	essayassiez
	essayent	essayaient	essayeront	essayeraient	essayent	essayassent
16. être (ARE)	suis (AM)	étais	serai	serais	sois	fusse
to be	es	étais	seras	serais	sois	fusses
	est	était	sera	serait	soit	fût
étant	sommes	étions	serons	serions	soyons	fussions
été	êtes	étiez	serez	seriez	soyez	fussiez
	sont	étaient	seront	seraient	soient	fussent
17. faire	fais	faisais	ferai	ferais	fasse	fisse
to do, make	fais	faisais	feras	ferais	fasses	fisses
	fait	faisait	fera	ferait	fasse	fît
	faisons	faisions	ferons	ferions	fassions	fissions
faisant	faites	faisiez	ferez	feriez	fassiez	fissiez
fait	font	faisaient	feront	feraient	fassent	fissent

LES TEMPS COMPOSÉS		LES TEMPS LITTÉRAIRES	
		PASSÉ SIMPLE	PASSÉ ANTÉRIEUR
Passé composé: j'ai envoyé		envoyai	eus envoyé
Futur antérieur: j'aurai envoyé		envoyas	eus envoyé
Conditionnel passé: j'aurais envoyé		envoya	eut envoyé
Plus-que-parfait: j'avais envoyé		envoyâmes	eûmes envoyé
Passé surcomposé: j'ai eu envoyé		envoyâtes	eûtes envoyé
Subjonctif passé: j'aie envoyé		envoyèrent	eurent envoyé
Subjonctif plus-que-parfait: j'eusse envoyé			
Passé composé: j'ai essayé		essayai	eus essayé
Futur antérieur: j'aurai essayé		essayas	eus essayé
Conditionnel passé: j'aurais essayé		essaya	eut essayé
Plus-que-parfait: j'avais essayé		essayâmes	eûmes essayé
Passé surcomposé: j'ai eu essayé		essayâtes	eûtes essayé
Subjonctif passé: j'aie essayé		essayèrent	eurent essayé
Subjonctif plus-que-parfait: j'eusse essayé			

Passé composé: j'ai été		fus	eus été
Futur antérieur: j'aurai été		fus	eus été
Conditionnel passé: j'aurais été		fut	eut été
Plus-que-parfait: j'avais été		fûmes	eûmes été
Passé surcomposé: j'ai eu été		fûtes	eûtes été
Subjonctif passé: j'aie été		furent	eurent été
Subjonctif plus-que-parfait: j'eusse été			
Passé composé: j'ai fait		fis	eus fait
Futur antérieur: j'aurai fait		fis	eus fait
Conditionnel passé: j'aurais fait		fit	eut fait
Plus-que-parfait: j'avais fait		fîmes	eûmes fait
Passé surcomposé: j'ai eu fait		fîtes	eûtes fait
Subjonctif passé: j'aie fait		firent	eurent fait
Subjonctif plus-que-parfait: j'eusse fait			

INFINITIF, PARTICIPES			LES TEMPS SIMPLES			
					SUBJONCTIF	
	PRÉSENT	IMPARFAIT	FUTUR	CONDITIONNEL	PRÉSENT	IMPARFAIT
18. falloir *to be* *necessary*	il faut	fallait	faudra	faudrait	faille	fallut
19. finir *to finish* **finissant** **fini**	finis finis finit finissons finissez finissent	finissais finissais finissait finissions finissiez finissaient	finirai finiras finira finirons finirez finiront	finirais finirais finirait finirions finiriez finiraient	finisse finisses finisse finissions finissiez finissent	finisse finisses finît finissions finissiez finissent
20. fuir *to flee* **fuyant** **fui**	fuis fuis fuit fuyons fuyez fuient	fuyais fuyais fuyait fuyions fuyiez fuyaient	fuirai fuiras fuira fuirons fuirez fuiront	fuirais fuirais fuirait fuirions fuiriez fuiraient	fuie fuies fuie fuyions fuyiez fuient	fuisse fuisses fuît fuissions fuissiez fuissent
21. lire *to read* **lisant** **lu**	lis lis lit lisons lisez lisent	lisais lisais lisait lisions lisiez lisaient	lirai liras lira lirons lirez liront	lirais lirais lirait lirions liriez liraient	lise lises lise lisions lisiez lisent	lusse lusses lût lussions lussiez lussent
22. mettre *to put* **mettant** **mis**	mets mets met mettons mettez mettent	mettais mettais mettait mettions mettiez mettaient	mettrai mettras mettra mettrons mettrez mettront	mettrais mettrais mettrait mettrions mettriez mettraient	mette mettes mette mettions mettiez mettent	misse misses mît missions missiez missent
23. mourir *to die* **mourant** **mort**	meurs meurs meurt mourons mourez meurent	mourais mourais mourait mourions mouriez mouraient	mourrai mourras mourra mourrons mourrez mourront	mourrais mourrais mourrait mourrions mourriez mourraient	meure meures meure mourions mouriez meurent	mourusse mourusses mourût mourussions mourussiez mourussent

LES TEMPS COMPOSÉS	LES TEMPS LITTÉRAIRES	
	PASSÉ SIMPLE	PASSÉ ANTÉRIEUR
Passé composé: il a fallu	fallut	eut fallu
Passé composé: j'ai fini	finis	eus fini
Futur antérieur: j'aurai fini	finis	eus fini
Conditionnel passé: j'aurais fini	finit	eut fini
Plus-que-parfait: j'avais fini	finîmes	eûmes fini
Passé surcomposé: j'ai eu fini	finîtes	eûtes fini
Subjonctif passé: j'aie fini	finirent	eurent fini
Subjonctif plus-que-parfait: j'eusse fini		
Passé composé: j'ai fui	fuis	eus fui
Futur antérieur: j'aurai fui	fuis	eus fui
Conditionnel passé: j'aurais fui	fuit	eut fui
Plus-que-parfait: j'avais fui	fuîmes	eûmes fui
Passé surcomposé: j'ai eu fui	fuîtes	eûtes fui
Subjonctif passé: j'aie fui	fuirent	eurent fui
Subjonctif plus-que-parfait: j'eusse fui		
Passé composé: j'ai lu	lus	eus lu
Futur antérieur: j'aurai lu	lus	eus lu
Conditionnel passé: j'aurais lu	lut	eut lu
Plus-que-parfait: j'avais lu	lûmes	eûmes lu
Passé surcomposé: j'ai eu lu	lûtes	eûtes lu
Subjonctif passé: j'aie lu	lurent	eurent lu
Subjonctif plus-que-parfait: j'eusse lu		
Passé composé: j'ai mis	mis	eus mis
Futur antérieur: j'aurai mis	mis	eus mis
Conditionnel passé: j'aurais mis	mit	eut mis
Plus-que-parfait: j'avais mis	mîmes	eûmes mis
Passé surcomposé: j'ai eu mis	mîtes	eûtes mis
Subjonctif passé: j'aie mis	mirent	eurent mis
Subjonctif plus-que-parfait: j'eusse mis		
Passé composé: je suis mort	mourus	fus mort
Futur antérieur: je serai mort	mourus	fus mort
Conditionnel passé: je serais mort	mourut	fut mort
Plus-que-parfait: j'étais mort	mourûmes	fûmes mort
Passé composé: j'ai été mort	mourûtes	fûtes mort
Subjonctif passé: je sois mort	moururent	furent mort
Subjonctif plus-que-parfait: je fusse mort		

INFINITIF, PARTICIPES	LES TEMPS SIMPLES					
					SUBJONCTIF	
	PRÉSENT	IMPARFAIT	FUTUR	CONDITIONNEL	PRÉSENT	IMPARFAIT
24. naître	nais	naissais	naîtrai	naîtrais	naisse	naquisse
to be born	nais	naissais	naîtras	naîtrais	naisses	naquisses
	naît	naissait	naîtra	naîtrait	naisse	naquît
naissant	naissons	naissions	naîtrons	naîtrions	naissions	naquissions
né	naissez	naissiez	naîtrez	naîtriez	naissiez	naquissiez
	naissent	naissaient	naîtront	naîtraient	naissent	naquissent
25. ouvrir	ouvre	ouvrais	ouvrirai	ouvrirais	ouvre	ouvrisse
to open	ouvres	ouvrais	ouvriras	ouvrirais	ouvres	ouvrisses
	ouvre	ouvrait	ouvrira	ouvrirait	ouvre	ouvrît
ouvrant	ouvrons	ouvrions	ouvrirons	ouvririons	ouvrions	ouvrissions
ouvert	ouvrez	ouvriez	ouvrirez	ouvririez	ouvriez	ouvrissiez
	ouvrent	ouvraient	ouvriront	ouvriraient	ouvrent	ouvrissent
26. parler	parle	parlais	parlerai	parlerais	parle	parlasse
to speak	parles	parlais	parleras	parlerais	parles	parlasses
	parle	parlait	parlera	parlerait	parle	parlât
parlant	parlons	parlions	parlerons	parlerions	parlions	parlassions
parlé	parlez	parliez	parlerez	parleriez	parliez	parlassiez
	parlent	parlaient	parleront	parleraient	parlent	parlassent
27. peindre	peins	peignais	peindrai	peindrais	peigne	peignisse
to paint	peins	peignais	peindras	peindrais	peignes	peignisses
	peint	peignait	peindra	peindrait	peigne	peignît
peignant	peignons	peignions	peindrons	peindrions	peignions	peignissions
peint	peignez	peigniez	peindrez	peindriez	peigniez	peignissiez
	peignent	peignaient	peindront	peindraient	peignent	peignissent
28. plaire	plais	plaisais	plairai	plairais	plaise	plusse
to please	plais	plaisais	plairas	plairais	plaises	plusses
	plaît	plaisait	plaira	plairait	plaise	plût
plaisant	plaisons	plaisions	plairons	plairions	plaisions	plussions
plu	plaisez	plaisiez	plairez	plairiez	plaisiez	plussiez
	plaisent	plaisaient	plairont	plairaient	plaisent	plussent
29. pleuvoir	il pleut	pleuvait	pleuvra	pleuvrait	pleuve	plût
to rain						
pleuvant						
plu						

LES TEMPS COMPOSÉS		

LES TEMPS LITTÉRAIRES

	PASSÉ SIMPLE	PASSÉ ANTÉRIEUR
Passé composé: je suis né	naquis	fus né
Futur antérieur: je serai né	naquis	fus né
Conditionnel passé: je serais né	naquit	fut né
Plus-que-parfait: j'étais né	naquîmes	fûmes né
Passé surcomposé: j'ai été né	naquîtes	fûtes né
Subjonctif passé: je sois né	naquirent	furent né
Subjonctif plus-que-parfait: je fusse né		
Passé composé: j'ai ouvert	ouvris	eus ouvert
Futur antérieur: j'aurai ouvert	ouvris	eus ouvert
Conditionnel passé: j'aurais ouvert	ouvrit	eut ouvert
Plus-que-parfait: j'avais ouvert	ouvrîmes	eûmes ouvert
Passé surcomposé: j'ai eu ouvert	ouvrîtes	eûtes ouvert
Subjonctif passé: j'aie ouvert	ouvrirent	eurent ouvert
Subjonctif plus-que-parfait: j'eusse ouvert		
Passé composé: j'ai parlé	parlai	eus parlé
Futur antérieur: j'aurai parlé	parlas	eus parlé
Conditionnel passé: j'aurais parlé	parla	eut parlé
Plus-que-parfait: j'avais parlé	parlâmes	eûmes parlé
Passé surcomposé: j'ai eu parlé	parlâtes	eûtes parlé
Subjonctif passé: j'aie parlé	parlèrent	eurent parlé
Subjonctif plus-que-parfait: j'eusse parlé		
Passé composé: j'ai peint	peignis	eus peint
Futur antérieur: j'aurai peint	peignis	eus peint
Conditionnel passé: j'aurais peint	peignit	eut peint
Plus-que-parfait: j'avais peint	peignîmes	eûmes peint
Passé surcomposé: j'ai eu peint	peignîtes	eûtes peint
Subjonctif passé: j'aie peint	peignirent	eurent peint
Subjonctif plus-que-parfait: j'eusse peint		
Passé composé: j'ai plu	plus	eus plu
Futur antérieur: j'aurai plu	plus	eus plu
Conditionnel passé: j'aurais plu	plut	eut plu
Plus-que-parfait: j'avais plu	plûmes	eûmes plu
Passé surcomposé: j'ai eu plu	plûtes	eûtes plu
Subjonctif passé: j'aie plu	plurent	eurent plu
Subjonctif plus-que-parfait: j'eusse plu		
Passé composé: il a plu	plut	eut plu
Futur antérieur: il aura plu		
Conditionnel passé: il aurait plu		
Plus-que-parfait: il avait plu		

INFINITIF, PARTICIPES	LES TEMPS SIMPLES					
					SUBJONCTIF	
	PRÉSENT	IMPARFAIT	FUTUR	CONDITIONNEL	PRÉSENT	IMPARFAIT
30. pouvoir	peux	pouvais	pourrai	pourrais	puisse	pusse
to be able	peux	pouvais	pourras	pourrais	puisses	pusses
	peut	pouvait	pourra	pourrait	puisse	pût
pouvant	pouvons	pouvions	pourrons	pourrions	puissions	pussions
pu	pouvez	pouviez	pourrez	pourriez	puissiez	pussiez
	peuvent	pouvaient	pourront	pourraient	puissent	pussent
31. prendre	prends	prenais	prendrai	prendrais	prenne	prisse
to take	prends	prenais	prendras	prendrais	prennes	prisses
	prend	prenait	prendra	prendrait	prenne	prît
prenant	prenons	prenions	prendrons	prendrions	prenions	prissions
pris	prenez	preniez	prendrez	prendriez	preniez	prissiez
	prennent	prenaient	prendront	prendraient	prennent	prissent
32. répondre	réponds	répondais	répondrai	répondrais	réponde	répondisse
to answer	réponds	répondais	répondras	répondrais	répondes	répondisses
	répond	répondait	répondra	répondrait	réponde	répondît
répondant	répondons	répondions	répondrons	répondrions	répondions	répondissions
répondu	répondez	répondiez	répondrez	répondriez	répondiez	répondissiez
	répondent	répondaient	répondront	répondraient	répondent	répondissent
33. rire	ris	riais	rirai	rirais	rie	risse
to laugh	ris	riais	riras	rirais	ries	risses
	rit	riait	rira	rirait	rie	rît
riant	rions	riions	rirons	ririons	riions	rissions
ri	riez	riiez	rirez	ririez	riiez	rissiez
	rient	riaient	riront	riraient	rient	rissent
34. savoir	sais	savais	saurai	saurais	sache	susse
to know	sais	savais	sauras	saurais	saches	susses
know how to	sait	savait	saura	saurait	sache	sût
	savons	savions	saurons	saurions	sachions	sussions
sachant	savez	saviez	saurez	sauriez	sachiez	sussiez
su	savent	savaient	sauront	sauraient	sachent	sussent

LES TEMPS COMPOSÉS		LES TEMPS LITTÉRAIRES	
	PASSÉ SIMPLE	**PASSÉ ANTÉRIEUR**	
Passé composé: j'ai pu	pus	eus pu	
Futur antérieur: j'aurai pu	pus	eus pu	
Conditionnel passé: j'aurais pu	put	eut pu	
Plus-que-parfait: j'avais pu	pûmes	eûmes pu	
Passé surcomposé: j'ai eu pu	pûtes	eûtes pu	
Subjonctif passé: j'aie pu	purent	eurent pu	
Subjonctif plus-que-parfait: j'eusse pu			
Passé composé: j'ai pris	pris	eus pris	
Futur antérieur: j'aurai pris	pris	eus pris	
Conditionnel passé: j'aurais pris	prit	eut pris	
Plus-que-parfait: j'avais pris	prîmes	eûmes pris	
Passé surcomposé: j'ai eu pris	prîtes	eûtes pris	
Subjonctif passé: j'aie pris	prirent	eurent pris	
Subjonctif plus-que-parfait: j'eusse pris			
Passé composé: j'ai répondu	répondis	eus répondu	
Futur antérieur: j'aurai répondu	répondis	eus répondu	
Conditionnel passé: j'aurais répondu	répondit	eut répondu	
Plus-que-parfait: j'avais répondu	répondîmes	eûmes répondu	
Passé surcomposé: j'ai eu répondu	répondîtes	eûtes répondu	
Subjonctif passé: j'aie répondu	répondirent	eurent répondu	
Subjonctif plus-que-parfait: j'eusse répondu			
Passé composé: j'ai ri	ris	eus ri	
Futur antérieur: j'aurai ri	ris	eus ri	
Conditionnel passé: j'aurais ri	rit	eut ri	
Plus-que-parfait: j'avais ri	rîmes	eûmes ri	
Passé surcomposé: j'ai eu ri	rîtes	eûtes ri	
Subjonctif passé: j'aie ri	rirent	eurent ri	
Subjonctif plus-que-parfait: j'eusse ri			
Passé composé: j'ai su	sus	eus su	
Futur antérieur: j'aurai su	sus	eus su	
Conditionnel passé: j'aurais su	sut	eut su	
Plus-que-parfait: j'avais su	sûmes	eûmes su	
Passé surcomposé: j'ai eu su	sûtes	eûtes su	
Subjonctif passé: j'aie su	surent	eurent su	
Subjonctif plus-que-parfait: j'eusse su			

INFINITIF, PARTICIPES			LES TEMPS SIMPLES			
					SUBJONCTIF	
	PRÉSENT	IMPARFAIT	FUTUR	CONDITIONNEL	PRÉSENT	IMPARFAIT
35. sortir	sors	sortais	sortirai	sortirais	sorte	sortisse
to go out	sors	sortais	sortiras	sortirais	sortes	sortisses
	sort	sortait	sortira	sortirait	sorte	sortît
sortant	sortons	sortions	sortirons	sortirions	sortions	sortissions
sorti	sortez	sortiez	sortirez	sortiriez	sortiez	sortissiez
	sortent	sortaient	sortiront	sortiraient	sortent	sortissent
36. suivre	suis	suivais	suivrai	suivrais	suive	suivisse
to follow	suis	suivais	suivras	suivrais	suives	suivisses
	suit	suivait	suivra	suivrait	suive	suivît
suivant	suivons	suivions	suivrons	suivrions	suivions	suivissions
suivi	suivez	suiviez	suivrez	suivriez	suiviez	suivissiez
	suivent	suivaient	suivront	suivraient	suivent	suivissent
37. tenir	tiens	tenais	tiendrai	tiendrais	tienne	tinsse
to hold	tiens	tenais	tiendras	tiendrais	tiennes	tinsses
	tient	tenait	tiendra	tiendrait	tienne	tînt
tenant	tenons	tenions	tiendrons	tiendrions	tenions	tinssions
tenu	tenez	teniez	tiendrez	tiendriez	teniez	tinssiez
	tiennent	tenaient	tiendront	tiendraient	tiennent	tinssent
38. vaincre	vaincs	vainquais	vaincrai	vaincrais	vainque	vainquisse
to conquer	vaincs	vainquais	vaincras	vaincrais	vainques	vainquisses
	vainc	vainquait	vaincra	vaincrait	vainque	vainquît
vainquant	vainquons	vainquions	vaincrons	vaincrions	vainquions	vainquissions
vaincu	vainquez	vainquiez	vaincrez	vaincriez	vainquiez	vainquissiez
	vainquent	vainquaient	vaincront	vaincraient	vainquent	vainquissent
39. valoir	vaux	valais	vaudrai	vaudrais	vaille	valusse
to be worth	vaux	valais	vaudras	vaudrais	vailles	valusses
	vaut	valait	vaudra	vaudrait	vaille	valût
valant	valons	valions	vaudrons	vaudrions	valions	valussions
valu	valez	valiez	vaudrez	vaudriez	valiez	valussiez
	valent	valaient	vaudront	vaudraient	vaillent	valussent

LES TEMPS COMPOSÉS	LES TEMPS LITTÉRAIRES	
	PASSÉ SIMPLE	PASSÉ ANTÉRIEUR
Passé composé: je suis sorti	sortis	fus sorti
Futur antérieur: je serai sorti	sortis	fus sorti
Conditionnel passé: je serais sorti	sortit	fut sorti
Plus-que-parfait: j'étais sorti	sortîmes	fûmes sorti
Passé surcomposé: j'ai été sorti	sortîtes	fûtes sorti
Subjonctif passé: je sois sorti	sortirent	furent sorti
Subjonctif plus-que-parfait: je fusse sorti		
Passé composé: j'ai suivi	suivis	eus suivi
Futur antérieur: j'aurai suivi	suivis	eus suivi
Conditionnel passé: j'aurais suivi	suivit	eut suivi
Plus-que-parfait: j'avais suivi	suivîmes	eûmes suivi
Passé surcomposé: j'ai eu suivi	suivîtes	eûtes suivi
Subjonctif passé: j'aie suivi	suivirent	eurent suivi
Subjonctif plus-que-parfait: j'eusse suivi		
Passé composé: j'ai tenu	tins	eus tenu
Futur antérieur: j'aurai tenu	tins	eus tenu
Conditionnel passé: j'aurais tenu	tint	eut tenu
Plus-que-parfait: j'avais tenu	tînmes	eûmes tenu
Passé surcomposé: j'ai eu tenu	tîntes	eûtes tenu
Subjonctif passé: j'aie tenu	tinrent	eurent tenu
Subjonctif plus-que-parfait: j'eusse tenu		
Passé composé: j'ai vaincu	vainquis	eus vaincu
Futur antérieur: j'aurai vaincu	vainquis	eus vaincu
Conditionnel passé: j'aurais vaincu	vainquit	eut vaincu
Plus-que-parfait: j'avais vaincu	vainquîmes	eûmes vaincu
Passé surcomposé: j'ai eu vaincu	vainquîtes	eûtes vaincu
Subjonctif passé: j'aie vaincu	vainquirent	eurent vaincu
Subjonctif plus-que-parfait: j'eusse vaincu		
Passé composé: j'ai valu	valus	eus valu
Futur antérieur: j'aurai valu	valus	eus valu
Conditionnel passé: j'aurais valu	valut	eut valu
Plus-que-parfait: j'avais valu	valûmes	eûmes valu
Passé surcomposé: j'ai eu valu	valûtes	eûtes valu
Subjonctif passé: j'aie valu	valurent	eurent valu
Subjonctif plus-que-parfait: j'eusse valu		

INFINITIF, PARTICIPES	LES TEMPS SIMPLES					
					SUBJONCTIF	
	PRÉSENT	IMPARFAIT	FUTUR	CONDITIONNEL	PRÉSENT	IMPARFAIT
40. venir	viens	venais	viendrai	viendrais	vienne	vinsse
to come	viens	venais	viendras	viendrais	viennes	vinsses
	vient	venait	viendra	viendrait	vienne	vînt
venant	venons	venions	viendrons	viendrions	venions	vinssions
venu	venez	veniez	viendrez	viendriez	veniez	vinssiez
	viennent	venaient	viendront	viendraient	viennent	vinssent
41. vivre	vis	vivais	vivrai	vivrais	vive	vécusse
to live	vis	vivais	vivras	vivrais	vives	vécusses
	vit	vivait	vivra	vivrait	vive	vécût
vivant	vivons	vivions	vivrons	vivrions	vivions	vécussions
vécu	vivez	viviez	vivrez	vivriez	viviez	vécussiez
	vivent	vivaient	vivront	vivraient	vivent	vécussent
42. voir	vois	voyais	verrai	verrais	voie	visse
to see	vois	voyais	verras	verrais	voies	visses
	voit	voyait	verra	verrait	voie	vît
voyant	voyons	voyions	verrons	verrions	voyions	vissions
vu	voyez	voyiez	verrez	verriez	voyiez	vissiez
	voient	voyaient	verront	verraient	voient	vissent
43. vouloir	veux	voulais	voudrai	voudrais	veuille	voulusse
to want, wish	veux	voulais	voudras	voudrais	veuilles	voulusses
	veut	voulait	voudra	voudrait	veuille	voulût
	voulons	voulions	voudrons	voudrions	voulions	voulussions
voulant	voulez	vouliez	voudrez	voudriez	vouliez	voulussiez
voulu	veulent	voulaient	voudront	voudraient	veuillent	voulussent

LES TEMPS COMPOSÉS	LES TEMPS LITTÉRAIRES	
	PASSÉ SIMPLE	PASSÉ ANTÉRIEUR
Passé composé: je suis venu	vins	fus venu
Futur antérieur: je serai venu	vins	fus venu
Conditionnel passé: je serais venu	vint	fut venu
Plus-que-parfait: j'étais venu	vînmes	fûmes venu
Passé surcomposé: j'ai été venu	vîntes	fûtes venu
Subjonctif passé: je sois venu	vinrent	furent venu
Subjonctif plus-que-parfait: je fusse venu		
Passé composé: j'ai vécu	vécus	eus vécu
Futur antérieur: j'aurai vécu	vécus	eus vécu
Conditionnel passé: j'aurais vécu	vécut	eut vécu
Plus-que-parfait: j'avais vécu	vécûmes	eûmes vécu
Passé surcomposé: j'ai eu vécu	vécûtes	eûtes vécu
Subjonctif passé: j'aie vécu	vécurent	eurent vécu
Subjonctif plus-que-parfait: j'eusse vécu		
Passé composé: j'ai vu	vis	eus vu
Futur antérieur: j'aurai vu	vis	eus vu
Conditionnel passé: j'aurais vu	vit	eut vu
Plus-que-parfait: j'avais vu	vîmes	eûmes vu
Passé surcomposé: j'ai eu vu	vîtes	eûtes vu
Subjonctif passé: j'aie vu	virent	eurent vu
Subjonctif plus-que-parfait: j'eusse vu		
Passé composé: j'ai voulu	voulus	eus voulu
Futur antérieur: j'aurai voulu	voulus	eus voulu
Conditionnel passé: j'aurais voulu	voulut	eut voulu
Plus-que-parfait: j'avais voulu	voulûmes	eûmes voulu
Passé surcomposé: j'ai eu voulu	voulûtes	eûtes voulu
Subjonctif passé: j'aie voulu	voulurent	eurent voulu
Subjonctif plus-que-parfait: j'eusse voulu		

vocabulaires

The FRENCH-ENGLISH vocabulary is intended to be complete for the contents and contexts of this book. Phonetic transcriptions are provided for key entries. The number of the lesson in which a word first occurs is indicated. Chapters other than those regularly numbered are identified as follows:

> V = Vowel Chapter
> C = Consonant Chapter
> I = Intonation Chapter
> L = Liaison Chapter
> Ch = Châteaux
> H1 = First history chapter
> H2 = Second history chapter
> Ap = Aperçu général
> M = Mythology
> R1, R2, R3, etc. = Review chapters

Irregular feminine forms of adjectives are given throughout.

The ENGLISH-FRENCH vocabulary includes words used in the English-French exercises.

FRANÇAIS-ANGLAIS

à [a]   (1) to; at; in
abattre [abatʀ]   (24) to raze
abeille [abɛj]   f. (23) bee
abri [abʀi]   m. (22) shelter
abrité [abʀite]   (25) sheltered
abrupt [abʀypt]   (24) abrupt
absence [apsɑ̃s]   f. (20) absence
s'absenter [sapsɑ̃te]   (7) to be gone, to absent
  oneself
absolument [apsɔlymɑ̃]   (21) absolutely
absorbé [apsɔrbe]   (24) absorbed
absurde [apsyʀd]   m. (18) the absurd, that
  which violates the rules of logic
académie française [akademifʀɑ̃sɛz]   f. (18)
  French Academy
Acadiens [akadjɛ̃]   m. pl. (17) French-
  speaking inhabitants of Louisiana
accablé [akable]   (5) overwhelmed
accent [aksɑ̃]   m. (R3) accent
acier [asje]   m. (25) steel
accepter [aksɛpte]   (13) to accept
accompagner [akɔ̃paɲe]   (4) to accompany
accord [akɔʀ]   m. (4) agreement; d'accord
  okay; être d'accord to be in agreement
accueil [akœj]   m. (17) welcome
achat [aʃa]   m. (22) purchase
acheter [aʃte]   (5) to buy
achevé [aʃve]   (15) finished
achever [aʃve]   (22) to finish, end
acquiescer [akjese]   (22) to agree to, to ac-
  quiesce
action [aksjɔ̃]   f. (18) action
activiste [aktivist]   m. or f. (23) activist
actrice [aktʀis]   f. (2) actress
actuel [aktɥɛl]   (19) current; present time
actuellement [aktɥɛlmɑ̃]   (R2) at the present
  time
acteur [aktœʀ]   m. (R2) actor
adapter [adapte]   (13) to adapt
adieu [adjø]   (10) farewell
adjectif [adʒɛktif]   m. (2) adjective
administrateur [administʀatœʀ]   m. (23) ad-
  ministrator
admirable [admiʀablj]   (C) admirable
admirablement [admiʀabləmɑ̃]   (5) admirably
admirateur [admiʀatœʀ]   m. (10) admirer
admirer [admiʀe]   (4) to admire
admettre [admɛtʀ]   (24) to admit; to allow
adorable [adɔʀabl]   (L) adorable
adorer [adɔʀe]   (4) to adore
adresse [adʀɛs]   f. (6) address
s'adresser [sadʀese]   (11) to turn to, to address oneself to (a problem, a task, etc.)
affaire [afɛʀ]   f. (15) job, project, business;
  avoir affaire à to deal with, to have business
  with
affairé [afɛʀe]   (7) busy

affaires [afɛʀ]   f. pl. (2) things, affairs; affaires
  de coeur romantic interests or problems
affection [afɛksjɔ̃]   f. (13) affection
affermir [afɛʀmiʀ]   (H2) to strengthen
affluent [aflɥɑ̃]   m. (Ch) river tributary
affranchir [afʀɑ̃ʃiʀ]   (22) to free
affreux [afʀø]   (21) frightful
afin de [afɛ̃də]   (18) in order to
africain [afʀikɛ̃]   (17) African
Afrique [afʀik]   f. (1) Africa
âge [ɑʒ]   m. (C) age
agent de police [aʒɑ̃dpɔlis]   m. (1) policeman
agrégation [agʀegasjɔ̃]   f. (24) academic degree
  similar to Ph.D.
agir [aʒiʀ]   (11) to act
agricole [agʀikɔl]   (4) agricultural
aider [ede]   (4) to aid, to help
aigu [egy]   (L) sharp; accent aigu acute accent
aile [ɛl]   f. (Ch) wing
ailleurs [ajœʀ]   (11) elsewhere
aimable [ɛmabl]   (11) friendly, nice
aimé [eme]   (11) loved, liked
aimer [eme]   (1) to like, to love
ainsi [ɛ̃si]   (7) thus
air [ɛʀ]   m. (11) air, appearance
aise [ɛz]   f. (17) ease; à l'aise at ease
ajouter [aʒute]   (8) to add
alimenter [alimɑ̃te]   (22) to feed
allée [ale]   f. (H2) pathway, walk
allemand [almɑ̃]   (1) German
Allemagne [almaɲ]   f. (1) Germany
aller [ale]   (3) to go: s'en aller to go away from
allô [alo]   (7) greeting used for answering the
  telephone
allumer [alyme]   (9) to light
allumette [alymɛt]   f. (20) match
alors [alɔʀ]   (2) then, well then
Alpes [alp]   f. pl. (1) Alps
amateur [amatœʀ]   m. (24) a person very knowl-
  edgeable and skilled in a field other than his profession
ambassadeur [ɑ̃basadœʀ]   m. (24) ambassador
ambiance [ɑ̃bjɑ̃s]   f. (H2) atmosphere, mood
ambigu [ɑ̃bigy]   (24) ambiguous
ambitieux [ɑ̃bisjø]   (16) ambitious
ambition [ɑ̃bisjɔ̃]   f. (7) ambition
âme [ɑm]   f. (23) soul
aménagement [amenaʒmɑ̃]   m. (Ap) planning,
  handling
aménager [amenaʒe]   (3) to remodel, arrange
amener [amne]   (6) to bring
américain [ameʀikɛ̃]   (1) American
Amérique du Nord [ameʀik dynɔʀ]   f. (1)
  North America
ami (f. amie) [ami]   m. (1) friend
amical [amikal]   (13) friendly, amicable
amitié [amitje]   f. (6) friendship

amour [amuʀ] *m.* (R1) love; **amour-propre** self-esteem

amusant [amyzɑ̃] (2) amusing

s'amuser [samyze] (5) to amuse oneself, to have a good time

an [ɑ̃] *m.* (11) year

anecdote [anɛkdɔt] *f.* (R2) anecdote

ange [ɑ̃ʒ] *m.* (15) angel

anglais [ɑ̃glɛ] (1) English; English language

Angleterre [ɑ̃glǝtɛʀ] *f.* (1) England

animal *(pl.* **animaux)** [animal] [animo] *m.* (17) animal

année [ane] *f.* (4) year; **d'année en année** from year to year

anniversaire [anivɛʀsɛʀ] *m.* (11) anniversary; birthday

annoncer [anɔ̃se] (14) to announce

s'annoncer [sanɔ̃se] (13) to announce oneself

annuaire [anɥɛʀ] *m.* (V) telephone book

anormal [anɔʀmal] (21) abnormal

Antilles [ɑ̃tij] *f. pl.* (17) *Antilles islands*

août [u] *m.* (V) August

aperçu [apɛʀsy] *m.* (17) glimpse; over-view

apéritif [apeʀitif] *m.* (4) aperitif (*before dinner drink*)

apogée [apɔʒe] *m.* (H2) apogee, zenith

appareil-photo [apaʀɛjfoto] *m.* (2) camera

appartenir [apaʀtǝniʀ] (V) to belong to

appartement [apaʀtǝmɑ̃] *m.* (3) apartment

appel [apɛl] *m.* (14) call, appeal; **faire appel à** to call upon

s'appeler [saple] (4) to be named

apporter [apɔʀte] (2) to carry, bring

apprécier [apʀesje] (24) to appreciate

apprendre [apʀɑ̃dʀ] (11) to learn; to teach

après [apʀɛ] (5) after; **après tout** after all

apres-midi [apʀɛmidi] *m. or f.* (6) afternoon

s'appreter [apʀɛte] (8) to get oneself ready

approfondir [apʀɔfɔ̃diʀ] (18) to deepen, develop

approprié [apʀɔpʀije] (24) appropriate

approuver [apʀuve] (22) to approve

appuyer [apɥije] (24) to press, lean against

arbre [aʀbʀ] *m.* (10) tree

architecture [aʀʃitektyʀ] *f.* (C) architecture

archives [aʀʃiv] *f. pl.* (3) archives

ardent [aʀdɑ̃] (15) ardent, enthusiastic

ardoise [aʀdwaz] *f.* (Ch) slate

argent [aʀʒɑ̃] *m.* (2) money; silver

arithmétique [aʀitmetik] *f.* (21) arithmetic

arme [aʀm] *f.* (14) weapon; **aux armes!** to arms!

armée [aʀme] *f.* (14) army

armistice [aʀmistis] *m.* (14) armistice

arranger [aʀɑ̃ʒe] (17) to arrange

arrêter [aʀete] (11) to stop

s'arrêter [saʀete] (15) to stop oneself

arrivée [aʀive] *f.* (2) arrival

arriver [aʀive] (1) to arrive

arroser [aʀoze] (8) to sprinkle; to water; to irrigate

article [aʀtikl] *m.* (1) article

artificiel [aʀtifisjel] (4) artificial

artisan [aʀtizɑ̃] *m.* (17) artisan, craftsman

artiste [aʀtist] *m. or f.* (15) artist

artistique [aʀtistik] (14) artistic

Asie [azi] *f.* (1) Asia

aspect [aspɛ] *m.* (17) aspect

aspirateur [aspiʀatœʀ] *m.* (22) vacuum cleaner

aspirine [aspiʀin] *f.* (21) aspirin

assaisonner [asɛzɔne] (17) to season

s'asseoir [saswaʀ] (1) to sit down

assez [ase] (4) enough, rather

assiette [asjɛt] *f.* (20) plate

assister [asiste] (20) to attend

Assomption [asɔ̃psjɔ̃] *f.* (20) Assumption, August 15

assurer [asyʀe] (5) to assure

Atlantique [atlɑ̃tik] *m.* (4) Atlantic

attacher [ataʃe] (17) to attach

attaque [atak] *f.* (14) attack

attendre [atɑ̃dʀ] (3) to wait for

s'attendrir [satɑ̃dʀiʀ] (22) to soften, to become affectionate

attention [atɑ̃sjɔ̃] *f.* (4) attention; attention! look out!

attentivement [atɑ̃tivmɑ̃] (22) attentively

attirer [atiʀe] (10) to draw, attract

attitude [atityd] *f.* (10) attitude, aspect

attraper [atʀape] (16) to trap, to catch

au [o] (1) *contraction of* **à** *and* **le**

aubergine [obɛʀʒin] *f.* (17) eggplant

aucunement [okynmɑ̃] (18) in no way, not at all

audacieux [odasjø] (13) audacious

au-delà de [odlad] (15) beyond

augurer [ɔgyʀe] (13) to foretell

aujourd'hui [oʒuʀdɥi] (3) today

aurore [ɔʀɔʀ] *f.* (23) day-break

aussi [osi] (1) also; **aussi bien que** as well as; **aussi . . . que** as . . . as

aussiôt que [ositok] (13) as soon as

australien [ostʀaljɛ̃] (*f.* **australienne**) [ostʀaljɛn] Australian

autant [otɑ̃] (C) as much, all the more so

auteur [otœʀ] *m.* (3) author

auto [oto] *f.* (2) automobile

autocar [otokaʀ] *m.* (13) bus, motorcoach

automne [otɔn] *m.* (6) autumn

autorité [otɔʀite] *f.* (22) authority

autour [otuʀ] (11) around, in the vicinity of

autre [otʀ] (1) other

autrefois [otʀǝfwa] (7) formerly

Autriche [otʀiʃ] *f.* (16) Austria

—aux [o] (1) *contraction of* **à** *and* **les**

avaler [avale] (10) to devour, gulp

avance [avɑ̃s] *f.* (19) advance; **à l'avance** ahead of time

avancé [avɑ̃se] (16) advanced

avant [avɑ̃] (5) before (*in time*)

avant-garde [avɑ̃gaʀd] (5) ahead of its time

avare [avaʀ] *m. & f.* (18) miser

avec [avɛk] (1) with
avenir [avniʀ] m. (13) future
s'avérer [saveʀe] (H2) to turn out
avion [avjɔ̃] m. (1) airplane
avis [avi] m. (11) opinion
avocat [avɔka] m. (1) lawyer
avoir [avwaʀ] (2) to have
avril [avʀil] m. (10) April

bagage [bagaʒ] m. (2) luggage; aux bagages in the baggage car
bague [bag] f. (10) ring
baie [bɛ] f. (22) bay; baie d'Hudson Hudsons bay
se baigner [səbɛɲe] (5) to go swimming; to take a bath
baisser [bɛse] (c) to lower
bal [bal] m. (12) formal dance, ball
balcon [balkɔ̃] m. (3) balcony
balle [bal] f. (21) ball
ballon [balɔ̃] m. (24) balloon
banane [banan] f. (4) banana
banc [bɑ̃] m. (21) bench
bande [bɑ̃d] f. (22) band, magnetic tape
banlieue [bɑ̃ljø] f. (3) suburb
banque [bɑ̃k] f. (19) bank
baobab [baɔbab] m. (23) baobab tree, a large tree native to Africa
barque [baʀk] f. (23) ship, barque
barrière [baʀjɛʀ] f. (23) barrier
bas [ba] m. (10) stocking; bas de soie silk stocking
bas (f. basse) [ba] [bas] (15) low, below; bas de la côte foot of the hill
base [baz] f. (11) base, basis
bassin [basɛ̃] m. (H2) ornamental pond
bataille [batɑj] f. (14) battle
bataillon [batɑjɔ̃] m. (14) battalion
bateau [bato] m. (c) boat
bâtiment [bɑtimɑ̃] m. (c) building
bâtir [bɑtiʀ] (12) to build
bâton [batɔ̃] m. (10) stick; emblem of office
battre [batʀ] (23) to beat
bavarder [bavaʀde] (16) to chatter, gossip
beauté [bote] f. (C) beauty
beau (pl. beaux f. belle, belles) [bo] [bo] [bɛl] [bɛl] (2) beautiful
beaucoup [boku] (2) much, many
Beaujolais [boʒɔlɛ] m. (4) eastern central area of France; wine from this region
beau-frère [bofʀɛʀ] m. (4) brother-in-law
beaux-arts [bozaʀ] m. pl. (4) fine arts
belge [bɛlʒ] (8) Belgian
Belgique [bɛlʒik] f. (4) Belgium
belle-mère [bɛlmɛʀ] f. (11) mother-in-law
bénéfices [benefis] m. pl. (22) benefits
besoin [bəzwɛ̃] m. (11) need; avoir besoin de to need
bête [bɛt] (2) stupid
bêtise [bɛtiz] f. (5) nonsense
béton [betɔ̃] m. (3) concrete

beurre [bœʀ] m. (8) butter
bicyclette [bisiklɛt] f. (2) bicycle
bien [bjɛ̃] (1) well, good; bien que even though; bien sûr! why, of course!
bien [bjɛ̃] m. (C) good, well-being
bientôt [bjɛ̃to] (6) soon
bière [bjɛʀ] f. (4) beer
bifteck [biftɛk] m. (4) steak
billet [bije] m. (1) ticket
se blâmer [səblame] (5) to blame oneself
blanc (f. blanche) [blɑ̃] [blɑ̃ʃ] (4) white
blé [ble] m. (4) wheat
bleu (f. bleue) [blø] [blø] (6) blue
blond [blɔ̃] (2) blond
blouse [bluz] f. (10) blouse
boire [bwaʀ] to drink
bois [bwa] m. (12) woods, forest
bol [bɔl] m. (8) bowl
bon (f. bonne) [bɔ̃] [bɔn] (1) good
bon [bɔ̃] m. (23) coupon
bonbons [bɔ̃bɔ̃] m. pl. (5) candies
bondé [bɔ̃de] (4) crowded
bonheur [bɔnœʀ] m. (18) happiness; bonheur conjugal marital bliss
bonjour [bɔ̃ʒuʀ] (1) hello
bonnement [bɔnmɑ̃] (16) openly
bonsoir [bɔ̃swaʀ] (6) good evening
bord [bɔʀ] m. (14) edge, à bord on board
Bordeaux [bɔʀdo] (4) important French seaport on southwest coast; wine from this region
botanique [bɔtanik] f. (1) botany
botte [bɔt] f. (15) boot
bottin [bɔtɛ̃] m. (22) telephone directory
bouche [buʃ] f. (F.) mouth
boucher [buʃe] m. (18) butcher
boucherie [buʃʀi] f. (24) butcher shop
bouger [buʒe] (21) to budge
bouillon [bujɔ̃] m. (21) bouillon; clear soup
Boul'Mich [bulmiʃ] m. (4) boulevard St.-Michel
bouquiniste [bukinist] m. (9) seller of old books
bourgeois [buʀʒwa] (14) middle class, conventional
bourgeoisie [buʀʒwazi] f. (18) the middle class
bourgeonnant [buʀʒɔnɑ̃] (23) budding
Bourgogne [buʀgɔɲ] f. (4) Burgundy, west central area of France famed for its wine
bourguignon [buʀgiɲɔ̃] (M) from the area of Burgundy
Bourse [buʀs] f. (25) Stock Exchange in Paris
bouteille [butɛj] f. (4) bottle
boutique [butik] f. (3) small shop
bouton [butɔ̃] m. (16) button; bouton de la porte doorknob
bras [bʀa] m. (10) arm
brasserie [bʀasʀi] f. (Ap) brewery; café-bar which serves food
bref (f. brève) [bʀɛf] [bʀɛv] (19) brief
bridge [bʀidʒ] m. (17) card game of bridge

briller [bʀije]   (14) to shine
brise [bʀiz]   *f.* (23) breeze
brisé [bʀizə]   (20) broken
britannique [bʀitanik]   (14) British
brodé [bʀɔde]   (10) embroidered
se brosser [səbʀɔse]   (5) to brush oneself
bruissant [bʀɥisɑ̃]   (23) buzzing
bruit [bʀɥi]   *m.* (7) noise
brûlé [bʀyle]   (H2) burnt
brun (*f.* **brune)** [bʀœ̃] [bʀyn]   (2) brown,
   brunette
brusquement [bʀyskmɑ̃]   (16) hastily
bulgare [bylgaʀ]   (18) Bulgarian
bureau [byʀo]   *m.* (3) desk; office
bureau de poste [byʀod pɔst]   *m.* (3) post
   office
but [by]   *m.* (Ap) goal, aim

ça [sa]   (4) that; it
cabaret [kabaʀɛ]   *m.* (3) night club
cabine [kabin]   *f.* (C) booth
cacher [kaʃe]   (M) to hide
cadeau [kado]   *m.* (24) gift
café [kafe]   *m.* (1) café; coffee
cahier [kaje]   *m.* notebook
caissière [kɛsjɛʀ]   *f.* (R2) cashier
calme [kalm]   (13) calm
camarade [kamaʀad]   *m. or f.* (11) friend;
   roommate
cambouis [kɑ̃bwi]   *m.* (24) dirty grease
caméra [kameʀa]   *m.* (2) movie camera
campagne [kɑ̃paɲ]   *f.* (C) countryside
camping [kɑ̃piŋ]   *m.* (2) camping
Canada [kanada]   *m.* (1) Canada
canadien [kanadjɛ̃]   (1) Canadian
canne [kan]   *f.* (17) cane
canoë [kanɔe]   *m.* (12) canoe
cantatrice [kɑ̃tatʀis]   *f.* (18) soprano
caoutchouc [kautʃu]   *m.* (4) rubber
capable [kapabl]   (15) capable
capitaine [kapitɛn]   *m.* (14) captain
capitale [kapital]   *f.* (1) capital
capricorne [kapʀikɔʀn]   (13) Capricorn (*zodiac
   sign*)
car [kaʀ]   (C) for, because
caractère [kaʀaktɛʀ]   *m.* (18) moral character
carré [kaʀe]   (4) square
caresser [kaʀɛse]   (21) to caress
carrosse [kaʀɔs]   *f.* (Ch) carriage
carte [kaʀt]   *f.* (4) card; menu; map; **carte
   postale** post card; **carte d'identité** identity
   card; **jouer aux cartes** play cards
cascader [kaskade]   (10) to cascade
cassé [kase]   (20) broken
casse-croûte [kɑskʀut]   *m.* (2) snack
casser [kɑse]   (V) to break
casserole [kasʀɔl]   *f.* (13) pan
cathédrale [katedʀal]   *f.* (3) cathedral
catholique [katɔlik]   (1) Catholic
causer [koze]   (4) to chat
cave [kav]   *f.* (3) cellar

ce (cet, cette, ces) [sə] [sɛt] [sɛt] [sɛ]   (1) this,
   that, these, those
célèbre [selɛbʀ]   (C) famous
c'est-à-dire [sɛtadiʀ]   (7) that is to say
c'est [sɛ]   (1) it is
celle [sɛl]   (4) this one, that one
cellule [sɛlyl]   *f.* (19) cell
celui-ci, celui-là [səlɥisi] [səlɥila]   (15) this
   one; that one
cendres [sɑ̃dʀ]   *f. pl.* (10) ashes
cendrier [sɑ̃dʀije]   *m.* (10) ashtray
cent [sɑ̃]   (3) one hundred
centime [sɑ̃tim]   *m.* (18) *smallest denomination
   of French money*
centre [sɑ̃tʀ]   *m.* (3) center
cependant [səpɑ̃dɑ̃]   (24) however
cérémonie [seʀemɔni]   *f.* (11) ceremony
certainement [sɛʀtɛnmɑ̃]   (20) certainly
cesser [sɛse]   (29) to cease, stop
ceux [sø]   (3) those
chacun (*f.* **chacune)** [ʃakœ̃] [ʃakyn]   (V) each;
   each one
chagrin [ʃagʀɛ̃]   *m.* (20) disappointment
chaise [ʃɛz]   *f.* (1) chair
chaleureux [ʃalœʀø]   (17) warm
chambre [ʃɑ̃bʀ]   *f.* (3) bedroom
champagne [ʒɑ̃paɲ]   *m.* (14) champagne;
   Champagne f. former French province
champion [ʃɑ̃pjɔ̃]   *m.* (17) champion
Champs-Élysées [ʃɑ̃zelize]   (L) *principal parade
   street in Paris*
Chamonix [ʃamɔni]   (4) *French alpine city, famous for winter sports*
chance [ʃɑ̃s]   *f.* (3) luck
chandail [ʃɑ̃daj]   *m.* (10) sweater
changer [ʃɑ̃ʒe]   (3) to change
chanson [ʃɑ̃sɔ̃]   *f.* (3) song
chanter [ʃɑ̃te]   (11) to sing
chantonner [ʃɑ̃tɔne]   (25) to hum
chapeau [ʃapo]   *m.* (C) hat
chapitre [ʃapitʀ]   *m.* (24) chapter
chaque [ʃak]   (1) each
charge [ʃaʀʒ]   *f.* (13) care, responsibility
charger [ʃaʀʒe]   (21) to make responsible
charlatan [ʃaʀlatɑ̃]   *m.* (18) charlatan, fraud
charmant [ʃaʀmɑ̃]   (3) charming
charme [ʃaʀm]   *m.* (2) charm
charmer [ʃaʀme]   (23) to charm
chassé [ʃase]   (15) chased out, rejected
chasser [ʃase]   (12) to hunt, chase
chat (*f.* **chatte)** [ʃa] [ʃat]   *m.* (7) cat
château [ʃato]   *m.* (1) castle
château-fort [ʃatofɔʀ]   *m.* (Ch) *medieval for-
   tified castle*
chaud [ʃo]   (V) hot
chauffage central [ʃofaʒ sɑ̃tʀal]   *m.* (3) central
   heating
chaussette [ʃosɛt]   *f.* (10) sock
chauve [ʃov]   (18) bald
chef [ʃɛf]   *m.* (5) chef; director
chef-d'oeuvre [ʃɛdœvʀ]   *m.* (15) masterpiece

chemin [ʃəmɛ̃] *m.* (17) road; *chemin de fer* railroad

chemise [ʃəmiz] *f.* (R1) shirt

chemisier [ʃəmizje] *m.* (10) woman's shirt

Chenonceaux [ʃənɔ̃so] (C) *chateau in the Loire valley*

chèque [ʃɛk] *m.* (23) check

cher (*f.* **chère**) [ʃɛʀ] [ʃɛʀ] (2) dear; expensive

chercher [ʃɛʀʃe] (2) to seek, to go and get

cheval (*pl.* **chevaux**) [ʃəval] [ʃəvo] *m.* (1) horse; **monter à cheval** to ride horseback; **faire du cheval** to ride horseback

chevalier [ʃəvalje] *m.* (H1) knight

chevaleresque [ʃəvalʀɛsk] (23) chivalrous

chevauchée [ʃəvoʃe] *f.* (H2) horseback ride

cheveux [ʃəvø] *m. pl.* (6) hair

cheville [ʃəvij] *f.* (10) ankle

chez [ʃe] (3) at the home of; at the place of

chien [ʃjɛ̃] *m.* (7) dog; **chien de garde** watch dog

chimie [ʃimi] *f.* (1) chemistry

Chine [ʃin] *f.* (1) China

chinois [ʃinwa] (1) Chinese; Chinese language

chocolat [ʃɔkɔla] *m.* (1) chocolate

choisir [ʃwaziʀ] *m.* (4) to choose

choix [ʃwa] *m.* (4) choice

chose [ʃoz] *f.* (4) thing

chouchou [ʃuʃu] *m.* (21) *term of endearment for children;* teacher's pet

chouette [ʃwɛt] (21) terrific (*slang*)

cidre [sidʀ] *m.* (4) cider

ciel [sjɛl] *m.* (15) sky; heaven

cigarette [sigaʀɛt] *f.* (9) cigarette

cinéma [sinema] *m.* (3) movie theatre, cinema

cinq [sɛ̃k] (2) five

cinquantaine [sɛ̃kɑ̃tɛn] *f.* (20) about fifty of anything

circuler [siʀkyle] (4) to circulate

citer [site] (17) to cite; to state

citoyen (*f.* **citoyenne**) [sitwajɛ̃] [sitwajɛn] *m.* (14) citizen

citron [sitʀɔ̃] *m.* (21) lemon

civilisateur [sivilizatœʀ] (24) civilizing

civilisation [sivilizasjɔ̃] *f.* (24) civilization

clair [klɛʀ] (13) clear

clairement [klɛʀmɑ̃] (15) clearly

claqué [klake] (20) exhausted (*slang*)

claquer [klake] (18) to click; to clap

classe [klɑs] *f.* (1) class

clé [kle] *f.* (24) key

clef [kle] *f.* (24) key

Clermont-Ferrand [klɛʀmɔ̃ fɛʀɑ̃] (4) *large industrial city in central France*

cliché [kliʃe] *m.* (18) commonly used expression, trite remark

client [klijɑ̃] *m.* (6) client, customer

climatisation [klimatizasjɔ̃] *f.* (25) air-conditioning

cloche [klɔʃ] *f.* (23) bell

clouer [klue] (22) to nail

clown [klun] *m.* (17) clown

cocotte [kɔkɔt] *f.* (18) chicken (*slang*)

coeur [kœʀ] *m.* (V) heart; **par coeur** by heart

cognac [kɔɲak] *m.* (8) cognac; liqueur

coiffer [kwafe] (10) to comb or style hair; **se coiffer** to arrange one's own hair

coiffeur (*f.* **coiffeuse**) [kwafœʀ] [kwaføz] *m.* (1) hairdresser

coin [kwɛ̃] *m.* (1) corner

coincidence [kɔɛ̃sidɑ̃s] *f.* (14) coincidence

coing [kwɛ̃] *m.* (18) quince

cola [kɔla] *m.* (5) coke

colline [kɔlin] *f.* (H1) hill

colon [kɔlɔ̃] *m.* (22) colonial, settler

colonial [kɔlɔnjal] (17) colonial

colonie [kɔlɔni] *f.* (13) colony; *colonie de vacances* summer camp

combien? [kɔ̃bjɛ̃] (2) how much?, how many?

comédie [kɔmedi] *f.* (10) comedy

comité [kɔmite] *m.* (24) committee

commandant [kɔmɑ̃dɑ̃] *m.* (V) major (*mil.*)

commander [kɔmɑ̃de] (4) to order

comme [kɔm] (6) as, like; **comme d'habitude** as usual

commencement [kɔmɑ̃smɑ̃] *m.* (6) beginning

comment! [kɔmɑ̃] (10) what!

commentaire [kɔmɑ̃tɛʀ] *m.* (6) commentary

commerçant [kɔmɛʀsɑ̃] *m.* (17) merchant

commode [kɔmɔd] (16) convenient

commun [kɔmɛ̃] (17) common

communauté [kɔmynote] *f.* (17) community

communiste [kɔmynist] *m. or f.* (5) communist

compagne [kɔ̃paɲ] *f.* (14) wife; woman

compagnie [kɔ̃paɲi] *f.* (5) company

comparer [kɔ̃paʀe] (18) to compare

compartiment [kɔ̃paʀtimɑ̃] *m.* (1) compartment

compassion [kɔ̃pasjɔ̃] *f.* (20) compassion

complément [kɔ̃plemɑ̃] *m.* (5) object (*rammar*)

compléter [kɔ̃plete] (1) to complete

complexe [kɔ̃plɛks] (17) complex; *m. ensemble of residential or industrial buildings*

complice [kɔ̃plis] *f.* (14) accomplice

composer [kɔ̃poze] (5) to compose; to dial

compositeur [kɔ̃pozitœʀ] *m.* (8) composer

comprendre [kɔ̃pʀɑ̃dʀ] (3) to include; to understand; **se faire comprendre** to make oneself understood

compte [kɔ̃t] *m.* (22) account

compter [kɔ̃te] (4) to count; **compter sur** to rely on

comté [kɔ̃te] *m.* (22) county

concerner [kɔ̃sɛʀne] (11) to concern

concert [kɔ̃sɛʀ] *m.* (7) concert

concierge [kɔ̃sjɛʀʒ] *m. or f.* (1) caretaker; janitor

concorder [kɔ̃kɔʀde] (14) to be in agreement

condition [kɔ̃disjɔ̃] *f.* (15) condition

conducteur [kɔ̃dyktœʀ] *m.* (1) driver

conduire [kɔ̃dyiʀ] (8) to drive, to lead
conférence [kɔ̃feʀɑ̃s] f. (1) lecture
conférencier [kɔ̃feʀɑ̃sje] m. (23) lecturer
confiance [kɔ̃fjɑ̃s] f. (18) confidence
confidence [kɔ̃fidɑ̃s] f. (14) secret
confident [kɔ̃fidɑ̃] m. (11) confident
confier [kɔ̃fje] (22) to entrust
confins [kɔ̃fɛ̃] m. pl. (4) limits; boundaries
conformiste [kɔ̃fɔʀmist] (18) conformist
confort [kɔ̃fɔʀ] m. (3) comfort
confortable [kɔ̃fɔʀtabl] (2) comfortable
confusion [kɔ̃fyzjɔ̃] f. (15) confusion
conclusion [kɔ̃klyzjɔ̃] f. (18) conclusion
congratuler [kɔ̃gʀatyle] (14) to congratulate;
  se congratuler to congratulate oneself
conjugaison [kɔ̃ʒygɛzɔ̃] f. (4) conjugation
conjugal [kɔ̃ʒygal] (11) conjugal, married
conjuguer [kɔ̃ʒyge] (21) to conjugate
connaissance [kɔnɛsɑ̃s] f. (13) acquaintance;
  knowledge
connaître [kɔnɛtʀ] (4) to know, to be acquainted with
conque [kɔ̃k] f. (23) conch shell
conquête [kɔ̃kɛt] f. (24) conquest
consciencieux [kɔ̃sjɑ̃sjø] (18) conscientious
conscient [kɔ̃sjɑ̃] (23) aware of
conseiller [kɔ̃seje] (11) to advise
conseils [kɔ̃sɛj] m. pl. (8) advice, counsel
consentement [kɔ̃sɑ̃tmɑ̃] m. (14) consent
consentir [kɔ̃sɑ̃tiʀ] (23) to consent
(par) conséquent [kɔ̃sekɑ̃] (19) consequently
Conservatoire [kɔ̃sɛʀvatwaʀ] m. (4) Paris
  Conservatory of Music
conserver [kɔ̃sɛʀve] (17) to conserve
considérer [kɔ̃sideʀe] (4) to consider; se considérer to consider oneself
constant [kɔ̃stɑ̃] (20) steady
construction [kɔ̃stʀyksjɔ̃] f. (4) construction
  (grammar)
construire [kɔ̃stʀyiʀ] (C) to construct
consulter [kɔ̃sylte](11) to consult
conte [kɔ̃t] m. (15) story, tale
contemporains [kɔ̃tɑ̃pɔʀɛ̃] m. pl. (16) con-
  temporaries
contenir [kɔ̃tniʀ] (4) to contain
content [kɔ̃tɑ̃] (2) contented, happy
se contenter [səkɔ̃tɑ̃te] (3) to satisfy oneself
conter [kɔ̃te] (24) to tell, recount
continent [kɔ̃tinɑ̃] m. (1) continent
continuer [kɔ̃tinye] (1) to continue
contraster [kɔ̃tʀaste] (4) to contrast
contravention [kɔ̃tʀavɑ̃sjɔ̃] f. (R1) traffic
  ticket
contre [kɔ̃tʀ] (11) against
contribuer [kɔ̃tʀibye] (4) to contribute
contrôler [kɔ̃tʀole] (V) to control
contrôleur [kɔ̃tʀolœʀ] m. (2) conductor
convenable [kɔ̃vnabl] (1) appropriate
convenir [kɔ̃vniʀ] (22) to agree, admit
convention [kɔ̃vɑ̃sjɔ̃] f. (14) convention
conversation [kɔ̃vɛʀsasjɔ̃] f. (1) conversation

convive [kɔ̃viv] m. (20) guest
copain (f. copine) [kɔpɛ̃] [kɔpin] m. (21)
  pal, "buddy"
copeaux [kɔpo] m. pl. (22) wood shavings
copie [kɔpi] f. (V) copy, reproduction
copieusement [kɔpjøzmɑ̃] (8) generously
copieux [kɔpjø] (2) copious, ample
coquillages [kɔkijaʒ] m. pl. (23) shells
cordialement [kɔʀdjalmɑ̃] (C) cordially
cordialité [kɔʀdjalite] f. (12) cordiality
corne grecque [kɔʀngʀɛk] f. (17) maize,
  Greek corn
correction [kɔʀɛksjɔ̃] f. (22) correction, criticism
correspondance [kɔʀɛspɔ̃dɑ̃s] f. (16) correspondance
corvée [kɔʀve] f. (22) chore, task
costume [kɔstym] m. (10) outfit, costume,
  ensemble
côte [kot] f. (V) coast
côté [kote] m. (1) side; à côte nearby, next
  door
Côte d'Azur [kotdazyʀ] f. (4) "Azure Coast"
  (the Mediterranean seacoast between the French
  towns of Cassis and Menton)
côtelette [kotlɛt] f. (18) cutlet, chop
cou [ku] m. (10) neck
coucher du soleil [kuʃedysɔlɛj] m. (20) sunset
se coucher [səkuʃe] (V) to go to bed
coudre [kudʀ] (22) to sew
couler [kule] (25) to flow
couleur [kulœʀ] f. (6) color
couloir [kulwaʀ] m. (2) hallway, corridor
coup [ku] m. (7) stroke, blow; coup de téléphone telephone call; coup de peigne a
  quick combing; coup de foudre thunderbolt; love at first sight; tout d'un coup
  suddenly; un petit coup a drink
  (slang); coup d'oeil glance
coupable [kupabl] (17) guilty
coupe [kup] f. (21) chalice; goblet; cup
couper [kupe] (8) to cut
couple [kupl] m. (11) couple
cour [kuʀ] f. (16) court; courtyard; playground
courage [kuʀaʒ] m. (2) courage
courageux [kuʀaʒø] (L) courageous
courant [kuʀɑ̃] (3) running, flowing; au
  courant up to date
courir [kuʀiʀ] (V) to run
couronne d'épines [kuʀɔndepin] f. (25)
  crown of thorns
cours [kuʀ] m. (4) course; cours de la vie the
  course of life
court [kuʀ] (2) short
courtisan [kuʀtizɑ̃] m. (16) courtier
cousin (f. cousine) [kuzɛ̃] [kuzin] m. (2)
  cousin
coutume [kutym] f. (Ap) custom
couvert [kuvɛʀ] m. (20) table setting
couverture [kuvɛʀtyʀ] f. (21) cover, blanket

couvrir [kuvʀiʀ] (8) to cover
cravate [kʀavat] *f.* (5) tie
crasse [kʀas] *f.* (24) dirt
crayon [kʀɛjɔ̃] *m.* (15) pencil
création [kʀeasjɔ̃] *f.* (15) creation
créer [kʀee] (14) to create
crème [kʀɛm] *f.* (4) cream
créole [kʀeɔl] *f.* (17) *a form of French spoken in Louisiana*
Créoles [kʀeɔl] (17) *Louisiana residents of French origin*
crêpe [kʀɛp] *f.* (6) crêpe, pancake
Crésus [kʀezys] *m.* (3) *ancient king of legendary wealth*
creux [kʀø] (23) hollow
cri [kʀi] *m.* (21) cry, shout
crier [kʀije] (11) to cry out, to shout
crise [kʀiz] *f.* (Ap) crisis; **crise du logement** housing shortage
critique [kʀitik] *f.* (16) criticism
croire [kʀwaʀ] (7) to believe
croisade [kʀwazad] *f.* (25) crusade
croisement [kʀwazmɑ̃] *m.* (M) intersection
croiser [kʀwaze] (22) to cross
croissant [kʀwasɑ̃] *m.* (9) *crescent-shaped breakfast roll*
croître [kʀwatʀ] (15) to increase
croque-monsieur [kʀɔkməsjø] *m.* (8) *grilled ham and cheese sandwich*
croyant [kʀwajɑ̃] (11) believing, devout
cruel [kʀyɛl] (16) cruel
cuiller [kɥijɛʀ] *f.* (9) spoon
cuillère [kɥijɛʀ] *f.* (8) spoon; **cuillère à café** coffee spoon; **cuillère à soupe** soup spoon
cuire [kɥiʀ] (8) to cook
cuisine [kɥizin] *f.* (3) kitchen; cooking
cuisinier [kɥizinje] *m.* (15) cook
culinaire [kylinɛʀ] (5) culinary
culture [kyltyʀ] *f.* (17) culture
curiosité [kyʀjozite] *f.* (8) curiosity; **être d'une curiosité** to be inquisitive
cycliste [siklist] *m.* (2) cyclist
cymbale [sɛ̃bal] *f.* (23) cymbal

d'abord [dabɔʀ] (7) first of all
d'ailleurs [dajœʀ] besides
dame [dam] *f.* (3) lady
Danemark [danmaʀk] *m.* (1) Denmark
dangereux [dɑ̃ʒʀø] (3) dangerous
dans [dɑ̃] (1) in, inside of
danser [dɑ̃se] (1) to dance
danseur (*f.* **danseuse**) [dɑ̃sœʀ] [dɑ̃søz] *m.* (1) dancer
date [dat] *f.* (6) date
dater [date] (V) to date
dauphin [dofɛ̃] *m.* (H2) *royal male heir apparent*; dolphin
➤ **de** [də] (1) of
débarquer [debaʀke] (17) to disembark
se débattre [sədebatʀ] (18) to struggle

se débrouiller [sədebʀuje] (3) to take care of oneself, to get by
début [deby] *m.* (13) beginning; **au début** at the beginning
déchet [deʃɛ] *m.* (17) scrap
déchirer [deʃiʀe] (H2) to tear
décider [deside] (5) to decide; **se décider** to make a decision
décision [desizjɔ̃] *f.* (13) decision
déclarer [deklaʀe] (11) to declare, to state
découragé [dekuʀaʒe] (23) discouraged
décourager [dekuʀaʒe] (13) to discourage; **se décourager** to become discouraged
découvert [dekuvɛʀ] (17) discovered
découvrir [dekuvʀiʀ] (5) to discover; **se découvrir** to uncover oneself
décrire [dekʀiʀ] (2) to describe
décrocher [dekʀɔʃe] (7) to unhook; to lift the telephone receiver
décrypter [dekʀipte] (24) to decode
dédaigner [dedɛɲe] (17) to disdain
dédain [dedɛ̃] *m.* (24) disdain
dedans [dədɑ̃] (V) inside, within
défaillant [defajɑ̃] (22) weak, faint
défaut [defo] *m.* (11) fault, flaw
défendre [defɑ̃dʀ] (V) to defend; to forbid
défini [defini] (1) definite
dehors [dəɔʀ] (V) outside
déjà [deʒa] (4) already
déjeuner [deʒœne] *m.* (5) lunch
déjouer [deʒwe] (M) to foil
délice [delis] *m.* (22) delight
délicieux [delisjø] (5) delicious
délivrer [delivʀe] (22) to save, spare
demain [dəmɛ̃] (13) tomorrow
démembré [demɑ̃bʀe] (H1) dismembered
demeurer [dəmœʀe] (7) to live, reside
demi-heure [dəmijœʀ] *f.* (5) half-hour
demi-litre [dəmilitʀ] *m.* (8) half liter
démocratie [demɔkʀasi] *f.* (8) democracy
démon [demɔ̃] *m.* (24) demon
démoraliser [demɔʀalize] (14) to demoralize
dent [dɑ̃] *f.* (10) tooth
dentelle [dɑ̃tɛl] *f.* (10) lace
dentiste [dɑ̃tist] *m. or f.* (1) dentist
départ [depaʀ] *m.* (15) departure
dépasser [depase] (4) to exceed; to go past
se dépêcher [sədepeʃe] (2) to hurry
déplacer [deplase] (23) to displace; to move; **se déplacer** to move oneself
déprimé [depʀime] (11) worn out, exhausted; depressed
déranger [deʀɑ̃ʒe] (19) to disturb
dériver [deʀive] (14) to derive
dernier (*f.* **dernière**) [dɛʀnje] [dɛʀnjɛʀ] (6) last
derrière [dɛʀjɛʀ] (14) behind
dès que [dɛkə] (13) as soon as
désagréable [dezagʀeabl] (2) disagreeable
désavantage [dezavɑ̃taʒ] *m.* (11) disadvantage

descendre [desɑ̃dʀ] (4) to descend, to go down

descente [desɑ̃t] f. (24) descent

désespoir [dezɛspwaʀ] m. (5) despair

désinvolte [dezɛ̃vɔlt] (13) unselfconscious

désirer [deziʀe] (4) to want, to desire

désormais [dezɔʀmɛ] (H2) hereafter

dessert [desɛʀ] m. (1) dessert

dessinateur [desinatœʀ] m. (21) artist; cartoonist

dessiner [desine] (4) to draw

dessus [dəsy] (21) on top of

destin [dɛstɛ̃] m. (14) destiny

désuet [desɥɛ] (17) obsolete

détacher [detaʃe] (22) to detach, separate

détail [detaj] m. (14) detail

détermination [detɛʀminɑsjɔ̃] f. (13) determination

déterminé [detɛʀmine] (22) determined

déterrer [detɛʀe] (22) to unearth

détester [detɛste] (4) to detest

détour [detuʀ] m. (14) turn; au détour at the turning

détruit [detʀɥi] (5) destroyed

deux [dø] (1) two

deuxième [døzjɛm] (1) second

devant [dəvɑ̃] (5) in front of

se développer [sədevlɔpe] (11) to develop oneself

devenir [dəvniʀ] (13) to become

dévoiler [devwale] (24) to unveil, reveal

devoir [dəvwaʀ] (3) to be obliged to; to owe; m. duty

devoirs [dəvwaʀ] m. pl. (3) homework

dévoué [devwe] (17) devoted

diamant [djamɑ̃] m. (20) diamond

dictée [dikte] f. (16) dictation

dicter [dikte] (23) to dictate

différer [difeʀe] (17) to differ

difficile [difisil] (2) difficult

digne [diɲ] (24) worthy

dilemme [dilɛm] m. (19) dilemma

dimanche [dimɑ̃ʃ] m. (R1) Sunday

diminuer [diminɥe] (7) to diminish

dîner [dine] m. (4) dinner

diplomate [diplɔmat] m. (1) diplomat

diplôme [diplom] m. (2) diploma

diplômé [diplome] m. (18) a graduate

dire [diʀ] (4) to say

directement [diʀɛktəmɑ̃] (8) directly

directeur (f. directrice) [diʀɛktoeʀ] [diʀɛktʀis] m. (21) director

se diriger [sədiʀiʒe] (10) to direct oneself

disco [disko] f. (8) discotheque

se disputer [sədispyte] (11) to quarrel

disque [disk] m. (3) record

se dissiper [sədisipe] (21) to waste time

distinguer [distɛ̃ge] (23) to distinguish

distribuer [distʀibɥe] (R1) to distribute

divin [divɛ̃] (10) divine

divinement [divinmɑ̃] (14) divinely

se diviser [sədivize] (17) to divide oneself, fitself

dix [dis] (2) ten

docteur [dɔktœʀ] m. (15) doctor

doigt [dwa] m. (10) finger

dolmen [dɔlmɛn] m. (H1) dolmen (prehistoric stone marker)

dominant [dɔminɑ̃] (17) dominant

donner [dɔne] (1) to give

dont [dɔ̃] m. (3) of which, of whom, whose

dormir [dɔʀmiʀ] (8) to sleep

dortoir [dɔʀtwaʀ] m. (4) dormitory

dos [do] m. (V) back

dosage [dozaʒ] m. (V) dose

doucement [dusmɑ̃] (10) gently, softly; gradually

douceur de vivre [dusœʀdvivʀ] f. (Ch) charm of life

douter [dute] (7) to doubt, suspect

doux (f. douce) [du] [dus] (4) gentle; sweet; soft

douzaine [duzɛn] f. (4) dozen

dramaturge [dʀamatyʀʒ] m. (23) playwright

drapé [dʀape] (24) draped

droit [dʀwa] (10) straight; m. law

drôle [dʀol] (21) strange, funny

drôlement [dʀolmɑ̃] (21) "very"; extremely

drugstore [dʀœgstɔʀ] m. (3) American-type pharmacy

eau [o] f. (3) water; eau minérale mineral water

écart [ekaʀ] (20) out of reach, out of the way

écharpe [eʃaʀp] f. (15) scarf

écho [eko] m. (23) echo

éclairé [ekleʀe] (H2) lighted; enlightened

éclater [eklate] (H2) to burst

école [ekɔl] f. (22) school

économe [ekɔnɔm] (3) economical, thrifty

économique [ekɔnɔmik] (4) economic

écouter [ekute] (3) to listen to

écraser [ekʀaze] (14) to crush

écrire [ekʀiʀ] (5) to write

écrivain [ekʀivɛ̃] m. (15) writer

écurie [ekyʀi] f. (Ch) stable

effet [efɛ] m. (19) effect; en effet indeed

s'efforcer [sefɔʀse] (H2) to attempt, to force oneself

égal (pl. égaux) [egal] [ego] (C) equal

église [egliz] f. (2) church

égorger [egɔʀʒe] (14) to cut the throat

Égyptienne [eʒipsjɛn] f. (19) Egyptian woman; old term for gypsy

électricité [elɛktʀisite] f. (19) electricity

élégant [elegɑ̃] (2) elegant

élégamment [elegamɑ̃] (10) elegantly

élémentaire [elemɑ̃tɛʀ] (11) elementary

élève [elɛv] m. (3) pupil

élever [elve] (16) to rear

s'élever [selve] (H1) to rise, to get up
éleveur [elvœʀ] n. (22) livestock producer
elle [ɛl] (1) she
éloquence [elɔkɑ̃s] f. (14) eloquence
éloquent [elɔkɑ̃] (23) eloquent
Élysée [elize] m. (24) *official Paris residence of French president*
embarquer [ɑ̃baʀke] (17) to board ship
embarras [ɑ̃baʀa] m. (4) dilemma
embêté [ɑ̃bɛte] (21) annoyed
embrasser [ɑ̃bʀase] (12) to kiss
embuscade [ɑ̃byskad] f. (14) ambush
émervillé [emɛʀveje] (15) amazed
emmener [ɑ̃mne] (21) to lead away
émouvant [emuvɑ̃] (23) moving
empêcher [ɑ̃peʃe] (14) to prevent
emploi [ɑ̃plwa] m. (1) use
employé [ɑ̃plwaje] m. (6) employee
employer [ɑ̃plwaje] (2) to use; **en employant** by using
empoigner [ɑ̃pwaɲe] (10) to clutch
emporter [ɑ̃pɔʀte] (20) to carry away
emprunter [ɑ̃pʀœ̃te] (17) to borrow
en [ɑ̃] m. (5) some; in, by; **en plus** in addition; **en route** on the way
encore [ɑ̃kɔʀ] (15) still; again
endormi [ɑ̃dɔʀmi] (19) asleep
s'endormir [sɑ̃dɔʀmiʀ] (21) to fall asleep
énergie [enɛʀʒi] f. (4) energy
énervant [enɛʀvɑ̃] (23) frustrating; tiring
énervé [enɛʀve] (21) distraught
enfance [ɑ̃fɑ̃s] f. (16) childhood
enfant [ɑ̃fɑ̃] m. or f. (1) child
enfin [ɑ̃fɛ̃] (5) finally
engagé [ɑ̃gaʒe] (24) committed (*to cause*)
engueuler [ɑ̃gœle] (20) to yell at, "bawl out"
enivrant [ɑ̃nivʀɑ̃] (20) intoxicating
enjamber [ɑ̃ʒɑ̃be] (Ch) to bridge, to straddle
ennemi [ɛnmi] m. (14) enemy
énoncer [enɔ̃se] (18) to state, make clear
énorme [enɔʀm] (3) enormous
énormément [enɔʀmemɑ̃] (17) enormously
enrichir [ɑ̃ʀiʃiʀ] (17) to enrich
enseigner [ɑ̃sɛɲe] (17) to teach
ensemble [ɑ̃sɑ̃bl] (4) together
ensuite [ɑ̃sɥit] (10) then, following
entendre [ɑ̃tɑ̃dʀ] (4) to hear
entourer [ɑ̃tuʀe] (Ch) to surround
entraîner [ɑ̃tʀene] (23) to drill, train; to involve
entreprise [ɑ̃tʀəpʀiz] f. (14) undertaking
entretenir [ɑ̃tʀətniʀ] (16) to maintain
s'entretuer [sɑ̃tʀətɥe] (H1) to kill each other
envers [ɑ̃vɛʀ] (18) toward, about, in relation to
environnement [ɑ̃viʀɔnmɑ̃] m. (17) environment
environs [ɑ̃viʀɔ̃] m. pl. (18) vicinity, neighborhood
s'envoler [sɑ̃vɔle] (23) to fly away

envoyer [ɑ̃vwaje] (6) to send
s'épanouir [sepanwiʀ] (20) to blossom out, to unfold
épargner [epaʀɲe] (23) to spare
épaule [epol] f. (10) shoulder
épée [epe] f. (5) sword
épicier [episje] m. (18) grocer
épier [epje] (22) to spy upon
éplucher [eplyʃe] (22) to peel
époque [epɔk] f. (5) epoch; time
épouser [epuze] (H2) to marry
épousseter [epuste] (22) to dust
erreur [ɛʀœʀ] f. (V) error
érudit [eʀydi] m. (24) learned person
escalier [ɛskalje] m. (3) stairway; **escalier à claire voie** open staircase; **escalier à vis** spiral staircase; **escalier roulant** escalator
Espagne [ɛspaɲ] f. (4) Spain
espagnol [ɛspaɲɔl] (1) Spanish; Spanish language
espèce [ɛspɛs] f. (15) kind, species
espérer [ɛspeʀe] (23) to hope
esprit [ɛspʀi] m. (15) wit
essaim [esɛ̃] m. (23) swarm
essayer [eseje] (23) to try
essuyer [esɥije] (24) to wipe dry
est [ɛst] m. (4) east
est-ce que [ɛskə] (3) *interrogative prefix*
estomac [ɛstɔma] m. (21) stomach
et [e] (1) and
établissement [etablismɑ̃] m. (14) establishment
étage [etaʒ] m. (3) story, floor
état [eta] m. (17) state
États-Unis [etazyni] m. pl. (1) United States
été [ete] m. (6) summer
s'éteindre [setɛ̃dʀ] (14) to extinguish itself, to "go out"
étendard [etɑ̃daʀ] m. (14) flag; standard
étendre [etɑ̃dʀ] (10) to stretch out, extend; **s'étendre** to extend oneself
étendu [etɑ̃dy] (16) extended, spread out
étendue [etɑ̃dy] f. (4) area, expanse
éternellement [etɛʀnɛlmɑ̃] (23) eternally
étiquette [etikɛt] f. (23) manners, behavior; label
étoile [etwal] f. (15) star
étonnant [etɔnɑ̃] (H2) astonishing
étouffé [etufe] (10) muffled
étranger (f. étrangère) [etʀɑ̃ʒe] [etʀɑ̃ʒɛʀ] (24) foreign; foreigner
être [ɛtʀ] (1) to be
étroit]etʀwa] (2) narrow
étude [etyd] f. (1) study
étudiant (f. étudiante) [etydjɑ̃] [etydjɑ̃t] m. (1) student
étudier [etydje] (1) to study
euphorie [øfɔʀi] f. (14) euphoria, happiness
eux (f. elles) [ø] [ɛl] (4) themselves
événement [evɛnmɑ̃] m. (5) event

évêque [evɛk] *m.* (H1) bishop
évident [evidã] (15) evident
éviter [evite] (8) to avoid
exactitude [ɛgzaktityd] *f.* (5) exactitude, precision
examen [ɛgzamɛ̃] *m.* (4) exam
examiner [ɛgzamine] (15) to examine
exaspéré [ɛgzaspeʀe] (6) exasperated
excellent [ɛksɛlã] (2) excellent
exception [ɛksɛpsjɔ̃] *f.* (4) exception
excuse [ɛkskyz] *f.* (21) excuse
excuser [ɛkskyze] (1) to excuse, to pardon; **excusez-moi!** excuse me!; **s'excuser** to ask pardon
exécution [ɛgzekysjɔ̃] *f.* (14) execution, fulfillment
exemple [ɛgzãpl] *m.* (4) example; **par exemple** for example, well!, indeed!;
exigeant [ɛgziʒã] (11) demanding
exiger [ɛziʒe] (4) to demand, require
existence [ɛgzistãs] *f.* (14) existence
exotique [ɛgzɔtik] (20) exotic
expérience [ɛkspeʀjãs] *f.* (18) experiment; experience
explication [ɛksplikasjɔ̃] *f.* (15) explanation
expliquer [ɛksplike] (6) to explain
exploit [ɛksplwa] *m.* (24) exploit, deed
explorateur [ɛksplɔʀatœʀ] *m.* (22) explorer
exploré [ɛksplɔʀe] (17) explored
exposition [ɛkspozisjɔ̃] *f.* (14) exhibition
expression [ɛkspʀɛsjɔ̃] *f.* (1) expression
exprimer [ɛkspʀime] (V) to express
extinction [ɛktsɛ̃ksjɔ̃] *f.* (7) extinction
extra [ɛkstʀa] (17) very fine quality
extrait [ɛkstʀɛ] *m.* (18) excerpt
extraordinaire [ɛkstʀaɔʀdinɛʀ] (23) extraordinary

fabricant [fabʀikã] *m.* (18) manufacturer
face [fas] *f.* (18) front; face; **en face** opposite
fâché [fɑʃe] (7) angry
facile [fasil] (2) easy
facilement [fasilmã] (17) easily
façon [fasɔ̃] *f.* (7) fashion, way
facteur [faktœʀ] *m.* (1) mailman
facture [faktyʀ] *f.* (24) bill
faculté [fakylte] *f.* (1) *school of a university*
faim [fɛ̃] *f.* (20) hunger
fait [fɛ] *m.* (14) fact
faire [fɛʀ] (1) to make, to do; **faire la connaissance** to make the acquaintance of; **comment se fait-il?** how does it happen that . . . ?;
falloir [falwaʀ] (4) to be necessary
familial [familjal] (20) pertaining to the family
famille [famij] *f.* (1) family
fantasque [fãtask] (18) bizarre
farine [faʀin] *f.* (8) flour
fascinant [fasinã] (17) fascinating
fat [fat] (16) conceited
fatalement [fatalmã] (20) fatally, inevitably

fatigant [fatigã] (10) tiring
fatigué [fatige] (2) tired
fatiguer [fatige] (23) to tire
faute [fot] *f.* (14) fault, mistake
fauteuil [fotœj] *m.* (18) armchair
faux (*f.* **fausse**) [fo] [fos] (C) false
favori (*f.* **favorite**) [favɔʀi] [favɔʀit] (6) favorite
favoriser [favɔʀize] (4) to favor
fédéral [fedeʀal] (17) federal
feindre [fɛ̃dʀ] (14) to feign, to pretend
féliciter [felisitasjɔ̃] (22) to congratulate
femme [fam] *f.* (1) woman; wife
fenêtre [fənɛtʀ] *f.* (1) window
fermé [fɛʀme] (10) closed, fastened
fermer [fɛʀme] (6) to close
fermeté [fɛʀməte] *f.* (13) steadiness, firmness
fermier [fɛʀmje] *m.* (2) farmer
féroce [feʀɔs] (14) ferocious
ferroviaire [fɛʀɔvjɛʀ] (1) pertaining to railroads; **réseau ferroviaire** railway network
fervent [fɛʀvã] (22) ardent, fervent
fête [fɛt] *f.* (V) party; feast-day
feu [fø] *m.* (18) fire
feuille [fœj] *f.* (17) leaf
fiançailles [fjãsaj] *f. pl.* (14) engagement
fiancé (*f.* **fiancée**) [fjãse] [fjãse] *m.* (5) fiancé
fiche [fiʃ] *f.* (4) information card
fidèlement [fidɛlmã] (20) faithfully
fidèles [fidɛl] *m. pl.* (H1) the faithful
fier (*f.* **fière**) [fjɛʀ] [fjɛʀ] (10) proud
se fier (à) [səfjea] (19) to trust
figure [figyʀ] *f.* (V) face
fil [fil] *m.* (10) thread
filet [file] *m.* (2) string bag
fille [fij] *f.* (1) girl
filleul (*f.* **filleule**) [fijœl] [fijœl] *m.* (14) godson (goddaughter)
film [film] *m.* (3) film, movie
fils [fis] *m.* (14) son
fin (*f.* **fine**) [fɛ̃] [fin] (15) subtle, keen
finalement [finalmã] (20) finally
finir [finiʀ] (4) to finish
fisc [fisk] *m.* (M) I.R.S. (*tax collectors*)
flamme [flam] *f.* (14) flame, love (*poetic*)
flanqué [flãke] (Ch) flanked by
flatter [flate] (15) to flatter; to caress
fleur [flœʀ] *f.* (V) flower
fleurir [flœʀiʀ] (20) to bloom
fleuve [flœv] *m.* (V) river
flux-reflux [flyʀəfly] *m.* (23) ebb and flow
foi [fwa] *f.* (H2) faith
foie [fwa] *m.* (18) liver
foire [fwaʀ] *f.* (21) fair, exposition
fois [fwa] *f.* (4) time, instance; **une fois pour toutes** once and for all
fol [fɔl] *see* fou
folie [fɔli] *f.* (16) joke, foolishness
folklorique [fɔlklɔʀik] (18) folkloric
fonction [fɔ̃ksjɔ̃] *f.* (14) function; **en fonction de** in accord with, dependent upon

fond [fɔ̃] *m.* (20) depths, bottom
fondateur [fɔ̃datœʀ] *m.* (24) founder
fonds [fɔ̃] *m. pl.* (29) funds
fondu [fɔ̃dy] (8) melted
fonte [fɔ̃t] *f.* (8) cast iron
football [futbol] *m.* (R1) football, rugby
force [fɔʀs] *f.* (19) strength; **à force de** by dint of
forcé [fɔʀse] (18) forced
forger [fɔʀʒe] (14) to forge, to wreak
forgeron [fɔʀʒɔʀɔ̃] *m.* (15) blacksmith
forme [fɔʀm] *f.* (1) form, shape
former [fɔʀme] (22) to form, to shape
formidable [fɔʀmidabl] (18) formidable, terrific (*slang*)
formulaire [fɔʀmylɛʀ] *m.* (6) information form
fort [fɔʀ] (V) strong; **les forts** *m. pl.* "the strong ones" (*porters in les Halles, the former central market of Paris*)
fortuit [fɔʀtɥi] (14) accidental
fortune [fɔʀtyn] *f.* (3) wealth; luck
fou, fol, (*f.* folle) [fu] [fɔl] [fɔl] (2) insane; madman (madwoman)
foudroyant [fudʀwajɑ̃] (14) overwhelming
foudroyé [fudʀwaje] (14) thunderstruck
fouetter [fwɛte] (15) to whip
four [fuʀ] *m.* (8) oven
fourneau [fuʀno] *m.* (Ap) furnace; **hauts fourneaux** blast furnaces
fournir [fuʀniʀ] (4) to provide
se fourrer [səfuʀe] (3) to cram oneself, squeeze
foyer [fwaje] *m.* (V) home
franc [fʀɑ̃] *m.* (2) *denomination of French currency*
franc-tireur [fʀɑ̃tiʀœʀ] *m.* (14) sniper
français [fʀɑ̃sɛ] (1) French; French language
France [fʀɑ̃s] *f.* (1) France
franchement [fʀɑ̃ʃmɑ̃] (9) frankly
franchir [fʀɑ̃ʃiʀ] (19) to cross, to break through
francophone [fʀɑ̃kɔfɔn] *m.* (17) speaker of French
frappant [fʀapɑ̃] (Ap) striking
frapper [fʀape] (7) to knock, to strike
frère [fʀɛʀ] *m.* (2) brother
frit (*f.* frite) [fʀi] [fʀit] (8) fried
froid [fʀwa] (10) cold
frôler [fʀole] (23) to brush against
fromage [fʀɔmaʒ] *m.* (8) cheese; **fromage de Gruyère** *type of cheese originally made in the Gruyère region of Switzerland*
front [fʀɔ̃] *m.* (10) forehead
frontal [fʀɔ̃tal] (14) frontal
frontière [fʀɔ̃tjɛʀ] *f.* (4) frontier
fruit [fʀɥi] *m.* (4) fruit
fuir [fɥiʀ] (23) to flee
fuite [fɥit] *f.* (23) flight, escape
fumée [fyme] *f.* (9) smoke; steam
fumer [fyme] (18) to smoke

fureteur [fyʀtœʀ] (22) prying; *m.* prying person
futur [fytyʀ] (11) future

gagner [gaɲe] (10) to win
gai (*f.* gaie) [ge] [ge] (2) happy, cheerful
gala [gala] (15) gala, special
galerie [galʀi] *f.* (Ch) gallery; covered walk
gamin [gamɛ̃] *m.* (21) urchin, rascal
garage [gaʀaʒ] *m.* (C) garage
garagiste [gaʀaʒist] *m.* (R2) garageman
garçon [gaʀsɔ̃] *m.* (2) boy; waiter; **vieux garçon** bachelor
garde [gaʀd] *f.* (21) watch, protection; **prendre garde** to take care
garder [gaʀde] (17) to keep
gardien [gaʀdjɛ̃] *m.* (24) guard, watchman
gare [gaʀ] *f.* (C) station
gars [ga] *m.* (12) fellow (*slang*)
gâteau [gato] *m.* (1) cake
gauche [goʃ] (10) left
gaz [gaz] *m.* (24) gas (*vapor*)
géant [ʒeɑ̃] (25) giant
gémeaux [ʒemo] *m. pl.* (13) Gemini
gémir [ʒemiʀ] (23) to moan
gêne [ʒɛn] *f.* (11) uneasiness, embarrassment; **sans gêne** thoughtlessly
général [ʒeneʀal] (23) general, universal; *m.* military general
généralement [ʒeneʀalmɑ̃] (3) generally
génération [ʒeneʀasjɔ̃] *f.* (23) generation
génie [ʒeni] *m.* (24) genius
genou [ʒənu] *m.* (10) knee
genre [ʒɑ̃ʀ] *m.* (15) type, gender
gens [ʒɑ̃] *m. pl.* (1) people; **jeunes gens** young people; young men
gentil (*f.* gentille) [ʒɑ̃ti] [ʒɑ̃tij] (2) nice
géographie [ʒeɔgʀafi] *f.* (1) geography
geste [ʒɛst] *m.* (10) gesture
glace [glas] *f.* (18) ice; ice cream
glisser [glise] (C) to slide
gombo [gɔ̃bo] *m.* (17) gumbo
gonflé [gɔ̃fle] (21) swollen
gorge [gɔʀʒ] *f.* (21) throat
gosse [gɔs] *m. or f.* (C) kid (*slang*)
gourmandise [guʀmɑ̃diz] *f.* (18) gluttony
goûter [gute] (4) to taste
gouvernement [guvɛʀnəmɑ̃] *m.* (2) government
grâce [gʀas] *f.* (18) mercy, grace; **de grâce** have mercy
graduellement [gʀadɥɛlmɑ̃] (8) gradually
graine [gʀɛn] *f.* (22) seed
graissé [gʀɛse] (8) greased
gramme [gʀam] *f.* (8) gram
grand (*f.* grande) [gʀɑ̃] [gʀɑ̃d] (1) tall, large; **la grande** the tall one
grand-mère [gʀɑ̃mɛʀ] *f.* (23) grandmother
grands-parents [gʀɑ̃paʀɑ̃] *m. pl.* (2) grandparents
grand-père [gʀɑ̃pɛʀ] *m.* (20) grandfather

grandeur [gʀɑ̃dœʀ] f. (4) size, greatness
gras (f. grasse) [gʀɑ] [gʀɑs] (22) plump, fat
gratte-ciel [gʀatsjɛl] m. (25) skyscraper
gravité [gʀavite] f. (23) gravity, seriousness
gré [gʀe] m. (3) pleasure, desire; à son gré as
  he/she pleases
grec (f. greque) [gʀɛk] (C) Greek; Greek language
grenier [gʀɜnje] m. (3) attic
Grenoble [gʀɜnɔbl] (4) city in eastern France
  known for its university, winter sports, and nu-
  clear research
grenouille [gʀɜnuj] f. (17) frog
grillé [gʀije] (8) grilled, toasted
grimace [gʀimas] f. (15) grimace
grincer [gʀɛ̃se] (21) to squeak, scrape
griot [gʀijo] m. (24) minstrel
grippe [gʀip] f. (21) flu
gris (f. grise) [gʀi] [gʀiz] (18) gray
griserie [gʀizʀi] f. (14) intoxication
gronder [gʀɔ̃de] (19) to scold
gros (f. grosse) [gʀo] [gʀos] (1) big, heavy,
  large
grossier [gʀosje] (21) rude, vulgar
grotte [gʀɔt] f. (H1) cave
groupe [gʀup] m. (C) group
guère [gɛʀ] (2) hardly, scarcely
guérir [geʀiʀ] (18) to recover
guerre [gɛʀ] f. (14) war; faire la guerre to
  make war
guetter [gete] (21) to watch out for
guide [gid] m. (2) guide
guignol [giɲɔl] m. (21) puppet; faire le guignol to act foolish

(Note: An aspirate h is indicated by an asterisk
before the phonetic transcription.)

s'habiller [sabije] to dress oneself
habitant [abitɑ̃] m. (17) inhabitant
habitation [abitɑsjɔ̃] f. (22) dwelling
habits [abi] m. pl. (10) clothing
habiter [abite] (4) to live in
habitude [abityd] f. (19) habit
s'habituer [sabitɥe] (22) to become accustomed to
haïr *[aiʀ] (C) to hate
handicaper *[ɑ̃dikape] (11) to handicap
hanté *[ɑ̃te] (23) haunted
haricots *[aʀiko] m. pl. (18) beans
hasard *[azaʀ] m. (12) chances; par hasard by
  chance
hâte [ɑt] f. (13) haste
haussé *[ose] (M) raised, elevated
haut *[o] (2) high
hauteur *[otœʀ] f. (C) height, loftiness
hélas [elɑs] (5) alas
héritier [eʀije] m. (H2) heir
hermjine [ɛʀmin] f. (10) ermine

héroïne [eʀɔin] f. (C) heroin; female protagonist
héros *[eʀo] m. (C) hero
hésiter [ezite] (C) to hesitate
heure [œʀ] f. (3) hour; à l'heure on time; à
  tout à l'heure see you shortly; de bonne
  heure early
heureusement [œʀøzmɑ̃] (6) fortunately
heureux (f. heureuse) [œʀø] [œʀøz] (2)
  happy
hexagone [ɛgzagɔn] m. (4) hexagon
hibou *[ibu] m. (L) owl
hier [jɛʀ] (10) yesterday
hirondelle [iʀɔ̃dɛl] f. (6) swallow (bird)
histoire [istwaʀ] f. (1) story; history
hiver [ivɛʀ] m. (6) winter
hollandais (f. hollandaise) *[ɔlɑ̃dɛ] [ɔlɑ̃dɛz]
  (L) Dutch; Dutch language
Hollande *[ɔlɑ̃d] f. (C) Holland
hommage [ɔmaʒ] m. (24) homage
homme [ɔm] m. (1) man; homme d'affaires
  businessman; homme de lettres man of letters
honnête [ɔnɛt] (16) honest, good character
honneur [ɔnœʀ] m. (C) honor
honni *[ɔni] (7) shamed
honte *[ɔ̃t] f. (5) shame
honteux *[ɔ̃tø] (M) shameful
hôpital [ɔpital] m. (3) hospital
hoquet *[ɔkɛ] m. (21) hiccup
horizon [ɔʀizɔ̃] m. (13) horizon
horloge [ɔʀlɔʒ] f. (C) clock
horreur [ɔʀœʀ] f. (C) horror
hors *[ɔʀ] (19) beyond, outside of
hôtel [otɛl] m. (1) hotel; large private home
hôtesse [otɛs] f. (19) hostess; stewardess
huile [ɥil] f. (8) oil
huit [ɥit] (2) eight
humain [ymɛ̃] (15) human
humble [œ̃bl] (22) humble
humeur [ymœʀ] f. (18) mood, temperament
humour [ymuʀ] m. (15) humor
hurler [yʀle] (21) to shout
hydro-électrique [idʀɔelɛktʀik] (4)   hy-
  droelectric
hymne [imn] m. (14) hymn
hypocrisie [ipɔkʀizi] f. (11) hypocrisy

ici [isi] (1) here
idéal [ideal] (16) ideal
idée [ide] f. (21) idea
ignorant (f. ignorante) [iɲɔʀɑ̃] [iɲɔʀɑ̃t] m.
  (22) uniformed person
il [il] m. (1) he; it; il y a there is, there are
île [il] f. (C) island
illumination [illyminɑsjɔ̃] f. (22) enlighten-
  ment
imaginaire [imaʒinɛʀ] (24) imaginary
imaginer [imaʒine] (11) to imagine
imbécile [ɛ̃besil] (22) imbecil, stupid

immédiat [imedja]   (C) immediate
immédiatement   [imedjatmã]   (V)   immediately
immeuble [imœbl]   *m.* (3) apartment building
immense [imãs]   (15) immense
immobile   [imɔbil]   (C)   motionless,   immobile
impair [ɛpɛʀ]   (4) uneven, odd
impatience [ɛpasjãs]   *f.* (13) impatience
impérial [ɛpeʀjal]   (10) royal, imperial
impertinent [ɛpɛʀtinã]   (16) impertinent
implicite [ɛplisit]   (24) implicit
important [ɛpɔʀtã]   (1) important
n'importe quoi [nɛpɔʀtkwa]   (L) no matter
what
imposant [ɛpozã]   (12) imposing
s'imposer [sɛpoze]   (7) to impose oneself
impossibilité [ɛpɔsibilite]   *f.* (23) impossibil-
ity
impossible [ɛpɔsibl]   (2) impossible
impression [ɛpʀesjɔ̃]   *f.* (11) impression
impressionnant   [ɛpʀesjɔnã]   (10)   impres-
sive
imprévu [ɛpʀevy]   (19) unforeseen
improviste (à l') [ɛpʀɔvist]   (19) unexpectedly
impur [ɛpyʀ]   (14) impure
inattendu [inatãdy]   (13) unexpected
incident [ɛsidã]   *m.* (5) incident
incomparable [ɛkɔ̃paʀabl]   (5) incomparable
incroyable [ɛkʀwajabl]   (11) incredible
indéfini [ɛdefini]   (1) indefinite
indépendance [ɛdepãdãs]   *f.* (22) indepen-
dence
indications [ɛdikasjɔ̃]   *f. pl.* (1) directions, indications
indien (*f.* indienne) [ɛdjɛ̃] [ɛdjɛn]   (17) from
India
indiquer [ɛdike]   (10) to show, indicate
indiscipliné [ɛdisipline]   (21) undisciplined
indisposé [ɛdispoze]   (23) ill, indisposed
industrie [ɛdystʀi]   *f.* (4) industry
industriel [ɛdystʀijɛl]   (4) industrial
inépuisable [inepɥizabl]   (4) inexhaustible
infortuné [ɛfɔʀtyne]   (19) unfortunate
ingénieur [ɛʒenjœʀ]   *m.* (1) engineer
ingrédients [ɛgʀedjã]   *m. pl.* (8) ingredients
inimaginable [inimaʒinabl]   (24) unimagina-
ble
initiative [inisjativ]   *f.* (13) initiative
injure [ɛʒyʀ]   *f.* (18) insult, curse word
inquiétant [ɛkjetã]   (22) disquieting
s'inquiéter [sɛkjete]   (10) to worry
insensé [ɛsãse]   (23) insane
insister [ɛsiste]   (7) to insist
inspecteur [ɛspɛktœʀ]   *m.* (4) inspector
inspiration [ɛspiʀasjɔ̃]   *f.* (15) inspiration
installer [ɛstale]   (15) to settle; s'installer to
settle oneself
instant [ɛstã]   *m.* (19) instant

Institut [ɛstity]   *m.* (1) building and teaching
institution of the five French Academies
instituteur (*f.* institutrice) [ɛstity tʀis]   *m.*
(R2) teacher
instructif [ɛstʀyctif]   (24) educational
instruction [ɛstʀyksjɔ̃]   *f.* (C) instruction
intellectuel [ɛtɛllɛktɥel]   (16) intellectual
intelligence [ɛteliʒãs]   *f.* (2) intelligence
→ intelligent [ɛteliʒã]   (2) intelligent
intendant [ɛtãdã]   *m.* (23) supervisor
intention [ɛtãsjɔ̃]   *f.* (C) intention
intercom [ɛtɛʀkɔm]   *m.* (23) intercom
interdit [ɛteʀdi]   (24) forbidden
intéressant [ɛteʀesã]   (2) interesting
intérieur [ɛteʀjœʀ]   *m.* (V) interior
introduire [ɛtʀɔdɥiʀ]   (2) to put into, to enter
inusité [inyzite]   (17) unusual
invasion [ɛvazjɔ̃]   *f.* (V) invasion
inventer [ɛvãte]   (14) to invent
invité [ɛvite]   (2) invited, guest
inviter [ɛvite]   (5) to invite
invraisemblable   [ɛvʀesãblabl]   (24)   unreal,
unlikely
irrégulier (*f.* irrégulière) [iʀʀegylje]
[iʀʀegyljɛʀ]   (1) irregular
irrité [iʀʀite]   (23) annoyed
Italie [itali]   *f.* (1) Italy
italien [italjɛ̃]   (1) Italian; Italian language
italiques [italik]   *m. pl.* (2) italics

jabot [ʒabo]   *m.* (10) ruffle
jambe [ʒãb]   *f.* (10) leg
jambon [ʒãbɔ̃]   *m.* (8) ham
jamais [ʒamɛ]   (2) ever, never; à jamais
forever
janvier [ʒãvje]   *m.* (R3) January
Japon [ʒapɔ̃]   *m.* (2) Japan
jardin [ʒaʀdɛ̃]   *m.* (V) garden
jarretière [ʒaʀtjɛʀ]   *f.* (10) garter
jaune [ʒon]   *m.* (V) yellow
je [ʒə]   (1) I
jeter [ʒəte]   (17) to throw; se jeter to throw
oneself
jeune [ʒœn]   (1) young; jeunes *m. pl.* young
people
jeunesse [ʒœnɛs]   *f.* (22) youth
Joconde [ʒokɔ̃d]   *f.* (10) Mona Lisa (*painting by
Leonardo da Vinci*)
joli [ʒɔli]   (2) pretty
joliment   [ʒɔlimã]   (15)   prettily;   very,
"mighty"
joncher [ʒɔ̃ʃe]   (23) to strew
jouer [ʒwe]   (R1) to play
jour [ʒuʀ]   *m.* (5) day
journal [ʒuʀnal]   *m.* (5) newspaper
journaliste [ʒuʀnalist]   *m. or f.* (1) journalist
journée [ʒuʀne]   *f.* (7) entire day
juge [ʒyʒ]   *m.* (17) judge
juger [ʒyʒe]   (C) to judge
juif (*f.* juive) [ʒɥif] [ʒɥiv]   (15) Jewish

jumelles [ʒymɛl] *f. pl.* (2) binoculars
Jura [ʒyʀa] *m.* (4) *mountain range in eastern France*
jus [ʒy] *m.* (19) juice
jusqu'à [ʒyska] (8) until
juste [ʒyst] (4) just, accurate, fair
justement [ʒystəmã] (3) indeed

képi [kepi] *m.* (9) military hat
kilomètre [kilɔmɛtʀ] *m.* (4) kilometer (5/8 *of a mile*)

là [la] (5) there
là-bas [labɑ] (1) over there, down there
là-dessus [ladsy] thereupon, thereof
labourage [labuʀaʒ] *m.* (Ap) work in the fields
lâcher [lɑʃe] (19) to release, drop
La Haye [la ɛ] (C) *Dutch seaport and international diplomatic center*
laid [lɛ] (2) ugly
laine [lɛn] *f.* (V) wool
laisser [lɛse] (8) to permit, allow
se laisser choir [səlɛseʃwaʀ] (22) to fall upon, to sink into
lait [lɛ] *m.* (1) milk
laitière [lɛtjɛʀ] *f.* (12) milkmaid
lamelle [lamɛl] *f.* (8) slice
langage [lãgaʒ] *m.* (24) jargon, speech
langue [lãg] *f.* (9) language, tongue; **tirer la langue** to stick out the tongue
lard [laʀ] *m.* (18) bacon
large [laʀʒ] (2) wide
largement [laʀʒəmã] (4) greatly
se lasser [səlɑse] (V) to become tired
laver [lave] (C) to wash; **se laver** to wash oneself
le [lə] (1) the; him; it
lécher [leʃe] (15) to lick
leçon [ləsõ] *f.* (1) lesson
lecture [lɛktyʀ] *f.* (18) reading
légendaire [leʒãdɛʀ] (4) legendary
légende [leʒãd] *f.* (23) legend
légume [legym] *m.* (1) vegetable
lendemain [lãdmɛ] *m.* (5) next day
lent [lã] (6) slow
lentement [lãtmã] (6) slowly
les [le] *pl.* (1) the; them
lettre [lɛtʀ] *f.* (2) letter
leur [lœʀ] (2) their; to them
leurre [lœʀ] *m.* (23) lure, decoy
lever [ləve] (14) to raise; **se lever** to get up
lèvres [lɛvʀ] *f. pl.* (18) lips
liaison [ljɛzõ] *f.* (L) liaison, linking, relationship
liberté [libɛʀte] *f.* (L) liberty
librairie [libʀɛʀi] *f.* (3) bookstore
libre [libʀ] (1) empty, unoccupied
liens [ljɛ] *m. pl.* (H1) ties, associations
lier [lje] (L) to tie, link
lieu [ljø] *m.* (R2) place; **au lieu de** in place of;

avoir lieu to take place; **lieu de naissance** place of birth; **lieu de réunion** meeting place
lieue [ljø] *f.* (24) league (*approximately three miles*)
ligne [liɲ] *f.* (7) line
limité [limite] (3) limited
limitrophe [limitʀɔf] (M) bordering
linge [lɛ̃ʒ] *m.* (22) linens (*sheets, etc.*)
linguistique [lɛ̃gɥistik] (17) linguistic
liquide [likid] *f.* (8) liquid
lire [liʀ] (5) to read
lisse [lis] (8) smooth
liste [list] *f.* (22) list
lit [li] *m.* (21) bed
littérature [liteʀatyʀ] *f.* (23) literature
livre [livʀ] *m.* (1) book
locataire [lɔkatɛʀ] *m.* (7) renter
logement [lɔʒmã] *m.* (3) lodging
loger [lɔʒe] (4) to lodge, reside
logette [lɔʒɛt] *f.* (19) small dwelling
logis [lɔʒi] *m.* (3) lodging, dwelling
loi [lwa] *f.* (C) law; **loi salique** Salic law (*French justification for denying women the right of monarchial succession*)
loin [lwɛ̃] (4) far; **de loin** from a distance
Londres [lõdʀ] (1) London
long (*f.* **longue**) [lõ] [lõg] (2) long
longtemps [lõtã] (14) long time
longuement [lõgmã] (24) at length
lorsque [lɔʀsk] (18) when
louer [lwe] (3) to rent; **à louer** for rent
Louis XIV [lwikatɔʀz] (5) *Louis the Fourteenth*
loup [lu] *m.* (20) wolf
Louvre [luvʀ] *m.* (6) *art museum in Paris*
loyauté [lwajote] *f.* (13) loyalty
loyer [lwaje] *m.* (3) rent
lucidité [lysidite] *f.* (14) lucidity
lueur [lɥœʀ] *f.* (23) light
lune [lyn] *f.* (5) moon
lunettes [lynɛt] *f. pl.* (21) eyeglasses
lutte [lyt] *f.* (14) struggle
luxe [lyks] *m.* (3) luxury
Luxembourg [lyksãbuʀ] *m.* (1) *palace and garden in Paris; small country on northern border of France*
luxueux [lyksɥø] (3) luxurious
lycéen (*f.* **lycéenne**) [liseɛ̃] [liseɛn] *m.* (V) secondary school student
Lyon [ljõ] (4) *ancient French city, at one time famous for its silk industry*
lyrisme [liʀism] *m.* (23) lyricism

mâcher [mɑʃe] (21) to chew
machine [maʃin] *f.* (8) machine; **machine à écrire** typewriter
madame [madam] *f.* (2) madam, Mrs.
mademoiselle [madmwazɛl] *f.* (2) Miss
madrigal [madʀigal] *m.* (16) madrigal, poem
magasin [magazɛ̃] *m.* (3) store; **grands magasins** large department stores
magazine [magazin] *m.* (8) magazine

magnétophone [maɲetɔfɔn] *m.* (23) tape recorder
magnifique [maɲifik] (5) magnificent
mai [mɛ] *m.* (V) month of May
maigre [mɛgʀ] (R3) thin
main [mɛ̃] *f.* (1) hand
maintenant [mɛ̃tnɑ̃] (4) now
maire [mɛʀ] *m.* (H1) mayor
mais [mɛ] (2) but
maison [mɛzɔ̃] *f.* (2) house
maître [mɛtʀ] *m.* (15) master; **maître d'hôtel** head steward
maîtresse [mɛtʀɛs] *f.* (7) mistress, schoolteacher; **maîtresses de maison** lady of the house
maîtrise [metʀiz] *f.* (24) mastery
majorité [maʒɔʀite] *f.* (4) majority
mal [mal] (6) bad; **pas mal** not bad
malade [malad] (5) sick; *m.* sick person
maladie [maladi] *f.* (18) illness
malentendu [malɑ̃tɑ̃dy] *m.* (13) misunderstanding
malgré [malgʀe] (22) in spite of
malheur [malœʀ] *m.* (20) sorrow, misfortune
malheureusement [malœʀøzmɑ̃] (19) unfortunately
malheureux [malœʀø] (5) unhappy
malle [mal] *f.* (2) trunk
maman [mamɑ̃] *f.* (2) mamma
mamelles [mamɛl] *f. pl.* (Ap) breasts
Manche [mɑ̃ʃ] *f.* (4) English Channel
manger [mɑ̃ʒe] (4) to eat
manière [manjɛʀ] *f.* (12) manner; **à votre manière** in your own way, in your own words
mannequin [mankɛ̃] *m.* (12) fashion model
manque [mɑ̃k] *m.* (5) lack
manquer [mɑ̃ke] (3) to miss, lack
manteau [mɑ̃to] *m.* (V) coat; **manteau de pluie** raincoat
maquiller [makije] (14) to disguise
marchandise [maʀʃɑ̃diz] *f.* (4) merchandise
marché [maʀʃe] *m.* (18) market
marcher [maʀʃe] (19) to walk, to function
maréchal [maʀeʃal] *m.* (14) marshal
marge [maʀʒ] *f.* (22) margin
mariage [maʀiaʒ] *m.* (R2) marriage
marier [maʀje] (12) to perform a marriage; **se marier** to get married
marin [maʀɛ̃] *m.* (18) sailor
marine [maʀin] *f.* (18) navy
maritime [maʀitim] (17) maritime, pertaining to the sea
marmite [maʀmit] *f.* (18) cooking pot
marque [maʀk] *f.* (8) mark, brand name
Marseille [maʀsɛj] (4) *French Mediterranean seaport*
match [matʃ] *m.* (21) sports match
matin [matɛ̃] *m.* (8) morning
mauvais [mɔvɛ] (2) bad, wrong

mathématiques [matematik] *f. pl.* (2) mathematics
mécanique [mekanik] (14) mechanical
méchant [meʃɑ̃] (21) mean, bad
médecin [medsɛ̃] *m.* (1) doctor
médecine [medsin] *f.* (1) medicine; **étudiant en médecine** medical student
médicament [medikamɑ̃] *m.* (18) medicine
médiocre [medjɔkʀ] (18) mediocre
Méditerranée [meditɛʀane] *f.* (4) Mediterranean sea
méditerranéen [meditɛʀaneɛ̃] (4) Mediterranean
méfiance [mefjɑ̃s] *f.* (M) suspicion
se méfier [səmefje] (14) to beware of, be suspicious of
meilleur (*f.* **meilleure**) [mɛjœʀ] [mɛjœʀ] (6) best
mélange [melɑ̃ʒ] *m.* (23) mixture
mélasse [melas] *f.* (22) molasses
même [mɛm] (3) even; same
mémoire [memwaʀ] *f.* (24) memory
menacer [mənase] (19) to threaten
ménage [menaʒ] *m.* (3) household, housework
ménager [menaʒe] (14) to manage, to provide
ménagère [menaʒɛʀ] *f.* (12) housekeeper
mendier [mɑ̃dje] (19) to beg
mener [məne] (22) to lead
menhir [mɛniʀ] *m.* (H1) menhir (*prehistoric monument*)
mensonge [mɑ̃sɔ̃ʒ] *m.* (15) lie
menteur [mɑ̃tœʀ] *m.* (21) liar
mentionner [mɑ̃sjɔne] (19) to mention
mentir [mɑ̃tiʀ] (8) to lie
menton [mɑ̃tɔ̃] *m.* (10) chin
mépris [mepʀi] *m.* (24) scorn
mer [mɛʀ] *f.* (4) sea
mère [mɛʀ] *f.* (2) mother
merci [mɛʀsi] (2) thank you; **merci bien** thank you very much
Mercure [mɛʀkyʀ] *m.* (13) Mercury
méridional [meʀidjɔnal] (R3) from the Midi (*south of France*)
mériter [meʀite] (24) to deserve
merveilleux [mɛʀvɛjø] *m.* (24) the marvelous
mes [me] *pl.* (2) my
message [mesaʒ] *m.* (12) message
messe [mɛs] *f.* (11) Mass
messieurs [mesjø] *m. pl.* (17) gentlemen
mesuré [məzyʀe] (18) moderate
mesure [məzyʀ] *f.* (7) measure; **à mesure que** as, at the same rate
métallurgique [metalyʀʒik] (4) metallurgical
métier [metje] *m.* (22) trade
métro [metʀo] *m.* (4) subway
mets [me] *m. pl.* (17) foods, dishes (*anything prepared and served as a meal*)
metteur en scène [metœʀɑ̃sɛn] *m.* (15) producer

mettre [mɛtʀ] (1) to place, put; **se mettre à** to begin
meubles [mœbl] *m. pl.* (22) furniture
Meuse [Møz] *f.* (V) *a northern river in France*
Mexique [mɛksik] *m.* (1) Mexico
micro [mikʀo] *m.* (14) microphone
midi [midi] *m.* (V) noon
mieux [mjø] (1) better; **de mieux en mieux** better and better
militaire [militɛʀ] *m.* (14) member of a military organization
million [miljɔ̃] *m.* (4) million
mince! [mɛ̃s] (15) damn!
mine [min] *f.* (21) countenance, "look"
minimiser [minimize] (2) to minimize
minuit [minɥi] *m.* (7) midnight
minute [minyt] *f.* (2) minute
miroir [miʀwaʀ] *m.* (5) mirror
mise en scène [mizɑ̃sɛn] *f.* (18) stage setting
misère [mizɛʀ] *f.* (23) misery, squalor
mission [misjɔ̃] *f.* (24) mission, goal
moderne [mɔdɛʀn] (3) modern
moderniser [mɔdɛʀnize] (24) to modernize
modiste [mɔdist] *f.* (23) maker of women's hats
moeurs [mœʀ] *f. pl.* (16) customs, mores
moi [mwa] (1) I; me
moins [mwɛ̃] (R4) less
mois [mwa] *m.* (3) month
moment [mɔmɑ̃] *m.* (9) moment
mon [mɔ̃] (1) my; **mon Dieu!** good heavens!
monarque [mɔnaʀk] *m.* (10) monarch
monde [mɔ̃d] *m.* (1) world; **beaucoup de monde** lots of people
mondial [mɔ̃djal] (14) world-wide
monsieur [məsjø] (1) sir, Mr.; *m.* gentleman
montagne [mɔ̃taɲ] *f.* (4) mountain
montée [mɔ̃te] *f.* (H2) ascent, climb
monter [mɔ̃te] (3) to go up, mount
montre [mɔ̃tʀ] *f.* (19) wristwatch
monument [mɔnymɑ̃] *m.* (12) monument
morale [mɔʀal] *f.* (19) moral (*of a story, etc.*)
morceau [mɔʀso] *m.* (9) scrap, morsel
mordre [mɔʀdʀ] (12) to bite
mort (*f.* **morte**) [mɔʀ] [mɔʀt] (12) dead
mot [mo] *m.* (14) word
mouchoir [muʃwaʀ] *m.* (20) handkerchief
mourir [muʀiʀ] (V) to die
moustache [mustaʃ] *f.* (18) moustache
moustique [mustik] *f.* (17) mosquito
mouton [mutɔ̃] *m.* (22) sheep
mouvement [muvmɑ̃] *m.* (113) movement
mouvementé [muvmɑ̃te] (25) agitated
moyen [mwajɛ̃] *m.* (4) means, mode; **Moyen Âge** Middle Ages
mugir [myʒiʀ] (14) to bellow
multiple [myltipl] (23) numerous
multiplier [myltiplije] (15) to multiply; **se multiplier** to increase
mur [myʀ] *m.* (11) wall
murmurer [myʀmyʀe] (23) to murmur

musée [myze] *m.* (10) museum
musique [myzik] *f.* (1) music
mutuellement [mytɥɛlmɑ̃] (14) mutually
mystère [mistɛʀ] (24) mystery
mythique [mitik] (24) mythical

nager [naʒe] (11) to swim
naïf (*f.* **naïve**) [naif] [naiv] (24) naive
naissance [nɛsɑ̃s] *f.* (8) birth
nappe [nap] *f.* (20) tablecloth
natal [natal] (23) pertaining to birth
natif (*f.* **native**) [natif] [nativ] *m.* (23) native
nation [nasjɔ̃] *f.* (C) nation
national [nasjɔnal] (2) national
nationalité [nasjɔnalite] (1) nationality
nature [natyʀ] *f.* (22) nature
naturel (*f.* **naturelle**) [natyʀɛl] [natyʀɛl] (4) natural
naturellement [natyʀɛlmɑ̃] (3) naturally
n'est-ce pas [nɛspɑ] (3) *interrogative phrase*
ne. . .pas [nə pɑ] (2) "not" (*negative construction*); **ne. . .plus** no more, no longer; **ne. . .que** only
nécessaire [nesesɛʀ] (7) necessary
négliger [negliʒe] (14) to neglect
neige [nɛʒ] *f.* (V) snow
nettement [nɛtmɑ̃] (11) clearly
nettoyer [nɛtwaje] (23) to clean
neuf (*f.* **neuve**) [nœf] [nœv] (2) new
neuf [nœf] (2) nine
neveu (*pl.* **neveux**) [nəvø] *m.* (1) nephew
nez [ne] *m.* (1) nose
nid [ni] *m.* (1) nest
niveau [nivo] *m.* (M) level
Noël [nɔɛl] *m.* (20) Christmas
noir (*f.* **noire**) [nwaʀ] [nwaʀ] (2) black
Noirs [nwaʀ] *m. pl.* (17) Blacks
nom [nɔ̃] *m.* (1) name, noun
nombre [nɔ̃bʀ] *m.* (3) number
nombreux [nɔ̃bʀø] (22) numerous; **famille nombreuse** large family
nommer [nɔme] (V) to name, to designate
non [nɔ̃] (1) no
nord [nɔʀ] *m.* (4) north
normalement [nɔʀmalmɑ̃] (9) normally
Normandie [nɔʀmɑ̃di] *f.* (1) Normandy
Norvège [nɔʀvɛʒ] *f.* (V) Norway
nos [no] *pl.* (2) our
nostalgie [nɔstalʒi] *f.* (21) nostalgia
note [nɔt] *f.* (4) grade, note
notre [nɔtʀ] (2) our
nouille [nuj] *f.* (4) noodle
nourrir [nuʀiʀ] (M) to nurture, nourish
nourriture [nuʀityʀ] *f.* (H1) food
nous [nu] (1) we
nouveau (*f.* **nouvelle**) [nuvo] [nuvɛl] (12) new; **de nouveau** once again
nouveauté [nuvote] *f.* (13) novelty
nouvelle [nuvɛl] *f.* (20) news
Nouvelle Angleterre [nuvɛlɑ̃gltɛʀ] *f.* (17) New England

Nouvelle Écosse [nuvɛlekɔs] *f.* (17) Nova Scotia
Nouvelle Orléans [nuvɛlɔʀleɑ̃] *f.* (17) New Orleans
nu [ny] (10) bare, naked
nuage [nɥaʒ] *f.* (23) cloud
nuit [nɥi] *f.* (11) night
numéro [nymeʀo] *m.* (V) number

obéir [ɔbeiʀ] (4) to obey
objet [ɔbʒɛ] *m.* (V) object
obligé [ɔbliʒe] (7) obliged
observation [ɔpsɛʀvasjɔ̃] *f.* (11) comment, observation
observer [ɔpsɛʀve] (7) to observe, to notice
obscurité [ɔpskyʀite] *f.* (20) obscurity
obtenir [ɔptəniʀ] (5) to obtain
occasion [ɔkazjɔ̃] *f.* (19) occasion
occulte [ɔkylt] (24) occult
occupé [ɔkype] (9) occupied
océan [ɔseɑ̃] *m.* (4) ocean
oeil (*pl.* **yeux**) [œj] [jφ] *m.* (10) eye
oeuf [œf] *m.* (8) egg
oeuvre [œvʀ] *f.* (15) work, production
offrir [ɔfʀiʀ] (15) to offer
oiseau [wazo] *m.* (1) bird; **tête d'oiseau** "bird brain"
omelette [ɔmlɛt] *f.* (8) omelette
omniscient [ɔmnisjɑ̃] (7) omniscient, all-knowing
on [ɔ̃] (1) one, "they"
opération [ɔpeʀasjɔ̃] *f.* (18) operation
opérer [ɔpeʀe] (18) to operate
opinion [ɔpinjɔ̃] *f.* (11) opinion
s'opposer [sɔpoze] (11) to oppose
optimisme [ɔptimism] *m.* (13) optimism
oracle [ɔʀakl] *m.* (11) oracle
orage [ɔʀaʒ] *f.* (19) storm
orange [ɔʀɑ̃ʒ] (4) orange; *f.* orange
ordinaire [ɔʀdinɛʀ] (V) ordinary; **d'ordinaire** usually
oreiller [ɔʀeje] *m.* (21) pillow
organiser [ɔʀganize] (14) to organize
orgueil [ɔʀgœj] *m.* (10) pride
originaire [ɔʀiʒinɛʀ] *m. or f.* (22) native of
origine [ɔʀiʒin] *f.* (17) origin
oser [oze] (24) to dare
ôter [ote] (V) to remove, to take off
ou [u] (3) or
où [u] (2) where
ouais! [wɛ] (21) yes!
oubli [ubli] *m.* (23) forgetfulness
oublier [ublije] (2) to forget
ouest [wɛst] *m.* (4) west
oui [wi] (1) yes
ouille! [uj] (21) ow!
outré [utʀe] (H2) excessive, outrageous
outre-mer [utʀmɛʀ] (23) overseas
ouvert [uvɛʀ] (3) open
ouvrage [uvʀaʒ] *m.* (24) work
ouvrir [uvʀiʀ] (6) to open

paillasson [pajasɔ̃] *m.* (15) straw mat
pain [pɛ̃] *m.* (4) bread
pair [pɛʀ] (4) even
paisiblement [peziblǝmɑ̃] (4) peacefully
paître [pɛtʀ] (Ap) to pasture
palais [palɛ] *m.* (15) palace
pâle [pɑl] (19) pale
panne [pan] *f.* (19) breakdown
pantoufle [pɑ̃tufl] *f.* (18) slipper
papa [papa] *m.* (2) daddy
papier [papje] *m.* (V) paper
paprika [papʀika] *m.* (8) paprika
paquet [pakɛ] *m.* (2) package
par [paʀ] (1) by, by means of
paraître [paʀɛtʀ] (23) to appear; **faire paraître** to bring out; to publish
parapluie [paʀaplɥi] *m.* (2) umbrella
parc [paʀk] *m.* (3) park; **parc à enfants** playground
parce que [paʀskǝ] (4) because
par-dessus [paʀdǝsy] (8) on top of
pardon! [paʀdɔ̃] (2) excuse me!
pareil (*f.* **pareille**) [paʀɛj] [paʀɛj] (18) similar
parent [paʀɑ̃] *m.* (2) relative, parent
parenthèse [paʀɑ̃tɛz] *f.* (2) parenthesis
paresseux [paʀesø] (R2) lazy
parfait [paʀfɛ] (4) perfect
parfaitement [paʀfɛtmɑ̃] (21) perfectly
parfum [paʀfœ̃] *m.* (V) perfume
Paris [paʀi] (1) *capital of France*
parking [paʀkiŋ] *m.* (3) parking area
parler [paʀle] (3) to speak, talk
parmi [paʀmi] (17) among
paroisse [paʀwas] *f.* (17) parish
parole [paʀɔl] *f.* (9) word, conversation
partage [paʀtaʒ] *m.* (22) division, sharing
partager [paʀtaʒe] (11) to share
partenaire [paʀtǝnɛʀ] *m.* (13) partner
parti [paʀti] *m.* (14) choice; party; side; **bon parti** a good match (*in marriage*)
participe passé [paʀtisipase] *m.* (12) past participle
participer [paʀtisipe] (11) to participate
partie [paʀti] *f.* (13) part
partir [paʀtiʀ] (4) to leave
partitif [paʀtitif] (4) partitive
partout [paʀtu] (2) everywhere
pas [pɑ] *m.* (22) step, footfall; **à deux pas** very near
passant [pɑsɑ̃] *m.* (6) passerby
passe [pɑs] *f.* (21) football pass
passer [pɑse] (2) to pass, to spend time; **se passer** to take place
passion [pɑsjɔ̃] *f.* (V) passion
passionné [pɑsjone] (14) impassioned, intensely interested in; **se passionner** to have a passion for
passeport [pɑspɔʀ] *m.* (2) passort
pasteur [pɑstœʀ] *m.* (11) Protestant clergyman
pâte [pɑt] *f.* (8) batter, dough

patiemment [pasjamɑ̃] (20) patiently
patience [pasjɑ̃s] *f.* (3) patience
pâtisserie [patisʀi] *f.* (10) pastry; pastry shop
patron (*f.* patronne) [patʀɔ̃] [patʀɔn] *m.* (1) owner, "boss"
pâturage [pɑtyʀaʒ] *m.* (Ap) grazing
pauvre [povʀ] (2) poor
payer [peje] (4) to pay
pays [pei] *m.* (1) country
Peaux-Rouges [poʀuʒ] *m. pl.* (22) redskins
pêcheur [pɛʃœʀ] *m.* (Ap) fisherman
peigner [pɛɲe] (6) to comb
peine [pɛn] *f.* (14) trouble, effort, grief
peintre [pɛ̃tʀ] *m.* (10) painter
peinture [pɛ̃tyʀ] *f.* (3) painting
penché [pɑ̃ʃe] (22) bent
pendant [pɑ̃dɑ̃] (2) during
pendule [pɑ̃dyl] *f.* (18) clock
pénétrant [penetʀɑ̃] (10) penetrating
penser [pɑ̃se] (7) to think
pension [pɑ̃sjɔ̃] *f.* (V) boarding house
pensionnaires [pɑ̃sjɔnɛʀ] *m. pl.* (V) residents of a pension
perçant [pɛʀsɑ̃] (23) piercing
perdre [pɛʀdʀ] (4) to lose
perdu [pɛʀdy] (V) lost
père [pɛʀ] *m.* (2) father
pérennité [peʀenite] *f.* (24) durability, everlasting quality
perfection [pɛʀfɛksjɔ̃] *f.* (5) perfection
perfectionner [pɛʀfɛksjɔne] (22) to improve, to perfect
perfectionniste [pɛʀfɛksjɔnist] *m.* (5) perfectionist
périlleux [peʀijø] (24) perilous
périmé [peʀime] (M) obsolete
période [peʀjɔd] *f.* (13) period, time
péripétie [peʀipesi] *f.* (Ch) vicissitude
permettre [pɛʀmɛtʀ] (4) to permit
permission [pɛʀmisjɔ̃] *f.* (22) permission
périr [peʀiʀ] (18) to perish
perpétuel [pɛʀpetɥɛl] (23) perpetual
perruque [peʀyk] *f.* (10) wig
personnage [pɛʀsɔnaʒ] *m.* (12) character in a story, play, etc.
personne [pɛʀsɔn] *f.* (2) person; no one
peste [pɛst] *f.* (H2) plague
petit [pəti] (1) small; la petite the small girl; petit à petit little by little
petit déjeuner [pətideʒœne] *m.* (6) breakfast
pétri [petri] (23) worn, weathered
peu [pø] (1) little, few; un peu a little; depuis peu recently
peureux [pœʀø] (22) fearful
pharmacie [faʀmasi] *f.* (3) pharmacy
philosophe [filɔzɔf] *m.* (16) philosopher
philosophie [filɔzɔfi] *f.* (V) philosophy
photo [fɔto] *f.* (2) photograph
phrase [fʀɑz] *f.* (1) sentence, phrase
pianiste [pjanist] *m. or f.* (8) pianist
pièce [pjɛs] *f.* (3) room, item; play

pied [pje] *m.* (10) foot
piété [pjete] *f.* (23) devoutness, piety
pilé [pile] (17) crushed, pulverized
pilote [pilɔt] *m.* (1) pilot
pipe [pip] *f.* (18) smoker's pipe
pique-nique [piknik] *m.* (11) picnic
se piquer [səpike] (5) to take pride in
pire [piʀ] (16) worse
piscine [pisin] *f.* (3) swimming pool
piste [pist] *f.* (14) track, runway
pitre [pitʀ] *m.* (21) buffoon
pittoresque [pitɔʀɛsk] (2) picturesque
placard [plakaʀ] *m.* (C) poster, sign; cupboard
place [plas] *f.* (1) place, square, room, space; sur place on the spot
placer [plase] (8) to place
plage [plaʒ] *f.* (R3) beach
plaindre [plɛ̃dʀ] (22) to pity
plaisanter [plɛzɑ̃te] (17) to joke, tease
plaisir [plɛziʀ] *m.* (3) pleasure; faire plaisir to please
plan [plɑ̃] *m.* (24) city map
plancher [plɑ̃ʃe] *m.* (24) floor
plante [plɑ̃t] *f.* (17) plant
plat [pla] *m.* (8) dish, plate; plat à feu ovenproof dish
plateau [plato] *m.* (4) plateau; tray
plate-bande [platbɑ̃d] *f.* (H2) flower bed
plein (*f.* pleine) [plɛ̃] [plɛn] (V) full
pleurer [plœʀe] (10) to cry; se mettre à pleurer to begin to cry
pleuvoir [pløvwaʀ] (9) to rain
plis [pli] *m. pl.* (10) folds, pleats
plupart [plypaʀ] *f.* (2) the greater part, the majority
plus [ply] (1) more, most; de plus en plus more and more; plus. . .plus the more . . .the more
plusieurs [plyzjœʀ] (V) several
plutôt [plyto] (3) rather
poche [pɔʃ] *f.* (24) pocket
poêle [pwal] *f.* (8) frying pan, skillet
poème [pɔɛm] *m.* (9) poem
poésie [pɔezi] *f.* (23) poetry
poignée [pwaɲe] *f.* (M) handful
point [pwɛ̃] (2) not at all; *m.* point
pointu [pwɛ̃ty] (22) sharp
poisson [pwasɔ̃] *m.* (4) fish
police [pɔlis] *f.* (24) police
poliment [pɔlimɑ̃] (20) politely
Polytechnique [pɔlitɛknik] *f.* (14) *School of Engineering*
pomme [pɔm] *f.* (R1) apple
pommes de terre [pɔmdətɛʀ] *f. pl.* potatoes
pont [pɔ̃] *m.* (Ch) bridge
populaire [pɔpylɛʀ] (14) popular
population [pɔpylasjɔ̃] *f.* (4) population
port [pɔʀ] *m.* (4) port
porte [pɔʀt] *f.* (7) door
porte-feuille [pɔʀtəfœj] *m.* (9) wallet

portée [pɔʀte] *f.* (20) reach
portière [pɔʀtjɛʀ] *f.* (23) car door; door
portrait [pɔʀtʀɛ] *m.* (10) portrait
Portugal [pɔʀtygal] *m.* (1) Portugal
poser [poze] (1) to ask, to place
position [pozisjɔ̃] *f.* (7) job, position
posséder [pɔsede] (24) to possess
possible [pɔsibl] (5) possible
poste [pɔst] *m.* (7) post, position
poteau-indicateur [pɔtoɛ̃dikatœʀ] *m.* sign-post
poudrer [pudʀe] (8) to powder
poule [pul] *f.* (22) hen; **poule d'eau** water hen
poulet [pulɛ] *m.* (5) chicken
poupée [pupe] *f.* (2) doll
pour [puʀ] (1) for, in order to
pourboire [puʀbwaʀ] *m.* (10) tip, gratuity for services
pourquoi [puʀkwa] (1) why
poursuivre [puʀsɥivʀ] (14) to pursue
pourtant [puʀtɑ̃] (3) however
pourvu que [puʀvykə] (15) provided that
pousser [puse] (10) to push
pouvoir [puvwaʀ] (3) to be able to
pouvoir [puvwaʀ] *m.* (4) power
pratiquant [pʀatikɑ̃] (11) practicing, active
pratique [pʀatik] (18) practical; *f.* application
précieux [pʀesjø] (16) precious
se précipiter [səpʀesipite] (11) rush forward, rush into
préfecture [pʀefɛktyʀ] *f.* (3) police headquarters
préférence [pʀefeʀɑ̃s] *f.* (23) preference
préférer [pʀefeʀe] (1) to prefer
préfet [pʀefɛ] *m.* (Ap) prefect
premier [pʀəmje] (1) first
premièrement [pʀəmjɛʀmɑ̃] (15) firstly, first of all
prendre [pʀɑ̃dʀ] (2) to take
prénom [pʀenɔ̃] *m.* (17) first name
préoccupé [pʀeɔkype] (24) preoccupied
préparatifs [pʀepaʀatif] *m. pl.* (23) preparations
près [pʀɛ] (1) near
présence [pʀezɑ̃s] *f.* (17) presence
présent [pʀezɑ̃] (1) present
présenter [pʀezɑ̃te] (4) to introduce; **se présenter** to introduce oneself
président [pʀezidɑ̃] *m.* (23) president
presque [pʀɛsk] (1) almost
pressé [pʀɛse] (4) rushed, pressed for time
presser [pʀɛse] (14) to hurry; **se presser** to hurry oneself
prêt [pʀɛ] (2) ready
prêter [pʀɛte] (6) to lend
prêtre [pʀɛtʀ] *m.* (2) priest
preuve [pʀœv] *f.* (18) proof
prier [pʀije] (16) to beg, to pray
prière [pʀijɛʀ] *f.* (23) prayer
primo [pʀimo] (11) first of all
prince [pʀɛ̃s] *m.* (5) prince

principe [pʀɛ̃sip] *m.* (17) principle; **en principe** theoretically
printemps [pʀɛ̃tɑ̃] *m.* (6) springtime
privé [pʀive] (7) private
prix [pʀi] *m.* (3) price; prize
problème [pʀɔblɛm] *m.* (3) problem
procès [pʀɔsɛ] *m.* (H2) trial
prochain [pʀɔʃɛ̃] (13) next
procurer [pʀɔkyʀe] (22) to obtain
produire [pʀɔdɥiʀ] (4) to produce
produit [pʀɔdɥi] *m.* (4) product
professeur [pʀɔfɛsœʀ] *m.* (1) teacher
profond [pʀɔfɔ̃] (23) deep, profound
programme [pʀɔgʀam] *m.* (24) program
se promener [səpʀɔmne] (5) to take a walk
Prométhée [pʀɔmete] *m.* (24) Prometheus
prôner [pʀone] (M) to extol
pronominal [pʀɔnɔminal] (5) reflexive
proposer [pʀɔpoze] (18) to propose; **se proposer** to volunteer
proposition [pʀɔpozisjɔ̃] *f.* (13) proposal, suggestion
propre [pʀɔpʀ] (14) own, belonging to
prose [pʀoz] *f.* prose
protagoniste [pʀɔtagɔnist] *m. or f.* (18) protagonist
protestant [pʀɔtɛstɑ̃] (15) Protestant
proue [pʀu] *f.* (23) prow (*of a ship*)
Provence [pʀɔvɑ̃s] *f.* (2) *southern French province*
proverbe [pʀɔvɛʀb] *m.* (1) proverb
province [pʀɔvɛ̃s] *f.* (3) province
provoquer [pʀɔvɔke] (21) to provoke, to cause
prudent [pʀydɑ̃] (8) prudent
psaume [psom] *m.* (C) psalm
psychanalyse [psikanaliz] *f.* (C) psychoanalysis
psychanalyste [psikanalist] *m.* (C) psychoanalyst
psychiatre [psikjatʀ] *m.* (16) psychiatrist
psychologie [psikɔlɔʒi] *f.* (1) psychology
psychologue [psikɔlɔg] *m.* (C) psychologist
publier [pyblije] (15) to publish
puisque [pɥisk] (3) since
puissant [pɥisɑ̃] (23) powerful
pull-over [pylɔvɛʀ] *m.* (11) sweater, pullover
punir [pyniʀ] (21) to punish
punition [pynisjɔ̃] *f.* (21) punishment, penalty
Pyrénées [piʀene] *f. pl.* (4) *Pyrenees mountains, between France and Spain*

quai [ke] *m.* (V) platform, quay
qualité [kalite] *f.* (18) quality
quand [kɑ̃] (2) when
quand [kɑ̃] (3) when; **quand même** all the same
quartier [kaʀtje] *m.* (7) neighborhood, area of a city; **quartier Latin** student section of Paris; **quartier libre** leave, pass (*military*)

quatre [katʀ] (12) four
quantité [kãtite] f. (4) quantity
que [kə] (2) that, what; **que de. . .** what a lot of; **que tu es bête!** how stupid you are!
québecois (f. **québecoise**) [kebɛkwa,–kwaz] m. inhabitant of Québec, Canada
quel (f. **quelle**) [kɛl] (3) what
quelque chose [kɛlkəʃoz] (2) something
quelquefois [kɛlkəfwa] (3) sometimes
quelques [kɛlkə] (11) a few
qu'est-ce que [kɛskə] (1) *interrogative phrase*
qu'est-ce qui [kɛski] (2) **what . . .?**
question [kɛstjõ] f. (1) question
que veut dire. . . ? [kəvødiʀ] (2) what is the meaning of. . . ?
qui [ki] (2) who
quiche [kiʃ] f. (20) quiche (*egg and cheese pie*)
quitter [kite] (7) to leave
quoi [kwa] (11) what; **quoi qu'il arrive** whatever happens; **à quoi bon?** what's the use?

rabbin [ʀabɛ̃] m. (11) rabbi
rabot [ʀabo] m. (22) carpenter's plane
raccommoder [ʀakɔmɔde] (18) to mend
raccrocher [ʀakʀɔʃe] (7) to hang up
race [ʀas] f. (7) race
se racheter [sə ʀaʃte] (22) to redeem oneself
raconter [ʀakõte] (6) to tell, recount
radio [ʀadjo] f. (2) radio
rafale [ʀafal] f. (23) squall, storm
raison [ʀɛzõ] f. (7) reason; **avoir raison** to be right
ralentir [ʀalãtiʀ] (Ap) to slow down
ramasser [ʀamase] (21) to pick up, gather
rance [ʀãs] (18) rancid
rang [ʀã] m. (21) row, rank
ranger [ʀãʒe] (11) to put away
rapide [ʀapid] (2) swift, rapid
rapport [ʀapɔʀ] m. (13) report; rapport, relationship
rare [ʀaʀ] (3) rare, unusual
rarement [ʀaʀmã] (20) rarely, seldom
se raser [səʀaze] (5) to shave
rat [ʀa] m. (12) rat
rater [ʀate] (15) to miss (*a train, plane, etc.*); to fail (*slang*)
rationnel [ʀasjõnɛl] (24) rational
raton-laveur [ʀatõlavœʀ] m. (17) raccoon
ravi [ʀavi] (10) delighted
ravissant [ʀavisã] (10) lovely, ravishing
rayon [ʀɛjõ] m. ray; shelf
rayonner [ʀɛjɔne] (M) to radiate
récemment [ʀesamã] (24) recently
recensement [ʀəsãsmã] (17) census
récent [ʀesã] (20) recent
recette [ʀəsɛt] f. (8) recipe
recevoir [ʀəsəvwaʀ] (14) to receive
réchauffer [ʀeʃofe] (22) to rewarm
recherché [ʀəʃɛʀʃe] (21) sought after
réciproque [ʀesipʀɔk] (14) mutual

récit [ʀesi] m. (12) narration
réciter [ʀesite] (R2) to write
recommander [ʀəkɔmãde] (18) to recommend
recommencer [ʀəkɔmãse] (7) to begin again
reconnaître [ʀəkɔnɛtʀ] (11) to recognize
recueil [ʀəkœj] m. (15) collection
reculer [ʀəkyle] (19) to back up
rédiger [ʀediʒe] (H2) to write
référence [ʀefeʀãs] f. (6) reference
refermer [ʀəfɛʀme] (12) to reclose
réfléchi [ʀefleʃi] (5) reflexive; considered
réfléchir [ʀefleʃiʀ] (11) to reflect, to ponder
refléter [ʀəflete] (17) to reflect, to mirror
refleurir [ʀəflœʀiʀ] (23) to bloom again
réfugié [ʀefyʒje] (20) hidden
refuser [ʀəfyze] (21) to refuse
regarder [ʀəgaʀde] (2) to look at
région [ʀeʒjõ] f. (V) region
règne [ʀɛɲ] m. (Ap) reign
regretter [ʀəgʀɛte] (7) to regret
régulier (f. **régulière**) [ʀegylje,–ljɛʀ] (4) regular
se réjouir [səʀeʒwiʀ] (14) to delight in
relatif [ʀəlatif] (20) relative
relation [ʀəlasjõ] f. (13) relationship
religieux [ʀəliʒjø] (11) religious
remarquer [ʀəmaʀke] (2) to notice

se remettre [sə ʀəmɛtʀ] (23) to recover from an illness

remplaçant [ʀãplasã] m. (23) replacement
remplacer [ʀãplase] (17) to replace
remplir [ʀãpliʀ] (4) to fill, to fill out
remuer [ʀəmɥe] (8) to stir
Renaissance [ʀənɛsãs] f. (C) Renaissance (*period of intellectual and artistic renewal in Europe, primarily the 15th and 16th centuries*)
Renault [ʀəno] (3) *brand of French car*
rencontrer [ʀãkõtʀe] (1) to meet
rendez-vous [ʀãdevu] m. (8) appointment, date
rendre [ʀãdʀ] (4) to render; to cause to be
se rendre [səʀãdʀ] (Ch) to go
renifler [ʀənifle] (21) to sniff
renommé [ʀənɔme] (5) famous, renowned
renseignements [ʀãsɛɲmã] m. pl. (4) information
rentré [ʀãtʀe] (22) pulled back
rentrée [ʀãtʀe] f. (1) return to school
rentrer [ʀãtʀe] (20) to return
renversement [ʀãvɛʀsəmã] m. (H2) reversal
renverser [ʀãvɛʀse] (12) to knock over
repas [ʀəpa] m. (8) meal
repasser [ʀəpase] (22) to iron
répondre [ʀepõdʀ] (1) to answer, reply
réponse [ʀepõs] f. (1) answer
repos [ʀəpo] m. (21) rest, repose; **se reposer** to rest oneself
reposer [ʀəpoze] (8) to rest, to replace
reprise [ʀəpʀiz] f. (Ch) retaking, reconquest
réputation [ʀepytasjõ] f. (5) reputation

réseau [Rezo] *m.* (2) network
résidence [Rezidãs] *f.* (3) residence
résister [Reziste] (22) to resist
résoudre [RezudR] (3) to resolve
respecter [Rɛspɛkte] (7) to respect
respectueux [Rɛspɛktɥø] (24) respectful
respirer [RɛspiRe] (21) to breathe
responsable [Rɛspɔ̃sabl] (7) responsible
ressembler [Rəsãble] (C) to resemble
restaurant [RɛstɔRã] *m.* (1) restaurant
rester [Rɛste] (3) to remain
résultat [Rezylta] *m.* (3) result
résumer [Rezyme] (18) to summarize
retard [RətaR] *m.* (7) delay; **être en retard** to
  be late
retenir [RətniR] (21) to hold back
retentir [Rətãtir] (23) to resound
rétif [Retif] (14) stubborn
retour [RətuR] *m.* (7) return
retourner [RətuRne] (6) to return, to go back
retrouver [RətRuve] (12) to find again; **se retrouver** to be united
réuni [Reyni] (2) united
réunion [Reynjɔ̃] *f.* (14) meeting
réussir [ReysiR] (4) to succeed; to pass an
  exam
réussite [Reysit] *f.* (Ap) success, triumph
rêve [Rɛv] *m.* (23) dream
réveil [Revɛj] *m.* (19) alarm clock; **réveille-
  matin** alarm clock (*variant spelling*)

se réveiller [səReveje] (5) to wake up
revenir [RəvniR] (6) to come back, return
revers [RəvɛR] *m. pl.* (H2) setbacks
revêtir [RəvetiR] (M) to clothe
revoir [RəvwaR] (12) to see again
révolution [Revɔlysjɔ̃] *f.* (6) revolution
rez-de-chaussée [Redʃose] *m.* (3) ground
  floor
Rhin [Rɛ̃] *m.* (4) Rhine river
Rhône [Ron] *m.* (4) major French river, flowing from north to south, emptying into the
  Mediterranean near Marseilles
riche [Riʃ] (2) rich
ridicule [Ridikyl] (16) ridiculous
rien [Rjɛ̃] (2) nothing
rigoler [Rigɔle] (8) to laugh, to "kid"
rire [RiR] (2) to laugh
rivage [Riva3] *m.* (23) shoreline
rive [Riv] *f.* (25) river bank
rivière [RivjɛR] *f.* (12) river
riz [Ri] *m.* (4) rice
robe [Rɔb] *f.* (8) dress, robe
Rocheuses [Rɔʃøz] *f. pl.* (22) Rocky Mountains
rock [Rɔk] *m.* (5) rock music
roi [Rwa] *m.* (5) king
rôle [Rol] *m.* (5) role
Romains [Romɛ̃] *m. pl.* (V) Romans
roman [Romã] *m.* (3) novel; **roman policier**
  detective story
Rome [Rom] (1) Rome

rond [Rɔ̃] *m.* (9) circle, ring
ronronner [Rɔ̃Rɔne] (18) to purr
rose [Roz] *f.* (V) rose; pink color
rosée [Roze] *f.* (23) dew
rôti [Roti] (5) roasted
rouge [Ru3] (4) red
rouler [Rule] (14) to roll
roulement [Rulmã] *m.* (23) rolling, rumble
route [Rut] *f.* (4) highway, route
royal [Rwajal] (5) royal
royaume [Rwajom] *m.* (24) kingdom
ruban [Rybã] *f.* (10) ribbon
rue [Ry] *f.* (R1) street
ruiner [Ryine] (18) to ruin
russe [Rys] (1) Russian; Russian language
Russie [Rysi] *f.* (1) Russia
rythme [Ritm] *m.* (23) rhythm

sable [sabl] *m.* (23) sand
sac [sak] *m.* (1) sack, bag; handbag; **sac à dos**
  backpack; **sac de couchage** sleeping bag
sacrifice [sakRifis] *m.* (11) sacrifice
sage [sa3] (R3) well behaved, wise
Sagittaire [sa3itɛR] *m.* (8) Sagittarius
saigner [sɛɲe] (21) to bleed
sain [sɛ̃] (18) healthy, sound
saint [sɛ̃] (23) holy
saint (*f.* **sainte**) [sɛ̃] [sɛ̃t] *m.* (3) saint
saisir [seziR] (23) to seize
saison [sɛzɔ̃] *f.* (6) season
salade [salad] *f.* (1) salad
sale [sal] (21) dirty
salle [sal] *f.* (3) room; **salle de bains** bath-
  room; **salle de classe** classroom
salon [salɔ̃] *m.* (8) living room
saluer [salɥe] (9) to salute, to greet
samedi [samdi] *m.* (C) Saturday
sandwich [sãdwitʃ] *m.* (5) sandwich
sang [sã] *m.* (14) blood
sanglant [sãglã] (14) bloody
sans [sã] (8) without
sassafras [sasafRa] *m.* (17) sassafras
satisfaction [satisfaksjɔ̃] *f.* (13) satisfaction
satisfait [satisfɛ] (5) satisfied
Saturne [satyRn] *m.* (13) Saturn
sauf [sof] (M) except
sauter [sote] (14) to jump
sauvage [sova3] (22) wild
sauver [sove] (19) to save, rescue
savant [savã] *m.* (7) scientist; learned person
savoir [savwaR] (6) to know; **savoir + infinitive** to know how to + *infinitive*
scène [sɛn] *f.* (18) scene
science [sjãs] *f.* (1) science; **science-fiction**
  science fiction; **science politique** political
  science
scolaire [skɔlɛR] (21) pertaining to school
scrupuleusement [skRypyløzmã] (20) scru-
  pulously
sec (*f.* **sèche**) [sɛk] [sɛʃ] (18) dry; **à sec** broke
  (*slang*)
sèchement [sɛʃmã] (23) drily

secrétaire [səkretɛʀ] *m. or f.* (23) secretary
secundo [səgɔ̃do] (11) secondly
seigneur [sɛɲœʀ] *m.* (15) lord, nobleman
Seine [sɛn] *f.* (V) *river which flows through Paris from east to west*
sel [sɛl] *m.* (8) salt
Self Cluny [sɛlfklyni] *m.* (4) *a self-service restaurant in the Latin quarter near the Cluny museum*
semaine [səmɛn] *f.* (16) week
sembler [sɑ̃ble] (C) to seem
Sénégal [senegal] *m.* (23) Senegal
sens [sɑ̃s] *m.* (11) sense
sensibilité [sɑ̃sibilite] *f.* (23) sensitivity
sensiblement [sɑ̃sibləmɑ̃] (17) appreciably, noticeably
sentier [sɑ̃tje] *m.* (Ap) path
sentiments [sɑ̃timɑ̃] *m. pl.* (5) feelings
sentir [sɑ̃tiʀ] (8) to smell; to feel *(a sensation, a touch);* **se sentir** to feel *(ill, well, etc.)*
sept [sɛt] (2) seven
serein [səʀɛ̃] (10) serene
sérieusement [seʀjøzmɑ̃] (11) seriously
sérieux (*f.* sérieuse) [seʀjø] [seʀjøz] (2) serious
se serrer [səseʀe] (1) to squeeze; **se serrer la main** to shake hands
serrure [seʀyʀ] *f.* (21) lock
serveuse [seʀvøz] *f.* (1) waitress
service [seʀvis] *m.* (2) service
servir [seʀviʀ] (8) to serve; **se servir (de)** to use
ses [se] *pl.* (2) his; her
seuil [sœj] *m.* (19) doorsill
seul [sœl] (5) alone
seulement [sœlmɑ̃] (12) only
sévère [sevɛʀ] (7) severe
sévir [seviʀ] (21) to punish severely
sexe [sɛks] *m.* (24) sex
si [si] (3) if; yes *(response to a negative question or statement)*
s'il vous plaît [silvuplɛ] (3) please
siècle [sjɛkl] *m.* (7) century
signaler [siɲale] (C) to indicate
signe [siɲ] *m.* (8) sign
significatif [siɲifikatif] (24) significant
silence [silɑ̃s] *m.* (3) silence
sillon [sijɔ̃] *m.* (14) furrow
sillonné [sijɔne] (25) furrowed, criss-crossed
simple [sɛ̃pl] (7) simple
simplement [sɛ̃pləmɑ̃] (2) simply; **tout simplement** quite simply
simplifier [sɛ̃plifje] (14) to simplify
sinon [sinɔ̃] (24) if not
site [sit] *m.* (V) site, location
situé [sitɥe] (4) located, situated
six [sis] (2) six
sixième [sizjɛm] (3) sixth
ski [ski] *m.* (4) skiing; **faire du ski** to ski
skier [skje] (17) to ski
S.N.C.F. (Société nationale des chemins de fer

français) [sɔsjetenasjɔnaldeʃəmɛ̃dfɛʀ] *f.* (2) National society of French railways
sobre [sɔbʀ] (18) sober, solemn
sobrement [sɔbʀəmɑ̃] (2) soberly
sobriquet [sɔbʀikɛ] *m.* (21) nickname
social (*pl.* sociaux) [sɔsjal] [sɔsjo] (13) social
société [sɔsjete] *f.* (18) society
sociologie [sɔsjɔlɔʒi] *f.* (1) sociology
sœur [sœʀ] *f.* (1) sister
soie [swa] *f.* (4) silk
soif [swaf] *f.* (21) thirst
soigné [swaɲe] *f.* (10) carefully groomed, well-kept
soigner [swaɲe] (18) to care for
soigneusement [swaɲøzmɑ̃] (M) carefully
soir [swaʀ] *m.* (3) evening
soirée [swaʀe] *f.* (18) evening; evening party
soldat [sɔlda] *m.* (14) soldier; **Soldat inconnu** Unknown Soldier
soleil [sɔlɛj] *m.* (C) sun
solidarité [sɔlidaʀite] *f.* (22) solidarity
sombre [sɔ̃bʀ] (8) dark, deep *(color)*
sombrer [sɔ̃bʀe] (23) to founder
sommet [sɔmɛ] *m.* (25) summit
son (*f.* sa *pl.* ses) [sɔ̃] [sa] [se] (1) his; her
son [sɔ̃] *m.* (23) sound
songer [sɔ̃ʒe] (22) to dream
sonner [sɔne] (7) to ring
sonore [sɔnɔʀ] (23) resounding
sophistiqué [sɔfistike] (12) sophisticated
Sorbonne [sɔʀbɔn] *f.* (1) *arts and sciences faculty of the university of Paris*
sort [sɔʀ] *m.* (17) fate; **jeter un sort** to cast a spell
sorte [sɔʀt] *f.* (4) sort, kind, type
sortir [sɔʀtiʀ] (8) to go out
sot (*f.* sotte) [so] [sɔt] (16) silly, stupid
souche [suʃ] *f.* (22) tree stump
souci [susi] *m.* (22) worry
soucieux [susjø] (14) anxious
soudain [sudɛ̃] (12) suddenly
souffrance [sufʀɑ̃s] *f.* (14) suffering
souhaiter [swɛte] (12) to wish
soulier [sulje] *m.* (2) shoe
soupe [sup] *f.* (8) soup
soupir [supiʀ] *m.* (6) sigh
source [suʀs] *f.* (4) source; spring
sourcil [suʀsi] *m.* (10) eyebrow
souriant [suʀjɑ̃] (23) smiling, happy
sourire [suʀiʀ] *m.* (23) smile
sous [su] (2) under, beneath
sous-jacent [suʒasɑ̃] (M) underlying
sous-secrétaire [susəkʀetɛʀ] *m.* (14) under-secretary
souterrain [sutɛʀɛ̃] (3) underground
souvenir [suvniʀ] *m.* (3) momento, memory
se souvenir [səsuvniʀ] (5) to remember
souvent [suvɑ̃] (2) often
se spécialiser [səspesjalize] (11) to specialize
spécialiste [spesjalist] *m.* (18) specialist

spectateur [spɛktatœʀ] *m.* (8) spectator
spectre [spɛktʀ] *m.* (23) spector
spirituel [spiʀitɥɛl] (21) witty
sportif (*f.* **sportive**) [spɔʀtif] [spɔʀtiv] (a) sportive
stand [stɑ̃d] *m.* (23) exhibit booth, area at an exposition
standard [stɑ̃daʀ] *m.* (17) regulation
station [stasjɔ̃] *f.* (4) station
stationner [stasjɔne] (R1) to park
sténodactylo [stenɔdaktilo] (1) stenotypist
stéréotypé [steʀeɔtipe] (18) stereotyped
stratagème [stʀataʒɛm] *m.* (14) strategy, scheme
structure [stʀyktyʀ] *f.* (17) structure
studio [stydjo] *m.* (3) studio apartment
stupéfaction [stypefaksjɔ̃] *f.* (14) amazement
stylo [stilo] *m.* (12) pen
subir [sybiʀ] (M) to undergo
succès [syksɛ] *m.* (13) success
succession [syksɛsjɔ̃] *f.* (14) series, succession
succomber [sykɔ̃be] (18) to succumb, perish
succulent [sykylɑ̃] (18) succulent
sucre [sykʀ] *m.* (9) sugar
sud [syd] *m.* (4) south
suédois [sɥedwa] (8) Swedish
suffire [syfiʀ] (24) to suffice
suffisant [syfizɑ̃] (20) sufficient
suggérer [sygʒeʀe] (C) to suggest
suggestion [sygʒɛstjɔ̃] *f.* (13) suggestion
se suicider [səsɥiside] (5) to commit suicide
Suisse [sɥis] *f.* (23) Switzerland
suite [sɥit] *f.* (19) following; **par suite** as a result of
suivant [sɥivɑ̃] (1) following; **en suivant** by following
suivre [sɥivʀ] (3) to follow
sujet [syʒɛ] *m.* (5) subject
superbe [sypɛʀb] (5) superb
supermarché [sypɛʀmaʀʃe] *m.* (3) supermarket
supplier [syplije] (15) to beg
sur [syʀ] (1) upon
sûr [syʀ] (1) sure, certain; **bien sûr** naturally
sûrement [syʀmɑ̃] (13) certainly
se surmener [səsyʀməne] (15) to overwork
surprise [syʀpʀiz] *f.* (14) surprise
surprendre [syʀpʀɑ̃dʀ] (23) to surprise, to overcome
surprise partie [syʀpʀizpaʀti] *f.* (15) party
surréaliste [syʀʀealist] (R2) surrealistic
surtout [syʀtu] (4) above all
surveillant [syʀvɛjɑ̃] *m.* (21) supervisor
surveiller [syʀveje] (7) to watch, put under surveillance
survivre [syʀvivʀ] (18) to survive
susceptible [sysɛptibl] (M) touchy, sensitive
suspect [syspɛ] (14) suspicious
sweater [swɛtœʀ] *m.* (R2) sweater
symbolique [sɛ̃bɔlik] (18) symbolic

sympathie [sɛ̃pati] *f.* (11) sympathy
sympathique [sɛ̃patik] (2) nice, likeable

table [tabl] *f.* (1) table
tableau [tablo] *m.* (12) painting, picture
tâcher [tɑʃe] (22) to try
tactique [taktik] *f.* (14) tactic
taille [tɑj] *f.* (Ap) size
se taire [sətɛʀ] (2) to become silent; **tais-toi!** shut up!
talisman [talismɑ̃] *m.* (23) talisman, charm
tandis que [tɑ̃dikə] (18) whereas
tant [tɑ̃] (3) so, so much; **tant bien que mal** as well as can be
tante [tɑ̃t] *f.* (11) aunt
taper [tape] (21) to hit, beat
tard [taʀ] (6) late
tarte [taʀt] *f.* (1) tart, pie
tartine [taʀtin] *f.* (10) bread and jam
tas [tɑ] *m.* (21) pile, heap
tasse [tɑs] *f.* (V) cup
taxi [taksi] *m.* (8) taxi
technique [tɛknik] (17) technical; *f.* technique
tel (*f.* **telle** [tɛl] [tɛl] (17) such
télévision [televizjɔ̃] *f.* (2) television
témoignage [temwaɲaʒ] *m.* (14) evidence
Templiers [tɑ̃plije] *m. pl.* (H2) Knights Templar
temps [tɑ̃] *m.* (3) time, weather; **de temps en temps** from time to time; **tout le temps** all the time
tendance [tɑ̃dɑ̃s] *f.* (C) tendency
tendre [tɑ̃dʀ] (23) tender, loving
tendu [tɑ̃dy] (22) stretched
tenir [təniʀ] (13) to hold; **se tenir** to hold oneself
tentation [tɑ̃tasjɔ̃] *f.* (22) temptation
terrain [tɛʀɛ̃] *m.* (14) ground, field; **terrain de jeux** playing field
terrasse [tɛʀas] *f.* (4) terrace
terre [tɛʀ] *f.* (24) earth
tes [te] *pl.* (2) your (*familiar*)
tête [tɛt] *f.* (9) head
texte [tɛkst] *m.* (17) text, reading passage
thé [te] *m.* (10) tea
théâtre [teɑtʀ] *m.* (3) theater
tiens! [tjɛ̃] (2) well!, my, my!
timbre [tɛ̃bʀ] *m.* (R1) stamp; **timbre-dateur** date stamp
timide [timid] (11) shy, timid
timidité [timidite] *f.* (11) timidity, shyness
tire-bouchon [tiʀbuʃɔ̃] *m.* (2) corkscrew
tirer [tiʀe] (18) to draw, to pull; **se tirer** to pull through, to extricate oneself
titre [titʀ] *m.* (14) title
toile [twal] *f.* (14) canvas, painting
tomate [tɔmat] *f.* (18) tomato
tombe [tɔ̃b] *f.* (23) tomb
tomber [tɔ̃be] (V) to fall down
ton [tɔ̃] (2) your (*familiar*)

tonalité [tɔnalite] *f.* (7) dial tone
tôt [to] (V) soon, early
totalement [tɔtalmã] (7) totally
toucher [tuʃe] (I) to touch
toujours [tuʒuʀ] (2) still, always
tour [tuʀ] *m.* (24) tour
Tour Eiffel [tuʀɛfɛl] *f.* (2) Eiffel Tower
tourbillon [tuʀbijɔ̃] *m.* (14) whirlwind
touriste [tuʀist] *m. or f.* (3) tourist
tourner [tuʀne] (9) to turn, to stir
tournure [tuʀnyʀ] *f.* (17) figure, form
tout (*pl.* **tous** *f.* **toute**) [tu] [tu] [tut] (1) all; **du tout** not at all; **tout de suite** immediately; **tout à l'heure** in just a moment, just a moment ago; **tout le monde** everybody; **tout le temps** all the time
tracas [tʀaka] *m.* (15) bother
trace [tʀas] *f.* (17) remains, trace
tradition [tʀadisjɔ̃] *f.* (17) tradition
traditionnel [tʀadisjɔnɛl] (17) traditional
trahison [tʀaizɔ̃] *f.* (16) treachery, betrayal
train [tʀɛ̃] *m.* (1) train; **être en train de** to be in the process of
traîner [tʀɛne] (19) to drag
traire [tʀɛʀ] (12) to milk
traité [tʀɛte] *m.* (H1) treaty
trajet [tʀaʒɛ] *m.* (2) journey, trek
tranche [tʀɑ̃ʃ] *f.* (8) slice
tranché [tʀɑ̃ʃe] (14) sliced, slashed
trancher [tʀɑ̃ʃe] (22) to cut
tranquille [tʀɑ̃kil] (C) peaceful
transport [tʀɑ̃spɔʀ] *m.* (4) transportation
travail [tʀavaj] *m.* (V) work
travailler [tʀavaje] (4) to work
travers [tʀavɛʀ] *m.* (5) defect; breadth; **de travers** wrong; **à travers** across
traverser [tʀavɛʀse] (1) to cross, to go through
tremblement [tʀɑ̃bləmã] *m.* (19) shaking, trembling
tribu [tʀiby] *f.* (24) tribe
triomphe [tʀijɔ̃f] *m.* (20) triumph
triompher [tʀijɔ̃fe] (24) to triumph
triste [tʀist] (2) sad
tristement [tʀistəmã] (15) sadly
trois [tʀwa] (3) three
troisième [tʀwazjɛm] (4) third
se tromper [sətʀɔ̃pe] (9) to make a mistake
trop [tʀo] (3) too, too much
trou [tʀu] *m.* (21) hole
trouble [tʀubl] (C) trouble; troubled
troupe [tʀup] *f.* (12) group of actors
troupeau [tʀupo] *m.* (Ap) flock
trouver [tʀuve] (3) to find; **se trouver** to be located
tu [ty] (1) you (*familiar*)
tutoyer [tytwaje] (24) to use familiar form **tu**
tuyau [tɥijo] *m.* (25) pipe
tuyauterie [tɥijotʀi] *f.* (25) pipes, plumbing
type [tip] *m.* (18) fellow, "guy"

typiquement [tipikmã] (10) typically
tyrannie [tiʀani] *f.* (14) tyranny

un (*f.* **une**) [œ̃] [yn] *m.* (1) one, a
unité [ynite] *f.* (14) unity
univers [ynivɛʀ] *m.* (14) universe
universel (*f.* **universelle**) [ynivɛʀsɛl] [ynivɛʀsɛl] (18) universal
universitaire [ynivɛʀsitɛʀ] (3) pertaining to a university
université [ynivɛʀsite] *f.* (1) university
usine [yzin] *f.* (13) factory
utile [ytil] (11) useful
utiliser [ytilize] (2) to use, utilize
utilité [ytilite] *f.* (4) usefulness

vacances [vakɑ̃s] *f. pl.* (2) vacation
vacarme [vakaʀm] *m.* (11) racket, din
vache [vaʃ] *f.* (Ap) cow
vague [vag] *f.* (18) vague
vain [vɛ̃] (14) vain, hopeless; **en vain** in vain
vaincre [vɛ̃kʀ] (14) to vanquish, conquer
vaisseau [vɛso] *m.* (18) vessel
vaisselle [vɛsɛl] *f.* (22) dishes
valable [valabl] (13) valuable; valid
valise [valiz] *f.* (2) suitcase
vallée [vale] *f.* (4) valley
valoir [valwaʀ] (11) to be worth
valse [vals] *f.* (14) waltz .
se vanter [səvɑ̃te] (5) to boast of oneself
varier [vaʀje] (19) to vary, change
variété [vaʀjete] *f.* (4) variety
variole [vaʀjɔl] *f.* (9) smallpox
vautour [votuʀ] *m.* (24) vulture
veille [vɛj] *f.* (13) eve, night before
veiller [vɛje] (14) to watch over
veilleur de nuit [vɛjœʀdnɥi] *m.* (7) night watchman
veine [vɛn] *f.* (13) luck
velours [vəluʀ] *m.* (10) velvet
vendeuse [vɑ̃døz] *f.* (1) saleslady
vendre [vɑ̃dʀ] (4) to sell
venir [vəniʀ] (1) to come; **venir de** + *infinitive* to have just + *infinitive*
vent [vɑ̃] *m.* (23) wind
verbe [vɛʀb] *m.* (1) verb
verger [vɛʀʒe] *m.* (Ap) orchard
véritable [veʀitabl] (22) real
vérité [veʀite] *f.* (V) truth; **en vérité** indeed, in fact
verre [vɛʀ] *m.* (4) drinking glass; glass
vers [vɛʀ] (3) toward
verser [vɛʀse] (8) to pour
vertueux [vɛʀtɥø] (24) virtuous
veston [vɛstɔ̃] *m.* (8) jacket
veuve [vœv] *f.* (7) widow
viande [vjɑ̃d] *f.* (1) meat
victoire [viktwaʀ] *f.* (22) victory
vie [vi] *f.* (4) life; **c'est la vie** that's life

vieux (vieil, *f.* **vieille** *pl.* **vieux, vieilles)** [vjø] [vjɛj] [vjø] [vjɛj]   (2) old; **mon vieux** "old man", old buddy

vigoureux [viguʀø]   (5) vigorous

vilain [vilɛ̃]   (10) naughty; miserable; poor

ville [vil]   *f.* (2) city; **en ville** downtown

Ville Lumière [villymjɛʀ]   *f.* (1) City of Light (*another name for Paris*)

vin [vɛ̃]   *m.* (1) wine

vingt [vɛ̃]   (2) twenty

vingtième [vɛ̃tjɛm]   (7) twentieth

virtuose [viʀtɥoz]   *m.* (5) virtuoso

visite [vizit]   *f.* (5) visit

visiter [vizite]   (1) to visit, to examine

visiteur (*f.* **visiteuse)** [vizitœʀ] [vizitøz]   *m.* (10) visitor, inspector

vite [vit]   (3) fast, quickly; **au plus vite** as fast as possible

vitrail (*pl.* **vitraux)** [vitʀaj] [vitʀo]   *m.* (25) stained-glass window

vivement [vivmɑ̃]   (11) keenly, ardently

vivre [vivʀ]   (22) to live

vocable [vɔkabl]   *m.* (17) word

vocabulaire [vɔkabylɛʀ]   *m.* (17) vocabulary

vocation [vɔkɑsjɔ̃]   *f.* (23) vocation

voie [vwa]   *f.* (7) way, track; **en voie** on the way to

voici [vwasi]   (2) here is, here are

voilà [vwala]   (2) there is, there are

voile [vwal]   *f.* (17) sail; **faire de la voile** to go sailing

voir [vwaʀ]   (2) to see; **voyons** let's see

voisin (*f.* **voisine)** [vwazɛ̃] [vwazin]   *m.* (3) neighbor

voiture [vwatyʀ]   *f.* (3) car

voix [vwa]   *f.* (1) voice

voler [vɔle]   (24) to steal

voleur [vɔlœʀ]   *m.* (15) thief

volonté [vɔlɔ̃te]   *f.* (22) will, desire

vos [vo]   *pl.* (2) your

votre [vɔtʀ]   (2) your

vôtre [vɔtʀ]: **le vôtre**   (V) yours

vouloir [vulwaʀ]   (2) to want, to wish

vous [vu]   (1) you

voyager [vwajaʒe]   (1) to travel

voyageur [vwajaʒœʀ]   *m.* (2) traveller

vraiment [vʀɛmɑ̃]   (3) truly, really

vue [vy]   *f.* (24) view

wagon [vagɔ̃]   *m.* (C) train car

week-end [wikɛnd]   *m.* (C) weekend

y [i]   (5) there

yaourt [jauʀ]   *m.* (15) yogurt

yeux [jø]   *m. pl.* (10) eyes

zèle [zɛl]   *m.* (24) zeal

ANGLAIS-FRANÇAIS

able: be able pouvoir
accept accepter
after après
age âge *m.*
always toujours
ambition ambition *f.*
animal animal *m.* (*pl.* animaux)
answer répondre
anything (nothing) ne . . . rien
apartment appartement *m.*
are (they) sont
arrive arriver
article article *m.*
as soon as aussitôt que
ask demander

be être
bed: go to bed se coucher
before avant (*time*), devant (*place*)
better a. meilleur (*f.* meilleure)
better adv. mieux
bicycle bicyclette *f.*
book livre *m.*
boy garçon *m.*
brother frère *m.*
brush brosser, se brosser
buy acheter

car auto *f.*, voiture *f.*
chair chaise *f.*
check chèque *m.*
choose choisir
class classe *f.*
clean nettoyer
cold froid
come venir
complete compléter
cousin cousin *m.* (*f.* cousine)
cross traver
customer client *m.*

do faire
dance danser
dangerous dangereux
day jour *m.*
December décembre *m.*
Denmark Danemark *m.*
dirty sale
doctor médecin *m.*
downtown en ville
dress s'habiller
drive conduire

end (*place*) bout *m.*
end (*time; literary*) fin *f.*
everywhere partout
explain expliquer
eyes yeux *m. pl.*

far loin
February février *m.*
find trouver
finish finir
forget oublier

girl fille *f.*
give donner
go aller
good bon (*f.* bonne)

happy heureux
has a
have avoir
he il
head tête *f.*
hear entendre
her la, l'; **to her** lui
here ici
him le, l'; **to him** lui
honest honnête
house maison *f.*
hunger faim *f.*
hurt faire mal

I je
ill malade
immediately immédiatement
important important
impossible impossible
in en, dans
inside en, dedans
interesting intéressant
is est
Italy Italie *f.*

January janvier *m.*
July juillet *m.*

know savoir

last dernier
leave partir
lesson leçon *f.*
letter lettre *f.*
listen écouter
live vivre, habiter
London Londres
look regarder
lose perdre
love amour *m.*

man homme *m.*
me me, moi
Mexico Mexique *m.*
middle milieu *m.*
month mois *m.*
must, be obliged to devoir + *inf.*

Quatre cent quatre-vingt-six

name mon *m.*
need besoin *m.; * **to need** avoir besoin de
neither ne . . . ni . . . ni
never ne . . . jamais
newspaper journal *m.*
nice gentil (*f.* gentille)
no longer ne . . . plus
not (*negative construction*) ne . . . pas
nothing rien

October octobre *m.*
of whom, of whose dont
offer offrir
on sur
old vieux, vieil, vieille
only ne . . . que, seulement
order commander
outside dehors
owe devoir

permission permission *f.*
pleasure plaisir *m.*
policeman agent de police *m.*
prefer préférer
problem problème *m.*
promise promettre

question question *f.*
quickly vite

rain pluie *f.;* pleuvoir
read lire
record disque *m.*
receive recevoir
respond répondre
restaurant restaurant *m.*
return, come back retourner
rich riche
room salle *f.*

see voir
September septembre *m.*
she elle
show montrer
sing chanter
singer chanteur
sister sœur *f.*
six six
snow neige *f.;* neiger

speak parler
steak steack *m.*
street rue *f.*
study étudier
sun soleil *m.*
sweater chandail *m.*

table table *f.*
telephone téléphoner
television télévision *f.*
tell dire, raconter
than que
they ils, elles
think penser
thirst soif *f.*
Thursday jeudi *m.*
tomorrow demain
tooth dent *f.*
travel voyager
try essayer

United States États-Unis *m.pl.*
us nous

very très; **very much** beaucoup
visit visiter

wait attendre
want vouloir
watch regarder
weather temps *m.pl.*
week semaine *f.*
well *(adv.)* bien
when quand, lorsque
which quel; lequel
whom qui
wind vent *m.*
winter hiver *m.*
wish vouloir
woman femme *f.*
work travail *m.;* travailler
worst le, la, les + mauvais
write écrire
wrong tort *m.*

year an *m.,* année *f.*
yesterday hier
you vous, tu
your votre, vos, ton, tes

glossary

Adjective: A word that modifies, describes, or limits a noun or pronoun.

Adverb: A word that modifies a verb, an adjective, or another adverb.

Antecedent: The word, phrase, or clause to which a pronoun refers.

Auxiliary Verb: A verb that helps the main verb to express an action or a state (in French, **avoir** or **être**).

Causative Verb: A verb whose subject causes the action to be done by someone else (in French, **faire**).

Clause: A group of words containing a subject and predicate. A main (independent) clause can stand alone; a subordinate (dependent) clause can function only as part of another clause.

Comparison: The change in the form of an adjective or adverb showing degrees of quality: positive *(great)*, comparative *(greater)*, superlative *(greatest)*.

Compound Tense: A verbal phrase made up of a tense of an auxiliary verb plus the past participle of the verb being conjugated.

Conjugate: To inflect a verb, or give in order the forms of its several voices, moods, tenses, numbers, and persons.

Conjugation: The inflections or changes of form in verbs showing number, person, tense, mood, voice.

Conjunction: A word used to connect words, phrases, or clauses.

Demonstrative: Indicating or pointing out the person or thing referred to *(this, that, these, those)*.

Direct Object: A noun or pronoun placed after a transitive verb to receive its action.

Disjunctive Pronoun: A pronoun separated from the verb in the sentence.

Gender: Grammatical property (masculine, feminine, neuter) of nouns or pronouns.

Imperative: The mood of the verb expressing a command or directive.

Indirect Object: Denotes the person or thing toward whom or toward which is directed the action expressed by the rest of the predicate.

Infinitive: The form of the verb that expresses the general meaning of the verb without regard to person or number.

Interrogatives: Adjectives or pronouns used to ask a question.

Intransitive Verb: A verb that does not require a direct object to complete its meaning.

Invariable: Does not change in form.

Inversion: The turning around or reversing of the normal order of words and phrases in a sentence.

Mood: The form of the verb showing the speaker's attitude or feeling toward what he says.

Noun: A word used to name a person, place, thing, or quality.

Number: The characteristic form of a noun, pronoun, or verb indicating one (singular) or more than one (plural).

Object: The word, phrase, or clause which receives the action of the verb.

Participle: A form of the verb (present participle or past participle) that is used as part of a compound tense or as an adjective or adverb.

Partitive: An indefinite quantity or part of a whole, expressed through a partitive article.

Passive Voice: See Voice.

Person: The characteristic of a verb or pronoun indicating whether the subject is the speaker (first person), the person spoken to (second person), or the person spoken of (third person).

Personal Pronouns: Pronouns that refer to the speaker, the person spoken to, or the person, place, or thing spoken of.

Possessives: Adjectives or pronouns used to show possession or ownership.

Preposition: A word placed before a noun or pronoun to show its relation to some other word in the sentence.

Principal Parts: The forms of the verbs from which other forms of the verb can be constructed.

Pronoun: A word used in place of a noun.

Reflexive Verb: A verb that denotes an action in which the subject and the recipient of the action are the same.

Relative Clause: A clause introduced by a relative pronoun.

Relative Pronoun: A pronoun which connects the dependent clause with the main clause by referring directly to a noun or pronoun in the main clause.

Simple Tense: A verb form consisting of one word.

Stem: That part of an infinitive or of a word obtained by dropping the ending.

Subjunctive: The mood which expresses wishes, doubts, necessity, obligation, or what is possible, rather than certain.

Tense: The form of the verb showing the time of the action or state of being.

Transitive Verb: A verb that takes a direct object.

Verb: A word that expresses an action or a state of being.

Voice: The form of the verb indicating whether the subject acts (active) or is acted upon (passive).

index

(Numbers refer to pages)

photo credits

French Government Tourist Office: Photos on pages 1, 15, 31, 45, 113, 125, 249, 265, 385 (top), 410, 412 (center), 413 (bottom).

French Embassy Press & Information Division: Photos on pages 59, 99, 191, 203, 231, 293, 329, 345, 361, 381, 384, 385 (center and bottom), 388, 390, 391, 394, 396 (top), 401, 404, 405, 412 (top and bottom), 413 (top and center), 418.

Monkmeyer Press Photo Service: Photo on page 177.

Forsyth from Monkmeyer: Photo on page 137.

Freund from Monkmeyer: Photo on page 315.

Carolyn Watson from Monkmeyer: Photos on pages 215, 281.

John J. Long: Photos on pages 396 (bottom), 397.

PARIS